U0863218

麦读
MyRead

走向上的路　追求正义与智慧

中国民法典评注

始于 2016 年

中国民法典评注

编辑委员会

总　　编　朱庆育　南京大学
　　　　　　高圣平　中国人民大学

副 总 编（以姓氏拼音为序）
纪海龙　北京大学
田士永　中国政法大学
王洪亮　清华大学
解　亘　南京大学
辛正郁　北京市天同律师事务所
叶金强　南京大学

编辑委员（以姓氏拼音为序）
卜元石　德国弗莱堡大学
戴孟勇　中国政法大学
冯洁语　南京大学
高圣平　中国人民大学
纪海龙　北京大学
刘　勇　南京大学
茅少伟　北京大学
尚连杰　南京大学
孙维飞　华东政法大学
田士永　中国政法大学
王洪亮　清华大学
吴从周　台湾大学
吴香香　中国政法大学
解　亘　南京大学
辛正郁　北京市天同律师事务所
徐涤宇　中南财经政法大学
杨　阳　南京大学
姚明斌　华东政法大学
叶金强　南京大学
翟远见　中国政法大学
周亦杨　南京大学
朱庆育　南京大学
朱　晔　日本静冈大学

常务编委（以姓氏拼音为序）
刘勇　茅少伟　尚连杰　吴香香　杨阳　姚明斌

总编·朱庆育　高圣平

中国民法典评注

评注研究

法律评注：国际视角的比较

[德]达维德·凯斯特勒－兰帕特尔　尼尔斯·扬森　莱因哈德·齐默尔曼　主编
刘青文 等　译　刘青文　总校

第 1 部

中国民主法制出版社
全国百佳图书出版单位

主编

达维德·凯斯特勒-兰帕特尔 博士（*Dr. David Kästle-Lamparter*）

法学博士，德国明斯特大学教师（*Akademischer Rat*）。2014年完成的博士论文《评注的世界：法律评注在历史与当代的结构、功能与价值》甫一出版即好评如潮，在德国众多一线学术期刊获得十多篇书评，并获得（德国）比较法协会颁发的“恩斯特·拉贝尔奖”（*Ernst-Rabel-Preis*）以及德国研究基金会的“约翰内斯-齐尔肯斯博士论文奖”（*Johannes-Zilkens-Promotionspreis*）和明斯特大学“博士论文奖”。目前在扬森教授指导下撰写教授资格论文。研究重点：法学文献史和学术史、罗马法史和希腊法史、欧洲私法、法律与宗教。

尼尔斯·扬森 教授（*Prof. Dr. Nils Jansen*）

德国明斯特大学法律系“罗马法和私法史、德国私法和欧洲私法”教席教授，2002年以《责任法的构造》获得法学教授资格，曾先后在奥格斯堡大学、杜塞尔多夫大学任教，自2006年在明斯特大学任教至今。曾任英国牛津大学（1998、2009）和美国杜克大学（2008）客座教授。2019—2022年担任明斯特大学“宗教与政治”卓越集群项目负责人。研究重点：债法史、比较债法、欧洲私法史的历史基础、欧洲私法统一的历史与理论基础。

莱因哈德·齐默尔曼 教授（*Prof. Dr. Reinhard Zimmermann*）

德国（汉堡）马克斯·普朗克外国私法与国际私法研究所所长（2002—2022年），汉堡法学院（*Bucerius Law School*）合作教授。齐默尔曼教授自1981年在南非开普敦大学法律系任罗马法和比较法教授，自1986年担任该系主任。1988年回到德国雷根斯堡大学任教，1994—1996年担任法律系主任。自2001年成为（德国）民法教师协会会员，2011—2015年担任该协会主席。2014—2022年担任（德国）比较法协会主席。担任芝加哥、耶鲁、康奈尔、剑桥、牛津等十多所世界著名大学的客座教授，并被十多所世界著名大学授予名誉博士学位。1996年荣获德国莱布尼茨奖。研究重点：历史语境和比较法视野中的债法和继承法，英美普通法和大陆民法法系的关系，混合法律制度（以苏格兰和南非为重点），欧洲私法统一。

总校稿人

刘青文

德国哥廷根大学法学博士，南京大学中德法学研究所行政副所长、副研究员，曾任中国驻德国大使馆二秘。出版德文专著《对消费者合同行使撤回权暨退回权的法律后果》、独著《德国合同法典型判例评析》（南京大学出版社）和译著《希特勒的民族帝国》（译林出版社）；参编《德国司法制度》（邵建东主编，负责“德国宪法诉讼制度”部分，厦门大学出版社）；主持江苏省法学会课题“预付式消费风险防范研究”，参与国家社科基金重大项目“我国民法评注编纂重大问题研究”；发表中、德文学术论文20篇。研究领域：民法、消费者法、婚姻家庭法和中德法律比较。

法国法中的法律评注：猛犸会重现生机吗？

[法]让-塞巴斯蒂安·博尔盖蒂（*Jean-Sébastien Borghetti*）
法国巴黎第二大学民法学教授
蔡　琳　译
南京大学法学院副教授、中德法学研究所研究员，法学博士
刘青文　校
南京大学中德法学研究所副研究员，法学博士

法律评注在英国——同形异义抑或同气相求？

[德]斯蒂芬·安歇迈耶（*Stefan Enchelmaier*）
英国牛津大学法学院欧洲法与比较法教授
杨思佳　译
南京大学法学院2020级博士研究生
刘青文　校
南京大学中德法学研究所副研究员，法学博士

蓝天使和绿色系列——评注在荷兰私法出版文化中的角色

[荷]杰勒·扬森（*Jelle Jansen*）
荷兰克朗宁大学共同法教授
支春华　译
南京大学中德法学研究所2019级硕士研究生
刘青文　校
南京大学中德法学研究所副研究员，法学博士

评注的勃兴与教科书的式微——对20世纪德国法学文献形式的15项观察

[德]尼尔斯·扬森（*Nils Jansen*）
德国明斯特大学罗马法和私法史、德国私法和欧洲私法教授，明斯特大学“宗教与政治”卓越集群项目负责人
刘青文　译
南京大学中德法学研究所副研究员，法学博士

评注文化诸问题概要——导论及历史性演进

[德]达维德·凯斯特勒-兰帕特尔（*David Kästle-Lamparter*）
德国明斯特大学法学博士，明斯特大学教师（*Akademischer Rat*）
齐晓琨　译
南京大学法学院副教授、中德法学研究所研究员，法学博士

欧洲私法中的评注——文献形式的继受

[德]延斯·克莱因施密特（*Jens Kleinschmidt*）
德国特里尔大学民法学、国际私法、国际程序法和比较法教授
刘青文　章　星　译
刘青文：南京大学中德法学研究所副研究员，法学博士
章　星：南京大学中德法学研究所2020级硕士研究生

跨国私法的评注：国家法模式去国家化的边界

[德]拉尔夫·米夏埃尔斯（*Ralf Michaels*）
德国（汉堡）马克斯·普朗克外国私法与国际私法研究所所长，伦敦玛丽王后大学全球法教授，德国汉堡大学法学教授
戴湘荣　译
南京大学中德法学研究所2019级硕士研究生
刘青文　校
南京大学中德法学研究所副研究员，法学博士

法律评注在日本的发展与价值——作为法学思维方式映射的文献形式

[日]长野史宽（*Fumihiro Nagano*）
日本京都大学准教授
张　慰　译
南京大学法学院副教授、中德法学研究所研究员

意大利民法典评注：历史、结构与功能

[意]弗朗西斯科·保罗·帕蒂（*Francesco Paolo Patti*）
意大利博科尼大学法律系副教授
徐凌波　译
南京大学法学院副教授、中德法学研究所研究员，法学博士

文章作者、译者及分工（以作者姓氏字母为序）

美国的法律"评注"：劳动分工

[美]马蒂亚斯·雷曼（*Mathias Reimann*）

美国密歇根大学法律系教授

张 华 戴慧娴 译

张 华：南京大学法学院教授、中德法学研究所研究员，法学博士

戴慧娴：南京大学法学院2021级硕士研究生

民法视角下的西班牙法律评注——一种模式的得与失

[西]布鲁诺·罗德里格斯·罗萨多（*Bruno Rodríguez-Rosado*）

西班牙马拉加大学民法学教授

周 梅 译

南京大学中德法学研究所副研究员，德国帕绍大学法学博士

刘青文 校

南京大学中德法学研究所副研究员，法学博士

私法评注之国际比较——传播、差异及亲缘

[德]莱因哈德·齐默尔曼（*Reinhard Zimmermann*）

德国（汉堡）马克斯·普朗克外国私法与国际私法研究所所长，汉堡法学院（*Bucerius Law School*）合作教授

张乐乐 王晓韵 金 健 译

张乐乐：南京大学中德法学研究所2020级硕士研究生

王晓韵：南京大学中德法学研究所2020级硕士研究生

金 健：南京大学法学院专职科研人员、中德法学研究所副研究员，法学博士

刘青文 校

南京大学中德法学研究所副研究员，法学博士

法律评注是什么？（代序）

朱庆育

南京大学法学院教授

本书系2022年度国家社科基金重大项目“我国民法评注编纂重大问题研究”
（项目批准号22&ZD205）的阶段性成果，
并受北京市天同律师事务所、南京大学全球战略合作伙伴推进计划资金资助出版。

法律评注是什么?
(代序)

朱庆育

一

当一名法官被要求依据给定的制定法对个案作出裁判时,专业范畴内,他需要思考的核心问题是,如何正确将抽象的法律规范适用于具体的案件事实,并且保证裁判合乎正义。技术上,这一核心问题可分解为三个小问题:如何准确理解法律规范、如何恰当提取案件事实以及如何为案件事实适配法律规范。此亦法律适用的三步骤,几乎覆盖法律人的全部常规工作。

三项工作各有其困境。

理解与解释法律规范是法律适用者(如法官)与研究者(如法学者)的基本职业内容。不同的是,适用者之理解法律规范,着眼于个案,故难免以管窥豹;研究者致力于得出一般性结论,却又可能忽略具体情境而沦为纸上谈兵。学者之间形成共识本就不易,如果适用者与学者又各行其是,理解法律规范固然举步维艰,裁判之合乎正义亦大概率仅为随机事件,至于以知识共同体为基础的职业共同体,则更是难容乐观。

法律规范以适用为目的,但并非所有法律规范均具相同的可适用性。何种类型的诉讼应以何等性质的法律规范作为裁判依据,须作仔细考量。尤其是,如何依循请求权基础思维甄辨主要规范、辅助规范与防御规范并恰当运用于法律适用各步骤,更是检验法教义学功力的试剂。如果无法通过检验,裁判具有何种程度的科学性,即殊为可疑。

民事诉讼中,呈现案件事实的作业主要由当事人完成。通过原被告的诉辩,法官获得对案件事实的认知。作为事实,须接受证据制度的真伪检验;为了涵摄于规范之下以便得出裁判结论,法官还须对案件事实作适于规范适用的提取。这意味着,唯有对实体规范与程序性证据制度尽皆了然,法官方可游刃于抽象规范与具体案件之间而实现裁判正义。在高度割裂实体法与程序法的我国当下教育体制中,此洵非易事。

问题在于,是否存在某种文献形式可回应上述困境?更确切地说,可一并回应上述困境?

二

无论何种学科,最基本且最重要的文献形式都是教科书。法学兼具科学与技艺双重特点,教科书亦因此区分原理教科书和案例教科书两类。理想状态下,前者旨在阐述学术原理,构筑学科体系,以彰示其追寻科学的青云之志;后者则以工匠精神展示抽象规范适用于具体案件的技术细节。原理教科书提供得到准确界定的概念及以此为基础的规范解释,但不以个案适用为直接目标,即使出现案例,目的亦非在案例适用本身,而在辅助阐述基本原理。案例教科书同样服务于教学,主要功用在于,以代表性案例为示范,帮助学习者理解基本原理与法律适用过程。显然,受制于学术性与教学性定位,无论原理教科书还是案例教科书,意义均在奠立知识基础,对于理解法律规范及其适用固然有其不可替代的作用,但对于真实的个案法律适用,针对性有所不足。

教科书讲求体系,特定问题的研究难免不便深入,弥补这一缺陷的,是专论与案例研究作品。该文献形式的研究性质高于教学性质,亦不必对基本原理作体系化阐述,有专深之优长,但此亦意味着,专论与专案研究失之于窄,难以应对纷繁多样的各种法律适用状况。

除了较为常规的教科书、专题研究与案例研究,我国尚有一类特别的文献形式,即法条释义。此类文献的最大写法特征在于逐条释义,因而可全面覆盖制定法规范。这一写法决定,法条释义书不以理论框架而以制定法的法条编排为线索展开,此根本区别于原理教科书;同时,释义书注重阐释法条词句的含义,对案例的使用极为有限,故与案例研究亦相去甚远。我国释义书之特别不仅在于写法,更在于所面对的需求。释义书之繁荣与新法颁行密切相关,出版高峰集中于新法颁布之初,随即快速回落,峰谷曲线几乎是直上直下。这表示,释义书基本用来满足新法的第一时间了解之需，其写作出版亦相应以迅捷为第一要义。如今，释义书市场大致形成三类作品，分别由学者、立法机关工作人员与法官尤其是最高人民法院法官撰就。释义书结构内容无定法，唯可依作者身份之不同依稀辨识不同风格。相对而言，学者稍偏于理论，立法机关较多使用立法资料，法官则更关注司法实践中呈现的问题。但整体上，无论理论阐述、立法资料抑或司法实践，均是点到即止，此或与出版的速度要求有关。不过，逐条释义便于查阅，点到即止则风格通俗，释义书因此较之其他文献形式更具普及性，乃至无妨以非职业法律人为目标读者。

由是观之，既有各种文献形式均有其存在的合理性，但亦均对法律适用无法作出全面或针对性的回应。评注试图弥补这一缺憾。

三

在高圣平教授的提议与支持下，《法学家》自 2016 年第 3 期起开设“评注”专栏。汉语法学开始以论文的形式引入评注新文体。论文形式的意义在于，既有足够的篇幅从容探索评注的各项细节，亦可借助发表机制实现文章质控。2019 年，经辛正郁律师促成，北京市天同律师事务所捐资南京大学设立法典评注基金，并选派律师参与评注撰写，同年，受基金资助的南京大学天同法典评注工作坊投入运行。此后，每篇评注初稿均须进入闭门工作坊接受严苛的批评，文章质控实现常规化与规范化。2020 年，周小杨副编审慨允在《南京大学学报（哲学 · 人文科学 · 社会科学）》增设“民法典评注研究”专栏；2021 年，解亘教授决定从 2022 年开始，在其担任主编的《南大法学》开辟“法典评注”专栏。评注发表平台得以进一步拓展。

所探索的评注文体，以德国大型评注为借镜，兼参意日成例，并以逐条注释的形式展开。之所以逐条注释，一是确保覆盖所有制定法的适用问题，二可回应司法裁判须以具体法条为依据的需求。同样是为了回应司法裁判的需求，评注依构成要件与法律效果的结构展开。近年来，请求权基础思维在我国法学教育与司法实践中迅速铺开，为此，评注写作在传统“构成要件—法律效果”框架之下，进而关注请求权基础视野中的规范定性，以便精准定位所涉法条在法律适用网络中所处坐标。

以适用为中心不仅体现于写作结构，更在具体写法。所有构成要件与法律效果的解析,均在法律解释方法论的指引下,形上诉诸基本原理,形下与司法案例相互参照。评注因此兼具教科书、专题研究与案例研究的特点。只不过,评注对于全面性的追求,超过任何一种文献形式。教科书虽亦全面,但重在理论体系之周延,实证规范的解释则不必靡细无遗;评注之全面,系追求法条及其适用情形的全覆盖。在逐条评注中,学者见解尚可取其通说或若干代表性学说,司法案例则力求穷尽一切类型。原则上,法条适用中遇到或可能遇到的所有问题,评注均须给出回应。更进一步,所回应的适用问题并不局限于实体规范涵摄法律事实的三段论演算,程序性的举证分配亦在其列。此意味着,评注既探究规范解释,亦追问规范如何适用于个案,更将法律事实的发现程序纳入观察,也许是唯一有能力全面回应前述法律适用三步骤的文献形式。

但这并不表示,评注可以取代教科书、专题研究或案例研究。

评注以规范的解释与适用为关注点,法律人的教义学技能亦在于此,加之评注全面覆盖规范体系,故可兼具教学功用。今日德国评注高度发达的现状,在一定程度上确实对其教科书的产出有所抑制,甚至有学者断言评注将取代教科书。唯评注较之教科书更在乎反映或促成通说,亦因此更为保守。更重要的是,实务导向下,评注缺乏甚至排斥探究基础理论、建构理论体系的意向,而基础理论系法学生命之源。源头若无活水持续供给,生命终将枯竭。就此而言,评注取代教科书之日,也许即是作为科学的法学宣告死亡之时,此非法学之幸。

专题研究的方向之一是法律适用的精细化,此亦评注尤其是大型评注的追求。不过,专题研究的真正价值在于理论的深化,为教科书建构理论体系提供支持,而评注对此力有不逮。再者,专题研究以或者说应以学术命题为轴心,所有论证皆回归指向命题之证立;评注则以法条为中心,呈发散状铺陈法律适用中的各项问题,并不集中处理某个论题。二者取径正好相反。

至于案例研究,在以个案的规范适用为关注对象方面,与评注旨趣颇为相似。但评注以抽象法条为思考起点,从大前提出发全方位搜索射程内的小前提,系“以法找案”;案例研究则是“以案找法”,从小前提切入寻找适配的大前提。各自起式有所不同。另外,评注的优势在于全面,但缺陷亦在于此。由于全面,评注难以对特定个案专作深入研究,案例研究则恰好致力于此,两种文献因而各擅胜场,互补长短。

如果存在某种可为评注取代的文献形式,也许是法条释义。法条释义与评注有着相同的逐条注释外观,功能则基本为后者所覆盖。实际上,德国早期评注即与我国原生的法条释义颇为相似。在此意义上,评注可称法条释义的升级再造版。但即便如此，我国现实条件下，无论何种类型的释义书，评注均难以取代。基本上，只要第一时间了解新法的市场需求依然旺盛，释义书就有继续存在的广阔空间，且不论全国人大常委会法工委与最高人民法院以官方名义出版新法释义如今已成标准动作，纵是学者，为之投入者亦必大有人在。不过，《民法典》虽然因其巨大影响而令释义书出版的峰谷曲线大幅变缓，但回落趋势毕竟明显。释义书消退之处，也许正是评注登场之时。

四

大型评注非一蹴可就。鉴于立法、司法与学术现状以及撰写经验与能力，本评注项目拟作长期规划。撰写分工上，将《民法典》全部 1260 个条文依规范意义脉络划分为 90 个规范群，以规范群为单元由作者认领。写作进程与发表出版则分四个阶段：第一阶段，经工作坊讨论修改后的评注作品，适于发表者，先行发表于期刊；第二阶段，发表于期刊的评注作品以《中国民法典评注·条文选注》之名结集出版，以“册”计序；第三阶段，规范群评注完成后，符合单独出版条件的，以《中国民法典评注·规范集注》之名出版，以“辑”计序；评注撰写的最终成果呈现于第四阶段，届时，所有条文评注回归法典条序，出版以“卷”计序的《中国民法典评注·体系评注》。虽称四阶段，时间上却未必严格区分，各阶段无妨视其完成程度交替展开。此外，另行出版《中国民法典评注·评注研究》系列丛书，以呼应评注撰写实践。

作此长期规划的基本考虑在于，评注之“完成”固然重要，但“高质”也许更重要——尽管注定只是囿于现实条件的勉力高质，否则无非在众多文献中增加一类名为“评注”的法条释义而已，意义有限，何况评注系汉语法学新文体，如果起势太低，恐将影响评注的功能发挥及其前景。以四阶段推进，既确保作者以最大投入撰写每一篇评注作品，亦在各阶段的发表与出版中，根据立法、司法与学术的变迁以及作者经验能力的增进再作修改，俾使评注在作者能力范围内最大限度趋向高质并与时俱进。

2022 年 10 月 11 日

评注:流动的法学风景
(代译序)

刘青文

一

2021 年暑假,朱庆育老师告诉我和杨阳老师,德国出版了一本叫《法律评注:国际视角的比较》的书,介绍了主要国家的评注状况;任教于德国弗莱堡大学的卜元石老师向他推荐了此书,还写了书评(后来发表于《南大法学》2022 年第 1 期)。朱老师想把该书引进到国内,让我问问本院有留德背景的老师有没有意愿一起翻译。

朱老师把元石这篇尚未定稿的书评发给我,在大致了解了全书的概貌后,我们很快商定了将其中部分篇什翻译成中文的出版设想。原书共有 19 篇文章,主要涉及评注的发展史和欧盟私法评注及跨国法评注研究。经过考虑,我们选择了其中 12 篇具有代表性的文章,被略去的 7 个篇目所涉及的主题分别是:拉丁美洲、波兰、俄罗斯、加拿大、南非、以色列的法律评注以及国际法中的法律评注。相对而言,它们和我国法学界当下评注实践的关联度可能要小一些。对这些主题感兴趣的读者,可以留意两位主编凯斯特勒-兰帕特尔和齐默尔曼的首尾两篇文章,因为它们都涉及对全书内容的概述;尤其是齐默尔曼的文章,一定程度上对这 7 个主题也有比较精到的阐述。

我们很快组建了包括中德所教师、博士生和硕士生的翻译团队,并进行了分工。朱老师请我和杨阳承担翻译组织工作,译校由我负责,杨阳则主要负责联系版权授权事宜。

南京那年的秋天异常闷热,名副其实的“秋老虎”。国庆节假期我还吹着电风扇。那几天正是我认领的尼尔斯·扬森教授的文章翻译即将完稿的时候。

节后,朱老师问翻译进度如何,并表示最好有一两篇先发表出来,对其他译者也是个激励。因为全书的版权授权事宜尚未解决,为了得到文章授权,我便给尼尔斯·扬森教授亲自写了一封邮件,先做了自我介绍,又告诉他我们中德所几位有留德背景的老师想把这本书译介到中国,我正好翻译他的文章,能否请他单独授权给我。扬森教授第二天就给我回了邮件,说全书的授权还是要联系出版社,至于他本人的文章,我完全可以做任何学术上的使用,包括翻译发表。后来,我的译文顺利发表在了《南大法学》2022 年第 1 期。

在给扬森教授的邮件中,我告诉他,2019 年,我所在的南京大学就专门成立了法典评注研究中心,担任中心主任的朱庆育教授召集了 70 多名学者在集体撰写这部全中国体量最大的《中国民法典评注》。我们不仅需要学习别国的经验,还要尽可能避免他们曾经走过的弯路。关注评注国别史的扬森教授,或许对未来的中国民法典评注多少也有几分期许吧,他很快就回复了我的邮件,并帮助我们与德方出版社牵线搭桥,12 篇文章的翻译出版授权得到顺利解决。3 位主编还主动放弃了他们应得的版税,以表支持,令人感动。

二

什么是评注?

按照书中的观点,只要一种文本在结构上依附于另外一个文本并对其做出连续性的注释,就可称之为评注。而被依附的这个文本就是被评注的文本,也称为参照文本(Referenztext)。按照这个定义,评注文本和评注实践自罗马法以来就一直生生不息,存在于欧洲私法史中,只不过,最初叫“注释”“阐释”或“释义”。“评注”一词译自德语词“Kommentar”,而“Kommentar”即是由中世纪释义法学的“Glosse”演变而来。伴随这一变化的,是法学者(Jurist)从释义法学家(Glossatoren)到评注法学家(Kommentatoren)的蜕变。

不过,这个蜕变过程并不是一蹴而就的。在注释法学阶段,由于民族国家的概念尚未真正形成,欧陆国家的法典化浪潮亦未到来,因此注释法学的参照文本多为经典的法学著作或者只是针对法律制度、潘德克顿法学等概念展开。这给了概念法学登上历史舞台的机会,历史法学派作为其重要推手,认为评注——尽管其名称上已从“注释”演化为“评注”,但仍不具备现代评注的实质要义——并不是最切合当下的法学文献形式,那些重新厘定的概念和原则才是法学重新出发的起点。

现代法律评注的真正发端和欧陆各国的法典化运动密不可分,尤其是在德国、奥地利、意大利、西班牙这些法律评注发达的国家,体现得尤为明显。而现代法律评注的实质要义,在于它促成了法学学术与司法实践的交流,评注文本也由此成为这种交流乃至融合的主导媒介。某种程度上,评注使我们对法律的理解挣脱了文本和法条的桎梏,并为我们将现行法理解为制定法与判例法相融合的产物作出了贡献。由于司法实践藉由裁判文书反映了日新月异的社会现实,与成文法的一成不变形成了鲜明的对比,因此唯有通过评注对法条原文、裁判文书并结合法学理论的比对研究,我们方能看见呆板的法律在生活中的生动样貌和内在肌理——因而"当前性"是评注必不可少的重要特质,这也是各国法律评注需要不断修订再版的原因——无论裁判文书还是学术论文,只要出现了新的动向,就应该在与其对应的法条的评注中得到反映。在这个意义上,我们甚至可以说,评注是"流动的法学风景"。

我们为什么需要评注?

评注只是众多法学文献形式的一种。对大多数中国法律学人来说,我们熟悉的法学文献形式首先是教科书和期刊论文,然后是法律汇编、学术专著。在新法颁布的时候,各种释义书以及有关立法背景的资料汇编也会畅销一时。最近几年,有关案例评析的书则开始走俏。这些市场变化,某种程度上也反映了中国法学在研究范式和方法论上的悄然转型。案例指导制度的出台,学术期刊对案例评析的重视,都在呼唤着法学理论与司法实践的对话与融通。中国民法典的颁布和生效,标志着法解释学时代的来临,而评注恰恰是与法解释学最为契合的文献形式。如同法律评注在德国的第二次繁荣与私法的法典化密不可分,中国民法典的颁行,对致力于推动评注实践的中国法律人而言,也有着发令枪般的象征意义。

相对于其他法学文献形式,评注承载了非常多的功能,或许亦凝聚了法律人绵亘百多年的历史厚望。在凯斯特勒-兰帕特尔那本获得"恩斯特·拉贝尔奖"[1]并赢得广泛赞誉的博士论文《评注的世界:法律评注在历史与当代的结构、功能与价值》中,他将这些功能概括为阐释之书、知识储备器、知识过滤器、知识组织者、架构知识者、法学精密仪器制作人、搭桥者、稳定器、批判者和创新者……虽然不是每一部评注都能同时实现这些功能,但即便只是其中的若干项,都已经足

[1] 恩斯特·拉贝尔(Ernst Rabel)系德语区著名法学家,1874年生于维也纳,1955年卒于苏黎世,在德国被视为现代比较法学的奠基人,也是著名的法史学家,是(汉堡)马克斯-普朗克外国私法与国际私法研究所的前身——威廉皇帝外国私法与国际私法研究所的创始所长。以他的名字命名的奖项,每年由(德国)比较法协会颁发给最优秀的法学博士论文。

以使其在与其他法学文献的竞逐中脱颖而出。

通过这本堪称各国"民法小传"的文集,我们可以发现,评注的这些功能在不同的历史时期,它们的"戏份"各不相同:最初可能只是阐释文本,储蓄知识;而在阐释的过程中产生的新知又需要和旧的知识重新组合,完成自我裂变,于是"组织"和"架构"的功能应运而生……这样一个循环往复的过程,体现了评注强大的自我繁衍、自我更新的能力。而在所有这些功能中,最重要的,是促进学术与实务交流的媒介功能。

对于现今的中国法学来说,这可能也是最急迫的。理论界与实务界始终在隔空喊话的尴尬到了急需"破局"的时候。现代法律评注的一项任务是,既要和应用相关,又要发挥理论指导作用,如此才能将理论与实践二者相结合。

通过比较世界各国的评注发展简史,我们也能感受到评注在一国获得成功所可能面对的诸多不确定性。评注的所有功能,恐怕都不是在技术上、在质量上让评注做到完美就可以实现的,可能还需要附加许多的外部条件或者隐形条件。正如西班牙评注发展史所揭示的,评注在西班牙可谓成败参半,其不成功之缘由,不是因为评注本身的技术或者质量问题,而是其病根早已深埋在西班牙法律人才的培养体制以及西班牙的大学结构里,尽管它有悠久的评注传统,还深受注释法学派和德国法学学说的影响。或许这对于我们而言,还是有着深刻的警示意义的。

诚如本书其中一篇文章在比较不同文献类型提到"文集"时所言:"文集"这种文献形式特别适合用来讨论变化中的法律领域——每篇论文都从不同的视角来观照同一主题。这和参照文本必需固化的评注形成了鲜明的对比。文集基于作者的数量及其知识背景的不同,能够提供更开阔的视野,因为在文集中的每一篇文章都承担了资料汇编、过滤筛选和归类整理的功能。这些任务完全可以按照作者个人的标准来完成,他们的主观感受力因而可以得到更个人化的展现,而不必像评注那样需要做多方权衡。对于一个发展中的法律领域(评注)来说,不受牵绊的不同观点相互并存,有风险但也是机遇——这也正是我们愿意把这本文集呈现给国内读者的原因所在——尤其是那些令人尊敬的笔耕在中国民法典评注的田间地头的同行们,我相信你们一定能从本书的字里行间品读出我们所不能想象的更多启迪。

三

最后,想说些感谢的话。

感谢每一位参与到项目中来的译者,你们的辛勤付出是这本译文集得以成书出版的基础。参与项目的译者都是以德语、英语为主要工作外语的,但原书除了这两种语言,还涉及了大量的法语、荷兰语、西班牙语、意大利语、拉丁语等欧洲语言,他们通过寻求各种帮助解决了这些语种的专业名词的汉译,实属不易。

感谢朱庆育老师的信任,让我可以通过这样的方式为中国民法典的评注事业略尽绵薄之力。感谢南京大学法典评注研究基金和南京大学全球战略合作伙伴推进计划资金对本书翻译和出版的资助。就在本书统稿的过程中,传来好消息:朱老师主持的"我国民法评注编纂重大问题研究"获得2022年度国家社科基金重大项目立项,本译文集有幸作为其中的阶段性研究成果呈现在读者面前。

本书在翻译、校对和统稿的过程中,得到不少师友的无私帮助,尤其感谢弗莱堡大学法律系卜元石教授、苏州大学法学院娄爱华教授、南京大学外国语学院西班牙语系张伟劼副教授、中德所卸任德方副所长雷博海博士(*Dr. Peter Leibküchler*)和好友赵洪阳先生的答疑解惑。感谢译者之一、南大法学院博士生杨思佳在德国交流期间为查找外文资料所提供的帮助。

感谢尼尔斯·扬森教授为我们联系版权牵线搭桥,并对原书三位主编放弃版税的义举表示崇高的敬意!感谢我的同事、中德法学研究所副研究员杨阳老师为联系版权所付出的努力。

由于时间仓促,水平有限,书中错误在所难免,恳请读者批评指正。

癸卯年早春二月

于南京大学中德法学研究所

目　录

前　　言

法律评注作为一种由来已久的法学文献形式，我们该如何对其进行反思？这本文集展开了一个新的视角，即在先前取得的研究成果——《评注的世界》（2016年）与《法律和宗教中的评注》（2014年）——的基础上，增加了国际比较的视角。17位来自各国的法学同行在这本文集里分别分析了各国的以及跨国的法律秩序，并试图回答，法律评注在何种程度上存在于我们的法律生活，以及它需要什么样的特殊条件，又在长期的法律实践中形成了哪些特质。2019年3月，我们在明斯特组织了一个有关法律评注的学术研讨会，大多数作者通过这次会议第一次相互认识。如何提出问题，选择何种观察视角，怎样展开解释模式……在法律比较的讨论中变得尖锐，也变得清晰。为此，我们衷心感谢所有的与会者，感谢你们开诚布公和富有建设性的讨论。

这个项目的缘起，是达维德·凯斯特勒-兰帕特尔（本书主编之一）在2014年获颁“恩斯特-拉贝尔奖”（Ernst-Rabel-Preis），在此我们感谢比较法协会。我们同样还要感谢弗里茨-蒂森基金会（Fritz-Thyssen-Stiftung）对本次会议的慷慨赞助，感谢明斯特大学“宗教与政治”卓越集群对组织工作的支持，以及所有工作人员和学生助理对会务工作令人信赖的投入和对会议论文集的细致编辑，他们是：明斯特的法丽娜·克雷门斯（Farina Clemens）、阿德里安·格里姆帕（Adrian Grimpe）、阿里安·哈克曼（Arian Hackmann）、卢卡斯·凯姆帕博士（Dr. Lukas Kämper）、亨利克·科斯特（Henrik Köster）、阿蒙·克吕科尔（Amon Krükel）、韦薇安娜·库兹（Viviana Kutz）、赛琳·厄茨圭克（Selin Özgüc）、克拉拉·鲍尔（Clara Paul）、沙拉·坡普（Sarah Popp）、雅娜·绍姆伯格（Jana Schaumburg）、克里斯蒂安·施密特（Christian Schmidt）和丽莎·西蒙尼丝（Lisa Simonis）以及汉堡的安格丽卡·奥科托阔（Angelika Okotokro）。最后我们要感谢克里斯蒂安·艾克尔博士（Dr. Christian Eckl）和雅尼娜·燕茨（Janina Jentz）对本书的出色编辑，并将本书纳入马克斯·普朗克外国私法与国际私法研究所的研究丛书系列;对于摩尔·西贝克出版社,我们尤其感谢尤莉雅·卡洛琳娜·雪尔玻-布莱辛博士(Dr. Julia Caroline Scherpe-Blessing)长久以来和我们建立的友好合作关系。

达维德·凯斯特勒-兰帕特尔(David Kästle-Lamparter)

尼尔斯·扬森(Nils Jansen)

莱因哈德·齐默尔曼(Reinhard Zimmermann)

2020 年 6 月　明斯特/汉堡

评注文化诸问题概要

——导论及历史性演进*

[德]达维德·凯斯特勒-兰帕特尔 著　齐晓琨 译

目　次

在德国，评注构成了人们特别熟悉的一种文献类型，它示范性地展现了法学学术与法律实务的紧密相关性，二者对法的理论探讨在此找到了一个媒介点，这里是它们“共同的交流空间”。〔1〕从比较法的角度来看，评注也表现为一种典型的德国式出版物。〔2〕当然，历史表明，这并不意味着评注仅限流行于德国本土或者德语区的法域。〔3〕但同时，根据目前的研究成果，还无法确定评注在其他国家或者跨国的法律制度中也具有相当的广泛性和重要性。本论文集以比较法的国际视野，探究了评注或者功能相当的文献形式的学科价值，并在此涉足了一个还

---

* 本文曾发表于《中德法学论坛》第 18 辑下卷，宋晓主编，南京大学出版社 2022 年版，第 147–168 页。

〔1〕参见 *M. Jestaedt*, Wissen im Recht: Rechtsdogmatik im Wissenschaftsvergleich, JZ 2014, 1–12, 6；类似的观点参见 *A. Funke*, Der blinde Fleck des Kommentars, in：该文作者和 K. Lachmayer 共同撰写的 Formate der Rechtswissenschaft, 2017, 61–75, 66 f.，其他相关论述见 *D. Kästle-Lamparter*, Welt der Kommentare: Struktur, Funktion und Stellenwert juristischer Kommentare in Geschichte und Gegenwart, 2016, 302.

〔2〕这一点可以参阅 *R. Michaels*, Kommentare zum transnationalen Privatrecht: Grenzen der Entnationalisierung eines nationalen Modells, in diesem Band, 395–416, 395。

〔3〕Überblick über die Geschichte der juristischen Kommentarliteratur bei *Kästle-Lamparter*, Welt der Kommentare（该文献详情参见本文脚注 1）, 19–104.

远未开发的研究领域。施多尔艾斯（*Stolleis*）和西蒙（*Simon*）主编的论文集〔4〕只是首次展示了人们对欧洲法学期刊这类出版物的认知现状，但对于评注来说，却没有相应的研究成果，〔5〕而本论文集里所发表的文章正是为了弥补这一缺憾。

在此，一方面，对于现有的历史或者跨学科性质研究中有关法学评注的内容，〔6〕本书将在横向比较法的维度加以深化和补充；另一方面，由于欧洲和世界范围的法律文化比较研究始终是法学研究资料库中亟待补充的重大内容，〔7〕本书意在为未来研究的进一步开展尽绵薄之力。

一、德国的评注文化

首先，德国建立起了一种法学评注的出版文化。其次，按照人们对于评注的历史性认知，起码在欧洲法制史当中，评注一直被归为一种具有鲜明特点、偏重于注疏法学方向的文献类型（后者参见下文第二部分），这两点构成了本论文集进行比较法研究的出发点。

对此，以点代面地以民法为例：在评注文化形成的过程中，德国鲜有置身于法典评注之外的民法学家。与评注的滥觞相对应，教授们都广泛地参与到了各个评注的编著，诸如尧尔尼希评注（Jauernig）、慕尼黑评注（Münchener），迄今已出版逾百卷的施陶丁格评注（Staudinger），以及贝克出版社的网上大评注（Beck-Online-Großkommentar）。〔8〕 在21世纪的德国，法学评注的种类繁多，从小规模的资料手册到中等规模的实务评注，直至准专著类的大部头评注；不但重要的法典，而且次

---

〔4〕 *M. Stolleis/T. Simon*（Hg.），Juristische Zeitschriften in Europa，2006.

〔5〕 参见 *M. Vec*，Rezension：Kästle-Lamparter，Welt der Kommentare（该文献详情参见本文脚注1），Der Staat 58（2019），668-670，669，该文作者把了解"法学评注在其他国家更为详细的情况"喻为图书馆里应当购置的一部图书。类似论述参见 *A. Funke*，Formate der Rechtswissenschaft-eine Nachlese，in：该文作者和 Lachmayer 共同撰写的 Formate der Rechtswissenschaft（Fn.），275-287，282 f. 进行了有限的比较的还有 *B. Tuschak*，Die herrschende Meinung als Indikator europäischer Rechtskultur，2009；在这本书中，作者把德国的评注类文献和英国的法学百科全书及 textbooks 进行了比较（总结性的内容见该书第366-368页）。

〔6〕 *Kästle-Lamparter*，Welt der Kommentare（该文献详情参见本文脚注1）；*D. Kästle/N. Jansen*（Hg.），Kommentare in Recht und Religion. in Zusammenarbeit mit R. Achenbach und G. Essen，2014.

〔7〕 *M. Stolleis/T. Simon*（Hg.），Juristische Zeitschriften in Europa，in：dies.，Juristische Zeitschriften（该文献详情参见本文脚注4），1-13，13。

〔8〕 *R. Stürmer*（Hg.），Jauernig：Bürgerliches Gesetzbuch，17. Aufl.，2018；*F. J. Säcker et al.*（Hg.），Münchner Kommentar zum Bürgerlichen Gesetzbuch，13 Bde.，8. Aufl.，2018-2020；J. von Staudingers zum Bürgerlichen Gesetzbuches mit Einführungsgesetz und Nebengesetzen（Staudinger BGB），Neubearb. 2001-2020（逐卷更新）；*B. Gsell et al*（Hg.），beck-online. Großkommentar Zivilrecht（逐季度更新）. 这里本不应当忽略著名的帕兰特评注（Palandt），但这部评注主要是由法官（以及其他实务工作者）所撰写：*G. Brudermüller et al.*，Palandt：Bürgerliches Gesetzbuch mit Nebengesetzen，79. Aufl.，2020。

要的特别法也被加以评注。所以，评注类的出版物在数量上也变得难以估量，并且它们在开本和版式上通常都是类似的。〔9〕这使得人们不禁要问，业界对于法律评注的集中出版是否已经临近其饱和点？〔10〕

实际上，评注的繁盛并不仅仅是一个当代的现象，而是评注文化在德国逐渐形成的历史长河中的一个节点。在民法领域，这一传统早在德国《民法典》颁布期间（1896年）就已经形成规模，在当时对新法典的集中讨论中，诞生了大量的评注。当时的观察者不无揶揄地称之为“前景未卜的祈祷”。〔11〕历经数十年后，其中的一些评注成了所谓“权威著作”［例如普朗克（Planck）评注］，部分评注的这种地位延续至今（例如施陶丁格评注）。〔12〕

然而，这一发展过程在20世纪并非一帆风顺：评注内容的典型特征是其体系化的内部结构，这种标志性的结构是在渐进的过程中才逐渐成为评注的标准；评注的学科价值也是随着大部头的教科书和资料手册类出版物的式微而得以改变。〔13〕作为一种文献体裁，评注以法律条文为导引，并结合了体系化的论述，正是这一结构特点奠定了德国评注迄今为止的成功模式的一个重要基础。通过这种方式，法律中的规范内容与判例和学术文献得以连接。在适用法律时，对于某一法律条文或者法律问题，评注在德国承担起了集中筛选和体系化整理现有认知的重要功能，相关人员可以据此而获知该法律问题的现状。

通过观察可以发现，德国评注类文献的现实重要性还在于，对于其他法律制度来说，具有德国特色的法律评注也越来越成为一种模式。这表现为其他国家对本国法律的评注，德国对外国法的评注，针对欧盟法及其他跨国法，包括对示范性规范和所谓“软法”（soft law）条文的评注。因此，评注既不是一种纯粹的德国现象，同时，说到“评注”时，也不仅仅意味着法典化时代的法律评注，虽然这两种情况在历史上本来如此。

对于比较法的总结性研究来说，德国现代的法律评注并不构成这种文献形式

---

〔9〕参见 *R. Zimmermann*, Juristische Bücher des Jahres: Eine Leseempfehlung, NJW 2011, 3557-3563, 3557：作者在文中称，“没有出现不存在的东西，但关键是所有东西都反复出现”。

〔10〕学术界早已对持续出现的大量评注的附加值提出了疑问，参见科学委员会的态度：Perspektiven der Rechtswissenschaft in Deutschland: Situation, Analyse, Empfehlung, Drs. 2558-12, 2012, 68, online: https://www.wissenschaftsrat.de/download/archiv/2558-12.html；另外，还可以参见 *Kästle-Lamparter*, Welt der Kommentare（该文献详情参见本文脚注1），2, 341, ff. m. w. N。

〔11〕［*J.*］*Weil*, Die litterarische Sintflut, Deutsche Juristen-Zeitung 1（1896），276-277, 276。

〔12〕关于这两部大部头的评注，参见 *Kästle-Lamparter*, Welt der Kommentare（该文献详情参见本文脚注1），246-255。

〔13〕参见 *N. Jansen*, Vom Aufstieg des Kommentars und Niedergang des Lehrbuchs: Fünfzehn Beobachtungen zur Entwicklung juristischer Literaturformen in Deutschland im 20. Jahrhundert, in diesem Band, 25-44；在此也涉及普朗克评注和施陶丁格评注（29 ff.）。

的标准定义,而仅仅是一个显而易见的比较点,从而便于从其他法律制度的视角对文献形式进行归类。对于考察他国的出版文化来说,本书同此前的研究一样,主要是设定了一个评注在形式上的概念,据此,我们对评注的理解为:它是一种依附于另一种文本[参照条文(Referenztext)]并对其进行持续性解释的文本。〔14〕根据这一定义,一部法学评注所参照的客体并不是某个法律部门本身,而始终是一部具体的法律的条文,诸如德国《民法典》、法国《民法典》、《尤利乌斯民法大全》、某项欧盟指令、《联合国买卖法》,等等。〔15〕

在此,我们无意划定一个泾渭分明的界限,〔16〕而是为了对形态多样的法学文献进行分类找到共同语言。在涉及不同国家的研究报告当中(以及涉及跨国法律制度的报告当中),我们恰恰特别重视的是,不拘泥于评注的形式分类标准,而是也顾及特点相近的情况,并从总体法学文献的角度出发,将相应的研究结论进行整理。因此,特别要提出的问题就是,在没有评注或者评注并不流行的地方,其他出版物——诸如教科书、资料手册、判例集,甚至包括法学数据库——是否(部分地)发挥了与德国的评注相应的功能?或者说,当相应的功能被建立在了另外的探讨问题的机制之上时,在某些法律制度当中,这种功能本身是否就是没有意义或者无关紧要的?

二、欧洲法制史中的评注

通过对所谓“欧洲共同法(Ius commune)”的评注,早在现代的法律评注出现之前相当长的时段里,欧洲共有的评注文化业已存在,这为后续民族国家的法律发展提供了养分,因此,对评注文化的比较法研究才显得特别具有吸引力。最迟在中世纪的世俗法学和宗教法学当中,众多的评注就已经成为欧洲法学界的一种典型的文献形式。

---

〔14〕 参见 *Kästle-Lamparter*, Welt der Kommentare(该文献详情参见本文脚注 1),9;*D. Kästle*, Juristische Kommentare-theologische Kommentare:Von der Farbe des Chamäleons, in:*D. Kästle/N. Jansen*(Hg.), Kommentare in Recht und Religion(该文献详情参见本文脚注 6),393-450,396。

〔15〕 *W. Blackstone* 在 Commentaries on the Laws of England(Oxford,1765-1769)当中所述的情况,可以说是一些相反的例子,这些评注不仅仅是关于某个对象条文,而是描述了到当时所适用的法律的众多法律渊源。另参见 *Kästle-Lamparter*, Welt der Kommentare(该文献详情参见本文脚注 1),10;另参见本论文集中的 *S. Enchelmaier*, Juristische Kommentare in England:False Friends-or Mates?,227-276,228-230;*H. Dedek*, Der Zugang zu kolonialem Recht:Rechtsliteratur und Kommentare in Kanada,295-316,300;*R. Zimmermann*, Privatrechtliche Kommentare im internationalen Vergleich Verbreitung, Varianz, Verwandtschaft,441-581,478 f.。

〔16〕 关于这么做本来就是很困难的,参见 *Kästle-Lamparter*, Welt der Kommentare(该文献详情参见本文脚注 1),9-12。

(一)从中世纪到近代

在中世纪,在法律教育的学术活动中形成了一种条文注释学,而这些学术活动主要是以法律评注或者类似的文本形式来进行的。注释法学派也可以称为评注法学派,其经院式学术活动的核心就在于阐明权威性条文的含义。在此,特别是罗马法的条文被视为“书面理性”,并被认为是可以普遍参照适用的。〔17〕 在那个时代,法学工作者的称谓就是“注释者”或者“评注者”,仅就此而言,就突显出评注这一文献体裁深刻的影响力。自从有人将零星的评注内容标注进《国法大全》(Corpus iuris civilis)手抄本中以后,这类的评注行为日渐增加,特别是在博洛尼亚(*Bologna*)法学院,这种形式的评注成为注释法学的重要参考资料,其中最为著名的一个样本是 13 世纪出自阿库修斯(*Accursius*)之手的《标准集注》(Glossa ordinaria)。〔18〕 尤其是在这部著作当中,权威性的特点得到显著加强,这种情况也出现在对别的法律条文的其他各种“标准注释”当中。这类注释的权威性表现在它变成了标准评注,并通常与罗马法的原始条文同时得以传承,而且在实务当中部分地具有了等同于法律的效力。〔19〕 有学者据此提出了言之有据的观点:“对法律条文的权威学术评注本身,即为法律权威的源泉,此为大陆法系的民法一直以来的一个特点。”〔20〕

除了上述设立标准的作用以外,这些注释文献还向人们特别清晰地展示了一个情况:在探讨问题的过程中,评注的具体内容把其所涉及的原始法律条文推到了中心地位,这使注释内容在文献的版式安排上尤其引人注目,这就稳固了原始法律条文的权威性,为一些条文在某一法律传统环境中成为基础性条文作出了贡献。对诸如《格拉提安教令集》(Decretum Gratiani)、《萨克森明镜》(Sachsenspiegel)这样最新的或者刚制定不久的法律条文所进行的评注,稳固了这些法律条文的基础作用,同时,也稳固了某个法律制度探讨问题的框架结构,在这方面,评注

〔17〕 该问题的进一步全面论述,参见 *Kästle-Lamparter*, Welt der Kommentare(该文献详情参见本文脚注 1),105-208。

〔18〕 对此颇有教益的论述参见 *S. Lohsse*, Accurisius und die „Glosse“-Eine Bestandsaufnahme zum 750. Todestag, ZEuP 19(2011),366-391。

〔19〕 详细论述参见 *Kästle-Lamparter*, Welt der Kommentare(该文献详情参见本文脚注 1),176-179,207。

〔20〕 *P. Stein*, Roman Law in European History, 1999, 49. 关于评注(在法律信息方面)的权威性,另可参见 *N. Jansen*, The Making of Legal Authority: Non-legislative Codifications in Historical and Comparative Perspective, 2010, 89 f., 113-126; *Kästle-Lamparter*, Welt der Kommentare(该文献详情参见本文脚注 1),332-336。

也表现出其重要性。[21] 评注的另一个显著的稳定作用是导致新的法律条文(主要是中世纪的封建世俗法)融入了罗马天主教法的法规汇编,但其前提条件是新法条文能够取得规范性的标准条文的地位,而评注正是通过产生权威效果的注释而构建了这一前提条件。[22]

除了作为核心法源的教会法和古典罗马法以外,从中世纪开始,还有大量的其他法律条文作为教学资料被解释和评注。这种主要在博洛尼亚也包括个别其他地方所发展起来的工具性方法被运用到了各自当地的法律和记载法律的文稿,[23]例如,在西西里(*Sizilien*)和拿波里(*Neapel*)对于施陶芬国王弗里德里希二世(*Friedrich II.*)颁布的宪章,[24]在卡斯蒂利亚(*Kastilien*)对于法典《七章律》(Siete Partidas)[25],以及在德国对于《萨克森明镜》[26]或者《汉堡城邦法》(Hamburger Stadtrecht)[27]的评注。稍后的年代里,还有梅维乌斯(*Mevius*)关于吕贝克法律的著作,以及法国法学家们诸多关于"习惯法"(Coutumes)的评注。[28]

在普通法中,法学本身的注疏学特性日渐消失,罗马法和教会法的条文仅仅

[21] 详细内容参见 *N. Jansen*,The Making of Legal Authority(该文献详情参见本文脚注 20),22,25-27,120 f.;*Kästle-Lamparter*,Welt der Kommentare(该文献详情参见本文脚注 1),185 f.,188 f.,196 f.

[22] *S. Lepsius*,Fließende Grenzen juristischer Kommentierungstätigkeit im Spätmittelalter:Glosse-Kommentar-Repetitio,in:*Kästle/Jansen*(Hg.),Kommentare in Recht und Religion(该文献详情参见本文脚注 6),141-186,162 ff.

[23] 对此的概述,参见 *N. Horn*,Die legistische Literatur der Kommentatoren und der Ausbreitung des gelehrten Rechts,in:*H. Coing*(Hg.),Handbuch der Quellen und Literatur der neueren europäischen Privatrechtsgeschichte,Bd. I,1973,261-364,358 f.,362。

[24] *B. Capasso*,Sulla storia esterna delle costituzioni di Federico II,Atti dell´Accademia Pontaniana 9(1871),379-502,437-491;*W. Stürner*,Einleitung,in:ders.(Hg.)Die Konstitutionen Friedrichs II. Für das Königreich Sizilien(= MGH,Constitutiones et acta publica imperatorum et regum,Bd. 2 Suppl.)1996,1-142,42-58;最近的观点见 *M. Spadaccini*,Der erste Glossartor des Liber augustalis Friedrichs II.,Deutsches Archiv für Erforschung des Mittelalters 70(2014),489-519.

[25] 关于 Alonso Díaz de Nontalvo 和 Gregorio López 所作的注释,参见本论文集中的 *B. Rodriguez-Rosado*,Juristische Kommentare in Spanien,mit besonderer Berücksichtigung des Zivilrechts:Erfolg und Nisserfolg eines Modells,107-121,107-109;*J. F. Stagl*,Juristische Kommentare in Lateinamerika:Behagen und Unbehagen in der Kodifikation,123-149,124-128,beise m. w. N。

[26] 关于布赫对城邦法《萨克森明镜》的注释的详细论述,参见 *B. Kannowski*,Die Umgestaltung des Sachsenspiegelrecht durch die Buch`shen Glosse,3 Bde.(= MGH,Fontes iuris Germanici antiqui,Nova Series VII/1-3),2002。

[27] *F. Eichler*(Hg.),Die Langenbeck`sche Glosse zum Hamburger Stadtrecht von 1497,2008(Edition,Übersetzung und Einführung).

[28] *Kästle-Lamparter*,Welt der Kommentare(该文献详情参见本文脚注 1),46-48 m. w. N.;关于对习惯法的评注,参见本论文集 Dedek 关于加拿大的论文(该文献详情参见本文脚注 15),303;该文献详情参见本文脚注 42。

是法学论述中各种观点进行沟通的连接点，尽管如此，评注仍然保持着其重要性。[29] 在历史的发展过程中，以及随之出现的大量各类评注当中，不单是阐释（Auslegung-Exegese）而且是“阐发”（Einlegung-Eisegese）、不单是解释原义而且是赋予新义都表现为进行注释时的基本常量（Grundkonstanten）。在评注的内容构成和形式构建上，充分反映出当时的评注者们的工作方法和自我认知。因此，我们可以看到，对《国法大全》（Corpus iuris civilis）的评注与原法律条文越来越拉开了距离。[30] 这一方面表现为注释原文的节点逐渐从个别具体的法律规定提升到法律章节的层次，并且有些作者开始尝试采用自己的评述次序；[31] 另一方面，评注者们在内容上也摆脱了束缚，抑或是出于人文主义而作出的历史性分析或者条文批判，抑或是出于观念转变，不再探究原文的真义，而是寻求其内容可以与时俱进。[32] 通过这种方式，近代早期的评注类文献为下列事实提供了有力的证据：当时的法律文化追求的是对法律的整合，而且，当时的法学已经不再将普通法的条文作为整体性的权威内容加以继受，而是作为“智慧和正义的典范”[33] 具有一定灵活性地与本土法律相结合。[34]

（二）法典化时代的评注活动

如果说在近代早期的具有评注作用的文献形式当中，罗马天主教法在很大程度上还是理所当然（起码仍然在较为宽松的程度上）需要被论及的内容，那么，这种情况却随着理性法思想于 18 世纪的流行而变得不确定。[35] 按照理性法的观念，法律学说的出发点并不在于权威的参照条文，而在于各种可以借助理性而获知的原理和概念，它们构成了得出进一步逻辑结论的基础。针对这种情况，虽然

---

〔29〕 关于近代早期评注文献的多样性的进一步论述，参见 *A. Thier*, Zwischen Exegesesammlung und Ordnungsentwurf: Zur Kommentarliteratur des gelehrten Rechts in der Frühen Neuzeit, in: *Kästle/Jansen*（Hg.），Kommentare in Recht und Religion（该文献详情参见本文脚注 6），207-247；*Kästle-Lamparter*, Welt der Kommentare（该文献详情参见本文脚注 1），38-49。

〔30〕 *N. Jasen*, Methoden, Institutionen, Texte: Zur diskutiven Funktion und medialen Präsenz dogmatisierender Ordungsvorstellungen und Deutungsmuster in Recht und Religion, ZRG（germ.）128（2011）. 1-71, 50-53.

〔31〕 具体论述参见 *Thier*, Kommentarliteratur（该文献详情参见本文脚注 29），219-235。

〔32〕 详细论述见 *Kästle-Lamparter*, Welt der Kommentare（该文献详情参见本文脚注 1），40 ff. m. w. N。

〔33〕 *U. Huber*, Heedensdeagse Rechtsgeleertheyt, soo elders, als in Frieslandt gebruikelijk, Deerde Druk［3. Aufl.］, vermeerdet met veele nieuwe gewijde saken…door Zaharias Huber, Amstedam, 1726, boek I, Kap. 2, § 24:“voorbeelt van wijsheyt ende rechtmatigheyt”.

〔34〕 参见 *N. Jansen*, Das gelehrte Recht und der Staat, in: R. Zimmermann（Hg.）, Globalisierung und Entstaatlichung des Rechts, Teilbd. 2: Nichtstaatliches Privatrecht: Geltung und Genese, 2008, 159-186, 177-185；以及该作者的 Making Legal Authority（Fn. 20），38-41。

〔35〕 详细论述参见 *Kästle-Lamparter*, Welt der Kommentare（该文献详情参见本文脚注 1），49-57.

历史法学派宣扬要回归到优士丁尼的罗马法,但是,假如仍然循着原有的评注形式继续走下去,就会与人们对法律内部结构的体系化要求格格不入。[36] 在这一背景之下,19 世纪所产生的对制定法的评注活动虽然还不能成为一个真正的转折点,但也足以被视为法典化时代中的一个新开端。[37]

就欧洲的总体法制状况而言,评注文献的产生一方面呈现出共同的模式,另一方面也表现出明显的差别:德国在颁布《民法典》的数十年前,特别是在 19 世纪六七十年代的法典化运动当中,就已经将对制定法的评注发展为一类重要的专业文献形式,其中,具有代表意义的是对于商法、刑法以及帝国司法制度法的大量评注。[38] 伴随德意志逐步统一的进程,一直到帝国建立之后,其间所颁布的法典越来越成为各类法学文献的聚焦点,这些文献恰恰是在对制定法的评注当中,找到了一种研究新法律渊源的适当形式。在德国《民法典》于 1896 年颁布到于 1900 年 1 月 1 日生效期间,私法领域探讨问题的指向也随之发生了变化,并导致法典化时代的评注达到了高潮。在此时充斥法学图书市场的大量著作当中,评注扮演着重要的角色。[39] 虽然大部头的教科书和体系化论著在法学的学科文化中仍然保持着特殊的地位,[40]但评注已经开始逐渐发展成为私法学的主导媒介。[41] 评注文献的繁荣过程也展示出《民法典》是如何取代《学说汇纂》,而成为总体私法

---

〔36〕 参见 *R. von Stintzing/E. Landsberg*, Geschichte der deutschen Rechtswissenschaft, Bd. III/2, 1910, 637:"在实际上的学术生态当中,评注几乎完全消失。"

〔37〕 对此,人们只需考虑到 C. F. von Glück 所著的《〈学说汇纂〉详解》(Ausführliche Erläuterung der Pandekten),在作者 1831 年去世之后,该作品由后世的学者们续写。在这个时刻,对法国《民法典》、奥地利《普通民法典》和普鲁士《普通城邦法》的评注早已存在,甚至还有更早的、巴伐利亚的克莱特迈尔所著的数部评注,特别是对 1756 年颁布的《马克西米利安-巴伐利亚民法典》的评注。关于法典化运动本身就是植根于理性法思潮的问题,参见 *F. Wieacker*, Privatrechtsgeschichte der Neuzeit, 2. Aufl., 1967, 321 ff.; *D. von Stephanitz*, Exakte Wissenschsft und Recht: Der Einfluß von Naturwissenschaft und Mathematik auf Rechtsdenken und Rechtswissenschaft in zweieinhalb Jahrtausenden. Ein historischer Grundriß, 1970, 95 ff.

〔38〕 分别的论述参见 *Kästle-Lamparter*, Welt der Kommentare(该文献详情参见本文脚注 1), 215-230. 这里的主要对象条文分别是 1871 年的《德意志普通商法典》、1871 年的《帝国刑法典》,以及后来 1877 年颁布、1879 年生效的《法院组织法》《民事诉讼法》《破产法》和《刑事诉讼法》。

〔39〕 *H. Mohnhaupt*, Die Kommentare zum BGB als Reflex der Rechtsprechung (1897-1914), in: *U. Falk/H. Mohnhaupt* (Hg.) Das Bürgerliche Gesetzbuch und seine Richter: Zur Reflektion der Rechtsprechung auf die Kodifikation des deutschen Privatrechts (1896-1914), 2000, 495-531, 495-511; *Kästle-Lamparter*, Welt der Kommentare(该文献详情参见本文脚注 1), 209 f., 230-288. 关于各种出版物的总体规模,参见 *G. Maas*, Bibliographie des Bürgerlichen Rechts: Verzeichnis von Einzelschriften und Aufsätze über das im Bürgerlichen Gesetzbuche für das Deutsche Reich vereinigte Recht 1888-1898, Berlin, 1899。

〔40〕 *N. Jansen*, Deutschland(该文献详情参见本文脚注 13), 27 f. (These 3).

〔41〕 有关这一概念和对此的观察,参见 *T. Henne*, Die Entstehung des Gesetzeskommentars in Deutschland im 19. Und 20. Jahrhundert, in: *Kästle/Jansen* (Hg.), Kommentare in Recht und Religion, 317-329, 318, 325 ff.

思维所关注的焦点;对于法律实务来说,尽管普通法仍然保持其理论上的持续性,但《民法典》也显然导致了一系列案件范例的转变(Paradigmenwechsel)。[42] 这样的一种法律文化的根本变化,在此前18世纪和19世纪德意志各城邦国制定法典的过程中并没有发生,虽然针对诸如1794年《普鲁士普通城邦法》、1851年《普鲁士刑法典》以及1863年/1865年《萨克森民法典》也有大量评注,但这些探讨法律问题的活动具有明显的地域局限性,学术界的参与度也十分有限。[43]

奥地利的情况却与此不同。该国1811年《普通民法典》(ABGB)重要的起草者弗朗茨·冯·蔡勒(*Franz von Zeiller*)本人曾发表过一部四卷本的评注,[44] 一项同样是主要由他来负责的高校教学制度改革[45] 起到了推波助澜的作用,这导致在随后的数十年当中,奥地利的私法学说体系一直与这部新法典紧密相关;这一学说体系同时也依靠其在法国的发展,被打上了"注疏学派"的标签。[46] 但是,自从19世纪50年代开始,在以约瑟夫·翁格尔(*Joseph Unger*)为代表的历史法学派的影响下,评注类文献在奥地利的发展放缓了脚步。对私法体系化的追求,随着向潘德克顿体系的转向而受到重视。相应于此,法学文化也开始深受具有"体系化"特点的文献形式的影响。[47] 大约20年之后,路德维希·普法夫(*Ludwig*

---

〔42〕 参见 *Kästle-Lamparter*, Welt der Kommentare(该文献详情参见本文脚注1),209-211,230-234。

〔43〕 详细论述见 Kästle-Lamparter, Welt der Kommentare(该文献详情参见本文脚注1),62-65,213-215。

〔44〕 *F. von Zeiller*, commentar über das allgemeine bürgerliche Gesetzbuch für die gesammten deutschen Erbländer der Oesterrechischen Monarchie, 4. Bde., Wien/Triest, 1811-1813.

〔45〕 对此,特别参见 *K. Ebert*, Der Einfluß Zeillers auf die Gestaltung des juristischen akademischen Unterrichts, in: *W. Selb/H. Hofmeister*(Hg.) Forschungsband Franz von Zeiller(1751-1828): Beiträger zur Gesetzgebungs-und Wissenschaftsgeschichte, 1980, 63-93。

〔46〕 *W. Brauneder*, Privatrechtsbildung durch Juristenrecht in Exegetik und Pandektistik in Österreich, Zeitschrift für Neuere Rechtsgeschichte 5(1983), 22-43 m. w. N. 此后第一个十年里出现的评注作者有 Taglioni(在米兰),Schuster(在布拉格),Nippel 和 Winiwarter(后二者均在维也纳),关于他们的生平,参见 *W. Brauneder*(Hg.), Juristen in Österreich 1200-1980, 1987. 截至1876年在奥地利出版的评注汇总,参见 *L. Pfaff/F. Hofmann*, Commentar zum österreichischen allgemeinen bürgerlichen Gesetzbuche, Bd. 1, Abt. 1, Wien, 1877, 61-67。对评注类文献发展的描述,见 *H. Mohnhaupt*, Zum Verhältnis zwischen Kodifikation und Rechtsprechung an Beispiel von Kommentaren und Rechtsprechungssammlungen zum ABGB, in: *B. Dölemeyer/H. Mohnhaupt*(Hg.), 200 Jahre ABGB(1811-2011): Die Österreichische Kodifikation im internationalen Kontext, 2012, 121-157, 136-149。简明概览另参见 *Zimmermann*, Privatrechtliche Kommentare(该文献详情参见本文脚注15), 449-453。

〔47〕 *J. Unger*, System des Oesterrichischen Allgemeinen Privatrechts, 3 Bde., Leipzig, 1856-1864. 作为评注,另参见 *M. von Stubenrauch*, Das allgemeine bürgerliche Gesetzbuch … mit Rücksicht auf das praktische Bedürfniß erläutert, Wien, 1854-1858, unter dem Titel Commentar zum österreichischen bürgerlichen Gesetzbuch (ab der 4. Aufl., 1884-1885, fortgeführt von *M. Schuster* und *K. Schreiber* bis zur 8. Aufl., 1902-1903)。关于民法以外情况的概述还有 *W. Brauneder*, 1850-1900, in: ders., Juristen in Österreich(该文献详情见本文注脚46), 136-146。

Pfaff)和弗朗兹·霍夫曼(*Franz Hoffmann*)编著了新的《〈普通民法典〉评注》,这是一部法典注释学和参照翁格尔体系化方法相结合的著作。当时的评注编撰者们认为,"体系和评注本来就应当相互补充和完善",〔48〕这可以说是一个正确的观点。

同样在法国19世纪的法律文化当中,法典化倾向和历史法学派所推崇的体系化思维也处于博弈状态。1804年法国《民法典》颁布以来,紧随其后的是一段对该法典进行密集评注的时期,其编著者被归类为"注疏学派"(École de l'Exégèse)。这实际上是在20世纪才固定下来的一种归类,〔49〕并在最近几十年里受到了一些不无道理的批判,〔50〕并且有学者主张应和这一归类概念作"彻底告别"。〔51〕毋庸置疑的是,在当时有关法国民法的论著当中——起码在法学教学课程当中是必须遵循的〔52〕——法国《民法典》的条文顺序构成了标准的编排框架。〔53〕不但在由马勒维尔(*Maleville*)取材于立法资料所编著的法典注释中是如此,并且在蒲鲁东(*Proudhon*)、图利耶(*Toullier*)或迪朗东(*Duranton*)编著的任何

---

〔48〕 *Pfaff/Hofmann*, Commentar I/1(该文献详情参见本文脚注46), Vorrede, III f.:"几乎没有任何课堂教学可以撇开评注的内容,更不用说法律实务了。正确的做法似乎是使体系化的方法与评注互相补充……评注的形式不应当成为塑造体系化研究结果的障碍……"。同样倾向的观点还参见 *L. von Kirchstetter*, Commentar zum Oesterreichischen Allgemeinen bürgerlichen Gesetzbuche, Leipzig/Wien, 1868,该一卷本评注的作者在其前言第五部分阐述的理由中称:"尽管有翁格尔(Unger)针对法律所做的内容广泛且详尽的工作,但是,对于同样的法律材料,直接对法典中相关的法律条文进行简明扼要的阐释,……这种工作不应当被认为是无用的。"(这部作品曾在1872年,1876年,1882年和1884年修订再版,从第三版开始,由F. Maitisch主编;另外也有全盘否定的批评,参见 *Pfaff/Hofmann*, *loc. Cit.*, 64 f. M. w. N.。)

〔49〕 Grundlegend *J. Bonnecase*, L' École de l'exégèse en droit civil: Les traits distinctifs de sa doctrine et de ses méthodes d'après la profession de foi de ses plus illustres représentants, 2. Aufl., 1924. 这一概念形式已经出现在 *E. D. Glasson*, Discours, in: Le centenaire du Code civil1804-1904, 1904, 37-47, 41。

〔50〕 法国方面的研究证据参见 *J. -L. Halpérin*, Histoire du droit privé français depuis 1804, 2. Aufl., 2012, 73; ferner *A. Bürge*, Das französische Privatrecht im 19. Jahrhundert: Zwischen Tradition und Pandektenwissenschaft, Liberalismus und Etatismus, 2. Aufl., 1995, 2, 245, 246 f., 272(„Mythos"), 518 f.; *M. Gläser*, Lehre und Rechtsprechung im französischen Zivilrecht des 19. Jahrhunderts, 1996, 47 f. (weder Schule noch Exegese)。

〔51〕 *A. Bürge*, Rezension: Gläser, Lehre und Rechtsprechung(该文献详情参见本文脚注50), ZRG (germ.) 115(1998), 811-820, 818.

〔52〕 *Bürge*, Das französische Privatrecht(该文献详情参见本文脚注50), 496-500; *Halpérin*, Historie(该文献详情参见本文脚注50), 41-43, 71.

〔53〕 相关概览参见 *Halpérin*, Histoire(该文献详情参见本文脚注50), 48-57, 72-74,以及(简要但却不够细致,目录式的列举,可信度不高的资料)*K. H. Neumayer*, Die wissenschaftliche Behandlung des kodifizierten französischen Zivilrechts bis zur Dritten Republik, in: *H. Coing/W. Wilhelm* (Hg.), Wissenschaft und Kodifikation des Privatrechts im 19. Jahrhundert, Bd. 1, 1974, 173-175, 182-186ö sowie in diesem Brand *J. -S. Borghetti*, Legal Commentaries in France: Will Mammoths Come Back to life?, 45-60, 48-50; und Zimmermann, Privatrechtliche Kommentare(该文献详情参见本文脚注15), 453-460。

一部《民法教程》[54]当中,亦是如此。后两位的论著可以归类为一种章节型的评注,它们虽然没有严格按照法典的条文顺序,但却遵循了其章节顺序,因此,仍然可以基于这一点而将其视为一类"《民法典》的仆从"型的评注。

抑或以评注的形式,抑或对法律资料以一种"折中的方式"进行新的编排,法国民法学界对于二者到底哪一种是恰当的论著方式,始终颇具争议,这也涉及如何因应法典化的方法论问题。[55] 推进体系化思维的一个强劲的动力来自奥布里(*Aubry*)和劳(*Rau*)二人(自 1839 年)将德国学者察哈里埃(*Zachariä*)所著的《法国民法手册》翻译为法语的过程。[56] 在马卡戴(*Marcadé*)随后(自 1842 年)的著作中,以及常被誉为"注疏学王子"的德莫隆布(*Demolombe*)(自 1845 年)也都借助这一动力,将法教义学融合进了评注的过程当中。当然,他们的著作仍然没有脱离法典章节的编排顺序。[57] 直到 19 世纪末,这种情况才通过教学改革而得以改变,法学的课堂教学内容从此不再严格按照法典内容的顺序。[58] 此时,当德国民法领域的评注文化达到繁荣阶段的时刻,法国的评注传统却在很大程度上走向

---

〔54〕 *J. De Maleville*, Analyse raisonnée de la discussion du Code civil, Paris, 1805; *J. B. V. Proudhon*, Cours de droit français, Dijon, 1809 ff.; *C. B. M Toullier*, Le Droit civil français, suivant 1' ordre du Code Napoléon, Rennes, 1811 ff.; *A. Duranton*, Cours de droit français suivant le Code civil, Paris, 1825 ff.

〔55〕 *Bürge*, Das *französische Privatrecht*(该文献详情参见本文脚注 50),238-245. 在荷兰的相同问题的讨论参见 *J. Jansen*, Der Blaue Engel und die Grüne Reihe: Die Rolle des Kommentars in der niederländischen privatrechtlichen Publikationskultur, in diesem Brand, 87-106, 94 以及本文脚注 26。

〔56〕 Cours de droit civil français traduit de 1' allemand de *C. S. Zachariae*[...] revu et augmenté, avec 1' agrément de 1' auteue, par C. Aubry [...] et C. Rau[...], Strasbourg, 1839-1846. Vgl. dazu mit unterschiedlichen Akzenten Neumayer, Wissenschaftliche Behandlung(该文献详情参见本文脚注 53),186-192; *Bürge*, Das *französische Privatrecht*(该文献详情参见本文脚注 50),242-245; *J. -L. Halpérin*, Der Einfluß der deutschen Rechtsliteratur zum Code civil in Frankreich von Lassaulx bis Zachariä, in: R. Schulze(Hg.), Rheinisches Recht und Europäische Rechtsgeschichte, 1998, 215-237, 226-231; dens., Histoire(该文献详情参见本文脚注 50),57-59。

〔57〕 *V. Marcadé*, Éléments du droit civil français ou explication méthodique et raisonnée du Code civil [...] suivie d'un résumé à la fin de chaque titre, Paris, 1842 ff.; *C. Demolombe*, Cours de Code civil, Paris, 1845 ff. Zu ihnen Neumayer, Wissenschafliche Behandlung(该文献详情参见本文脚注 53),192-194; *Halpérin* Histoire(该文献详情参见本文脚注 50),59-61 mit dem Hinweis, Demolombe sei als prince de 1' Exégése „peut-être été mal nommé"(60).

〔58〕 *Halpérin*, Einfluß der deutschen Rechtsliteratur(该文献详情参见本文脚注 56),230; 进一步的论述见同一作者的 Histoire(该文献详情参见本文脚注 50),174 f., 181-184, 199-201.

了消亡。[59]

在其他欧洲国家,从1838年的荷兰旧《民法典》,到1856年意大利《民法典》,直至1889年的西班牙《民法典》,19世纪各国民法典的颁布也都引发了评注的繁荣。在此过程中,法国法学传统的影响不仅在于对法典本身,而且还表现在对法典的评注过程。[60] 同时,在奥地利和法国所发生的、由历史法学派的体系化思维所推动的向体系化文献的转变,同样明显地出现在了荷兰以及较晚后的意大利。[61] 而且很显然,直到后来各国对自己的民法典进行彻底修改的时候,才催生了新一代法律评注,比如1974年在西班牙,以及1992年在荷兰出现的评注。即使是在意大利,也是直到1942年新《民法典》的颁布,才重新发展出了值得一提的评注类文献。[62]

在上述背景之下,对于欧洲的法学来说,在法律评注繁盛之时,可以明确地观察到三个基本现象。首先,某一法律领域的法典化通常是导致评注产生的强大推动力。这同样表现在20世纪德国的其他法律领域,例如社会法和行政法领域。[63]

其次,法律的体系化具有方法论上的诸多优势,而如果这些优势能够适当地融入评注这类论著形式,所出现的评注文化才能稳定地持续下去。这一情况之所以在对德国《民法典》的评注当中成为现实,有一个原因不容忽视,即相较于欧洲其他国家此前的民法典而言,潘德克顿法学的体系化要求对德国《民法典》本身已经产生了更大的影响。[64] 另外,德国的法学研究所依赖的也是潘德克顿学派的

---

〔59〕 20世纪法国与评注更加疏离的原因参见*Borghetti*,France(该文献详情参见本文脚注53),52-59;以及*Zimmermann*,Privatrechtliche Kommentare(该文献详情参见本文脚注15),456 f. 涉及德、法两国情况的鲜明对照时,不应当忘记的是,德国的一些地区也施行了《拿破仑法典》,并出现了几部值得提及的评注,比如在巴登的公爵领地,参见*K. H. Neumayer*,Die wissenschaftliche Behandelung des kodifizierten Privatrechtsstoffes im Großherzogtum Baden und auf dem linken Rheinufer bis zum Beginn der Vorarbeiten zum BGB (1874),in:*Coing/Wilhelm*,Wissenschaft und Kodifikation I(该文献详情参见本文脚注53),197-216,208-210。

〔60〕 此问题参见本论文集中*J. Jansen*(该文献详情参见本文脚注55),89-96;*F. P. Patti*,Kommentare zum italienischen Zivilgesetzbuch:Geschichte,Struktur und Funktion,61-86,63-66;*Rodríguez-Rosado*,Spanien(该文献详情参见本文脚注25),110 f.。

〔61〕 *J. Jansen*,Niederlande(该文献详情参见本文脚注55),93-96(auch zur Übergangsphase bei Diephuis und Opzoomer);*Patti*,Italien(该文献详情参见本文脚注60),66-68。

〔62〕 *J. Jansen*,Niederlande(该文献详情参见本文脚注55),98-104;*Patti*,Italien(该文献详情参见本文脚注60),68-70;*Rodríguez-Rosado*,Spanien(该文献详情参见本文脚注25),111-114。

〔63〕 参见*Kästle-Lamparter*,Welt der Kommentare(该文献详情参见本文脚注1),76;*M. Stolleis*,Geschichte des öffentlichen Rechts in Deutschland,Bd. 3:Staats- und Verwaltungsrechtswissenschaft in Republik und Diktatur 1914-1945,1999,205 f.。

〔64〕 同一倾向性的观点另见*Borghetti*,France(该文献详情参见本文脚注53),54。

学者,并且在一些著作中,体系化要求和持续性评注结合得十分成功[如施陶布(*Staub*)评注、施陶丁格评注、普朗克评注〔65〕]。虽然人们并不忌惮陷入咬文嚼字的所谓“条款法学”(Paragraphenjurisprudenz)的危险,但评注者们还是成功地摆脱了词句注疏(Wortlautexegese)的羁绊。〔66〕

最后,只有在整个法学界主动去适应评注这种形式时,法学界才会产生真正的评注文化。对此,学术环境内部相应的前瞻性决定对此起着至关重要的作用,上述法国和奥地利的教学制度改革就是一个例证。而在德国,1896年召开了著名的爱森纳赫会议(Eisenacher Konferenz),与会的法学教师经过长时间的讨论,最终决定把德国《民法典》作为未来私法教学的核心。〔67〕

三、作为一种法律文化元素的评注

将现实的法律文献形式与各国的法律制度和法律文化〔68〕联系起来去理解,以及思索各种法律文化和学术文化背景对法学论著形式的“渲染”,这构成了本论文集中比较法学研究的出发点。从这一视角来看,可以把评注比喻为变色龙,其色彩会随着所处的环境而变化。〔69〕 虽然并不完全相同,但类似的情况也会表现在其他的文献种类中,例如教科书、资料手册、期刊以及期刊文章、专著等。

当然,各种法学文献的形式不仅仅是探讨问题的不同环境的反映,更确切地说,法律文献的各种形式与法律文化的其他变量(Variablen)处于一种相互作用的

---

〔65〕 *H. Staub*, Kommentar zum Handelsgesetzbuch, Berlin, 1893; *J. von Staudinger*(Hg.), Kommentar zum Bürgerlichen Gesetzbuche für das deutsche Reich nebst Einführungsgesetz, München, 1898–1903; *G. Planck*(Hg.), Bürgerliches Gesetzbuch nebst Einführungsgesetz, Berlin, 1897–1902. 关于体系化参见 *Kästle-Lamparter*, Welt der Kommentare(该文献详情参见本文脚注1),256 f., 262 f.;另见 *N. Jansen* Deutschland(该文献详情参见本文脚注13),29(These 5)。

〔66〕 *Kästle-Lamparter*, Welt der Kommentare(该文献详情参见本文脚注1),271–274 *m. w. N. Für Österreich* vgl. *Mohnhaupt*, Kodifikation(该文献详情参见本文脚注46),144–149。

〔67〕 Siehe *E. Friedberg*, Die künftige Gestaltung des deutschen Rechtsstudiums nach den Beschlüssen der Eisenacher Konferenz, Leipzig, 1896; zuammenfassend *Kästle-Lamparter*, Welt der Kommentare(该文献详情参见本文脚注1),231. Zur Rolle der juristischen Profession bei der Anerkennung von Rechtsquellen vgl. *N. Janse*, Making Legal Authority(该文献详情参见本文脚注20),45–49。

〔68〕 在学术文献当中,法律文化这一概念的使用千差万别,具有启发意义的论述参见 *R. Michaels*, Rechtskultur, in: *J. Basedow/K. J. Hopt/R. Zimmermann*(Hg.), Handwörterbuch des Europäischen Privatrechts, 2009, Sp. 1255–1259 m. w. N. 应当对这篇文章中所使用的“司法”这一概念做广义的理解,作者在此指出,对法律制度产生深刻影响的因素,不仅仅是其规范基础(法律条文),而且也包括法律制度的行动者、机构、文献形式、法学认知、习惯上讨论探讨问题的人员构成等,按照该作者的观点,这里关系到“一个扩展的法的概念”。

〔69〕 *Kästle*, Farbe des Chamäleons(该文献详情参见本文脚注14),448–450。

关系中,而且,前者也深深地影响了某个法律制度中的讨论和思维结构。例如,评注可以聚焦于某个权威性参照条文,这通常是某部法典,并有助于一个法律制度将其作为自己的法源。〔70〕 正如在德国的法律评注当中,判例(以及学说文献)是作为对法律的解释而呈现给读者的;但是,这也反而可能会误导人们对判例法真实含义的探究。〔71〕

据此,我们恰恰应当将法学文献的学科价值和功能放到其与法律文化中的其他因素的动态关系当中来理解。其中的首要问题是文献形式与法律渊源之间的关系,在此,法典和评注之间的关系十分密切,不仅上文中的历史性观察,而且本论文集中大量的其他文章也明确表明了这一点。随着某一法律部门中的法典制定或者修改,往往都会出现相关的说明解释性文献,并且,毫无例外的是,法学行业的人员构成和自我认知也构成了催生某些特点鲜明的文献种类的决定因素,因为是由法学家和法律实务工作者们的行为决定了探讨法学问题的论著形式。法律制度深受评注影响的前提是存在一个探讨问题的共同体,该共同体要能够自觉地主要致力于某些基本条文(Basistexte)及其在注疏学上的理解(通常就是法律条文及其解释)。〔72〕

另外,法学文献的总体情况同时还取决于学术和实务以及法学工作机构方面的框架条件的影响。在这一点上,假如没有在当时的高等学校中的教学活动和对法学文献的共同研读,中世纪注释及评注类文献的出现是无法想象的。〔73〕 当然,审判活动也是构建法律制度的一块具有决定性意义的基石。例如,对于20世纪评注文献在德国的繁盛,就应当注意到这是伴随着法院审判活动地位的提高而发生的。〔74〕 对于法学文献来说,一方面是人们把日益丰富的法院判决融入了对法律的论述,并将这类资料进行整理(此为当前编撰评注时的典型工作方式),这变得越发重要;另一方面,为了把法律置于一个大的体系中进行论述,法学家们传统上是采用资料手册和教科书这类媒介,〔75〕但在法律内容进一步专业化,法制的重

---

〔70〕 *N. Jansen*, Making Legal Authority(该文献详情参见本文脚注20),124-126;*Kästle-Lamparter*, Welt der Kommentare(该文献详情参见本文脚注1),260 f.,327 f.。

〔71〕 *N. Jansen*, Deutschland(该文献详情参见本文脚注13), 94-100 (These 12)中所强调的有所不同:评注所反映出的法律是“成文法和判例法的混合体”。

〔72〕 普通法制度中十分错误的做法参见本论文集中有关英国法的论述(该文献详情参见本文脚注15), 271 ff.; *M. Reimann*, Legal “Commentaries” in the United States: Division of Labor, in diesem Band, 277-294, 289 ff.。

〔73〕 *Kästle-Lamparter*, Welt der Kommentare(该文献详情参见本文脚注1), 111, 120, 161, 174 ff. m. w. N.

〔74〕 Dazu statt aller *J. Schröder*, Recht als Wissenschaft: Geschichte der juristischen Methodenlehre in der Neuzeit (1500-1933), 2. Aufl., 2012, 281 ff.

〔75〕 Näher dazu *N. Jasen*, Deutschland(该文献详情参见本文脚注13), 42-44 (These 15).

点向审判活动转移的背景下,这种方式已经变得越来越困难。

最后要指出的是,政治、经济以及科技的情况也与法学文献形式相关联,我们可以将此表述为法律文化和法律文献的外部影响因素。本文在此特别要提到当前的数据化问题,对此,本论文集的其他文章也不同程度地提出,数据化已经大大改变了法学工作者和法律使用者的工作和阅读习惯,起码在年轻一代当中,上网查阅法学评注或者其他标准文献已逐渐成为常态。[76] 当然,数据化的影响不仅限于此。从世纪之交开始,相应的数据服务在德国持续扩展,并在近些年形成了巨大的规模。[77] 对于获取法学文献资料来说,我们现在就完全可以称之为是一场"媒体革命"(Medienrevolution)。[78] 但是,评注的作者们,以及出版社在内容的展示和形式的编排上,很大程度上仍然倾向于遵循现有的模式。有些评注采取多层次的结构,用小字体对具体问题进行评注,或者采用了标明网址链接的方式,这毋宁说仅仅是涉及一些细节问题。也许同样应当引起注意的是,在一些评注文本当中,几乎是无限制地为读者提供了许多空白的位置,[79] 但就目前情况而言,这(还)没有导致出版文化的持续性巨大变化。在这方面最引人注目的一点应该是线上评注持续更新的较短周期(例如每季度),这可以使评注及时反映现实情况的发展;而在此前,这一点只有期刊才可以做到。我们可以对法学文献的参与因素进行设想:使用者可以补充和完善资料,或者进行进一步评注,也可以直接参与讨论,甚至人们可以建立起一种开放式的文献编写机制。这些,都将会改变传统的、基于单方面发表言论的行为而构建起来的出版业。而互联网在何种程度、以何种速度通过上述方式改变人们和法学知识的关系,目前仍然很难估量。[80] 法学内

---

〔76〕 关于俄罗斯的情况,参见本论文集 *A. Shirvindt*, Die juristische Literaturlandschaft Russlands: Eine Kommentarwüste, in diesem Band, 203-226, 205。

〔77〕 贝克出版社的线上评注系列(die Reihe der Beck' schen Online-Kommentare)可以作为一个例子。该系列在 2013 年才有 30 部评注,到了 2015 年中期就达到了 50 部,[*Kästle-Lamparter*, Welt der Kommentare(该文献详情参见本文脚注 1),99];而到了 2020 年 4 月份已经达到 150 部。

〔78〕 *Vec*, Rezension *Kästle-Lamparter*, Welt (该文献详情参见本文脚注 5), 670。

〔79〕 参见从文化学角度对此的论述 *H. U. Gumbrecht*, Fill up Your Margins! About Commentary and Copia, in: G. W. Most (Hg.), Commentaries-Kommentare, 1999, 443-453, 452 f. 。

〔80〕 参见指出这一问题的 *C. Djeffal*, Commentaries on the Law of Treaties: A Review Essay Reflecting on the Genre of Commentaries, European Journal of International Law 24 (2013), 1223-1238, 1237 f.; und *Vec*, Rezension *Kästle-Lamparter*, (该文献详情参见本文脚注 5), 670。

容的博客虽然已经出现,〔81〕但是,法学的“维基评注”还未见踪影,〔82〕更不要说由大数据支撑下的人工智能自动评注系统了。但在跨国的比较当中,根据多国的情况可以确定的是,〔83〕人们可以从判决数据库中直接获取法院判决内容,也可以在评注中或者其他专注于某方面法学知识的文献中获取信息,当前,这两种方式形成了某种竞争态势。

四、研究方案和概览

在本文的这一部分,同时也要表明本论文集的研究方案。其中的每一篇论文都为整个方案提供了涉及某个国家或者是某个跨国法律制度的内容,跨度从欧洲大陆到拉丁美洲、日本、普通法国家和混合法律秩序的国家,直至欧盟私法和跨国私法,也包括国际法。这些论文内容反映了所涉法律制度的现实和历史发展形态,分析了法学评注在相应法律文化背景之下的情况:是花繁叶茂还是枝枯叶败?如何评估品类的多样性?在这幅图景当中,评注对于法学“生态系统”有什么意义?在与其他诸如教科书、资料手册、判例集或者其他法学数据库的关系中,是否存在一种共生的结构?抑或上述其他文献所发挥的功能在其他区域是由评注来承担的?针对不同的情况,我们可以说,评注是本土原生的,或者说,评注是从其他广泛生长的区域所引进,特别是从德国的法学探讨活动中所引进,并随后发生了本土化的情况,这样的说法是否准确呢?

正如人们此前对评注类文献的研究一样,〔84〕下列论点也可以作为有助于分析问题的导引:第一,评注内容和参照条文的关系,也就是“是否”以及“为什么”

---

〔81〕 知名的即宪法博客(<https://verfassungsblog.de>),在这个博客中,有德国和国外的学者发表针对宪法问题的论述;读者可以对这里的论文进行评注。关于博客,参见 *I. Augsberg*, Blogozentrismus, in: *Funke/Lachmayer*, Formate der Rechtswissenschaft(该文献详情参见本文脚注 1), 101–116; *H. Birkenkötter*, Blogs in der Wissenschaft vom Öffentlichen Recht: Ein Beitrag zur Erschließung neuer Formate, loc. cit., 117–139; *S. Marti*, Die Rolle von Internetblogs im juristischen Diskurs, in: Wandlungen im Öffentlichen Recht, Festschrift zu 60 Jahren Assistententagung, 2020, 327–347。

〔82〕 大约是从 2019 开始,有了一本行政法维基教科书:参见 *N. Eisentraut*(Hg.), Verwaltungsrecht in der Klausur, online: <https://de.wikibooks.org/wiki/Verwaltungs recht_in_der_Klausur/_Das_Lehrbuch>. 第一部维基评注的出现大概只是个时间问题。

〔83〕 参见下列论文 *Patti zu* Italien(该文献详情参见本文脚注 60), 82–84; und *Shirvindt* zu Russland(该文献详情参见本文脚注 76), 225 f. 另参见 *J. C. Schuhr*, Rechtsprechungsdatenbanken als Format rechtlicher Information– Hilfsmittel oder Ersatz für Kommentare?, in: *Funke/Lachmayer*, Formate der Rechtswissenschaft(该文献详情参见本文脚注 1), 161–180。

〔84〕 参见 *N. Jansen*, Kommentare in Recht und Religion: Einführung, in: *Kästle/Jansen*, Kommentare in Recht und Religion(该文献详情参见本文脚注 6), 1–14, 3 ff.; *Kästle–Lamparter*, Walt der Kommentare(该文献详情参见本文脚注 1), 16 f.。

要对法律进行评注；第二，评注所采取的方法和技术，也就是“如何”进行评注的问题；第三，交代清楚评注涉及的相关范围和机构（立法、司法、研究和教学），包括参考文献出处和评注的受众，以及习惯上参与探讨问题的主体构成（包括专业声誉的获得机制）；第四，进行评注的形式以及其载体特色（特别是版式和字体设计）；第五，评注在探讨法律问题时的功能以及发挥作用的方式；〔85〕第六，关于评注的权威性和被接受程度的问题。

根据上述标准（当然，这些并非生硬的研究列表，而仅仅是上面所称的“导引”），论文集的作者们各自描述了相关的法学文献情况，并对现有各种评注的特点进行了分析。本论文集的比较法概貌包括 14 篇国别情况的论文（拉丁美洲被视为一个区域）和 3 篇关于跨国法律制度的论文。对所涉及国家的选择是不全面的，这也是不得已而为之。对于许多没有被研究的法律制度来说，本来也可能有充分的理由对其加以关注，〔86〕但对我们来说，同样重要的是打开一幅宽广的比较法图景，并展示出不同法系和不同地区情况的一个横切面，特别是能够具有一个超越欧洲和欧洲大陆法范围的宏阔视角。因此，对德国、法国、意大利、荷兰、西班牙进行了论述之后，也研究了拉丁美洲、日本、波兰和俄罗斯的情况。随后的文章是关于普通法制度下的情况（英国、美国），以及深受其影响的混合型法律制度（南非、加拿大、以色列）。最后，也对欧洲私法和跨国私法以及国际法进行了研究。

在关于德国的论文当中，尼尔斯·扬森（*Nils Jansen*）以法律本身和法律学术的区别作为一个特别视角，描述了 20 世纪评注文化的发展。相较于评注的繁荣发展，（大部头的）教科书的衰落成为一个伴生现象，而且是伴随着法学学术中的角色转换而发生的，即后一类法学文献在传统上所承担的体系化法学教育功能，已经不是当今法学学术理论界的核心任务了。从 20 世纪最后三分之一的时间开始，虽然法学教授们也加强了参与评注的力度，但评注仍然保持了其注重法律实务的原则性方向。

法国评注类文献的发展可以叙述为一段“繁荣和衰落”的历史。在让-塞巴斯蒂安·博尔盖蒂（*Jean-Sébastien Borghetti*）的论文当中，他描述了 19 世纪在对法国《民法典》进行论著化的过程中，评注是如何成为一种重要的文献种类。这些评注辞藻华丽，但缺少体系化的分析，明显有别于当今德国风格的法律评注。这种评注的传统在 19 世纪末归于消亡。今天，在这个“艺术国度”，终于出现了体系化

---

〔85〕 评注的典型基本功能——根据法律文化的不同背景——体现为法律条文释义、汇编、对知识进行筛选和体系化、理论化、具体化、相互协调、稳定化，以及批判和续造，具体见 *Kästle-Lamparter*, Welt der Kommentare（该文献详情参见本文脚注 1），311-332 m. w. N.。

〔86〕 莱因哈德·齐默尔曼在本论文集的总结性论文中补充了一些其他文章未予介绍的情况，主要是概述了法律评注在瑞士（第 458-460 页）和苏格兰（第 498-500 页）的情况。

的论著(traité)。关于这一发展过程的原因,博尔盖蒂首先强调了法国《民法典》本身的结构问题,并认为,这种结构肯定无法企及科学性的法教义;另一方面是关于审判的重要性,当前,法国的法学界通过审判活动的“透镜”来观察法律。在目前对法国《民法典》的改革过程中,是否会持续地对其结构进行一定的修改,现在仍然只能是静观其变。但无论如何,债法的修改已经在某种程度上引发了法律评注的复兴。

在当代罗马法律制度当中,意大利建立起了最为强势的评注文化,这反映在弗朗西斯科·保罗·帕蒂(*Francesco Paolo Patti*)的论文中所叙述的自20世纪70年代以来所出现的评注式文献的全盛期。直至今天,对意大利《民法典》的大部头主导性评注和一些简明评注仍然为每一位意大利法律工作者所经常使用。在意大利,除了一些著名的所谓“论著”(trattati)(大部头的教科书)和法学百科全书以外,评注在传统上也享有很高的学术地位,尽管评注的编撰并不一定能够给作者的学术声誉带来特别有利的影响。然而,实务工作者获取信息的途径越来越从评注转向判决数据库,而且,法官在判决书中完全不得引用评注的内容。因此,评注这种“成功的形式”也陷入了某种程度的危机。

与上述情况不同,评注在荷兰的私法探讨活动当中扮演的是一个次要的角色。杰勒·扬森(*Jelle Jansen*)对这种情况进行解释的主要观点认为,一方面是由于法律学术界对评注某种程度上的忽视,另一方面是法律实务工作者缺乏对出版的参与度。针对1992年的荷兰《民法典》出现了三卷本的简明评注,即所谓“绿色系列”,以及另一部被称为“蓝天使”的著名著作《条文和评注》。二者都具有很强的实务倾向,并且在实务中也的确大受欢迎。但是,这些著作的内容虽然大部分是由学者所撰写的,却不适合作为学术研究的引用文献。而与现在的情况不同,19世纪的出版物却是琳琅满目,各种不同的评注和注释类的法律书籍都试图讨论1838年的旧民法典中的问题。但自19世纪中叶开始,私法学开始摆脱法国评注文化的影响,甚至完全摆脱了评注这种文献形式,并开始转向体系化的作品。

法国的评注作者对西班牙也一直发挥着影响力,因此,在1889年西班牙《民法典》生效后的数十年里,出版了大量的评注,其中包括一些十分著名的著作。在布鲁诺·罗德里格斯-罗萨多(*Bruno Rodríguez-Rosado*)的论文中,这些评注被称为已被法国所摒弃的注疏学方法的“迟到成果”。同时,西班牙的法律文化本身也早已拥有对前法典化时代本国的地方性或区域性法规进行评注的传统。自20世纪70年代的大范围法制改革以来,评注类文献获得了新的发展动力,这也得益于德国法学日渐增强的影响。目前,评注类体裁的高度繁荣是显而易见的,并且不局限于民法领域,这与实务类和教学类著作的次要性形成了鲜明的对比。形成这种落差的决定性因素显然首先是西班牙高等教育体系的结构性原因,以及理论和实务相分离的普遍情况,而后者可归咎于西班牙《民法典》对制度体系的结构性影响。

雅各布·福尔图纳特·施塔格尔(*Jakob Fortunat Stagl*)对拉丁美洲的法律制度进行了一番分层次的描述,据其考证,值得一提的评注文化只在巴西有所发展。他认为,这种情况也可以追溯到德国的影响。评注类文化繁荣的萌动也出现在阿根廷,特别是自从 2016 年新《民商法典》生效以来。尽管很早之前的 1855 年智利《民法典》在整个拉美范围都具有巨大的影响力,但该国的评注却相对较少,传统上占主导地位的是以体系化方式编著的教科书,而其中的论述依据和结构通常是从欧洲法律制度中“进口”的。另外,拉丁美洲的发展动态,其特点在于法律本身修改的常态化,而不在于法律评注内容的更新。

长野史宽(*Fumihiro Nagano*)在介绍日本的情况时,其视角着重于德国对日本法律文化的历史性影响。令人感兴趣的是,评注类文献在日本的繁荣却恰恰是在二战以后德国的影响已经消退的时期,这时,人们已经更倾向于研究美国法和法国法。然而,德国的评注仍然显示出了其示范效应。传统的大部头评注在实务中也同样具有很高的权威性,除此之外,目前在日本也出现了许多其他种类的评注。但同时,根据长野所述,相对于教科书类的文献而言,评注这一文献形式始终是乐队中的“次席小提琴”。

沃伊切赫·达伊扎克(*Wojciech Dajczak*)在他的论文中也论述了德国的评注传统对波兰法律文献的影响。在该国,自从 20 世纪 90 年代以来,正在逐步发展壮大的评注类文献主要是采取了德国模式,具体来说,就是德国贝克出版社(C. H. Beck)在波兰的分社所出版的著作。在两次世界大战之间,波兰的法学工作者们曾经以令人瞩目的多种形式对 1933 年的《债法典》进行过评注。但当代波兰的法学文献并没有接续自己的上述评注传统,而是更大程度上打上了继受国外标准的烙印。

安德烈·M. 西尔温特(*Andrey M. Shirvindt*)在论文中称俄罗斯为评注类文献的荒漠地带。虽然针对各种参照条文,包括针对民法典,有大量的评注,但这些所谓评注往往都十分简略,既没有对审判实践也没有对法学文献的全面总结分析。因此,俄罗斯的评注既没有起到讨论问题的媒介作用,也不能作为法学知识的资料库,而仅仅是“自上而下”进行法律解释的工具,最高法院的法官和大学教授们借此向年轻一代的法律人和未接受完全法学训练的法律使用者阐明法律的含义。

在受普通法影响的范围内,由于法典本来就对法律制度不起决定性的作用,所以,法律条文评注的地位也较低。但是,在普通法的内部也是有所区别的,这明显地表现在两篇分别关于英国法和美国法的论文当中。在斯蒂芬·安歇迈耶(*Stefan Enchelmaier*)的论文中,他将一些英国民法著作描述为法律实务的标准文献,它们在形式上很难归类于评注,并且绝大部分是按照事实观点来划分的,而成文法的条文内容在这些著作中只处于一种背景资料的地位,因为权利内容是由"法案"(State law)来确定的。安歇迈耶解释了上述情况的背景原因,即按照英国法律工作者的传统理解,法律首先是判例法,立法者只能在个别问题上施加影响。在这种观点之下,法学学术活动要么被放逐,且远离法律实务,要么成为一个只能去跟风领会的角色,把精力集中于重述和整理司法判例。

关于美国法,马蒂亚斯·雷曼(*Mathias Reimann*)观察到,自20世纪中叶以来,虽然成文法和准立法性文本(法律重述、统一规范、示范性法案)也成为重要的法源,但法律问题的讨论始终不是围绕这类文本来进行的。美国的法学工作者们思考问题时,很少会从成文法出发,而是更多地着眼于法院的判例。这在普通法的历史层面上涉及对法律现实的原则性认识。对比德国模式的评注所能起到相应功能的文献体裁,雷曼认为,一种是资料手册形式的、阐明某一法律领域问题的所谓"法律专题论文集",另外两种是"评析"和(针对准立法性文本的)官方"解释",上述文献虽然从外在形式上可以被归类为评注,但其功能却很有限(在"解释"中是阐明各种规定条文的含义,在"概述" 中是知识内容的资料库)。

在加拿大的法学文献当中,也有对成文法的评析,赫尔格·戴德克(*Helge Dedek*)在论文中将这种情况追溯到当年的法典化运动中所产生的《刑法典》和目前在魁北克施行的《魁北克民法典》。除了简明的评析,当时也出版了一些内容详尽的评注。但在20世纪,民法领域的这种对法律的评注却在很大程度上销声匿迹,而在法律评析仍然存在的领域,其对于探讨问题也不再扮演担纲的角色。但同时,这类基于法律条文的解释性文献构成了加拿大法律文化的一个值得注意的连结点,这特别反映在魁北克特色鲜明的"双重法律制度",普通法和法国民法在此共存。

阿里斯泰尔·普里斯(*Alistair Price*)在关于南非法学文献的论文中重点论述了法典化和评注之间的联系。因为并没有一部全面的民事法典,这一领域主要是由教科书来整合,并试图将南非混合法律制度下的不同法源融入教义学体系。随着立法者在各种相关领域不断制定新的法律规范,"微型法典"不断出台,效仿欧洲大陆模式的各种法学评注的规模也在不断扩大。迄今为止,评注在南非的学科价值仍然相对较弱,但应当具有很大的上升空间,这恰恰是着眼于协调新、旧法律渊源交汇的要求而得出的结论。

相较于在南非没有一部内容全面的私法法典,以色列在20世纪70年代就已经开始致力于制定一部民法典,这也可能会带来法教义学理论的复苏。在本集的论文中,塔利亚·爱因霍恩(*Talia Einhorn*)描述了对以色列建国后所制定的单行法律所进行的各种形式的评注。但是,这些著作中的大部分在2002年之后就没有修订再版。拉科韦尔(*Rakover*)的系列评注算是一个例外,该评注特别致力于将以色列的立法活动与犹太教的律法书《哈拉卡》(*Halacha*)联系起来。爱因霍恩详细地论述到,一直以来,犹太法律形成了对流传下来的法律资料继续进行加工的传统,拉科韦尔的评注项目彰显了这一传统持续的重要性。

延斯·克莱因施密特(*Jens Kleinschmidt*)用他的论文一方面把我们带回了欧洲,另一方面,也引导我们暂离了国别研究的视域。克莱因施密特区别了欧盟法中的"欧盟共同体法"(acquis communautaire)和"共同法"(acquis commun),后者主要是出自非立法性的材料。在此,导致评注产生的关键点在于法律适用方面的不同:在欧盟共同体法当中,由于指令(Richtlinie)还必须要由每个成员国将其转化为国内法,因而,对另一种类型的法规(Verordnung)的评注更为常见。而对于共同法来说,主要是由汇编以及资料手册和教科书来开发这种法律资料。总之,对欧盟法进行评注,其目的和功能均有别于国内法。同时要提到的是,虽非全部,但有相当一部分对欧盟法的评注出自德国。

拉尔夫·米夏埃尔斯(*Ralf Michaels*)在他的文章中论述了跨国私法领域中的评注所表现出的有趣的特殊性。对于国际间统一的法律(如《联合国买卖法》)或者标准附加条款的规定(如《国际贸易术语解释通则》)的评注,必须顾及各国对其使用时语境的多样性,而且,通常还要考虑到不同语言文本的参照条文。这对评注的解释性效果以及(自主)落实功能(Konkretisierungsfunktion)和媒介功能(Vermittlungsfunktion)提出了特别的要求。但也并不是在所有评注中的方法都真正着眼于跨国的特点,有些评注更多是为了满足国内的(实务)需求。对于那些不具有约束力的参照条文来说,比如对于国际贸易法中由国际统一私法协会所制定的基本规则,评注的特点在于其本质上"为学术而学术"(Wissenschaft über Wisssenschaft)。对这类法律条文采用评注的形式,意味着创造性地承认了非立法性条文的效力。

对于民法领域以外的情况,克里斯蒂安·迪法尔(*Christian Djeffal*)在其论文中关注了整个国际法领域的情况,这一领域也同样表现出其基础性法源的特殊性。早在19世纪的法典化运动中,条文形式的学术草案就已经在国际法领域扮演了重要角色,一开始是出自个别学者的笔端,随后则越来越多地产生于国际法研究所(Institut de Droit International)这样的国际合作。这样起草的条文往往都伴随着评注式的说明。除了学术界以外,国际组织中的一些机构也开始对评注负责,这类评注要么是作为草案或者协议模本的附件(例如在联合国国际法委员会或者在经济与合作发展组织),要么是在条约监督阶段借助具有约束力的一般性注释(例如在联合国人权委员会)。

莱因哈德·齐默尔曼(Reinhard Zimmermann)用一篇关于民法评注的比较法长篇综述为本论文集画上了句号。在该文对所涉法律制度的全景式描述当中,清楚地呈现出各类文献的情况是多么不同,大量的结论与通常的法域或法系的划分并不吻合。对于在某个法律制度当中,是否出现可以称之为评注文化的现象这一问题,单一因果关系是无法解释清楚的。在国外以及跨国法的领域,德国的评注传统被不同程度地当成了激发灵感的源泉。但是,也有大量的评注类文献在功能方面与德国的评注不具有可比性,特别是在探讨法律问题时只是发挥了个别的功能,其他任务通常由另外的文献形式来完成。比如在一些地方,由法学百科全书来进行知识的整合,由体系化的教科书来反映批判性的观点。总之,对于法律评注的流行程度、形式和功能来说,国际性的比较研究展示出一幅色彩丰富的图画。

评注的勃兴与教科书的式微

——对 20 世纪德国法学文献形式的 15 项观察*

[德]尼尔斯·扬森 著　刘青文 译

目　次

一、出发点

法学文献的形式以一种特殊的方式反映了法律人在方法论上的自洽以及他们对法律体系的想象。举例来说,经院式的标准注释既代表了中世纪法学院诠释罗马法的权威性,也反映了孜孜以求的法律人对其文本的解读,使铺陈于文本中的法律上的事实以更清晰的面目昭示于人。[1] 与此相仿,潘德克顿法学教科书以及德国 19 世纪国家法理论,不仅恰如它们在历史学派中最初被描述的那样呈现了本体系的有机联系,而且也是法学学术精英理论自洽的一种表达——使现行法按照法律人所建构的法的形式推动国家向前发展。[2]

---

* 本文曾发表于《南大法学》2022 年第 1 期,第 159-174 页。

〔1〕 *N. Jansen*, The Making of Legal Authority. Non-legislative Codifications in Historical and Comparative Perspective, 2010, 113 ff.; *ders.*, Methoden, Institutionen, Texte. Zur diskursiven Funktion und medialen Präsenz dogmatisierender Ordnungsvorstellungen und Deutungsmuster im normativen Diskurs, ZRG (germ.) 128 (2011), 1-71, 62 ff.; *D. Kästle-Lamparter*, Welt der Kommentare. Struktur, Funktion und Stellenwert juristischer Kommentare in Geschichte und Gegenwart, 2016, 169 f.

〔2〕 *Jansen*, Methoden, Institutionen, Texte (Fn. 1), 55; *H. -P. Haferkamp*, Die Historische Rechtsschule, 2018, 206 ff. m. w. N.

有鉴于此,19 世纪以降,“凡有法典编纂之法域,其评注必以夺目的光彩闪亮登场”——被德国法反复佐证。早在 19 世纪,特别法延伸出的法律评注便因其实践品性的彰显而广为人知。[3] 最初被德皇时期的商法和刑法及其评注所应验的上述格言,[4]及至 20 世纪初——不仅因为围绕新出炉的《德国民法典》涌现了大量著名的法典评注,[5]还由于国家法领域也出现了针对《魏玛宪法》的“安舒茨(*Anschütz*)法律评注”[6]——得到了更加令人信服的确证。时下的联邦德国,行政法是实质意义上最新近的法典,但其最终亦无法逃离要在法律评注中去寻找其存在感的铁律。[7] 有关法律评注发展史上的重要史料和事实,达维德·凯斯特勒-兰帕特尔(*David Kästle-Lamparter*)已经做了详尽的梳理和汇编,[8]无需再添蛇足之笔。[9] 值得探讨的是法律评注和其他法学“标准化文献”(Standardliteratur)形式之间的关系,尤其是和实用手册以及教科书之间的关系,本文将对其观察归纳为下列 15 种主要观点并详述之。

二、评注与教科书

观察 1:进入 20 世纪以后,有关《德国民法典》的重要评注如同 19 世纪下半叶的“刑法典评注”和“商法典评注”以及 20 世纪 20 年代以来针对“魏玛的帝国宪法”的安舒茨评注(*Anschütz*)[10]一样,跃升为权威的法律书籍(books of authority)。[11]

只有当法律人熟悉法律的体系化框架和概念谱系,以及与之相对应的司法裁

---

〔3〕 参见:*Kästle-Lamparter*, Welt der Kommentare (Fn. 1), 62ff.

〔4〕 *Kästle-Lamparter*, Welt der Kommentare (Fn. 1), 69ff., 215ff.

〔5〕 *Kästle-Lamparter*, Welt der Kommentare (Fn. 1), 230ff.

〔6〕 *G. Anschütz*, Die Verfassung des Deutschen Reiches vom 11. August 1919. Mit Einleitung und Erläuterungen, 1919.

〔7〕 *H. Klinger*, Verwaltungsgerichtsordnung, Kommentar, 1960; *A. Koehler*, Verwaltungsgerichtsordnung, 1960; *F. O. Kopp*, Verwaltungsgerichtsordnung, 1974; *ders*, Verwaltungsverfassungsgesetz, 1976. 特别行政法的多样性使其评注自始只能由实践家们(相关政府部门里的官员们)来执笔撰写,但同样也要在再版时不断更新对最新司法判例的引用数据,参见:*M. Stolleis*, Geschichte des öffentlichen Rechts in Deutschland, Bd. 3: Staats- und Verwaltungsrechtswissenschaft in Republik und Diktatur 1914-1945, 1999, 205f.。

〔8〕 *Kästle-Lamparter*, Welt der Kommentare (Fn. 1).

〔9〕 有关德国 20 世纪法律评注的发展概览,还可参阅:*D. Willoweit*, Juristische Literatur des 20. Jahrhunderts, in: *ders.* (Hg.), Rechtswissenschaft und Rechtsliteratur im 20. Jahrhundert. Mit Beiträgen zur Geschichte des Verlages C. H. Beck, 2007, 3-61。

〔10〕 *Anschütz*, Verfassung des Deutschen Reiches (Fn. 6).

〔11〕 *Kästle-Lamparter*, Welt der Kommentare (Fn. 1), 72-76.

判时,法典化的法律才会得到正确的适用——对于20世纪的德国法律人而言,这是不言而喻的。而法律评注则以简便的打开方式为法典化法律的适用储备了必要的教义学知识。因为现行法与其说是通过法律条文来向世人简单直白地宣化自己,毋宁说是藉由法律评注的条分缕析而让法律人由表及里深解其奥义。

观察2:评注这种文献形式能够有效促成从普通的"潘德克顿法"以及"普通的德国国家法"〔12〕到法典化之法律的演进。〔13〕 自20世纪初以来,评注就在德国法教义学的论辩中成就了法学文献的核心地位,以温德沙伊德(*Windscheid*)〔14〕和拉班德(*Laband*)〔15〕为代表的法学家所撰写的那些大部头的潘德克顿法学著作和国家法教科书所盘踞已久的显赫地位也被迅速地取而代之。〔16〕

对成文法典加以评注具有重要意义,尤其还在于,评注是将对私法上的、国家法上的学术争端转换到针对国家颁布的成文法上来的一种表达。这种转换显然不只是对法典编纂做一个首尾呼应、逻辑自洽的简单说明,〔17〕它很大程度上建立在清醒自觉的观点转换的基础上,但对这种转换(只作描述)又并不去做进一步的深究。〔18〕

观察3:长久以来,评注都无意要去完全取代潘德克顿教科书已有的江湖地位。在20世纪90年代早期,除了评注,"大部头教科书"和便携式教科书在所有

---

〔12〕 参见:*M. Stolleis*, Zur Bedeutung der Rechtswissenschaft für die Dynamik der Rechtsordnung im 19. und 20. Jahrhundert, in:*S. Dauchy/J. Monballyu/A. Wijffels*(Hg.), Auctoritates. Xenia R. C. Van Caenegem Oblata, 1997, 118-132, 124f.; *C. Schönberger*, Der „German Approach". Die deutsche Staatsrechtslehre im Wissenschaftsvergleich, 2015, 19ff.。

〔13〕 参见:*C. Crome*, System des Bürgerlichen Rechts, Bd. 1: Einleitung und Allgemeiner Teil, 1900, 58:"究其实,帝国民法的学术文献肇始于对《德国民法典》的评注。"

〔14〕 *B. Windscheid*, Lehrbuch des Pandektenrechts, Frankfurt, 1862 ff. (7. Aufl., 1891).

〔15〕 *P. Laband*, Das Staatsrecht des Deutschen Reiches, 4 Bde., Tübingen bzw. Freiburg, 1876-1882.

〔16〕 参见:*Kästle-Lamparter*, Welt der Kommentare (Fn. 1), 65, 75f., 232。

〔17〕 普鲁士时期编纂的旧法典或者适用于莱茵地区的《法国民法典》,其在私法领域的相关讨论没有经历这样的转换,即清楚地说明了这一点,详情参阅:*Jansen*, Making Legal Authority (Fn. 1), 45ff.。

〔18〕 参见:*Jansen*, The Making of Legal Authority (Fn. 1), 45ff. m. w. N. 德国民法学者的争论观点以及在1896年艾森纳赫会议上形成的决议,参见:*Kästle-Lamparter*, Welt der Kommentare (Fn. 1), 69f., 231。

的法学“标准化文献”中仍占据着中心位置。〔19〕 直到20世纪末期,评注才在私法领域的交锋中跻身于主导性传播媒介(Leitmedium)的行列。

观察4:自1900年之后,评注和教科书便实现了功能上的分野,即一边是“对法典的逐条解释”,一边是以大学教学为目的的教义学体系构建。〔20〕 评注致力于将科学理论和司法裁判联系起来,〔21〕而教科书与生俱来便是科学意义上的法教义学的主要传播媒介。〔22〕 对法律做科学意义上的教义学处理,评注这一形式总

---

〔19〕 其中首先包括:*K. Cosack*, Lehrbuch des Deutschen Bürgerlichen Rechts, 2 Bde, Jena, 1898, 1900 (6. Aufl., 1913); *Crome*, System (Fn. 13), 4 Bde., 1900-1908 (这部著作在《德国民法典》颁行的早期非常重要,见:*P. Oertemann*, Civilistische Rundschau, Archiv für Bürgerliches Recht 22〔1903〕, 313-396, 331f.); *F. Endemann*, Lehrbuch des Bürgerlichen Gesetzbuchs, 3. Und 4. Aufl., Berlin, 1898 (这本教科书显然有其他的定位,前期的版次学术性均较为平庸,而且是以提交给帝国议会的民法典草案为底本编写的,见:*F. Endemann/C. Gareis*, Einführung in das Studium des Bürgerlichen Gesetzbuchs für das Deutsche Reich, Berlin, 1896); *L. Enneccerus*, Lehrbuch des Bürgerlichen Rechts, 3. Aufl. 1908; 4. Und 5 Aufl., 1909 (später fortgeführt von *H. C. Nipperdey*: Bd. 1: Einleitung, Allgemeiner Teil, 13. Aufl., 1931; und *H. Lehmann*: Bd. 2: Recht der Schuldverhältnisse, 11. Aufl., 1930); *J. Kohler*, Lehrbuch des Bürgerlichen Rechts, 1906-1915; *A. Von Tuhr*, Der Allgemeiner Teil des Deutschen Bürgerlichen Rechts, 1910。之后贝克出版社(Beck-Verlag)推出了大型的绿皮系列教科书,民法方面包括:*K. Larenz*, Lehrbuch des Schuldrechts, Bd. 1. Allgemeiner Teil, 1953; *ders.*, Lehrbuch des Schuldrechts, Bd. 2 Besonderer Teil, 1956; *ders.*, Allgemeiner Teil des deutschen Bürgerlichen Rechts, 1967。部分教科书直到今天还在不断再版:*K. Larenz/M. Wolf*, Allgemeiner Teil des deutschen Bürgerlichen Rechts, 11. Aufl., 2016; *K. Larenz/C.-W. Canaris*, Lehrbuch des Schuldrechts, Bd. 2. Besonderer Teil, 2. Halbbd., 1994。也参见:*S. Hofer*, Haarspalten, Wortklauben, Silbenstechen? -100 Jahre Lehrbücher zum BGB: eine Lebensbilanz, Juristische Schulung 1999, 112-117。在此不能不提及1979年以后Mohr Siebeck出版社推出的大型债法手册,这套教材试图使债法中(借由法官法)“新增加的内容在债法体系中稳定化”。见:*J. Gernhuber*(der Herausgeber der Reihe), Vorwort des Herausgebers, in: *H. Lange*, Schadensersatz, 1979, VI; bekannt geworden sind-neben dem Band zum Schadensersatz (3. Aufl. von G. Schiemann, 2003)-*J. Gernhuber*, Die Erfüllung und ihre Surrogate sowie das Erlöschen der Schuldverhältnisse aus anderen Gründen, 1983; *ders.*, Das Schuldverhältnis, 1989; *U. Huber*, Leistungsstörungen, 1999; *P. W. Heermann*, Geld und Geldgeschäfte, 2003; *D. Reuter/M. Martinek*, Ungerechtfertigte Bereicherung, 1983 (2. Aufl., 2016)。

〔20〕 *Oertmann*, Civilistische Rundschau (Fn. 19), 325:“把握深层背景和一般性原则”; *E. Rabel*, Rezension: J. v. Staudingers Kommentar zum BGB, Rheinische Zeitschrift für Zivil- und Prozeßrecht 7 (1915), 508-515, 511:“服务于教学和学术进步的教科书”vs.“回答实务工作者在实践中发现的问题”;*Crome*, System I (Fn. 13), V f. (Vorwort) und näher 59:“与‘概览’截然相反,细节在评注中得到了极大的丰富”;“要把握整个法体系”;“理解本质进而正确理解法律概念”;“大规模推动法的续造”;类似情况见:*Enneccerus*, Lehrbuch (Fn. 19), Bd. I/1: Einleitung, Allgemeiner Teil, Vorwort; *Kohler*, Lehrbuch (Fn. 19), Bd. 1: Allgemeiner Teil, 1906, 135ff.; *P. Heck*, Grundriß des Schuldrechts, 1929 (Nachdruck 1974), V ff. (Vorwort)。

〔21〕 *Kästle-Lamparter*, Kommentare (Fn. 1), 236f.

〔22〕 *Kästle-Lamparter*, Kommentare (Fn. 1), 238 m. N.

体上显得捉襟见肘(ungünstig);[23] 与此相应,人们并不期待其对科学意义上的法的续造能提供教义学上的创新和贡献,反之,这更多是由教科书来实现的。[24]

三、法律评注

观察5:法律评注历经20世纪的岁月淘洗才打磨出我们今天所习见的样貌。[25] 早在19世纪,大部分评注仍首先侧重于对法条的注释(annotieren),即便在《德国民法典》问世后,有关该法典的大多数评注仍在其内容体系上围绕着法条原文兜兜转转,直至20世纪20年代。[26] 与此相对,日渐体系化的法律评注形式贯穿了整个20世纪;尤为值得一提的是施陶布(*Staub*)和鲍姆巴赫(*Baumbach*)编撰的以一目了然的结构形式将理论和实务融合成复合形式知识体系的简明法律评注,[27] 以及甫一问世便以体系化的多卷本形式呈现的普朗克(*Planck*)评注,[28] 奠定了今天法律评注的风格。就此而言,在今天的民法典评注中,帕兰特

〔23〕 *M. Stenglein*, Kommentar zur Strafprozessordnung für das Deutsche Reich, Nördlingen, 1885, III (Vorwort).

〔24〕 *Crome*, System I (Fn. 13), 59; *Rabel*, Rezension Staudinger (Fn. 20), 510:评注"并非划时代理论的发生地",教义学上的重大创新理论通常首先是通过学术专著或者期刊文献面世的,然后才会在教科书中进一步体系化。

〔25〕 *Kästle-Lamparter*, Welt der Kommentare (Fn. 13), 209-288; 对公法方面评注的评价参见:*Stolleis*, Geschichte III (Fn. 7), 206.

〔26〕 例如,针对《德国民法典》第823条的评注,对过错(故意和过失)问题的讨论,常常优先于在教义学上更为重要的受保护法益的构成要件和违法性问题。以"*O. Warneyer*, Kommentar zum Bürgerlichen Gesetzbuch für das Deutsche Reich, 2 Bde., 1923."为例,在对第823条的评注中,其目次内容如下:一、故意,过失;第254条的适用。二、违法性损害;特别是由于不作为造成的违法性损害。违法性损害的排除。三、根据第1款受保护的法益。四、根据第2款的法律保护——第2款情形下的过错。……六、损害赔偿。由帝国法院委员会所编撰的评注存在同样的问题,参见:*G. Hoffmann et al.* (Hg.), Das Bürgerliche Gesetzbuch mit besonderer Berücksichtigung der Rechtsprechung des Reichsgerichts, Bd. 1, 1910, § 823。

〔27〕 *Kästle-Lamparter*, Welt der Kommentare (Fn. 1), 256f.

〔28〕 *G. Planck*(Hg.), Bürgerliches Gesetzbuch nebst Einführungsgesetz, Berlin, 1897 ff. 早在该评注第1版出版时,有关《德国民法典》第823条的评注便在法条内部形成了体系化的结构,而未按照法条原文逐句评注;其结构体现为:立法史(1.),而对第1款的评注包括"法益"(2. a),"违法性"(2. b),"故意和过错(2. c)"。

民法典评注(Palandt)和慕尼黑民法典评注(Münchener Kommentar)〔29〕堪称典范〔30〕。

观察6:由施陶布(*Staub*)在评注中所创设的那些纲领性的条目,〔31〕虽然在不断修订再版〔32〕的评注中仍一成不变继而难逃刻板守旧的指摘,但也由此日渐明晰了评注须同时满足实务和学术乃至教学需求的总体目标,〔33〕并使其成为现代法律评注依然坚守至今的外在形式——它兼具不断对标法律实务的品性,〔34〕因而能"在其预设的目标中找到其奔行的疆界,成为可为司法裁判提供参照系的工具书"。〔35〕

在德国法的共同法传统中,学术研究与司法裁判相互并不排斥。因为在德国所教授的这些法律最初都源自意大利北方的法学院,是法律科学的产物。自彼时以来,是大学而非法院,在源源不断地创造法学新知,并始终保持着其在知识场域的核心地位,直至近代。法学教授们所撰写的论文和著作不仅塑造着法学的语言风格,而且浸润着法律人的思想。〔36〕时至今日,那些即便没有什么学术抱负的法律人也会为了获得象征学术名望的博士头衔而拼尽全力;而在19和20世纪,在司法实务中居于领导地位的法律人,至少还会从事一项学术研究的工作。德国的

〔29〕 首屈一指的是:*F.-J. Säcker*(Hg.), Münchener Kommentar zum Bürgerlichen Gesetzbuch, 1978-1983。

〔30〕 *G. Brudermüller et al.*, Palandt. Bürgerliches Gesetzbuch mit Nebengesetzen, 79. Aufl., 2020. 该评注中第823条的评注体例一目了然,极具示范意义:首先讨论第1款的构成要件(没有拘泥于法条原文):法益、违法性、过错、交往安全义务,然后讨论第2款的保护法,其目的是最终回到一系列被分散的特殊问题(如一般人格权、营业权、医师责任和产品责任)。相关问题,联邦最高法院的判决都有涉及,不仅给出了判决理由,而且通过裁判年份的粗体字印刷强调其时间性。个别案例还会标注法院的审级,以表明其观点是否是终局性的。在司法实践中争议较大的问题,还会标注不同观点的代表性文献。

〔31〕 *H. Staub*, Kommentar zum Allgemeinen Deutschen Handelsgesetzbuch, 2. Aufl., Berlin, 1894, I (Vorrede zur 1. Aufl.): „wissenschaftlich und praktisch, kurz und vollständig".

〔32〕 *Willoweit*, Juristische Literatur (Fn. 9), 23ff.

〔33〕 *Warneyer*, Kommentar (Fn. 26), Vorwort, III:"在紧凑的行文中既要将全部的解释材料完全体现出来,又要彰显学术上的穿透力。"*J. von Staudingers* Kommentar zum Bürgerlichen Gesetzbuch und dem Einführungsgesetze, 5. Und 6. Aufl., 1910, IX (aus dem Vorwort zur 3. Und 4. Aufl.):"对解释材料做学术上的分析和运用时要认真考虑司法实践的需要。"*P. Oertmann*, Recht der Schuldverhältnisse, 3. Und 4. Aufl., 1910, IV (Vorwort zur 1. Aufl.):"作者在对这部新法的某个部分做学术化处理时,也会努力考虑到司法实践的需要。"进一步的观点论证参见《施陶丁格民法典评注》的相关书评,详见:*Kästle-Lamparter*, Welt der Kommentare (Fn. 1), 254.

〔34〕 *Kästle-Lamparter*, Kommentare (Fn. 1), 215ff., 217:"由实务工作者为实务工作者而写。"

〔35〕 *Rabel*, Rezension Staudinger (Fn. 20), 512;也为注释43中提及的Stenglein的法律评注提供理解的佐证。

〔36〕 *N. Jansen*, Recht und gesellschaftliche Differenzierung. Fünf Studien zur Genese des Rechts und seiner Wissenschaft, 2019, 37ff., 222ff.

法学理论与司法实务虽然早在19世纪末就已实现了明确的分野,〔37〕然而随着法典化运动的扩张和司法裁判地位的擢升,在法的续造的过程中,法学理论正逐渐丧失其主导地位。〔38〕因此,有影响力的法学精英们正冲出法学研究的藩篱,投身于联邦部委、各级法院和大小律所等各类法律实务部门,以期实现自己的新价值。所以,当戈特利布·普朗克(*Gottlieb Planck*)极具清醒意识地阐明,他的法律评注所追求的"并不是对一部新法提供学术上的加工(Bearbeitung)"时,〔39〕其作为法律评注的权威性并未受到丝毫的减损。

教授们在一定程度上将这类法律评注界定为"在学术上更加深入的描述方式";〔40〕那些举足轻重的注释者们认为,在此并不存在会减损评注权威性的不当之处,反倒是这样的描述方式更好地维护了其权威性。〔41〕但如果在更广阔的历史背景下对此加以观察和比较,不难发现,其自始与评价问题无涉。关键在于,教科书以大学课堂讨论为目标,面向教授和大学生是其最初的话语模式,〔42〕而那些

〔37〕 *Kästle-Lamparter*, Kommentare (Fn. 1), 282ff. 从《德国民法典》及其评注中可以看到,人们都冀望超越这个不幸已经被我们真实感知到的现状。

〔38〕 *Jansen*, Recht und gesellschaftliche Differenzierung (Fn. 36), 279ff.

〔39〕 *Planck*, Bürgerliches Gesetzbuch (Fn. 28), Bd. 1, III (Vorwort zur ersten Auflage). 所以,*J. Kohlers* 在对该书第一版的书评中提出了严厉的批评,他指责该评注对成文法中各个法条所依据的法理并不能给予清晰的阐释,参见:Juristisches Literaturblatt 14 (1902), 268-270, 269f.。

〔40〕 *Crome*, System I (Fn. 13), 59 („wie jede Exegese"); 完全类似于:*K. Binding*, Strafgesetzgebung, Strafjustiz und Strafrechtswissenschaft in normalem Verhältnis zueinander, Zeitschrift für die gesamte Strafrechtswissenschaft 1 (1881), 4-29, 22.

〔41〕 *H. Staub*, Juristische Rundschau, Deutsche Juristen-Zeitung 5 (1900), Sp. 409f. 也参见:*E. Strohal*, in: *ders.* (Hg.), Planck's Kommentar zum Bürgerlichen Gesetzbuch nebst Einführungsgesetz, 4. Aufl., 1913-1930, Bd. 1, VII. 其前言中写道:Planck 凭借其法律评注成为这部新法律的第一位学术意义上的颁布者。

〔42〕 *Cosack*, Lehrbuch I (Fn. 19), III. 其前言中写道:"本书虽然也可用于法院、律师业务和公证等法律实务,但其首先不是为法律实务而撰写的,而首先是为了教学的目的,其目标读者是年轻的法律人、大学生以及通过第一次国家司法考试的候补文官,还有正在学习民法的人。"*Endemann*, Lehrbuch (Fn. 19), III (Vorwort);*Enneccerus*, Lehrbuch I/1 (Fn. 20), 其前言中写道:本书像适用于法律的实际应用那样适用于法律学习,因为即便是法律实务工作者也应该将"法律体系的全貌"纳入自己的视野。*Larenz*, Schuldrecht Allgemeiner Teil (Fn. 19), V. 其前言中写道:教育学上和方法论上的关切是最为重要的。*ders.* Schuldrecht Besonderer Teil (Fn. 19), V. 其前言中写道:本书写作目的要求对所用材料有所限制,以便读者"学习理解一般条款和特别条款相互交错的复杂关系"。*ders.*, Allgemeiner Teil (Fn. 19), 其前言中写道:本书将教学目标和学术训练的目的结合起来,向读者清晰展示民法的"内部体系"以及"构建私法体系的语境"。

大部头的法律评注从其诞生之日起就是为了司法裁判的需要提供信息,〔43〕而且时至今日仍坚守这一目标。〔44〕虽然在评注作者中间早已不乏教授的身影,然而在 20 世纪上半叶,这种情况并不普遍。〔45〕而教授作者只有在首先考虑是为法官和律师而写作的时候,他们的评注才是成功的。〔46〕因此,那些学究味浓厚的评注

〔43〕 *Stenglein*, Strafprozessordnung (Fn. 23), III. 其前言中写道:世界并不是只由教师和学生组成,在大多数情况下是由做具体工作的人组成的。因此法律评注有其存在的必要性。*G. Planck*, in: ders., Bürgerliches Gesetzbuch (Fn. 28), Bd. 1, III (Vorwort zur ersten Auflage): 本书以法律评注的形式帮助人们更好地从实务的角度来理解民法典。*A. Düringer/M. Hachenburg*, Das Handelsgesetzbuch [...] auf der Grundlage des Bürgerlichen Gesetzbuchs erläutert, Bd. 2, 1901, V. 其前言中写道:作者在处理所收集到的材料时,从根本上要考虑到现实的需要。因为这些材料是商事交往和商事案件裁判中几乎每天都会遇到的。Reichsgerichtsräte-Kommentar I (Fn. 26), VII. 其前言中写道:呈现在读者诸君面前的这部对民法典的加工书,尤其考虑到实际操作的需要。

〔44〕 *F.-J. Säcker*, in: MüKo BGB (Fn. 29), Bd. 1, VII (Vorwort): 慕尼黑民法典评注首先将自身定位为面向法律实务的评注。但在 *Horst Dreiers* 有关《基本法》的评注中(Grundgesetz: Kommentar, 1996)展现的是另外的观点,该评注作为一部纯粹由教授撰写的法律评注,并不以对标实务来框定自身;只要事实上显而易见地能在学术理论和宪法法院的裁判实践中取得某种平衡,便会以此作为标准来定位自己的读者群体。

〔45〕 尤为著名的是 *Anschütz* 作为魏玛的帝国宪法最重要的评注撰写人(前注 6)。而在《Planck 民法典评注》中,其本人属于"最为博学"者(*J. F. Hedemann*, Zivilistische Rundschau 1908-1909, Archiv für Bürgerliches Recht 34 [1910], 115-208, 196)。法律评注最初并不是由教授撰写的(Planck 本人是在年届 65 岁并已从事过法官、政府官员以及各式各样的法律委员会的委员等职业之后,才在哥廷根大学担任名誉教授的),参见:*W. Schubert*, Planck, Gottlieb, in: Neue Deutsche Biographie 20 [2001], 496-497. 参与撰写 Staudinger 民法典评注第一卷的两位教授 Loewenfeld 和 Riezler,前者还做过律师;其他卷则出自实务工作者。从第 3 版、第 4 版开始,来自耶拿的律师 Kuhlenbeck 加入了作者队伍,而他在从事律师业务之前是在瑞士洛桑当大学教授。而一个由纯学者组成编撰团队的例外是 Heymanns 出版社出版的《德国民法典评注》,Oertmann:债法和(后来撰写)总则;Biermann:物权法;von Blume 和 Oper:家庭法;Frommhold:继承法。在这部评注中,教授们每人负责对一整编的法条逐条撰写评注,而他们撰写的内容都可以署上自己的姓名作为独立作品出版。当 Oertmann 接手 Gareis 撰写第 2 版的总则时,第 1 版的内容几乎没有被沿用,学术文献将其所写第 2 版内容称为第 1 版似乎更为恰切。*Hedemann*, *loc. Cit.*, 197f. Für einen Überblick über die ersten BGB-Kommentatoren H. Mohnhaupt, Die Kommentare zum BGB als Reflex der Rechtsprechung (1897-1914), in: U. Falk/H. Mohnhaupt (Hg.), Das Bürgerliche Gesetzbuch und seine Richter. Zur Reaktion der Rechtsprechung auf die Kodifikation des deutschen Privatrechts (1896-1914), 2000, 495-531, 507ff.

〔46〕 *Kopp*, Verwaltungsverfahrensgesetz (Fn. 7), 参见前言:"呈现在读者面前的这部评注和《行政法院法》的评注一样首先服务于法律实务,即首先是为了政府公务员、律师和法官而撰写的。"类似的还有:*H. D. Jarass/B. Pieroth*, Grundgesetz für die Bundesrepublik Deutschland, 1989, V (Vorwort)。像 *Anschütz* 那样,从一开始就要求将评注写成一本教科书,纯属例外。Verfassung des Deutschen Reiches (Fn. 6), 5(Vorwort); 类似情况见:*O. Jauernig*, Bürgerliches Gesetzbuch, 1979, V(Vorwort)。

会逐渐被人遗忘，[47]实践家们［奥尔斯豪森（*Olshausen*）；[48]施陶布（*Staub*）；鲍姆巴赫（*Baumbach*）］在评注发展过程中以其实质创新脱颖而出，[49]以及"科学"的法学的基本技艺（对一个法条或一项具体法律制度的基本法理用文字加以概括和表述；对这种表述进行体系化建构）可服务于法律评注的目的，就都不足为奇了。[50]

观察7：1900年之后，法律评注首先作为一门法学的技艺展现在世人面前。根据评注所具有的信息功能，能否掌握这门技艺，关键在于是否对所掌握的材料做适用性处理。无论是"自己的思想"还是特别理论框架的蛛丝马迹，评注都要尽可能地对其抱持开放吸纳的态度。[51]

经常再版的《施陶丁格民法典评注》（Staudinger），其新加入的作者通常都会吸收前任作者越来越细致的评注内容，非但没有人认为这种做法有失体统，[52]而

---

〔47〕 下列著作很明显属于这类情形：die BGB-Kommentare von *F. Schollmeyer*, Recht der Schuldverhältnisse, Allgemeiner Teil, 1900; und *E. Hölder*, Kommentar zum Allgemeinen Teil des Bürgerlichen Gesetzbuches, 1900; dazu *Willoweit*, Juristische Literatur (Fn. 9), 26f.。

〔48〕 *J. von Olshausen*, Kommentar zum Strafgesetzbuch für das Deutsche Reich, 2. Bde., Berlin, 1880, 1883.

〔49〕 Justus von Olshausen 是柏林地方法院的法官，Hermann Staub 是律师，Adolf Baumbach 担任上诉法庭审判委员会的主席。Zum Ganzen *J. Thiessen*, „Ein ungeahnter Erfolg". Zur (Rezeptions-) Geschichte von Hermann Staubs Kommentaren, in: T. Henne/R. Schröder/J. Thiessen (Hg.), Anwalt- Kommentar-„Entdecker". Festschrift für Hermann Staub zum 150. Geburtstag, 2006, 55-108, 59ff., 86 ff.; *Käste-Lamparter*, Welt der Kommentare (Fn. 1), 73 ff., 224 ff.; *Willoweit*, Juristische Literatur (Fn. 9), 28ff.《Baumbach 简明法律评注》出版过程中的主导者是犹太人出版商 Otto Liebmann，在第三帝国时期，他的出版社被没收并归到了贝克出版社的名下。对此有分歧的观点参见：*U. Wesel/H. D. Beck et al.* (Hg.), 250 Jahre rechtswissenschaftlicher Verlag C. H. Beck 1763-2013, 131ff.; *S. Rebenich*, C. H. Beck 1763-2013. Der kulturwissenschaftliche Verlag und seine Geschichte, 2013, 368ff.。

〔50〕 阐明一个法条的基本法理——这种评注技艺特别为 Olshausen 所强调，见：*Käste-Lamparter*, Welt der Kommentare (Fn. 1), 220 ff. 而现代评注的模范样本则是 Staub 强调内部结构体系化的 ADHGB-Kommentar (Fn. 31) (1. Aufl., 1893); näher *Kästle-Lampater*, *loc. cit.*, 71f., 224 ff. m. w. N.。

〔51〕 *Rabel*, Rezension Staudinger (Fn. 20), 509:《"主观性"的"恶意"》。早期曾将评注定性为是个性化知识对法学的一种贡献（so *Willoweit*, Juristische Literatur〔Fn. 9〕, 26f），但随着时代的变化，这种定位已经不合时宜。

〔52〕 快速更新评注的版次被视为《Staudinger 民法典评注》的成功配方，参见：*Kästle-Lamparter*, Welt der Kommentare (Fn. 1), 254f. 虽然 Hedemann 批评道，如果主流评注每两三年就重新再版一次，特别是内容上仅有细微的改动的话，那么评注使用人定会感到极其不满，参见：Zivilistische Rundschau (Fn. 45), 195f. 但评注作者的更替甚或作者群体标注不详，却不会影响评注的使用。

且时至今日,德国出版社仍在恪守这一传统。[53] 20世纪初,在由集体作者撰写的法律评注中,单个作者是不在自己评注的法条下署名的。[54] 人们在引注评注内容时,通常只标注评注主编的姓名,而不提及具体法条的评注撰写人。[55] 这种情况直到20世纪50年代才逐渐改变,[56] 所以单个法条的评注作者在今天才可以作为独立作者被识别。

观察8:法律评注以法律体系为前提并在此基础上展开。[57] 但已经自成体系的评注无意追求自身体系的发达,而是致力于完善法本身的体系。[58]

法律评注在教义学体系上的贡献,首先在于对被评注法条的构成要件从其内部做了体系化处理,对相关案例进行了更精确的表述,并进一步澄清了相关法律术语。在这个意义上,法律评注始终逡巡在法律教义学的皮表,所幸在20世纪长达百年的岁月砥砺中,它们在法学的专业技能上得到了自由的发展。[59]

---

〔53〕 据笔者看到过的Beck, Mohr Siebeck和de Gruyter几家出版社的出版合同,都详细约定了作者的权利转让事宜和出版社所享有的权限。只要作者不能或者不愿再继续撰写评注,那么就要事先和他谈好,须将继续撰写评注的权利转让给第三人。退出的作者还将继续领取后续出版版次的稿酬,但他无法掌控其所撰写评注内容的随后命运,他也无权要求证明他是该评注的原作者。

〔54〕 *Kästle-Lamparter*, Welt der Kommentare (Fn. 1), 242 在Planck和Staudinger民法典评注中,具体法条评注的作者只在前言中被提到其姓名;任何情况下,他们的姓名都不会出现在评注中,哪怕是在页脚——如我们今天所常见的那样。在Planck评注中,到第4版中还在坚持他们的实践导向,尽管主编Strohal在导言中强调,"这是每一个编撰人站在自己的立场上表达的个人观点。"参见:Planck/Strohal (Fn. 41), VII (Vorwort)。

〔55〕 So etwa 1910 bei *Oertmann*, Schuldverhältnisse (Fn, 33); 1910 im Staudinger (Fn. 33), bei Nachweisen aus dem Planck; 1923 in *Warneyer*, Kommentar (Fn. 26).

〔56〕《Erman民法典评注》从1952年第1版开始就推行每个作者对自己的评注内容各负其责的制度,参见:*W. Erman*, Handkommentar zum Bürgerlichen Gesetzbuch, 1952, III (Vorwort). 与此相映衬的是,作者的姓名从一开始就标注在自己所写评注的页脚。《Palandt民法典评注》从1954年第12版开始将其撰写人的姓名标注在页眉。在由W. Siebert负责的"Soergel/Siebert"评注(包括民法典施行法和其他民事单行法的民法典评注)中,从1959年第9版开始标注作者姓名。与此相对的是,《Staudinger民法典评注》在第11版(1967年开始推出)的时候还拒绝在页眉或页脚标注作者姓名,直到第12版(1980年开始推出)才印上作者姓名。

〔57〕 *Rabel*, Rezension Staudinger (Fn. 20), 512: „dem Gesetz folgende Anordnung des Stoffes."

〔58〕 这一点得到Staub的承认,参见:Juristische Rundschau (Fn. 41), 410, 但他又争辩道,教科书作者的系统性比法的系统性更重要,请参考有关其方法的论述,见:*Kästle-Lamparter*, Welt der Kommentare (Fn. 3), 226f.。

〔59〕 Insoweit treffend *Willoweit*, Juristische Literatur (Fn. 9), 18, allerdings mit verkürzender Gleichsetzung von Professionalität und Wissenschaftlichkeit.

四、教科书

观察 9:20 世纪初,教科书天然就是科学意义上的法教义学的通常表现形式,正如它们通常都是由法学教授撰写一样。当时,一个新生代的作者会将潘德克顿法学那些大部头教科书所蕴含的传统与各州的地方法律联系起来,而这些各州的地方法律在 19 世纪的时候,主要是作为共同法〔60〕亦即地方法〔61〕的权威而存在的。

新教科书从来不将延续旧的潘德克顿法体系作为自己的目标,〔62〕反而是教义学与生俱来饱含创新的动力:它关乎"原则的构成",关乎"法的架构"〔63〕,以及心心念念的法的续造;〔64〕它关注的是,《德国民法典》的"内部体系",〔65〕作为原则的体系该如何理解?〔66〕 也就是要重新构建那些支撑起整部民法典的一般原则,并且使法典中的各项具体规定和这些一般原则之间的精神联系清晰可见。〔67〕而且教科书后来会形成一种格式,源自法教义学的新方法或者科学想象会在其中

---

〔60〕 Statt aller *G. F. Puchta*, Lehrbuch der Pandekten, Leipzig, 1838(之后的多个版次是由 A. F. Rudorff 主编的)。*Windscheid*, Pandektenrecht (Fn. 14); Windscheid 去世之后,这部著作便由 T. Kipp 续写,直至 1906 年。除了 Windscheid 撰写的内容保留不动以外,还增加了对一些新法的指引内容。

〔61〕 特别重要的是:*C. G. Wächter*, Handbuch des im Königreiche Württemburg geltenden Privatrechts, 2 Bde. Stuttgart, 1842; *H. Dernburg*, Lehrbuch des Preußischen Privatrechts und der Privatrechtsnormen des Reichs, 3 Bde., Halle, 1871 ff. (4. Aufl., Halle, 1884 ff.)。

〔62〕 Vgl. *Willoweit*, Juristische Literatur (Fn. 9), 42ff.

〔63〕 *Kohler*, Lehrbuch I (Fn. 20), 136; ähnlich *Crome*, System I (Fn,13), V f.

〔64〕 *Enneccerus*, Lehrbuch I/1 (Fn. 20), Vorwort; *Crome*, System I (Fn. 13), 59

〔65〕 *P. Heck*, Begriffsbildung und Interessenjurisprudenz, 1932, 139ff., 142 f., 142f.; *Larenz*, Allgemeiner Teil (Fn. 19), V (Vorwort); *C. -W. Canaris*, Systemdenken und Systembegriff in der Jurisprudenz, 2. Aufl., 1983, 35, 40 ff. Und passim; *K. Larenz/C. -W. Canaris*, Methodenlehre der Rechtswissenschat, 3. Aufl., 1995, 302 ff. 该概念产生自 19 世纪,参见:Haferkamp, Historische Rechtsschule (Fn. 2), 189 m. w. N.。

〔66〕 *Endemann*, Lehrbuch (Fn. 19), III. 其前言中写道:"通过详细介绍法律规范制定过程中的相关背景知识,使学习法律的人加深对新秩序的理解。"*Kohler*, Lehrbuch I (Fn. 20), 135:"……正如不同的原则可以重新构成一个新的体系,它们相互制约但又被统领在更高的原则之下。"

〔67〕 佐证材料参见注释 20,尤其是:*Kohler*, Lehrbuch I (Fn. 20), 135ff.:"法律既是一套知识体系,也是一门技艺。"在这本教科书里,Kohler 不仅回溯了教义学体系的框架,而且用"化学隐喻和极富创造性想象的崇高目标"来评价早期鲁道夫·耶林对法学的科学规划,参见:*R. Jhering*, Der Geist des römischen Rechts auf den verschiedenen Stufen seiner Entwicklung, Teil I, 2. Aufl., Leipzig, 1866, 40; *ders.*, Unsere Aufgabe, [Jherings] Jahrbücher für die Dogmatik des heutigen römischen und deutschen Privatrechts 1 (1857), 1-52, 10. Zum Hintergrund näher *N. Jansen/M. Reimann*, Begriff und Zweck in der Jurisprudenz. Ein Geburtstagsblatt für Rudolf von Jhering, ZeuP 26 (2018), 91-129, 98, m. w. N.

得到体系化的发展。[68] 而对于单一问题,大部头教科书从来不会去追求完备性,[69]因为无懈可击的信息对判例法的发展给不了任何启迪。[70]

五、司法裁判与法律科学

观察10:1900年之后涌现的各类《德国民法典》评注,其显著区别首先体现在它们对司法裁判的评价迥然有别,因此对现行法的理解也就参差不一。

鉴于此,在着手搜集和整理相关司法判例用于准备评注的撰写时,要明确优先考虑到未来司法实践的需要。瓦纳耶尔(*Warneyer*)撰写的法律评注于1923年首次出版时,在评注正文前非常直观地罗列出了其所参考的文献,包括所引用的司法判例;基于这些判例,评注有些地方省略了教义学的论证说理,而仅仅围绕判例本身说理就足以完成评注法条的任务。[71] 而在其他法律评注中引用联邦最高法院的司法判例的做法,则早已有之,且蔚为流行[如普朗克评注(*Planck*)、[72]施陶丁格评注(*Staudinger*)[73]和厄尔特曼评注(*Oertmann*)[74]],甚至在帝国法院委

---

〔68〕 *Heck*, Schuldrecht (Fn. 20), 其前言写道:"方法论上的目的在于对法学方法的运用要能做到前后一致,逻辑自洽,我在谈论利益法学时表达过这个观点。就方法论而言,我们处在一个过渡时期……'概念法学'的后续影响余音不散,就对其学说所做的一般观察而言,对债法的体系化加工肯定要保持融贯性。"ähnlich *ders.*, Grundriß des Sachenrechts, 1930, III ff.; 也见:*J. Esser*, Lehrbuch des Schuldrechts, 1949. 对于从纯粹的理论视角来看有所欠缺的论述,Heck 和 Esser 从一开始就主张改换成小体字段落来印刷,使这些教学体系当中的基础知识也和教义学的轮廓一样明晰。

〔69〕 *Cosack*, Lehrbuch I (Fn. 19), III (Vorwort).

〔70〕 *Cosack*, Lehrbuch I (Fn. 19), IV (Vorwort).

〔71〕 *Warneyer*, Kommentar (Fn. 26). 根据《德国民法典》第823条应受保护的法益,其相关评注内容非常形象地体现了这一点。已经设立的中小型工商企业,营业权已然成立,如遇侵权应受法律保护——帝国法院的相关判决对此已经做了释明,营业权则属于受保护权利清单上的一员。但下列论述则局限于法官在裁判文书中对于"侵害"(Eingriff)这一概念的表述:"如果一个行为的目的是直接反对一项营业活动的存续,导致这项营业客观上被阻止,或者其法律上的许可被撤销并被要求关张或者限制营业,那么,一项侵害(Verletzung)就成立了。违法性侵害的特征并不在于对营业的收入产生不利的影响,而在于对营业活动本身的侵害(司法裁判可以证明)。只间接损害营业活动的行为,比如……就不适用第823条加以规制(司法裁判可以证明)。从事某项工作的权利、对收益的期待、择业的自由都不属于第823条意义上的绝对性权利(司法裁判可以证明)。"

〔72〕 《Planck 民法典评注》自第2版开始引用司法判例来证明其观点。

〔73〕 Staudinger (Fn. 33). Staudinger 民法典评注自第1版起就引用司法判例证明其观点,并会做一些加工处理。

〔74〕 *Oertmann*, Schuldverhältnisse (Fn. 33), IV. 1899年第1版前言写道:"蕴藏着丰富的来自共同法法理学的宝藏。"但从1906年第2版开始,和《德国民法典》相关的司法判例也被纳入了评注撰写者的视野。

员会撰写的评注中已成为必备要素。〔75〕 评注作者对于司法裁判的意义以及评注本身所肩负的任务,在最初的认识可谓千差万别。那些占据主导地位的评注皆有一个明确的目标,即试图阐明应该如何正确地去适用法律;所以他们对司法判例的处理通常都是仅将其作为重要的信息来源,而无所谓其特殊意义或者权威性(如普朗克评注〔76〕和厄尔特曼评注〔77〕)。日渐增长的大多数评注都将其任务界定为:呈现法律在司法裁判中的适用状况[如施陶丁格评注、瓦纳耶尔评注(*Warneyer*)和鲍姆巴赫评注(*Baumbach*)]。在这些评注中,法律似乎早已被涂抹上了司法裁判的油彩;最高法院的判例甫一作出,旋即就会在评注中被当作一种特殊的权威来尊崇,而在解释相关法律问题时更会被当作一种有拘束力的"说明"加以援用[比较有代表性的是,施陶丁格评注从一开始就奉行这一原则,〔78〕随后,帝国法院委员会编撰的评注〔79〕以及自鲍姆巴赫评注问世以来由利布曼(Liebmann)和贝克(Beck)这两家出版社出版的简明评注也都奉此为圭臬〔80〕]。自鲍姆巴赫评

---

〔75〕 Reichsgerichtsräte-Kommentar I (Fn. 26), VII. 其前言中写道:"这本对《德国民法典》的加工书……将……关注的是已经发生法律效力的判决,也就是最高法院的判例……。尤其关注我们竭尽全力去搜集的那些最高法院的判决,包括未公开的判决。"Henne 的主张并不恰当,他说:帝国法院委员会编撰的评注首先将这些判例的观点纳入体系化解释的中心地位,参见:*T. Henne*, Die Entscheidung des Gesetzeskommentars in Deutschland im 19. und 20. Jahrhundert, in: D. Kästle/N. Jansen (Hg.), Kommentar in Recht und Religion, 2014, 317-329, 327. 虽然把司法判例放在主导地位是正确的,但 Staudinger 民法典评注的处理方式却有别于此;而且其评注并没有在 Staub 的意义上在体系化方面独树一帜,举例来说,对法条原文的随意一瞥都能看出《德国民法典》第 823 条层次分明的评注内容,而无须借助体系化的标准。

〔76〕 在《Planck 民法典评注》第 1 版中,丝毫找不到这样被特殊对待的司法判例。但从第 3 版和第 4 版开始,新加入的评注作者逐渐将帝国法院的判例作为权威性判例来对待;而对于《德国民法典》第 823 条以下受保护法益的问题,评注发生了明显的变化,详见:*Kästle-Lamparter*, Welt der Kommentare (Fn. 1), 262 ff.。

〔77〕 *Oertmann*, Schuldverhältnisse (Fn. 33); 参见:*Kästle-Lamparter*, Welt der Kommentare (Fn. 1), 262 ff. Oertmann 用不惧引发争议的语气强调,只有判决的理由才是意义重大的;而法院作出判决本身,他并不想赋予其独立的意义,参见:*loc. Cit.*, I (Vorwort zur 3. Und 4. Auflage). 这种立场在学术文献中享有特别重要的地位,参见:Hedemann, Zivilistische Rundschau (Fn. 45), 198f.。

〔78〕 详见:*Kästle-Lamparter*, Welt der Kommentare (Fn. 1), 262 ff.。

〔79〕 我们可以在帝国法院委员会编撰的评注中非常清楚地看到,他们用完全诡辩的措辞来解释第 823 条(边码 6)中有关交往安全注意义务:"在日常生活中,基于侵权行为产生的所有请求权,权利人因为在街道上或者住家中遭受不幸事故,其享有最宽泛的权利行使空间。在判例中已经发展起来的这些一般指导原则中,关于责任是这样表述的……"该评注对相关理由的阐释竟然没有援引任何法律上的规定。第 823 条(边码 9)用类似的方式对待其他法。

〔80〕 *A. Baumbach*, Taschenausgabe der neuen Zivilprozeßordnung, 1924, III. 其前言写道:"我必须满足于给出司法裁判多年来都承认是正确的并且已经确定的答案。"

注之后,原则上,对司法判例的引用越来越趋向于那些具有说服力的最新判例。[81] 相较于过去那些有成熟理论来加持的指导性判例,这些新鲜出炉的判例显然更吸引眼球。

观察 11:当 20 世纪还剩下最后三分之一的时候,教授们热切地追捧起那些实践性极强的法律评注——无论其厚薄——而在 20 世纪初,这还是教授们唯恐避之不及的;[82] 在当时教授们的眼里,法律评注尚被视为“对法教义学而言最奇特的出版物”。[83]

法律评注的发展有目共睹,虽然霍斯特·德赖尔斯(*Horst Dreiers*)撰写的基本法评注迄今仍是一部纯粹的教授评注,但人们却将其视为非典型评注而忽略了。[84] 早在 1942 年,舍恩克斯(*Schönkes*)的刑法典评注就已出版;二战之后,鲍姆巴赫评注中那些由实务工作者们撰写的条目大多数都是由教授们续写其再版时新增加的内容[85][如康拉德·杜登(*Konrad Duden*)的商法典评注,由克劳斯·霍普特(*Klaus Hopt*)续写;自 1951 年以来由阿弗雷德·许克(*Afred Hueck*)撰写的有限责任公司法评注后来由其他几位教授续写;竞争法评注由沃尔夫冈·黑费梅尔(*Wolfgang Hefermehl*)撰写[86]]。贝克出版社(Beck-Verlag)通过小黄书系列为教授们撰写简要版评注创造了特别的形式(如寇普(*Kopp*)的《行政法院法评注》《行政诉讼法评注》[87];尧尔尼希(*Jauernig*)的《民法典评注》;[88] 拉克纳/屈尔(*Lackner/Kühl*)的《刑法典评注》;[89] 雅拉斯/皮罗特(*Jarass/Pieroth*)的《基本法评

[81] 参见:*Baumbach*, Zivilprozeßordnung (Fn. 80), III f. Baumbach 原先还经常援引那些较老的、能够从根本上进行充分说理的判例;但由于司法裁判活动处在常规性的变化中,那些新鲜出炉的判决所提出的问题会变得越来越重要。

[82] 参见上文“观察 6”。

[83] *M. Jestaedt*, Wissenschaft im Recht. Rechtsdogmatik im Wissenschaftsvergleich, JZ 2014, 1-12, 6.

[84] *Dreier*, Grundgesetz (Fn. 44); 3. Aufl., 2018. Dreier 发现他的读者在现实生活中也只有很小的一部分。

[85] 与此相映成趣的是,由 Wolfgang Lauterbach——一位柏林的法官,二战后又迁至汉堡——所撰写的德国民事诉讼法的评注,后来是由同样是汉堡法官的 Jan Albers 来续写的。直到今天,这部法律评注还是掌握在两位法官的手里(Peter Hartmann 和 Uwe Schmidt)。

[86] 这部评注后来加入了两位在联邦最高法院任职的法官:Bornkamm 和 Jörn Feddersen。

[87] *Kopp*, Verwaltungsgerichtsordnung (Fn. 7); *ders.*, Verwaltungsverfahrensgesetz (Fn. 7) (1974 bzw. 1976).

[88] *Jauernig*, Bürgerliches Gesetzbuch (Fn. 46) (1979, mit *P. Schlechtriem*, *R. Stürner*, *A. Teichmann* und *M. Vollkommer*).

[89] Ursprünglich *E. Dreher/H. Maassen*, Strafgesetzbuch mit Erläuterung und den wichtigsten Nebengesetzen, 1954. 该评注自 1967 年第 4 版开始由 *Karl Lachner* 负责,自那以后便一直由教授负责撰写。

注》[90],教授们也想利用这种评注形式来服务于大学里的法学训练。[91] 著名的《慕尼黑民法典评注》之所以声名鹊起,并非由于出版社的出版计划书,而是归功于一位高校教师[后来成为该评注共同出版人的泽克(*Säcker*)[92]]的创意,其最初的设想是要将其打造成一部纯粹由教授们编撰的评注。[93] 行销甚广的帕兰特评注(Palandt),其成功则与两位德高望重的大学教授[乌韦·迪特里希森(*Uwe Diederichsen*)和安德烈亚斯·黑尔德里希(*Andreas Heldrich*);现在是卡斯滕·托恩(*Karsten Thorn*)]长期参与撰写密不可分。

观察12:现代法律评注力图揭示这样一个事实:所谓现行法,其实是制定法和司法裁判相融合的产物。因为评注聚焦成文法并对其做教义学上的讨论,梳理各种法律观点及其理由用以解释法律规范;[94]同时,法律评注在客观上会主动阐释法官在裁判文书中所形成的法官法。虽然评注有时候也会赞同一些法律观点对司法裁判提出的批评,但这类批评通常较为罕见,显属例外。对现行法的解释,即如何在法律实践中适用现行法,才是评注中贯穿百年的主旋律。

形式上,法律评注展示了解释法律的结果,并特别突出法律的权威性。同时,它依靠众多的脚注,并通过括弧里的内容附加了很多的解说,说明它对法律的解释是依据诸多的法律文献和相关司法裁判的。不光法律文献,还包括司法判例,都为法律解释做出了贡献,虽然司法判例不是作为独立的法源,[95]但它们在评注中通过粗体印刷的形式呈现,有时候代表了一种权威的观点,或者是决定性的观点。[96] 在规范具体化和法的续造的过程中,司法判例则是作为一种补充性法源

---

[90] *Jarass/Pieroth*, Grundgesetz (Fn. 46).

[91] *Jauernig*, Bürgerliches Gesetzbuch (Fn. 46), V (Vorwort). 这个系列的其他评注作品一看就知道是为了培养法律候补文官而写的。

[92] *F. J. Säcker*, Münchener Kommentar zum BGB, in: Willoweit, Rechtswissenschaft und Rechtsliteratur im 20. Jahrhundert (Fn. 9), 405-417, 405 f.

[93] *Säcker*, Münchener Kommentar (Fn. 92), 408.

[94] *Jansen*, Making Legal Authority (Fn. 1), 124 ff.; *Kästle-Lamparter*, Kommentare (Fn. 1), 260.

[95] *Baumbach*, Zivilprozeßordnung (Fn. 80), III"司法裁判多年来都承认是正确的并且已经确定的回答。"

[96] 首先想到的事例是帝国法院委员会编撰的评注和 Wayneyer 编撰的评注(分别参见注释26);自 *Baumbach*, Zivilprozeßordnung(注释80)开始,简明法律评注通过粗体字印刷司法裁判集的出版年份和卷数来强调其所提及的判例;Beck 出版社一直将这种做法延续至今;参见:Palandt, Bürgerliches Gesetzbuch mit Nebengesetzen, 79. Aufl., 2020. (Fn. 30)。在较大型的法律评注如《慕尼黑民法典评注》中,司法判例的信息相应地会放在脚注中提及,而不会在正文中特别强调。

出现的。[97] 因此,评注作为一种"活化"现行法的形式,不仅要对成文法作出解释,而且还要结合司法判例来作出解释。至于先例判决能否构成法源,是否须对其法源性提出理论上的怀疑,法官法本身是否具备合法性,[98]这些问题评注文本从来不会关注的。[99] 与此相对,其他学术文献的价值要低得多,即便是在《慕尼黑民法典评注》这样的大型评注中,文献的地位亦不能与判例相提并论——它们在评注中无法作为一种理论权威出场,而仅仅是为某种法律观点的成立提供支持。因此,对相关文献作全面发掘,在多数情况下并不是评注作者们孜孜以求的目标。[100] 从评注使用者的视角来观察的话,大多数时候我们所面对的根本性问题是:司法判例在何种程度上决定了法的适用状况?

观察 13:20 世纪末,经过百年嬗变,法律共同体对于法律体系最具主流意识的想象,借由法律评注得到了特别清晰的表达。法律评注用毫不伪饰的方式显示出,关于法律秩序的思考,法律人是如何理解指向这一秩序的那些重要信息的,他们从哪儿可以找到这些信息,何谓重要,何谓不那么重要,以及哪些表述接近特别的权威性。

下面这句话可以从双重意义上来理解:法律评注区分出了哪些文本的类型是重要甚至非常重要的,哪些法律问题还须做更进一步的讨论。在此,法律评注发挥了过滤器的特殊功能。当教科书出于教学上的考虑,有时候还要容忍一些争论并援引那些陈旧的典型判例,只因基本问题能够在其中得到全面的讨论并最终可以形成一个结论的时候,法律评注对司法判例的运用只想传递一个信息:相关的最新判例有哪些?"那些陈旧的判例资料已经被剔除在外。理论上所争论的那些问题,即便最

---

[97] 参见:*Palandt/Sprau*(Fn. 30), § 823, Rn. 4:"C)身体健康。对自己身体享有的权利属于一般人格权中法律上比较定型的部分。受保护的利益是指人格中存在的和确定的、可以在心理状态感知到的范围内实现的那部分内容(BGHZ 124, 52)"(正常情况下是重点)。评注在此提及相关司法裁判的内容是为了解释法律原文("身体")。评注大多数情况下只引用最新的,也就是对当下的司法裁判仍有借鉴意义的判例,而较老的判例因为不再那么重要而会被过滤掉。

[98] 长时间以来,主流观点认为,先例仅仅是一个"法律知识的来源",没有规范上的意义;比较:*Larenz/Canaris*, Methodenlehre (Fn. 65), 256:"最高法院的判决也不过是一个审级法院的判决,没有其他意味。"*F. Bydlinski*, Juristische Methodenlehre und Rechtsbegriff, 2. Aufl., 1999, 504f. 反对和先例挂钩的观点,详见:*L. Kähler*, Strukturen undd Methoden der Rechtsprechungsänderung, 2. Aufl., 2011, 311 ff., 394ff. 。

[99] 全面的完整论述参见:*M. Payandeh*, Judikative Rechtserzeugung. Theorie, Dogmatik und Methodik der Wirkungen von Präjudizien, 2017。

[100] 参见:有代表性的评注 *Baumbach*, Handelsgesetzbuch ohne Seerecht, 1932, V. 其前言写道:"评注作者的引证必须集中呈现在这本简明法律评注里。"*Jarass/Pieroth*, Grundgesetz(Fn. 46), V. 其前言写道:"以缩写的形式引注联邦宪法法院和其他联邦最高法院关于德国《基本法》的判例。与此相对,参考文献也是有选择地引用……"

终分出了伯仲,但倘若没有现实意义,原则上都不会在评注中提及。”〔101〕

观察 14:法律人期望在评注中找到现行法的踪迹,即现行法在司法实践中是如何被应用的?评注因而对法律人有关法律的想象也会产生反向影响。评注借由内容的布局和编排,给法律人关于法律秩序的想象“图景”镶嵌了自身的印记。法律评注不仅对于判例法在 20 世纪的崛起,而且对于将实际运行的法律理解为成文法和判例法相融合的产物作出了贡献。〔102〕

观察 15:自 20 世纪 80 年代以来,大部头的教科书和日益体系化的法学手册越来越边缘化;这种类型的主流著作已经难以为继。〔103〕在大学法律系学生所接受的法学训练中,它们的作用越来越多地被以教学为出发点的著述所取代,这些著述始终把它们的目标读者锁定在大学生身上。〔104〕

这种变化的根本原因并不在于研究越来越专业化,部门法分工越来越精细化,从而导致这些著作的撰写者后继无人,更不能简单地将其归咎于大学生读者的阅读行为或态度发生了变化。毋宁是在这种变化中,对往日荣光的抱残守

---

〔101〕 MüKo BGB I/Säcker (Fn. 29), VII (Vorwort).

〔102〕 这个话题要回到社会学和文化学的前设条件才可能讨论清楚,参见:*B. Stollberg-Rilinger*, Des Kaisers alte Kleider. Verfassungsgerichte und Symbolsprache des Alten Reiches, 2008, 9 ff.; *dies*, ZRG (germ.) 127 (2010), 1-32, 5 ff.; grundlegend *K. -S Rehberg*, Institutionen als symbolische Ordnungen. Leitfragen und Grundkategorien zur Theorie und Analyse institutioneller Mechanismen, in: *G. Göhler* (Hg.), Die Eigenart der Institutionen. Zum Profil politischer Institutionentheorie, 1994, 47-84, besonders 58 ff.; *ders.*, Weltpräsentanz und Verkörperung. Institutionelle Analyse und Symboltheorie-Eine Einführung in systematischer Absicht, in: *G. Melville* (Hg.), Institutionalität und Symbolisierung. Verstetigungen kultureller Ordnungsmutter in Vergangenheit und Gegenwart, 2001, 3-49; *P. L. Berger/T. Luckmann*, Die gesellschaftliche Konstruktion der Wirklichkeit. Eine Theorie der Wissenssoziologie, 22. Aufl., 2009, insbesondere 57 ff.; vgl. auch *Jansen*, Methoden, Institutionen, Texte (Fn. 1), 57 ff.。

〔103〕 参见:*N. Horn/H. Kötz/H. G. Leser*, German Private and Commercial Law: An Introduction, 1982, 56 f.:“在过去的日子里,德国法学文献的辉煌是大部头的教科书,但评注在当今法律的大部分领域享有至高无上的地位。”

〔104〕 新一代法学教科书的典型形式源自法学大课堂的讲稿,其中 *D. Looscheldeers* 的教科书在债法教学中广受推崇:Schuldrecht Allgemeiner Teil, 2003; Schuldrecht Besonderer Teil, 2007. 与其相仿,*D. Medicus* 也在大学生群体中寻找他的目标读者——他们不仅要使用其民法教科书准备国家司法考试(最早始于 1968 年),还要使用其教科书学习债法。

缺[105]抑制了法律文献形式的破茧重生,[106]当然,更重要的原因在于,法律人追求意义的信念正江河日下,来自法律体系内部推动法的续造的潜在力量也日渐衰微,而在更大范围内将法学领域予以整合乃至体系化的可能性亦成孤帆远影。[107]

深藏在这一变化背后的,是法律体系和法律科学之间日趋加大的分野及其在法律概念中的反映。[108] 一方面人们难免会产生这样的怀疑:披上判例法的外衣却又可以被多层级体系肢解的当代法学,它们在多大程度上会被在形式上与其关联最紧密的法体系所描摹和塑造。[109] 另一方面,教授们也不再公开地表示怀疑,司法裁判作为最具活力的法的续造形式,已经取代了作为知识体系的法律科学的地位。弗朗茨·维亚克尔(Franz Wieacker)在1970年将教义学描述为"独立于法律的、要求获得普遍性承认与辖制的"法学"话语和规则",也就是法官们所理解的"现实行为的指南",[110]按照温弗里德·哈塞默(Winfried Hassemer)的观点,今天法教义学的任务

---

[105] 这种怀疑毫无疑问由来已久,参见:*Esser*, Schuldrecht (Fn. 68), VII. 其前言写道:"让它自我辩解吧,在合同泛滥的时代把债法的传统体系继续传承下去,借助各种类型的行政法干预或者联系去阻止自由的法律交往?在失序的现实中要构建什么样的体系——如果不是为了推动法律教学?" *A. Wolf*, Weiterentwicklung und Überarbeitung des Schuldrechts, Zeitschrift für Rechtspolitik 1978, 249–254, 249 f.:"债法法学文献充斥着听天由命的论调……债法的总体状态被视为不幸的一部分。"

[106] 早在1994年,Canaris便富有先见之明地看到"一些流行的成见阻碍了大部头教科书的发展"。参见:*Larenz/Canaris*, Schuldrecht II/2 (Fn. 19), VI (Vorwort)。

[107] 由Gernhuber主编的债法手册对这一发展过程做了全景式的介绍(前注19)。这本手册应该只涉及债法的部分内容,但也是以体系化的方式编写的。

[108] 详见:*Jansen*, Recht und gesellschaftliche Differenzierung (Fn. 36), 297 ff.。

[109] Theoretisch *O. Lepsius*, Kritik der Dogmatik, in: *G. Kirchhof/S. Magen/K. Schneider* (Hg.), Was weiß Dogmatik? Was leistet und wie steuert die Dogmatik des Öffentlichen Rechts?, 2012, 39–62, 54 ff.; *M. Auer*, Zum Erkenntnisziel der Rechtstheorie. Rechtsphilosophische Grundlagen multidisziplinärer Rechtswissenschaft, 2018, 64 f. Vgl. auch *R. Stürner*, Die Zivilrechtswissenschaft und ihre Methode-zu rechtsanwendungsbezogen und zu wenig grundlagenorientiert?, AcP 214 (2014), 7ß54, 22 f.; *T. Lobinger*, Perspektiven der Privatrechtsdogmatik am Beispiel des allgemeinen Gleichbehandlungsrechts, AcP 216 (2016), 28–106, 68. Aus der dogmatischen Literatur, *Gernhuber*, Vorwort des Herausgebers (Fn. 19), 其前言写道:"在《德国民法典》第241-853条中几乎找不到当代债法的踪影。法官法以蓬勃的多样性恣肆生长,覆盖了法典中的债法规范。新的合同类型可以在法律交往中自由创设……;合同的缔结也没有完全按照《德国民法典》制定者们所设想的那样发生。上世纪初,主宰了债法教义学的基础理论,最终也没有坚守住……一切皆成过往。"

[110] *F. Wieacker*, Zur praktischen Leistung der Rechtsdogmatik, in: Festschrift für Hans-Georg Gadamer, Bd. 2, 1970, 311–336, 319 f.; ähnlich auch *J. Esser*, Dogmatik zwischen Theorie und Praxis, in: Festschrift für Ludwig Raiser, 1974, 517–539, 532 f.: „Denkzwänge"; *R. Alexy*, Die Idee einer prozeduralen Theorie der juristischen Argumentation, Rechtstheorie 1981, Beiheft 2, 177–188, 177. Ideologiekritisch deshalb *U. Meyer-Cording*, Kann der Jurist heute noch Dogmatiker sein?, 1973, insbesondere 32 ff.

在于,让法律评注“高度发达的诠释文化”向法官法敞开大门。[111] 教授们也较少将他们的学术使命框定在发展教义学体系之上,以及用教义学法学的方法去推动法的续造。[112] 他们更愿意以所属专业领域的学术专家来自我期许,以对现行法进行专业的、具有说服力的阐释,并追求细节上的日臻完善为其学术使命。

〔111〕 *W. Hassemer*, Dogmatik zwischen Wissenschaft und richterlicher Pragmatik. Einführende Bemerkungen, in: *Kirchhof/Magen/Schneider*, Dogmatik (Fn. 109), 3-15, 8 f. 也见: *M. Eifert*, Zum Verhältnis von Dogmatik und pluralisierter Rechtswissenschaft, in: *Kirchhof/Magen/Schneider*, Dogmatik (Fn. 109), 79-96, 83 f., 87 ff.: 与所谓观察法学迥然有别的是,司法裁判积极参与到了法教义学在造法过程中的活动。民法学原理首先都无疑自始至终地坚持了教义学传统中的以行动为导向的请求权思维,参见: Stürner, Zivilrechtswissenschaft (Fn. 109), 10 ff.; 在 Stürner 看来,教义学“与民主立法过程存在紧张关系”(S. 20) Nicht klar entschieden insbesondere *C. Bumke*, Rechtsdogmatik, 2017, 45, 48 ff.: „Rechtsanwendung und Rechtserzeugung“。

〔112〕 大致类似的情况见: *F. Hartmann*, Die Krise der universitären Juristenausbildung als Krise der Rechtswissenschaft, Hamburger Rechtsnotizen 2015, 4-11, 9。

法国法中的法律评注：猛犸会重现生机吗？

[法]让-塞巴斯蒂安·博尔盖蒂 著　蔡琳 译　刘青文 校

目　次

一、绪论

在过去数十年间，法国法学家们对法国法自身的历史表现出一种新的兴趣，这种历史，就是通常在法国所说的法律学说（la doctrine）。[1] 法律学说大多集中于法学家如何理解法律的本质与功能，以及他们如何（或者大部分经常没能做到）结合非法律的因素和学科——例如经济学或社会学——来进行学术研究和从事法律教育。或许令人意外的是，在这一方面法学家们并没有出版什么研究成果。[2] 更准确地说，尽管一些法学研究呈现出某些特定的文献形式[3]——尤其

〔1〕 See e. g. *P. Jestaz /C. Jamin*, La Doctrine, 2004; *P. Arabeyre/J. -L. Halpérin/J. Krynen*(eds.), Dictionnaire historique des juristes français XIIe-XXe siècle, 2nd edn., 2015.

〔2〕 然而，亦可参见：*J. -L. Halpérin*, Manuels, traités et autres livres (Période contemporaine), in: *D. Alland/S. Rials*(eds.), Dictionnaire de la culture juridique, 2003, 990-992。

〔3〕 See *A. -S. Chambost*(ed.), Histoire des manuels de droit, 2014.

是案例评述(*commentaires d'arrêts*),[4]但法学家撰写的学术著作却鲜有广泛的回响。如同雅曼(*Jamin*)所指出的:"人们很少反思法律文献的历史以及自身偏好的类型或风格(除非考虑到裁判风格),以及它们对法律思维的实质性影响。"[5]

这样的现象或许很令人遗憾,但也并不奇怪。法学家们非常清楚这些法律文献是怎么来的——因为就是他们自己写的——而且他们也不觉得有必要去重新反思对他们来说已经如此熟知的东西。[6] 案例也是如此,它们极少被提及。令人惊讶的是,这些不同种类的法学著作和出版物通常不以一种系统性的方式呈现,其中一些甚至不会在法科学生第一学年都必修的法学导论(introduction au droit)的教科书中被引用。

然而,法国法律文献的一些特点和近期的发展相当引人注目,也值得人们仔细审视。特别是,看起来似乎没人注意到:那些法律专题论文——除博士论文之外——在法国非常少,法律评注亦如是。但这些法律评注——例如在德国,却被认为是一种"大陆法系"国家法律体系的共同特点,而这对于法国法学传统来说已变得如此陌生。更令人惊讶的是,19 世纪的大部分时间里,法律评注的风尚在法国还相当常见——无论是关于《法国民法典》还是法律体系中的其他内容,但在 1870 年左右就迅速消散无踪了。

必须承认,这不是法国法悖离它所属之大陆法系模式的唯一个案。[7] 无论如何,法律评注的兴盛与衰落是法国法的特殊问题,而法国法通常被认为是建立在法典和立法制定的规则之上(见下文"二"),因此,这需要给出一个解释(见下文"三")。有趣的是,近年来法国债法的修订推进了法律评注的发展。这是否会是法律评注一次持续的发展(见下文"四"),还有待继续观察。

---

[4] 关于法国法律文献中案例评述的发展以及他们如何被认可为卓越的(*par excellence*)教义学训练,可参见:*E. Meynial*, Les Recueils d'arrêts et les Arrêtistes, in: Société d´études législatives (ed.), Le Code civil 1804-1904: Livre du centenaire, 1904, 173-204; *E. Serverin*, De la jurisprudence en droit privé, 1985, 108-122。更多内容亦可参见:*J. -S. Borghetti*, Legal Methodology and the Role of Professors in France. Professorenrecht is not a French word!, in: *J. Basedow/H. Fleischer/R. Zimmermann* (eds.), Legislators, Judges, and Professors, 2016, 209-222; *idem*, Les exercices et ouvrages en usage dans les facultés de droit françaises, reflets de l'importance de la jurisprudence judiciaire comme source du droit français, in: Mélanges en l'honneur du professeur Claude Witz, 2018, 101-118。

[5] *C. Jamin*, Le droit des manuels de droit ou l'art de traiter la moitié du sujet, in: *Chambost*, Histoire des manuels de droit (n. 3), 9-24, 9: "il est rare qu'on s'interroge en France sur l'histoire de la littérature juridique, les genres qu'elle privilégie, les questions de style (sauf peut-être quand il s'agit des styles juridictionnels) et leur influence sur la substance de la pensée en droit".

[6] *Jamin*, Le droit des manuels de droit (n. 5), 11.

[7] 关于法学教授和法官不同角色的议题,参见:*Borghetti*, Legal Methodology and Professors in France (n. 4), 217 ff.。

二、法律评注在法国法律文献中的兴盛与衰落

现代法国法诞生于拿破仑时代，[8]其时通过了五部法典：《民法典》(1804)《民事诉讼法典》(1806)《商法典》(1807)《刑事诉讼法典》(1808)和《刑法典》(1810)。很显然，其中最为重要的就是《民法典》，[9]它被证明具有高度适应时代的能力，也被视为法国的市民宪法(the constitution civile de la France)。[10] 它的稳定性(至少在20世纪60年代之前)与同一时期法国混乱的宪法史恰成鲜明对照。

19世纪大部分时间里，那些撰写法国法相关主题的作者都接受了研究法律的共同进路，即限定于对法律条文进行注释分析。他们形成了后世所称之“注释法学派”(exegetic school，École de l’exégèse)的特定传统。[11] 因此，人们或许认为他们会撰写法律评注。事实上，他们也的确这样做了。然而，他们的评注与当下“德国模式”的法典评注并不相同；而且，这种评注方式也只持续了一个相对短暂的时期。

作为伟大的拿破仑法典化的直接产物，《法国民法典》被认为是全国私法的唯一法律渊源，而且法学界也倾向于仅仅只关注《法国民法典》。这很容易解释：不同于法国大革命之前的法律重述，或者也不同于那些处于“中间” 阶段——从法国大革命开始到拿破仑法典化时期之间——法官所适用的不确定的法律规范，这些法典的内容很大程度上都是重新制定的。律师们，或者更宽泛一点说，法国公民，他们不得不熟悉新的法律。很显然，熟悉新法律的最好方式就是去阅读这些新法典的法律条文，理解它们的内容，解释它们的含义。[12]

对法典的关注同样也是政治压力的结果。拿破仑不仅是现代法国法的奠基者，他也重塑了那些本来已经在大革命时期被关闭了的法国大学。[13] 但是，他所

---

[8] “现代”一词在这里的含义是指我们生活的这个历史时期，而并不是指历史学家所理解的“摩登时代”(modern era)那样的含义。

[9] 拿破仑自己显然认为《民法典》是他主导的法典化的伟大成就，他的这句话相当闻名：“我真正的光荣，并不是打了四十多次胜仗，滑铁卢一战就让所有战绩一笔勾销。但有一样东西是不会被人忘记的，它将永垂不朽，那就是我的民法典”。参见：*C. F. T. de Montholon*, *Récits de la captivité de l´Empereur Napoléon à Sainte-Hélène*, vol. 1, Paris, 1847, 401。

[10] *J. Carbonnier*, Le Code civil, in:*P. Nora*(ed.), Les lieux de mémoire, vol. 2, La nation, 1986, 293-300. 然而，这个看法可以回溯到19世纪。

[11] *J. -L. Halpérin*, Histoire du droit privé français depuis 1804, 1996, 45 ff.

[12] *J. Charmont/A. Chausse*, Les Interprètes du Code civil, in: Le Code civil: Livre du Centenaire (n. 4), 131-172, 139.

[13] *E. Gaudemet*, L’interprétation du code civil en France depuis 1804, 1935, 14-15.

谓之大学与大革命之前被普遍认可的大学观念并不相同,可以肯定,他并不认为大学是自由追求知识的圣殿。更具体一点来说,随着律师和法官这两种职业在大革命中被彻底摧毁,〔14〕新的法学院倾向于仅训练那些未来的法律实务工作者去适用法律,而不去讨论或是反思法律。有一本讨论新民法典的书甚至引用了拿破仑说过的话:“我的法典失落了(mon code est perdu)。”〔15〕在法学系开设的法学课程都非常谨慎地限定了教学内容,其中最重要的当然就是民法典的课程(*cours de Code civil*)。〔16〕

在这种情形下,大部分学者出版与这个新学科相关专著的时候就会沿着《法国民法典》的法条顺序进行评注,便是意料中事。最早的一批法条注释法学派中,德尔万古(*Delvincourt*)在1808年以《法国民法学概要》(institutes de droit civil français)为名出版了三卷本的民法典评注。〔17〕另外一个法学家,或许比德尔万古更为知名,图利耶(*Toullier*),《法国民法典条文释义》(Le droit civil français suivant l'ordre du Code)的作者,在1811至1818年出版了8卷本的法典评注。〔18〕他的著作第一次尝试在较为宽泛的层面上评述法典——尽管他最终并未完工,〔19〕后来也因其内容上的错误而广受批评。〔20〕直至19世纪末,大量关于《法国民法典》的评注在法国和比利时出版,因为比利时也适用同样的民法典。〔21〕其中最为著名

〔14〕*J. Carbonnier*, Le Code Napoléon en tant que phénomène sociologique, Revue de la recherche juridique 1981, 327-333, 330.

〔15〕*Montholon*, Récits de la captivité de Napoléon (n. 9). 引起反响的这本书是*J. de Maleville*, Analyse raisonnée de la discussion du Code civil, vol. 1, Paris, 1805, 事实上这本书是筹备法典起草的摘要(Maleville曾是法典编纂起草委员会的秘书)。这本书后来被描述为“朴实的、无个性的、平庸的”: *Gaudemet*, L' interprétation du code civil (n. 13), 13。

〔16〕*Halpérin*, Histoire du droit privé(n. 11), 49. 在第50页,Halpérin引用了民法典首席教授之一Bugnet教授的话,据传他曾这样说过:“我不懂民法,我所教授的是拿破仑法典。”

〔17〕*C. E. Delvincourt*, Institutes de droit civil français, 3 vols., Paris, 1808. 这本书1813年更名为“Cours de Code Napoléon”(Paris),并且在1825年之前以“Cours de Code civil”为名重印了两次(Paris, Brussels)。

〔18〕*C. B. M. Toullier*, Le droit civil français, suivant l'ordre du Code, 8 vols., Paris, 1811-1818. 另外三个版本在1819至1824年间出版。

〔19〕在他去世之后,他的工作由*J.-B. Duvergier*接续。

〔20〕*Charmont/Chausse*, Les Interprètes du Code civil (n. 12), 143:“这是提醒那些自信的人存在一定风险,也是给那些在正确观点和错误观点之间犹豫不决的人的一个指引,有很多案件很难摆脱*Toullier*的误导。”

〔21〕比利时最重要的法典评注,也是对法国有所影响的,或许是*F. Laurent*, Principes de droit civil français, Brussels, 1869-1878。

的[22]或许就是迪朗东(*Duranton*,他是第一个完整撰写了民法典评注的作者)、[23]特霍隆(*Troplong*)[24]和德莫隆布(*Demolombe*)。[25]

评注民法典的这种方式也运用于其他部门法,例如商法[26]和刑法。[27]有趣的是,公法领域也出版了法典评注,尽管还并不存在一部公法法典,或者至少是一部行政法典。[28]很显然,法律评注形成了风气,成为展示和解释法律的重要途径。

既然这些书籍的内容都是根据法典条文的顺序和结构展开,他们当然属于法典评注那一脉。然而,这并不意味着这些评注与当下那些国家——例如德国——撰写的法典评注有相似之处。首先,法国式评注通常并不会就法典的条文逐一分别进行评述。[29]特霍隆例外(讽刺的是,他的名字在法语中就是"太长了"之意),他仅仅想对民法典的第三部分进行评述,但依然没有完工。[30]他的基本规则是:书的每一章讨论一个主题,法典中所有与这个主题相关的条文都会合并分析——但这些主题的组织顺序会与法典顺序保持一致。

另外,在现代读者看来,这些评注不那么科学化。他们通常并不把这些条文放在历史视角(更不要说比较法的视角)下进行考察,而且他们也并不谨守一个严格而稳定的分析方法。对一个法律条文可能引起的所有法律问题,也缺乏系统性的考量。尽管存在诸多缺陷,他们还是提出了在现代学术专著或教科书中没有被提及的一些问题。这些评注看起来不那么科学化的另一个原因可能是写作风格:那个时代的华丽词藻与现代法律人的简明风格相去甚远。例如以法条注释法学派(le prince de l'Exégèse)代表人物闻名的德莫隆布,他的风格与口头表达就高度相似,充满了感叹词和插入语,而且也以他不必要的题外话闻名——所有这些都

---

〔22〕 其时另一个重要的有影响力的学者是 *Proudhon*,尽管他被认为属于注释学派的专家,但他并不出版《民法典》的评注,而是对特定的法律问题自主撰写论文。

〔23〕 *A. Duranton*, Cours de droit français suivant le Code civil, 4th edn., 22 vols., Paris, 1844.

〔24〕 *R. -T. Troplong*, Droit civil expliqué suivant l'ordre des articles du Code depuis et y compris le titre de la vente, 23 vols., Paris, 1834-1855.

〔25〕 *C. Demolombe*, Cours de Code Napoléon, 31 vols., Paris, 1846-1878.

〔26〕 *J. -M. Pardessus*, Cours de droit commercial, 4 vols., Paris, 1813-1817. 关于拿破仑法典化改革之后最早那些有关商法的书籍,参见:*A. Mages*, Le manuel de droit commercial, in: Chambost, Histoire des manuels de droit (n. 3), 149-164, 156-157。

〔27〕 *J. -F. -C. Carnot*, Commentaire sur le Code pénal, 2 vols., Paris, 1823; *F. Hélie/A. Chauveau*, Théorie du Code pénal, 8 vols., Paris, 1834-1843.

〔28〕 *D. Serrigny*, Traité du droit public des Français, 2 vols., Paris, 1846; *E. Laferrière*, Traite de la juridiction administrative et des recours contentieux, Paris, 1888-1889.

〔29〕《商法典》的评注相对比较自由,参见:*Mages*, Le manuel de droit commercial (n. 26), 157。

〔30〕 参见注释24。

可以用来解释为何他用了 31 卷的评注分析《法国民法典》,却仅仅讨论了法典 2281 条法条中的 1400 条。[31]

毫无疑问,尽管他们获得了成功,但法律评注并没有在法国的法律文献中占据首要地位。[32] 在大革命后法律和学术复苏的时代,法律评论(law reports)、[33] 法律释义(dictionaries)和法律期刊[34]都得到了繁荣发展。在大革命前,作者们有时候会就特定的法律问题撰写著作(*traités*),这种倾向一直延续到了 19 世纪的早期。[35] 这些论著试图系统性地研究所讨论的主题,不管作者是否受限于法律文本或是法律条文的顺序。[36] 在 1820 年代早期,关于作者究竟应该选择以法律评注为主还是撰写专著为主[37]产生了争议。[38] 换言之,法律评注的解经式路径受到了专著那种更为教义式路径的挑战。[39]

有一部特别有影响的著作,是两个来自阿尔萨斯地区的学者奥布里(*Aubry*)和劳(*Rau*)撰写的《法国民法教程》(Cours de droit civil francais)。他们是在 1870 年阿尔萨斯地区并入德意志帝国之后才搬到巴黎来的。[40] 这部著作的第一版实际上就是德国学者察哈里埃(*Zachariae*)[41](海德堡大学的法学教授,海德堡当时属于巴登大公国,直到《德国民法典》适用前一直适用《法国民法典》[42])撰写的《法国民法手册》(Handbuch des Französischen Civilrechts, 1808-1827)的法文翻译。这本手册体现了潘德克顿法学的特点,它并不按照民法典的法条顺序编排,而是基于系统性的考量以另一种方式编排法国民法典的内容。有趣的是,这本手

---

〔31〕 参见注释 25。

〔32〕 *P. Remy*, Éloge de l'exégèse, Droits 1 (1985), 115-123, 118.

〔33〕 例如,Merlin 以出版案例和法律意见汇编闻名,参见:*P. -A. Merlin*, Répertoire de jurisprudence, 13 vols., Paris, 1807-1809; *idem*, Questions de droit, 2nd edn., 5 vols., Paris, 1810。

〔34〕 自 1810 年代末以来出版的法律期刊的概览,可参见:*P. Remy*, Le rôle de l'exégèse dans l'enseignement du droit, Annales d'histoire des facultés de droit 2 (1985), 82-105, 102-104。

〔35〕 *C. Chêne*, Manuels, traités et autres livres (Période moderne), in: Alland/Rials, Dictionnaire de la culture juridique (n. 2), 987-990; *A. W. B. Simpson*, The Rise and Fall of the Legal Treatise: Legal Principles and the Forms of Legal Literature, University of Chicago LR 48 (1981) 632-679, 675.

〔36〕 *Remy*, Eloge de l'exégèse(n. 32), 119.

〔37〕 这场争议由 Jourdan 发起。他是一个年轻的、有独立想法的学者,认为论著优于评注,参见:*Halpérin*, Manuels, traités et autres livres (n. 2), 990。

〔38〕 然而,有些著者,例如 Troplong,其著作就介乎这两类之间。

〔39〕 *Jamin* 讨论了法典评注(解经的方法)和论文写作(教义学方法)之间的争议,参见:*Jamin*, Le droit des manuels de droit (n. 6), 13。

〔40〕 关于这两位著者,参见:*J. -L. Halpérin*, *Aubry*, Charles, in: Arabeyre/Halpérin/Krynen, Dictionnaire historique des juristes français (n. 1), 28, and *idem*, Rau, Frédéric-Charles, *loc. cit.*, 853。

〔41〕 *K. S. Zachariae von Lingenthal*, Handbuch des Franzöesischen Civilrechts, 2 vols., 3rd edn., Heidelberg, 1827.

〔42〕 *C. Aubry/F. -C. Rau*, Cours de droit civil français, 5 vols., Paris, 1836-1846.

册事实上有两个法文译本。一个译本的作者是马塞(*Massé*)和韦尔热(*Vergé*),他们将这本手册的内容按照法国民法典条文的顺序重组,[43]却没有获得成功。另一个翻译版本,即奥布里和劳翻译的版本,则严格保留了原版手册中的顺序,却成了一本畅销书。[44] 关于这本书,奥布里和劳前后出版了 4 个版本,每一次都新增了一些个人的研究内容,其最终版本也与察哈里埃的内容相去甚远。[45] 但他们从来没有把顺序回归到《法国民法典》上来。[46] 最终看来,这本书在支持论著、反对评注风格的问题上起到了决定性的作用。[47]

德莫隆布, 法条注释法学派(prince de l' Exégèse)的代表人物, 于 1887 年去世,笔耕到他最后一刻。尽管他的评注工作由吉尤阿(*Guillouard*)接任,但他的去世多多少少标志着评注时代的终结。在他去世之后,没有新的关于民法典的宏伟评注出现,而且法学专著和教科书接纳了法律的分析进路,曾经作为一种典型法学学术活动的评注工作很快就黯然失色了。尽管德莫隆布在世时享受荣光和被授予几乎每一个可能的学术荣誉——包括十字勋章,但在他去世之后,他那令人印象深刻的《民法典》评注看起来很快就被人遗忘了。[48]

20 世纪并没有法律评注出现,至少在民事法律领域如此。一部法律百科全书,即《民法大全》(JurisClasseur Civil Code),其内容遵照《法国民法典》的顺序,乍一看颇似法典评注。然而在这本百科全书中,法典条文分成了不同的部分,由不同的篇章分别去处理这些不同种类法律条文的普遍性议题,而不是逐一分析这些条文。就形式而言,《民法大全》(Juris Classeur civil code)与第二次法国百科全书学派相似,例如《达洛兹索引》(Répertoire Dalloz), 它的篇目就是以字母表的顺序来排列的。

这里也必须提及刑法。1992 年 7 月新法国刑法典通过之后 (1994 年 3 月 1

---

[43] *G. Massé/C. Vergé*, Droit civil français, 5 vols., Paris, 1854-1860.

[44] 在 Aubry 和 Rau 的译本中,关于 Zachariae 教科书的赞美之词,参见:*V. Chauffour*, Recension du Cours de droit civil français, traduit de l'allemand de M. C. -S. Zachariae; revu et augmenté, avec l'agrément de l'auteur, par MM. Aubry et Ray, Revue de législation et de jurisprudence 12 (1846), 372-375, cited by *C. Baldus*, Der Prophet im fremden Land? Zum 250. Geburtstag von Karl Salomo Zachariae, ZEuP 27(2019), 724-741,724。

[45] 脱离这本讲义,关于 *Zachariae* 对于法国法律思维"有限的"的影响力,可参见:*Baldus*, Karl Salomo Zachariae (n. 44), especially 727-731.

[46] 本书第 4 版出版于 1869 至 1883 年间,是被经常引用的文本。在 *Aubry* 和 *Rau* 去世之后,这本书由其他学者继续修订。最后一版是第 8 版,但这一版仅仅出版了一卷,即 *N. Dejean de la Bâtie*, Responsabilité délictuelle, t. VI-2 du Droit civil français d' Aubry et Rau, 1989。

[47] 尽管有些著者批评 *Zachariae* 以及 *Aubry* 和 *Rau* 的进路,准确地说是这种方式鼓励了脱离法典条文的论述方式,可参见如:*Charmont/Chausse*, Les Interprètes du Code civil (n. 12), 156。

[48] *J. Musset*, Demolombe, Jean-Charles, in: Arabeyre/Halpérin/Krynen, Dictionnaire historique des juristes français (n. 1), 324.

日开始生效),四位教授开启了一个评注项目,着手对每个条文分别进行评析。最初一卷研究成果出版于 1996 年,但其他内容却没有成功出版,而且第一卷也没有再版更新过。[49] 这或许可归咎于第一卷乏善可陈的销售量,这意味着在 20 世纪的法国并没有对法典评注真正感兴趣的读者。

三、法国为何不再有法律评注?

为什么论文式写作最终获得了胜利,而评注不仅在法国法学领域某种程度上已消失不见,甚至至少到目前都无法复兴?[50]

一件特定的事情何以没有发生,通常很难解释清楚原因,想当然地认为是源于兴趣的缺乏,是相对稳妥的看法。至少在第一次世界大战后和 20 世纪的漫长岁月里,大部分法国学者群体对研究外国法情有独钟,这使法律评注的复兴变得更加遥遥无期。相比其他国家,德国对于法国恢复法律评注至少有些微作用;但法国学者长久以来并不能从邻国出版的法律文献种类中认识到法律评注也可以成为现代学术成果的重要组成部分。

然而,这依然不能成为法国法律评注持续低迷的主要原因。在我看来,至少有两个原因起着主要作用。第一个原因是民法典在体系化结构和实质内容方面的缺陷[见下文"(一)"]。第二个原因则是需要考虑判例法在法国法中的重要性[见下文"(二)"]。

(一)《法国民法典》体系化结构与内容的缺陷

之所以严格遵循条文顺序的法典评注无法长期繁荣发展,一个显著的原因就是法国法——尤其是对于《法国民法典》来说——并没有一个适合法律评注的体系化结构。而且,条文之间存在着诸多跳跃。这就是法国法学家转而选择论文写作所考虑的两个因素,法学论文有助于他们运用更有说服力的方式重构和呈现法律问题。

举例言之,原先的《法国民法典》并没有关于契约如何签订的程序性规定,也没有规定要约与承诺。当然,这也可以通过联系其他条文的方式解决这个问题,例如之前的第 1108 条(关于使契约有效所必需的合意)[51],但分析这个条文本身

---

[49] *J. Francillon/B. Bouloc/G. Roujou de Boubée/Y. Mayaud*, Code pénal commenté article par article: Livres I à IV, 1996.

[50] 关于最近这几年法律评注的再度兴起,可见下文第四部分。

[51] 之前《民法典》第 1108 条规定:"下列条件为契约成立的必要条件:负担债务的当事人的同意;订立契约的能力,构成约束客体的确定标的,债的合法原因。"

却无法给出具体规则来引导契约签订的整个过程。

《法国民法典》中另一处缺乏实质性内容的地方就是侵权法。法典最初只规定了5个条款(第1382-1386条),并且自1804年生效以来一直没有实质性的改变。〔52〕不仅这些条款非常抽象,而且条文关注的是归责的不同情形,并没有涉及侵权责任的法律后果或者损害赔偿的计算。因此,对这些条文进行分析并不能对理解法国侵权法提供多大帮助。许多撰写侵权法相关主题论文的作者别无选择,只能离开法典文本而研究真正的法律实践——大部分情况下也就是判例法。〔53〕

《法国民法典》的这些特点意味着,对法典中重要法律条文进行评注的方式在某些方面注定要被放弃。当然,这里有趣的是:事实上是德国潘德克顿法学通过奥布里和劳的著作对法国法典评注进行了致命一击,同时也使学术论文变成了法国法学文献的主要形式。这并不是说察哈里埃的手册〔54〕——至少在法语版中——代表了“纯粹”的潘德克顿法学。例如奥布里和劳的书就没有总则部分。然而,这种不遵循法典条文顺序的结构差异呈现出一种典型的德国法学遗产。

在近代历史上,德国法律人不仅是典型法律评注的创始人,而且也对法国法律人背离法律评注承担间接责任,这显然是个悖论。基于德国法典的体系性构造,德国法典评注蓬勃发展起来,尤其是《德国民法典》更是如此,《德国民法典》本身就是潘德克顿法学的产物。而《法国民法典》大部分承继于罗马法,至少债法是这样。但它直接的渊源则是波蒂埃(*Pothier*),他研究罗马法的方式比潘德克顿法学的体系性成分要小很多——或者至少是遵循另一种体系。法国法学中法律评注的消失与德国法学中法律评注的兴起都可以视为对体系性思维的追求,这更接近于潘德克顿法学而不是波蒂埃的方式。〔55〕

无论如何,当《法国民法典》在1904年庆祝百年庆典时,一些法学家赞叹说:“这真是一件值得纪念的事,《法国民法典》颁布后不久,国外就发表了重要的相关

---

〔52〕《民法典》近来有了一场巨大的变革。2016年10月1日生效的一个法规(*Ordonnance n° 2016-131 du 10 fév rier 2016 portant réforme du droit des contrats, du régime général et de la preuve des obligations*)改变了法典中关于契约的一般性规定(例如签订契约的一般规则,与签订特殊契约的规则相对)、债法总则(例如适用于所有的债权债务关系,而不管其法源)以及债的担保。这场变革也改变了《民法典》的结构以及侵权法的法条,尽管实质性的内容并没有改变,但是其顺序则被重新梳理了。《民法典》第1382条现在变成了第1240条,第1383条则变为第1241条,诸如此类。

〔53〕参见:*R. Saleilles*, Le Code civil et la méthode historique, in: Le Code civil: Livre du Centenaire (n. 4), 95-129, 102; *J.-S. Borghetti*, L'office du juge en droit de la responsabilité civile, Revue de droit d'Assas 13/14 (2017), 108-113.

〔54〕关于Zachariae与他那个时代重要的智识潮流之间的关系,参见:*Baldus*, Karl Salomo Zachariae (n. 44), 特别是第732-736页。

〔55〕除此之外,并不是《民法典》的所有部分都像债法部分那样归功于Pothier。例如,Domat对于侵权法、和解或者和解契约(contrat de transaction)的发展影响甚大。

研究文献"。〔56〕但也值得注意——如同欧仁·戈德梅(*Eugène Gaudemet*)数年后所反思的,德国法学家可以运用潘德克顿法学提供的有效工具去评注法典,而法国却因为大革命,大学和学术界都遭到了破坏,法典从天而降般出现在学术和科学的真空之中。〔57〕除此之外,如布拉尼奥(*Planiol*)所言,一部新法典并不是一种方便的工具("un Code neuf est un outil incommode")。〔58〕当然,这也很大程度上说明了为什么早期对法典的分析如此接近于它的文本。因为法国学者不仅需要熟悉这部新的法典,而且也需要逐渐发展出一套工具去分析文本并从文本的束缚中解放出来。在法条注释学派对法典盲从式的态度〔59〕遭受了多年嘲讽之后,雷米(*Remy*)重新评价了该学派的功能,〔60〕他一针见血地指出,第一代评注拿破仑法典的学者:

> "并不需要对局限于法典的解读而感到内疚,在我看来恰与之相反,正是通过他们这些值得尊敬的工作,将'法'从法典中解放出来了。我很愿意用萨莱耶(*Saleilles*)那段名言来赞扬:经由法典,超越法典。"〔61〕

然而,这并不是说在19世纪下半叶法国学者最终背离法律评注时,他们对于研究法律的进路与德国同行们持有了相同的见解。不管德国法律思想在当时的

---

〔56〕 *Charmont/Chausse*, Les Interprètes du Code civil (n. 12), 155:"C'est assurément une chose remarquable que l'un des meilleurs traités sur le droit civil français, nous soit venu du dehors, fort peu de temps après la promulgation du Code".

〔57〕 *Gaudemet*, L'interprétation du code civil (n. 13), 15, 18, 他认为在大革命末期法国的法律教育就像一个"科学的沙漠"。

〔58〕 *M. Planiol*, Inutilité d'une révision générale du Code civil, in Le Code civil: Livre du Centenaire (n. 4), 955-968, 961.

〔59〕 对于评注学派的批评开始于19世纪末期,特别是 *F. Gény*, Méthode d'interprétation et sources en droit privé positif: Essai critique, 1st edn., Paris, 1899以及 *Saleilles* 撰写的前言。亦可参见 *J.-J. Bonnecase*, L'école de l'exégèse en droit civil: Les traits distinctifs de sa doctrine et de ses méthodes d'après les professions de foi de ses plus illustres représentants, 2nd edn., 1924。

〔60〕 *Remy*, Le role de l'exégèse (n. 34); *idem*, Éloge de l'exégèse (n. 32).

〔61〕 *Remy*, Le rôle de l'exégèse (n. 34), 92:"Ils ne sont pas coupables d'avoir enfermé le droit dans les Codes; ils me paraissent au contraire l'en avoir libéré, par un admirable travail. Je leur appliquerais volontiers le célébre mot de Saleilles: par le Code, ils sont allés au-delà du Code."

法国能产生多大的影响和穿透力,〔62〕法国法和德国法在法律渊源与形式上的实质性差异意味着这两个不同的法律体系无法通过同样的方式分析并展现出来。

(二)判例法的重要性

在法国,对于法学写作有重大影响的因素就是判例法的重要性。这里无法详述这个影响的原因。〔63〕只要说这一点就够了:法国立法,尤其是民法典中很多条文文本上的开放性,赋予了法国法院巨大的权力,他们与法学家一起,运用各种方法填补了很多法律内容。结果,他们获得了成功,即在19世纪末期,判例法已成为法国法的重要法律渊源。相当自然地,法国法律人对这部分法律内容的兴趣逐渐增长,这在法律文献中就会有相应体现。

这使案例评析成了主要的法学研究形式。〔64〕或许更为重要的是,这深刻影响了法律在专著和教科书中所呈现的方式。如前所述,19世纪下半叶法典评注曾被法学专著所取代。之后很长一段时期内法学专著和教科书的写作方式并存,后者同样也吸收一些体系化的成分(与仅仅按照法典条文排列顺序的方式相对),但重要性要小一些。之前专著通常显得更有声誉,而且也许在学术界也更有影响力。〔65〕然而在过去数十年间,大部分专著已经不再修订更新,只有少部分还会再版。〔66〕法律类连续出版物也明显减少了出版卷数,一定程度上也伴随着"教育大众化(mass teaching)"〔67〕的影响——也即1860年以来法科学生数量(以及一般大

〔62〕 或许在初期接受德国民法典与第一次世界大战开始之间,德国法在法国的影响力相当明显。在这方面Saleilles起了重要的作用,作为当时最有名的法国律师,他出版了一本关于德国民法典的重要著作,即*R. Saleilles*, Essai d'une théorie généale de l'obligation d'après le projet de code civil allemande, Paris, 1890; *idem*, Étude sur la théorie générale des obligations dans la seconde rédaction du projet du Code civil pour l'Empire d'Allemagne, Paris, 1895. 亦可参见:*idem*, Mélanges de droit comparé. I. Introduction à l'étude du droit civil allemand, à propos de la traduction française du 'Bürgerliches Gesetzbuch' entreprise par le Comité de législation étrangère, 1904.

〔63〕 关于这个主题,参见*Borghetti*, Legal Methodology and Professors in France (n. 4), 217 ff.

〔64〕 参见:*Serverin*, De la jurisprudence en droit privé (n. 4), 169.

〔65〕 尽管有不少典型的例外,例如*Maurice Hauriou*的教科书:Précis de droit administratif et de droit public,这本书对于将作者的观点扩展至国家性质问题起了决定性作用。这本书第一版出版于1892年(巴黎)。在1929年他去世之前出版了11版,他的工作由其儿子*André Hauriou*继承。

〔66〕 一部重要的论著是*Ghestin*组织下出版的"Traité de droit civil",始于1970年代。其民事责任的部分由*Viney*撰写,很有影响力。1980年代后其他论著在*Larroumet*组织下出版,但这些不同卷的内容不再那么论述细致,也更像一系列的教科书。

〔67〕 See, e.g., *Jamin*, Le droit des manuels de droit (n. 5), 13.

学学生数量)的惊人增长。[68] 这意味着学者们撰写论文,也即撰写学术性论文在时间的挤压下变得更加困难,尤其是学者们还缺少科研助手,高校里的行政事务日渐繁杂,加上大学工资水平较低,他们还不得不挪用部分业余时间去做些实务工作以贴补家用。

尽管学术著作的减少是个有趣的现象,但它并不意味着法律研究进路的真正改变。论著的式微和教科书的繁荣仅仅是数量上的改变,而不是本质上的差异。[69] 很显然,相对于论著来说,教科书更为强调教育目的,但是这两种不同的著作都会首先考虑法律的体系化——这并不一定对应法典的结构。因此,它们的写作目的并不仅仅是描述性的,也是教义性的。[70] 出于实践目的,教科书(以及之前出版的专著)实现了法律评注在其他法律体系中的功能:[71]它们不仅呈现出法律的样态,而且也试图澄清和确定(stabilize)这些法律的内容;与此同时,它们也保持一种批评视角并努力实现某种法律改进。[72]

在论著或教材中所使用的编排顺序鲜明地反映了作者的观点,而且通常想要展现和推广他们自己对于给定主题的体系化方式——进而有可能获得认可甚至博得学术名望。[73] 然而,值得注意的是,大部分专著和教科书都转向了同样的进路和体系化。例如,在合同法领域,所有的专著和教科书无一例外均遵循了时间顺序:从合同的签订一直到合同的终止;继而,相同的主题通常也会随着合同签订和履行的各个阶段按照相同的顺序提出讨论。在侵权法中也可以看到类似的现象,或许在其他部门法中也是如此。

这种转向的原因值得深入探究。然而,至少部分原因是因为判例法的影响。按照时间顺序,即从签订到终止去分析契约,这当然是一种常识,但在专著和教科书中他们所研究的主题通常是判例法的反映。换言之,那些书本中被讨论的问题恰好就是那些在法庭上曾经被提出来的——或者,更准确地说是在最高法院,特

[68] 根据法国教育部的数据,在1960年共有310,000名学生接受高等教育,2017年时这个数据升至2,680,400人,其中大约三分之二的学生是接受大学教育。L´état de l' Enseignement supérieur, de la Recherche et de l'innovation en France, 2829, online: <https://publication. enseignementsup-recherche. gouv. fr/eesr/FR/PDF/EESR12-FR. pdf>.

[69] *Jamin*, Le droit des manuels de droit (n. 5), 13.

[70] 如同*Jamin*所言,它们的功能在于教育学生,通常也教育律师什么是“好的法律”:Le droit des manuels de droit (n. 5), 16.

[71] See, e. g., *F. Nagano*, Entwicklung und Stellenwert juristischer Kommentare in Japan: Literaturformen als Spiegel juristischer Denkweise, in diesem Band, 151-173.

[72] 这并不是说教科书就是法国法律文献中唯一重要的内容。通常来说,法律百科全书具有文件记录功能;论文(尤其是期刊论文或纪念文集)具有重要的批判功能,而案例评述对于如何选择判例和确定判例法起着重要作用。

[73] *Jamin*, Le droit des manuels de droit (n. 5), 16.

别是在民事最高法庭所提出来的那些法律问题。如同我在其他地方写过的那样:“相比那些法官如何实施其自由裁量权的评述和分析,教授们发现他们对于法院判决的影响减弱了。”〔74〕

这确实是19世纪《法国民法典》法典评注和现代教科书或专著之间的巨大差别。对于现代读者而言,前者看起来多多少少不那么体系化,但他们也提出了与法典条文或重要法条相关的一些问题,其中大部分都没有在法庭辩论过。另一方面,现代著作则紧跟判例法的脚步。因而,判例法不仅是法律的一种渊源,它同时——或者更为重要的是——成为法学家透视法律的工具。法学家们讨论那些最高法院提出的法律问题而不去关注那些未被提及的问题。事实确乎如此:如果有人在思考的问题是最高法院近年来都没有讨论过的,那么这些问题在当代的专著和教材中也找不到答案,而它们却多半可以在19世纪的法律评注(或专著)中找到。

判例法的重要性,法院判决对学者研究法律的影响,在其中一类法国法律文献中表现得越来越明显,即法典注释——法典(以及只要判例中提及的相关独立法令)的每一个条款后边都会提及并简短地摘录那些适用该条款的案例,或者与这个条款主要问题相关的一些案例——即便这些案例并没有适用该条款。乍一看,这些法典注释与德国的那些简明法律评注看起来没有什么差别,每一个法典条文之后都紧跟着注释。然而,法国法典的注释仅仅是判例的参考,注释者(真正的但比较有限)的作用只在于选择哪些案例,如何组织这些案例,以及如何呈现要点。

可以说,正是这些被法典注释所引述的判决,构成了法典条文的评注。这看起来好像是法国法学家将法典留给了法庭去评述或创制新法那样。当然,学者和法院之间不会有明显冲突,毕竟法院部分地从学者的著述中获得启发(即便这在他们的判决中表达得并不明显),而且学者本身对于将这些判例组织成一个融贯的体系也起着重要的作用。然而,事实上依然是法院在很大程度上将学者们要讨论的问题“设定了议程”(set the agenda)。是法院给学者们将要讨论的问题设置了边界,而不是学者就如何得出判决画出了蓝图。法典法条仅仅提供一种宽松的、某种意义上来说尚未完成的框架,至少在民法中是如此,它给了法律解释者——不论他们是谁——更大的自由度和解释余地,这使得学者与法官之间的博弈成为可能。

---

〔74〕 *Borghetti*, Legal Methodology and Professors in France (n. 4), 222.

四、法律评注在法国有未来吗?

众所周知,法国债法近期已完成改革。[75]《法国民法典》中超过 300 个条文重新修订,这些条文几乎自 1804 年以来就没有被适用过。这次债法改革的主要精神是为了确保《法国民法典》的延续性。当在特定的问题上要有所创新时,起草者们大多会基于之前的法典内容或法庭对于法条(宽松)的解释努力提出解决方案。[76]

尽管《法国民法典》新旧版本之间存在延续性,但法国债法改革无论是在法国国内还是国外都引起了广泛的关注。相关主题的论文和著作竞相发表和出版,盛极一时。有趣的是,部分研究采用了法律评注的方式。一些评注非常简短,仅仅对新的条文给出最基本的阐释, 近似于改写。[77] 另外一些评注实质性内容丰富一些,比较接近于(短篇)"德国式"的法律评注。[78] 他们逐条分析新法律,区分哪些问题可以通过新法律条文加以解决,哪些问题刻意保持了开放性,哪些问题是因语词使用所致。[79]

债法改革带来一个有趣的副作用,就是它改变了法国学者看待《法国民法典》的方式。如前所述,在债法修订之前,法学家们习惯于通过判例去研究《法国民法典》,忽视那些在判决和教科书中通过黑体字呈现出来的对那些重要法条的共识。然而,这次修订唤醒了对立法者所使用语词的兴趣,那些业已出版的法律评注足以证明这一点。学者们分析法国民法典中那些新条文的含义——但没有相关的判决去注释这些条文(相关的判决尚未产生)。特别值得注意的是,有些新条款与旧条款非常相似,也使用了相同的语词,昨天学者们还很少关注这些语词的含义,而今天却仔仔细细地审视了起来。

因此,近来法国法中关于债法的修订成为新时代的一缕曙光,注释法律条文的方式复苏了,法律评注也重新构成法国法律文献的一个重要内容。这或许更多取决于修订进程的持续性。民事责任法(*droit de la responsabilité civile*)和担保法

---

〔75〕 参见注释 52。

〔76〕 参见:*J. Cartwright/S. Whittaker*(eds.), The Code Napoléon Rewritten, 2017。

〔77〕 See, e.g., *N. Dissaux/C. Jamin*, Réforme du droit des contrats, du régime général et de la preuve des obligations (Ordonnance n° 2016-131 du 10 février 2016): Commentaire des articles 1100 à 1386-1 du code civil, 2016; P. Simler, Commentaire de la réforme du droit des contrats et des obligations, 2nd edn., 2018.

〔78〕 See especially *G. Chantepie/M. Latina*, Le nouveau Droit des obligations. Commentaire théorique et pratique dans l'ordre du Code civil, 2nd edn., 2018; *O. Deshayes/T. Génicon/Y. -M. Laithier*, Réforme du droit des contrats, du régime général et de la preuve des obligations: Commentaire article par article, 2nd edn., 2018.

〔79〕 根据 *Remy* 的看法,这是一种典型的法典评注:Éloge de l'exégèse (n. 32), 121。

(*droit des sûretés*) 的修订正在酝酿之中。如果这些修订得以完成,毫无疑问,新法律的评注将会按照新合同法的法律评注的模式出版,这也会进一步确立法国法律文献的一个新标准。

主要的问题在于这种修订是否会有一种延续性的影响,以至于将法学研究的核心从判例返回到对法典语词的研究。只有复苏对法典语词的研究,法国的法律评注才有可期的未来,但这并不必然会发生。法院或许不愿意放弃他们在过去两百年来建立的权威,即便有些新法律条文比过去的少模糊了一些,但这还是给法院留下了以法律解释为名进行实质性填补的空间。然而,这最终还是取决于法学教授们的选择,因为判例法的重要性也同样有赖于学术界关于法律的表述。他们越是把法典当回事,他们直接做法典评注就会越多——而不仅仅建立在法院的法律解释之上。

意大利民法典评注：历史、结构与功能*

[意]弗朗西斯科·保罗·帕蒂 著　徐凌波 译

目　　次

一、评注的定义与目的

在意大利，法典评注与其他文献体例(特别是大型教科书和百科全书)构成了

* 本文曾发表于《南大法学》2022年第5期，第164-180页。

法学生活的核心。其中民法典存在不同形式的评注:超大型、大型、中型以及小型评注。[1] 各类法典评注无论在理论还是实践中都发挥着重要的作用,尽管这些文献的重要性——特别是在实践中——近年来有所式微。

按照当前文献理论所建议的分类标准,不同的文献可以根据其外在形式(结构)和内在形式(立场、观点和目的)进行区分。[2] 该观点认为,仅根据外在形式的标准不足以对不同的文献体例进行区分。但是当前意大利法学界倾向于仅仅描述性地从外在形式而非其内在内容来区分文献的体例。[3]《意大利民法典》也是如此。

在概念的层面,意大利学界对于法典评注的定义和目的有着广泛的共识。诚然,这些作品的内容在风格和方法上提供了不同的图景,并常常与其他文献体例存在重合。按照通行的观点,法典评注的作者通过考察判决与文献来阐明法条的意义内涵。也有观点认为,作者应当同时介绍批评性观点,从而为后续的检索提供依据。法典评注应当"使人们能够发现其所探寻的"。因此法典评注的作者服务于法律职业共同体,方便他们进行检索。法典评注的优劣首先取决于谨慎地选择法典评注所使用的资料。当然,在具体的法典评注体例之间存在差异。实务导向的评注更关注判决,而大型评注则常常会详尽地介绍相关理论观点并提出自己的主张。当然,这也存在于只服务于实践的小型评注中。

尽管法典评注在意大利法学界发挥着重要的作用,但鲜有介绍法典评注的结构、价值以及功能的论著。[4] 几乎看不到有关评注的公开评论,即便有,也鲜少批评性内容。此外,已有的论述也只是从历史的角度考察法典评注的作用。因此可以认为,意大利法学界对于法典评注是"缺乏反思"的。[5]

本文将首先从历史和比较法的角度进行阐述(第二部分),介绍意大利最重要的几部法典评注(第三部分)。其次将研究其他法学研究的代表性文献体例(第四部分)。将法典评注与这些文献体例相对比,从中可以看到法典评注在学术界对于判决以及法律修订的价值(第五部分)。最后将就法典评注的未来发展进行展望(第六部分)。

---

〔1〕 关于法典评注的结构特别参见 *D. Kästle-Lamparter*, Welt der Kommentare, 2016, 289-301。

〔2〕 *R. Wellek/A. Warren*, Theory of Literature, 1942, 235-247.

〔3〕 *A. Gambaro*, L' informazione giuridica e i generi letterari; evoluzione globale e valutazioni, in: *G. Conte*(Hg.), Evoluzione e valutazione della ricerca giuridica, 2015, 199-208, 199.

〔4〕 参见 *F. Galgano/P. Cendon/G. Cian/A. Trabucchi/P. Rescigno/P. Schlesinger*, I commentari al codice civile: tavola rotonda, in: *M. Sesta*(Hg.), Per i cinquant'anni del codice civile, 1994, 327-382。

〔5〕 参见 *Kästle-Lamparter*, Welt der Kommentare (Fn. 1), 6-8 提到了德国法。

二、历史与比较法的视角

通过回顾意大利民法典的历史以及意大利的法学方法论,可以发现意大利文献的特点。[6] 在不同的时期,法典评注的重要性有所不同。此外,法学方法论的发展也影响着法典评注的内容。

(一)文本学派时期与 1865 年《意大利民法典》

意大利先后于 1865 年和 1942 年颁布过两部民法典。直到第二部民法典出台后,才有了法典评注的勃兴并区分了不同的评注体例。对此,历史与比较法的视角提供了解释。[7]

第一部《意大利民法典》整体上翻译了法国的《拿破仑法典》。[8] 早在意大利统一前,许多法国的大型教科书与法典评注就被翻译成意大利语。[9] 所谓的文本训诂方法对意大利学者产生了极大的影响。[10]

而在法国,尽管法典评注曾在 19 世纪风靡一时,但并未得到持久的确立。[11] 意大利也存在类似的情况。1865 年《意大利民法典》颁布后立刻出版了一些法典

〔6〕 *G. Christandl*, Juristische Methodenlehre in Italien-oder: Kurze Geschichte der italienischen Zivilrechtswissenschaft ab dem 19. Jahrhundert, RabelsZ 83 (2019), 289–315.

〔7〕 基础性的介绍参见 *R. Sacco/P. Rossi*, Introduzione al diritto comparato, 7. Aufl., 2019, 221–231。

〔8〕 Vgl. *C. J. A. Mittermaier*, Die neuesten Leistungen auf dem Gebiete der Gesetzgebung über Civilprozeß und Gerichtsverfassung [...], AcP 50 (1867), 80–104, 88 ff.; *G. P. Chironi*, Le Code civil et son influence en Italie, in: Le Code civil 1804–1904-Livre du centenaire publié par la Societé d' Étude Législatives, Bd. 2, 1904, 762 ff.; *G. Astuti*, Del Code Napoléon in Italia e della sua influenza sui Codici degli Stati italiani successori, in: ders., Tradizione romanistica e civiltà giuridica europea: raccolta di scritti, Bd. 2, 1984, 711–801; *A. Gambaro/R. Sacco*, Sistemi giuridici comparati, 4. Aufl., 2018.

〔9〕 另外还有 Delvincourt, Toullier, Marcadé, Demolombe, Proudhon 和 Laurent 的作品。参见 *A. Cavanna*, Influenze francesi e continuità di aperture europee nella cultura giuridica dell' Italia dell' Ottocento, in: ders., Scritti (1968–2002), 2007, Bd. 2, 1185–1217, 1197。

〔10〕 关于文本学派对意大利法学理论的影响,参见 *G. Tarello*, La „Scuola dell'esegesi" e la sua diffusione in Italia, in: Scritti per il XL della morte di P. E. Bensa, 1969, 240–276, 264 ff.; ders., Scuola dell'esegesi, in: Novissimo digesto italiano, Bd. 14, 1969, 819–823; *P. Grossi*, La cultura del civilista italiano, 2002, 7–14。

〔11〕 参见 *J. -S. Borghetti*, Legal Commentaries in France: Will Mammoths Come Back to Life?, in diesem Band, 45–60, 47–52。

评注,其中有一些有趣的方法论提示。[12] 评注中包含许多立法资料,此外还有罗马法和部分与《拿破仑法典》和《奥地利民法典》的比较。[13] 其中能够明显地发现文本学派(Scuola dell'esegesi)的方法论痕迹。评注以法条为核心并优先关注条文字义。评注作者还特别强调了《意大利民法典》为国家统一所作出的贡献。此外,《意大利民法典》还被视为实现法的理性化与国家化的最重要的工具。在这一时期,法典评注的作者认为法律规则的源头是罗马法,他们否认法国法对《意大利民法典》的影响,认为 1865 年《意大利民法典》是意大利法传统的特有成果。[14] 文本学派的支持者认为,意大利的民法体系与《意大利民法典》体系是一致的。而对于意大利的法律人来说,法典评注则是展现法学分析结构的理想形式。[15] 此外,19 世纪意大利的法学知识被律师和法官所垄断,[16] 这也影响了评注的体例:评注没有任何思维的跳跃,而是提供了明确的解决方案。而在评注中所体现的文本训诂是法律实践的有益支撑。

1881 年被认为是文本学派的"危机之年",同时也是意大利法学的历史转折点。[17] 伊曼纽尔 · 吉安图尔科(*Emanuele Gianturco*)在这一年发表了他关于法学

[12] 参见 z. B. *V. Cattaneo/C. Borda*, Il Codice civile italiano, Turin, 1865; *E. Pacifici Mazzoni*, Codice civile commentato con la legge romana, le sentenze dei dottori e la giurisprudenza, 2. Aufl., Florenz, 1870–1881; *L. Borsari*, Commentario del Codice civile italiano, Turin, 1871–1874; *D. Galdi*, Commentario del Codice civile-per l'avvocato e professore di diritto, Neapel, 1871; *G. Delvitto*, Commentario teorico pratico di diritto civile, Turin, 1876 ff.; *G. Vignali/G. Scalamandrè*, Commentario al Codice civile italiano, Neapel, 1878。

[13] 在全国性的法律统一完成之前,隆巴多-威尼托王国适用的是《奥地利民法典》。《拿破仑法典》和《奥地利民法典》对意大利法学理论的影响,参见 *R. Ferrante*, Un ruolo per l'interprete: la scienza giuridica italiana tra Code Napoléon e ABGB, in: P. Caroni/E. Dezza (Hg.), L'ABGB e la codificazione asburgica in Italia e in Europa-Atti del convegno Internazionale Pavia, 11–12 ottobre 2002, 2006, 339–363。

[14] 尤其参见 *Borsari*, Commentario (Fn. 12), Bd. 1, 5 ff. Siehe dazu *G. Cazzetta*, „Veramente italiano": il diritto nazionale nella retorica della scienza giuridica postunitaria, in: *P. Bianchi/C. Latini* (Hg.), Costruire l'Italia-Dimensione storica e percorsi giuridici del principio di unità, 2013, 81–99, 89。

[15] 参见 *Christandl*, Juristische Methodenlehre in Italien (Fn. 6), 298:"僵化的法典束缚了法学研究活动,法学研究活动沦为了生产制作新法典个别条款的简单评注。"

[16] *L. Lacchè*, Il canone eclettico. Alla ricerca di uno strato profondo della cultura giuridica italiana dell'ottocento, Quaderni fiorentini 39 (2010), 153–228, 170. Siehe z. B. mit Bezug auf *Neapel A. Mazzacane*, A Jurist for United Italy: The Training and Culture of Neapolitan Lawyers in the Nineteenth Century, in: *M. Malatesta* (Hg.), Society and the Professions in Italy 1860–1914, 2002, 80–110.

[17] *N. Irti*, Francesco Filomusi Guelfi e la crisi della scuola esegetica in Italia, Riv. dir. civ. (Rivista di diritto civile) 1971, I, 379–389, 381 „Si è indicato nel 1881 l'anno della crisi della scuola esegetica".

方法论的专著。[18] 他呼吁意大利法学界抛弃法国模式的文本训诂方法，而转向德国学者为代表的体系方法。[19] 尤其值得注意的是，他将法学方法论与文献体例联系起来，强调法条评注与大型教科书不是任意的叙述形式或辅助工具，而必须反映法学与法的历史实存。[20] 在他看来，要进行规范的革新，评注是有益的。但是一旦确立了新的规则及其内涵的原则，法典评注也便失去了它的价值。

从这一视角出发，吉安图尔科批评道，评注这一文献体例自 1865 年《意大利民法典》颁行以来，（至 1881 年）过去的 16 年里所发表的各类专著都只是以添加引证的方式对民法典进行文本注释。这些作者的最大贡献在于，收集了法国的文献并在必要时加深了对法条的文法意义的理解。[21] 他明确地指出，当前缺少对民法整体或者至少是对民法总则部分的体系性大型教科书。

在扬弃文本学派的过程中，也出现了一些反对法典评注的观点。这些观点认为，法典评注在体例上没有给教义学建构留下空间。相反，理论的目标在于，发现法条文本与法学理论，即《意大利民法典》与民法体系之间的关系。[22] 在当时，法典评注这一文献体例确实不适合新的法学研究方法。当时法学家所理解的体系建构要求，将创制具有深厚历史根基的制度与提出更具普遍性的理论相结合，而不仅仅是以《意大利民法典》的内在秩序为导向。[23] 在此背景下，人们开始研究德国的大型教科书并为大型百科全书的编纂做好准备。

---

〔18〕 *E. Gianturco*, Gli studi di diritto civile e la questione del metodo in Italia, in: ders., Opere giuridiche, Bd. 1, 1947, 3-12. 遵循这种潘德克顿式的见解，Gianturco 提倡对法律制度进行教义学重构的方法。他延续了鲁道夫·冯·耶林的理论并认为这也适用于法律的适用。他是第一位出于教学目的汇编案例的意大利学者。参见 *F. Treggiari*, Emanuele Gianturco: l'educazione di un giurista (aspetti dell'insegnamento del diritto in Italia tra Otto e Novecento), Rivista trimestrale di diritto e procedura civile 1986, 1235-1276; *A. Mazzacane*, Emanuele Gianturco avvocato, professore e statista, in: *M. Tedeschi/A. Mazzacane* (Hg.), Rileggere i maestri, Bd. 2, 2012, 29-57。

〔19〕 *Gianturco*, Gli studi di diritto civile (Fn. 18), 6.

〔20〕 *Gianturco*, Gli studi di diritto civile (Fn. 18), 6: „il commentario e il trattato non sono forme di esposizione o mezzi di ricerca arbitrari, ma rispondono alla condizione storica degli studii e del diritto stesso".

〔21〕 *Gianturco*, Gli studi di diritto civile (Fn. 18), 5.

〔22〕 参见 *A. Rocco*, La scienza del diritto privato in Italia negli ultimi cinquant'anni, Riv. dir. comm. (Rivista del diritto commerciale e del diritto generale delle obbligazioni) 1911, I, 285-304; *B. Donati*, Dall'esegesi delle leggi alla scienza del diritto, Rivista internazionale di filosofia del diritto 1925, IV, 583-603; *Irti*, Filomusi Guelfi (Fn. 17), 383。

〔23〕 结合意大利颁布的法律规定回顾这段历史，参见 *A. Grilli*, L'Italia dal 1865 al 1942: dal mito al declino della codificazione, in: *M. Ascheri* (Hg.), Lezioni di storia delle codificazioni e delle costituzioni, 2008, 157-174。

(二)德国潘德克顿体系的影响与1942年的《意大利民法典》

伊曼纽尔·吉安图尔科坚持认为,意大利民法学研究应当以解释方法与罗马法研究为导向。[24] 新颁行的《意大利民法典》不应继续沿用1865年《意大利民法典》的文本注释方法。19世纪末20世纪初,人们开始对德国理论特别是潘德克顿体系产生了浓厚的兴趣。[25] 而对潘德克顿学者论著的认识又再度强化了对罗马法的兴趣。年轻的意大利学者或是在求学期间前往德国,[26] 或是在意大利便开始研究罗马法。同时德国潘德克顿学者的主要作品被翻译成意大利语,它们有着十分明确的目标,辅助司法实践并方便那些不懂德语的人完成任务。[27] 例如[28],恩茨(*Arndts*)的《潘德克顿教科书》,[29] 萨维尼的《当代罗马法体系》,[30] 温德沙伊德的《潘德克顿法教科书》[31] 均被翻译成了意大利语。其中温德沙伊德的译著对于意大利理论的发展极具重要性。[32] 译者法达(*Fadda*)和本萨(*Bensa*)在温德沙伊德原著边上附上了意大利法的相关参考资料。这样清楚地表明,法律人能够结合法条文本提出预测性的论据。法典并不必然要求采取文本注释方法。

1942年《意大利民法典》中的创新性,[33] 在商法中也有所体现,[34] 且没有促

---

〔24〕 *Gianturco*, Gli studi di diritto civile (Fn. 18), 8:“罗马法的许多内容,特别是债法的教义学,仍然富有生命力。直到最近,它仍然是欧洲各开化民族的共同法。我不能理解为什么现代私法不能从罗马法的研究与方法中获得启发。”

〔25〕 *L. Ferrajoli*, La cultura giuridica nell' Italia del Novecento, 1999, 16-19; *G. Alpa*, Diritto civile italiano: due secoli di storia, 2018, 221-251. Siehe auch *Christandl*, Juristische Methodenlehre in Italien (Fn. 6), 298-300.

〔26〕 *Ferrajoli*, La cultura giuridica (Fn. 25), 36 Fn. 37.

〔27〕 这是 Filippo Serafini 的主要目的,他翻译了 Arndts 的《潘德克顿教科书》。参见 *F. Furfaro*, Recezione e traduzione della Pandettistica in Italia tra Otto e Novecento-Le note italiane al Lehrbuch des Pandektenrechts di B. Windscheid, 2016, 72-79。

〔28〕 被翻译为意大利语的潘德克顿著作,参见 *Furfaro*, Recezione e traduzione (Fn. 27), 383-399。

〔29〕 *K. L. Arndts von Arnesberg*, Trattato delle Pandette, übersetzt von F. Serafini, Bde. 1-3, Bologna, 1872 ff. (3. Aufl., 1877-1880; Bd. 1 in 4. Aufl., 1882).

〔30〕 *F. C. Savigny*, Sistema del diritto romano attuale, übersetzt von *V. Scialoja*, Bde. 1-8, Turin, 1886-1898.

〔31〕 *B. Windscheid*, Diritto delle Pandette, übersetzt von *C. Fadda* und *P. E. Bensa*, Bde. 1-3, 1902-1904.

〔32〕 *Grossi*, La cultura del civilista (Fn. 10), 22 f. Siehe auch Furfaro, Recezione e traduzione (Fn. 27), 263-371.

〔33〕 参见 *A. Gambaro*, Codice civile, in: Digesto delle discipline privatistiche, Sezione civile, Bd. 2, 1988, 442-457, 453 f.; *K. Zweigert/H. Kötz*, Einführung in die Rechtsvergleichung, 3. Aufl., 1996, 96 ff.。

〔34〕 参见 *M. Rotondi*, Entstehung und Niedergang des autonomen Handelsrechts in Italien, AcP 167 (1967), 29-63; *A. Asquini*, Dal codice di commercio del 1865 al libro del lavoro del codice civile del 1942, Riv. dir. comm. 1967, I, 1-8.

使理论对新法典进行逐条的评注。[35] 因为理论关注的并不是法典本身,而是新民法典所规制的具体问题领域。[36] 认为法典评注的勃兴是1942年《意大利民法典》颁行理所当然的结果显然是错误的。如前所述,直到20世纪初,法典评注这种体例还被认为是文本学派的特征。[37] 意大利法学希望彻底摆脱这种研究方法,并倾向于采用大型教科书和百科全书的体例,后两者更便于采取教义学的和体系性的方法。[38]

在20世纪初,尽管法典评注没有立刻被接受,但意大利的法学家们却逐渐开始重视德国的法典评注。德国的法典评注有时也被视为为1942年新民法典提供了准备工作,特别是在第四编侵权法和合同法中。[39] 相应地,参与第四编的起草者们在脚注中也援引了德国的法典评注。[40] 但直到许多年后,德国的法典评注模式才被直接继受过来。

(三)20世纪70年代与80年代法典评注的勃兴

意大利法典评注的爆炸式增长首现于20世纪70年代。这是由多种因素造成的。首先,1942年《意大利民法典》颁行后,意大利的法学一度非常抽象,有很强的概念化倾向。[41] 日常生活中的问题极少得到关注。20世纪七八十年代则开始明确,理论中应当考虑实务判决。[42] 人们认为,法典评注的体例适合于将理论与实践相结合。20世纪70年代开始,许多判例开始根据宪法重新解释民法典中的许多规定。[43] 这些创新的判决需要体系性的加工,而法典评注的功能则是解

---

〔35〕 其中的例外则是 *M. D'Amelio/E. Finzi*(Hg.), Codice civile, 1940 ff.。

〔36〕 参见 *P. Rescigno*, Il codice civile del 1942 visto dalla scienza giuridica, in: ders., Codici-Storia e geografia di un'idea, 2013, 17-33, 21 ff.。

〔37〕 *G. Cazzetta*, Codice civile e identità giuridica nazionale. Percorsi e appunti per una storia delle codificazioni moderne, 2. Aufl., 2013, 138 ff.

〔38〕 参见 *F. Ferrara*, Un secolo di vita del diritto civile (1839-1939), Riv. dir. comm. 1939, I, 429-444, 439。

〔39〕 参见 *F. Vassalli*, Motivi e caratteri della codificazione civile, Rivista italiana di scienze giuridiche 1947, 76-107, 95 f.; M. Brutti, Vittorio Scialoja, Emilio Betti-Due visioni del diritto civile, 2013, 175-181。

〔40〕 参见 *E. Betti*, Der Grundsatz von Treu und Glauben in rechtsgeschichtlicher und-vergleichender Betrachtung, in: Festgabe Rudolf Müller-Erzbach, 1954, 7-33。

〔41〕 来自外部视角的观察参见 *H. Merryman*, The Italian Style I: Doctrine, Stanford LR 18 (1965), 39-65。

〔42〕 尤其参见 *G. Gorla*, Lo studio interno e comparativo della giurisprudenza e i suoi presupposti: le raccolte e le tecniche per la interpretazione delle sentenze, Foro italiano 1964, IV, 73-87; ders., Civilian Judicial Decisions: An Historical Account of Italian Style, Tulane LR 44 (1969/1970), 740-749。

〔43〕 关于这一方法论主张特别参见 *S. Rodotà*, Ideologie e tecniche della riforma del diritto civile, Riv. dir. comm. 1967, I, 83-99, 95 ff.。

释其中的创新之处。个别条款的评注促使理论更加关注判决,同时也避免了理论过于抽象。法典评注具有的这种实践价值引领了 70 年代评注事业的兴盛。[44]

其次,20 世纪七八十年代在《意大利民法典》之外又颁布了许多民事单行法(人们称之为“解法典化”)。[45] 法典评注因而成为联结民法典与其附属规定的工具。[46] 因此,大型的法典评注除了《意大利民法典》中的规定外,还增加了新的、专题性的规定。因此法典评注也是私法领域“再法典化”的重要因素。[47] 在这个意义上,几年前《夏洛亚-布兰卡民法典评注》(Scialoja/Branca)[48] 这部最重要的民法典评注更名为《民法典及相关法律规定评注》。因为这不仅有对民法典的评注,也包含了对“相关”法律规定的评注。主编乔治·德诺瓦(*Giorgio De Nova*)的理念是,将《意大利民法典》视为整体私法的内容目录。[49] 此外新颁布的法律如《意大利消费者法》也有自己专门的法典评注。

最后,律师的工作方式在 20 世纪七八十年代也发生了变化。在此之前,实务工作者通常只会去查询专著或特定的大型教科书,而现在司法实践越来越多地诉诸法典评注。法学出版物市场提供了新的产品。在数据库出现之前,[50] 法典评注这一文献形式是十分成功的。

三、意大利法典评注的图景

整体上,1942 年《意大利民法典》的评注大量援引了理论文献与判决。评注的风格与方法在很大程度上取决于相应的受众群体。小型评注相比于大型评注更具实践导向性。在大型评注中,不同作者之间也常常参差不齐。评注的水平仅仅取决于各个作者的个人能力。某一卷评注即便属于特定的法典评注序列,也并不能确保其品质。因此在意大利,对于大型评注而言,讨论某位作者的风格与方

---

〔44〕 *Schlesinger*, I commentari al codice civile (Fn. 4), 368 f.

〔45〕 参见 *N. Irti*, L' età della decodificazione, 1978。

〔46〕 *Galgano*, I commentari (Fn. 4), 327 f.; *Cendon*, I commentari (Fn. 4), 337-339; *Trabucchi*, I commentari (Fn. 4), 354.

〔47〕 参见 *Cendon*, I commentari (Fn. 4), 340。关于再法典化特别参见 *S. Patti*, Ricodificazione, Riv. dir. civ. 2018, 435-454。

〔48〕 *A. Scialoja/G. Branca*(Hg.), Commentario del codice civile, 1940 ff.(续写者为 F. Galgano,现在则由 G. De Nova 负责修订)。关于这部法典评注参见下文第三部分(一)。

〔49〕 参见 *G. De Nova*, A proposito del commentario del codice civile diretto da Enrico Gabrielli, Riv. dir. comm. 2017, II, 8-11, 9,其中提到了他在 Zanichelli 出版社出版的专著。

〔50〕 对此详见下文第五部分(二)。参见 *M. Foglia*, Il ruolo dell'informatica giuridica nella misurazione del diritto, in: *P. Sirena*(Hg.), Dal „fitness check“ alla riforma del codice civile: Profili metodologici della ricodificazione, 2019, 119-131, 123 ff.。

法比起讨论某套评注的风格与方法,显然更有意义。下文将区分大型评注、小型评注以及“广义的”和“另类的”评注。

(一)主流的大型评注

在20世纪取得巨大成功并且现在还在销售的大型评注有《夏洛亚-布兰卡民法典评注》[51]和《施莱辛格民法典评注》(Schlesinger)[52]。这些评注通常以它最初的编者来命名,尽管后来又有多名学者担任过主编。主编由出版社在(国家层面的)知名私法教授中遴选出来。他们的首要任务是,确定评注各卷的作者。尽管在评注中找不到具体的提示,但可以认为,前述评注作品继承了德国法典评注的“优良传统”。[53]

但是这些评注通常缺少目标明确的准确计划以及评注的结构,而这在德国法律文化中具有根本性的意义。首先,民法典中待评注的条文数量基本取决于作者的数量。通常每一卷包含了民法典的某一编或是其中的下属章节,有时这些章节又会被进一步区分,进而某一卷只是对某个具体条款的评注。各卷的页数也常常没有事前规划。[54] 这导致有些在实践中极具重要性的领域在评注中则只有薄薄的一卷,只介绍了少量的理论与判决。同时一些实践价值较小的主题却又得到了异常深入的研究。最后各卷往往体现了个别作者的兴趣与立场倾向。[55] 此外,出现在各卷标题页(Titelseite)上的只有作者的名字,而各卷属于哪一套法典评注序列则要从编辑指南或者版权页信息中才能看出来。

不同于德国的法学文献,意大利基本没有对整部法典评注的书评。[56] 即使是某一卷的书评,也只是介绍该卷的优劣,而很少结合整部法典评注的情况来

---

〔51〕 *Scialoja/Branca*, Commentario del codice civile (Fn. 48).

〔52〕 *P. Schlesinger*(Hg.), Il codice civile. Commentario, 1987 ff.(续写者为F. D. Busnelli,现在由G. Ponzanelli负责修订)。

〔53〕 *P. Rescigno*, A proposito del commentario del codice civile diretto da Enrico Gabrielli, Riv. dir. comm. 2017, II, 3-8, 4 f. 但是,在意大利并没有像德国由Mathias Schmoeckel, Joachim Rückert und Reinhard Zimmermann主编的《民法典历史批判评注》那样的历史批判评注。

〔54〕 参见*Cendon*, I commentari (Fn. 4), 334。

〔55〕 通常一卷由一名作者撰写,有时也会由一个小型的作者团队来完成,并设置分卷主编来协调写作的进度。

〔56〕 但是发表了《施陶丁格民法典评注》的书评:*S. Patti*, I cento anni dello Staudinger, Riv. dir. civ. 1998, 771-779。

评论。〔57〕

在法典评注各分卷的安排上,主流的法典评注存在差异。《夏洛亚-布兰卡民法典评注》在许多卷中会将一定数量的条文结合在一起,其评注内容相对比较详细,但其内容范围仍是可控的。〔58〕 相反,《施莱辛格民法典评注》的各卷则由于其长度和内容装帧常常给人留下大型教科书的印象。〔59〕

大型评注的另一个问题是,各卷的更新进度是不同的。〔60〕 出版社和主编不能保证各卷都保持最新的状态。这导致评注的内容对于解决实际问题常常是不够的。实务工作者常常需要进行额外的检索。最后令人惊讶的是,两部大型法典评注都是不完整的——尽管已经出版了很久,民法典中仍有个别条款未能得到评注。〔61〕

《夏洛亚-布兰卡民法典评注》和《施莱辛格民法典评注》都占满了意大利图书馆的整个书架,没有经验的或是国外的法律人即使知道具体的法律条目,要找到评注也很困难。在其他国家,图书馆会及时用新版的评注替换旧版;旧版评注只对法史学者有意义。而在意大利,旧版评注则与新版评注放在一起,甚至有时

〔57〕 *Scialoja/Branca* 评注的第一版经常被提及; 参见 *A. Pavone La Rosa* ,Rezension: L. Ferri, Della trascrizione,in:Scialoja/Branca, Commentario del codice civile (Fn. 48), 1955, Riv. dir. civ. 1958, I, 243-245;*A. Caltabiano*, Rezension: T. Ascarelli, Obbligazioni pecuniarie, in: Scialoja/Branca (loc. cit.), 1959, Riv. dir. civ. 1960, I, 84-87;*F. Di Sabato*, Rezension: L. Buttaro, Del giuoco e della scommessa, in: Scialoja/Branca (loc. cit.), 1959, Riv. dir. civ. 1960, I, 534-538. 德文文献参见 *H. Stoll*, Rezension: S. Patti, Della prova testimoniale. Delle presunzioni, Art. 2721-2729,in:Scialoja/Branca (loc. cit.), 2001, RabelsZ 67 (2003), 611-618。

〔58〕 参见 z. B. *D. Rubino*, Delle obbligazioni alternative, in solido, divisibili e indivisibili, Art. 1285-1320, 2. Aufl., in:Scialoja/Branca, Commentario del codice civile (Fn. 48), 1968 (neue Auflage *E. A. Emiliozzi*, Obbligazioni alternative, in solido, divisibili e indivisibili, 2019);*F. De Martino/R. Resta/P. Jaricci/G. Pugliese*, Beni. Proprietà. Superficie, Art. 810-956, 4. Aufl.,in:Scialoja/Branca (loc. cit.), 1976;*R. Scognamiglio*, Dei contratti in generale, Art. 1321-1352,in:Scialoja/Branca (loc. cit.), 1970;*F. Galgano/G. Visintini*,Degli effetti del contratto. Della rappresentanza. Del contratto per persona da nominare, Art. 1372-1405,in:Scialoja/Branca (loc. cit.),1993。

〔59〕 So *Trabucchi*, I commentari (Fn. 4),356. 例如第 650 页上关于违约处罚的评注 *Silvio Mazzarese*, La clausola penale, Art. 1382-1384, in: Schlesinger, Codice civile (Fn. 52), 1999. Siehe auch unten IV. 1.

〔60〕 参见 Scialoja/Branca 评注中不再更新的分卷 *G. Cattaneo*,Della mora del creditore, Art. 1206-1217, in: Scialoja/Branca, Commentario del codice civile (Fn. 48), 1973;*G. Perlingieri*, Dei modi di estinzione delle obbligazioni diversi dall'inadempimento, Art. 1230-1259, in: Scialoja/Branca (loc. cit.), 1975;*C. M. Bianca*,Dell'inadempimento delle obbligazioni, Art. 1218-1229, 2. Aufl.,in; Scialoia/Branca (loc. cit.),1979。评注中最古老的一卷(未更新)是 *E. Bassanelli*,Impresa agricola, Art. 2135-2187, in: Scialoja/Branca (loc. cit.), 1943。在《施莱辛格民法典评注》中的典型代表则是 *G. Patti/S. Patti*,Responsabilità precontrattuale e contratti standard, Art. 1337-1342, in: Schlesinger, Codice civile (Fn. 52),1993。

〔61〕 出版„Scialoja/Branca"的出版社网站上还显示着:"经过 70 年的时间本评注基本完成。" online: <https://www.zanichelli.it/giuridico/catalogo-e-no vita/collane/commentario-codice-civile/dvd-scialoja-branca>.

如果旧版评注者更有学术影响力,则旧版还会更常被引用。判决与文献中脚注常常没有更新到最新状态,这也得到了容忍。

2009 年开始由加布利耶利(*Enrico Gabrielli*)主编的大型法典评注日益具有影响力,[62]尽管其内容不如《夏洛亚-布兰卡民法典评注》和《施莱辛格民法典评注》那么丰富。该评注对民法典和私法领域的其他重要法律规定进行了评注,共46 卷。所涉领域更加广泛也包括了个人数据保护等最新的专业领域。主编加布利耶利与各分卷主编所付出的巨大努力,使得这本评注得以在极短的时间内(相对于意大利人来说)完成出版,为法律检索和司法实践提供了一部完整而有效的法典评注。未来的挑战则是体系性地更新这部评注。

最后还应提及的是由保罗·岑顿(*Paolo Cendon*)主编的法典评注,这部评注因其一贯的结构、精心的校对以及根据内容重要性而安排的内容而脱颖而出。[63]

(二)小型评注与其他评注

除了大型评注外,意大利还有一部出色的小型评注得到了法学界的认可,即《强-特拉布奇民法典评注》(Cian/Trabucchi),[64]其首版于 1981 年问世。首位主编乔治·强(Giorgio Cian)受到德国贝克出版社出版的《帕兰特民法典评注》的启发,后者在德国的法律实践中发挥着不可替代的作用。

《帕兰特民法典评注》就《德国民法典》每一条都提供了相关文献与判决的简要评价,其大小正好可以拿在手里或者放在口袋里,这一点也被意大利借鉴。保罗·萨提(*Paolo Zatti*)在一篇著名的、代表了他学术成就的文章中指出,[65]强沉迷于《帕兰特民法典评注》的缩写,以至于他的书桌上总是放着一本《帕兰特民法典评注》。对于萨提及其同时代的法律人来说,《帕兰特民法典评注》就犹如“酷刑工具”,“只有在必要时才能小规模地使用它”。[66]

但对于强来说,《帕兰特民法典评注》犹如“爱不释手的玩具,是创意的源泉以及所有检索的起点”。[67] 萨提说,强还跟他讨论了《帕兰特民法典评注》的缩写标准,引证方式,评注的谨慎程度甚至是用什么样的纸张,每一卷有多重有多厚。通过对《帕兰特民法典评注》的分析,强得出结论,在意大利还没有类似的作品,尽

---

[62] *E. Gabrielli*(Hg.), Commentario del codice civile, 2009 ff.

[63] *P. Cendon*(Hg.), Commentario al codice civile, 1991 ff.

[64] *G. Cian/A. Trabucchi*(Hg.), Commentario breve al codice civile, 1981 ff. 它还有一本专门用于律师资格考试的姊妹版,内容仅限于判例,题为《判决补充:考试版》。

[65] *P. Zatti*, Cari e scherzosi ricordi in onore di Giorgio Cian, in: Studi in onore di Giorgio Cian, 2010, 5-18, 13.

[66] *Zatti*, Cari e scherzosi ricordi (Fn. 65), 13.

[67] *Zatti*, Cari e scherzosi ricordi (Fn. 65), 13.

管它有巨大的价值。[68]

1981 年《强-特拉布奇民法典评注》出版,这是在理论和实践中都被频繁使用的一部法典评注。简要的评注介绍了理论观点以及最为重要的判决要旨。阐述是精确而简洁的,它使人能够准确而迅速地找到民法典相应条款最为重要的信息。而且不同于意大利的其他法典评注,《强-特拉布奇民法典评注》这部小型评注得到了及时的更新,从而为扩大检索提供了有保障的基础。

这一特点使得《强-特拉布奇民法典评注》成为在国外最受欢迎的意大利法典评注。[69] 如前所述,不熟悉意大利习俗的法律人会陷入这样的风险中:自己站在长长的书架前,主流的大型法典评注一字排开,而其中各卷完全没有更新。而《强-特拉布奇民法典评注》则不存在这种风险——这与意大利的其他法典评注不同。因此它也常常作为意大利法的参考资料而被国外的文献所引用。[70]

在一卷内容纳同样信息量的小型评注尚不存在。皮特罗·雷西尼奥(*Pietro Rescigno*)主编的小型评注分为两卷,[71] 而阿尔帕(*Alpa*)与马里康达(*Mariconda*)主编的实践导向评注则分为三卷。[72] 此外小型评注中还有达梅利奥(*D'Amelio*)和芬兹(*Finzi*)主编的四卷本评注,后者是在《民法典》颁行后不久便不再修订了,因此只具有史料价值。[73]

除此之外还有中等篇幅的评注,例如乔万尼·裴林杰利(*Giovanni Perlingieri*)主编的九卷本评注。[74] 该部评注既旨在为民法典中各规定的解释提供信息,也尝试强调这些规范与宪法和欧盟法上基本原则的关系。

小型与中型评注的好处在于便于及时更新和实务工作者翻阅查询。正如后文所示,[75] 这些评注的学术价值较小。与各卷评注的具体作者相比,评注主编的形象尤其具有重要意义。

四、其他体例

除了法典评注外,传统上还有两种在法学研究中十分重要的体例:大型教科

[68] *Zatti*, Cari e scherzosi ricordi (Fn. 65), 13.

[69] *Galgano*, I commentari (Fn. 4), 328.

[70] 参见 Cian/Trabucchi in *N. Jansen/R. Zimmemann* (Hg.), Commentaries on European Contract Laws, 2018 中的许多引注。

[71] *P. Rescigno* (Hg.), Codice civile, 2006 ff.

[72] *G. Alpa/V. Mariconda* (Hg.), Codice civile. Commentario, 2006 ff.

[73] *M. D'Amelio/E. Finzi* (Hg.), Codice civile, 1940-1949.

[74] *G. Perlingieri* (Hg.), Codice civile annotato con la dottrina e la giurisprudenza, 3. Aufl., 2010.

[75] 参见本文第五部分(一)。

书与百科全书。大型教科书继受自其他的法秩序,[76]而百科全书则是19世纪后半叶意大利法学的成果。

(一)大型教科书

在民法典领域,意大利文献的代表是大型教科书与手册。和法典评注一样,大型教科书也存在不同的体例,深度也有所不同。[77] 一些大型教科书的卷数较少,[78]但相比一些用于教学的教科书,其内容又十分详尽。[79] 而其他大型教科书的分卷则非常多,有时一些具体内容很难被归入某个统一的概念之中。[80] 此外,大型教科书既可以是关于整体私法的也可以是关于私法特定领域的。例如也有专门关于合同法[81]、合同外责任[82]、物权法[83]、继承法[84]、家庭法[85]的大型教科书。

用何种有效的方法来区分法典评注和大型教科书这两种文本形式,一直是有争议的。在过去,大型教科书更适合于进行教义学的体系性思考。因为大型教科书的作者不必拘泥于法条的条文顺序,有更多的自由空间来阐释自己的观点而与条文保持一定的距离。不过在大型法典评注,特别是在《施莱辛格民法典评注》中也有教义学的体系性阐述,这在传统上更接近大型教科书。因此一些作者认为,大型教科书与法典评注的区别仅仅在于阐释的方式。[86] 两种体例在规范解释的

[76] 参见本文第二部分(一)。

[77] Vgl. *Cendon*, I commentari (Fn. 4), 332 f.

[78] 参见 *N. Lipari/P. Rescigno*(Hg.), Diritto civile, 9 Bde., 2009。

[79] 对于学术研究而言最知名的教科书包括:*A. Torrente/P. Schlesinger*, Manuale di diritto privato, 23. Aufl., 2017; und *A. Trabucchi*, Istituzioni di diritto civile, 49. Aufl., 2019。而用于教学和继续深造的教科书的概览可以参见 *F. Macario*, L' evoluzione del „genere istituzionale" nella manualistica per l'insegnamento del diritto privato, Giustizia civile 2019, 237-287。

[80] 尤其参见 *F. Vassalli*(Hg.), Trattato di diritto civile italiano, 1938 ff.; *A. Cicu/F. Messineo*(Hg.) Trattato di diritto civile e commerciale, 1952 ff. (fortgesetzt von L. Mengoni, und jetzt *P. Schlesinger/V. Roppo/F. Anelli*); *P. Rescigno*, Trattato di diritto privato, 2. Aufl., 1995 ff.; *G. Iudica/P. Zatti*(Hg.), Trattato di diritto privato, 1990 ff.; *M. Bessone*, Trattato di diritto privato, 1998 ff.; *P. Perlingieri*, Trattato di diritto civile del Consiglio Nazionale del Notariato, 2003 ff.。

[81] *P. Rescigno/E. Gabrielli*(Hg.), Trattato dei contratti, 2. Aufl., 1999 ff.; *V. Roppo*(Hg.), Trattato del contratto, 2006 ff.; *V. Roppo/A. M. Benedetti*(Hg.), Trattato dei contratti, 2014 ff.

[82] *M. Franzoni*(Hg.) Trattato della responsabilità civile, 2004 ff.; *M. Barcellona*, Trattato della responsabilità civile, 2011.

[83] *A. Gambaro/U. Morello*(Hg.), Trattato dei diritti reali, 2008-2014.

[84] *G. Bonilini*(Hg.), Trattato del diritto delle successioni e donazioni, 2009.

[85] *P. Zatti*(Hg.), Trattato di diritto di famiglia, 2. Aufl., 2011-2012; *G. Bonilini*(Hg.), Trattato di diritto di famiglia, 2016 ff.

[86] *Cendon*, I commentari (Fn. 4), 334; *Cian*, I commentari (Fn. 4), 349.

方法与质量上不相上下。

在少数情况下,大型教科书也会由一人来完成。其中最重要的代表是由凯撒·马西莫·比安卡(*Cesare Massimo Bianca*)撰写的七卷本民法教科书,这是意大利法学的一座丰碑。〔87〕这位孜孜不倦的作者以一己之力完成了上千页的作品及其更新。这部作品不仅清晰、直截了当,且没有仅止于记述。就每个主题,作者都从自己的立场出发进行了阐释。本书还大量援引了法国和德国的法学理论。

这种注定消失的模式代表了过去伟大法学家的生活,他们将毕生的精力都倾注在完成自己的学术作品之中。〔88〕这些作品不再反映立法和判决的最新状况。但他们仍然是意大利法学的珍贵遗产。专著会经常引用这些作品,以系统性地重建和回溯所研究的问题。

在20世纪70至90年代,大型教科书也是律师的参考资料并在市场上广为流传。〔89〕和法典评注一样,也有一些大型教科书小有名气并成为意大利法学界的畅销书。〔90〕但多卷本的大型教科书这种体例本身却遇到了危机。一些出版社甚至中断了大型教科书的出版。〔91〕相比于法典评注,大型教科书所面临的危机更为严重。它们更缺少实践上的可操作性。在大型教科书中,《西库-梅西尼奥民商法论丛》(Cicu/Messineo)的魅力不减,因为其中各卷都特别具有独立性,在内容上也更接近专著。〔92〕

〔87〕 *C. M. Bianca*, Diritto civile, 7 Bde., 1978 ff. 尤其参见最新版 Bd. 1: La norma giuridica. I soggetti, 2. Aufl., 2002; Bd. 2. 1: La famiglia, 2017; Bd. 2. 2: Le successioni, 5. Aufl., 2015; Bd. 3: Il contratto, 3. Aufl., 2019; Bd. 4: Le obbligazioni, 1991; Bd. 5: La responsabilità, 2. Aufl., 2012; Bd. 6: La proprietà, 2. Aufl., 2017; Bd. 7: Le garanzie reali. La prescrizione, 2012.

〔88〕 在狭义私法以外的领域有 A. Pertile 和 C. Vivante 的鸿篇巨制:*A. Pertile*, Storia del diritto italiano dalla caduta dell' Impero romano alla codificazione, 6 Bde., Padua 1873-1887; und *C. Vivante*, Trattato di diritto commerciale, 4 Bde., Turin, 1893-1901。

〔89〕 参见 mit Bezug auf die trattati von Vassalli und Rescigno P. Pettinati, Dottrina e avvocatura viste con gli occhi di un editore, in:*V. Scalisi*(Hg.), Scienza e insegnamento del diritto civile in Italia: Convegno di studio in onore del Prof. Angelo Falzea, 2004, 1353-1358, 1355。

〔90〕 主要的代表是 *E. Betti*, Teoria generale del negozio giuridico, 2. Aufl., in:*F. Vassalli*(Hg.), Trattato di diritto civile italiano, Bd. 15. 2, 1952。对此参见 *Pettinati*, Dottrina e avvocatura (Fn. 89), 1354, 介绍了它的成就。

〔91〕 例如由 Rodolfo Sacco 主编的 Trattato di diritto civile, 1993 ff. 其中最著名的一卷 *R. Sacco/G. De Nova*, Il contratto, 其第四版于2016年单独出版。关于德国大型教科书所面临的危机参见 *N. Jansen*, Vom Aufstieg des Kommentars und Niedergang des Lehrbuchs: Fünfzehn Beobachtungen zur Entwicklung juristischer Literaturformen in Deutschland im 20. Jahrhundert, in diesem Band, 25-44, 42-44。

〔92〕 参见最新版 *M. Dellacasa*, La cooperazione all'adempimento e i rimedi a tutela del debitore, in: *Cicu/Messineo*, Trattato di diritto civile e commerciale (Fn. 80), 2019。

(二)百科全书

法学百科全书是意大利法学文献的特色。19世纪弗朗西斯科·费罗穆西·格尔菲(*Francesco Filomusi Guelfi*)特别推崇这种体例。他认为,法学研究应当以哲学为基础。他想要发展"折衷主义法学",其中将哲学上的法概念作为融合特定教义学概念的普遍条件。[93] 百科全书在方法论上的基础性地位是在这种法律文化的影响下形成的,这种法律文化对折衷主义表示开放,想要摆脱对法条的逐字逐句的机械注释。[94] 费罗穆西·格尔菲发表了有关"法学百科全书"的演讲,并刊发在一个知名的论文集中。[95] 1875年,他坚持认为,意大利处理法学问题的主流方法是法典评注,而人们对于法律制度的研究则往往服从于法典的章节顺序,这一观点有时被理解为是反对法典评注。[96]

1881年,在文本注释方法的"危机之年",[97] 人们开始着手编纂大型的《意大利法律百科全书》(Enciclopedia giuridica italiana),[98] 这部百科全书共50卷,包含了上千个词条,按照字母顺序进行排列,对每一个词条都进行了详尽的解释,共有400多名学者用时近半个世纪参与了编写。《意大利法律百科全书》未能完成,但在同一时期,49卷的《意大利文摘》(Il digesto italiano)这一类百科全书文集则完成了编纂。[99]

这两部作品反映了在当时的意大利法律文化氛围中,律师和法官努力让自己作为知识精英得到普遍认同的心态。[100] 百科全书以法律史与比较法的视角来考察所有的法律领域。由于对于许多主题当时还没有充足的理论文献,因此在许多情况下对个别词条的概念分析堪比一本专著。[101] 这种开创性的研究工作表明,

〔93〕 *Irti*, Filomusi Guelfi (Fn. 17), 381. Siehe auch *I. Birocchi/A. D'Angelis*, Francesco Filomusi Guelfi enciclopedista convinto (con considerazioni sull'inedita „Enciclopedia giuridica"), in: *M. Ascheri/G. Colli*(Hg.), Manoscritti, editoria e biblioteche dal medioevo all'età contemporanea, Bd. 1, 2006, 97-134.

〔94〕 尤其参见*Lacchè*, Il canone eclettico (Fn. 16), 217-225。

〔95〕 *F. Filomusi Guelfi*, Enciclopedia giuridica ad uso di lezioni, 2. Aufl., Neapel, 1875, 1-267.

〔96〕 *F. Filomusi Guelfi*, Enciclopedia giuridica (Fn. 95), 2: „il metodo predominante nella trattazione del diritto è quello dei commentarii, e nelle istituzioni di diritto seguesi comunemente l'ordine del codice".

〔97〕 参见上文第二部分(一)以及脚注17。

〔98〕 *C. Vano*, „Edifizio della scienza nazionale". La nascita dell'Enciclopedia italiana, in: *A. Mazzacane/P. Schiera*(Hg.), Enciclopedia e sapere scientifico: Il diritto e le scienze sociali nell'Enciclopedia giuridica italiana, 1990, 15-66, 15-17.

〔99〕 Il digesto italiano, Turin, 1884-1921.

〔100〕 参见*I. Birocchi*, Enciclopedie giuridiche tra storia e valutazione scientifica, in: Conte, Evoluzione e valutazione della ricerca (Fn. 3), 209-240, 216-221。

〔101〕 参见*Birocchi*, Enciclopedie giuridiche (Fn. 100), 219 f., 其中强调,两部百科全书的词条在学术水平上存在显著差异。

当时的意大利法学正在试图摆脱国外模式的影响,进而形成自己的特色。[102]

前两部百科全书旨在通过统一的论述方式形成本国的法律文化,而第三部百科全书的主要目标则是为了反抗法西斯的价值观。1937 年开始的短短数年内,13 卷的《新意大利文摘》(Nuovo digesto)出版。[103] 作者群以学者为主,当时意大利国内的大学数量也显著增加了。参与编写《新意大利文摘》的大约有 600 人,知名学者如亨利·卡皮坦(*Henri Capitant*)和恩斯特·拉贝尔(*Ernst Rabel*)。尽管出版商有这样的意图,除了几篇专门讨论法西斯体制的文章外,这部百科全书大部分内容并没有受到当时政治思想的影响,所收录的文章具有巨大的学术价值。[104] 但不久之后,1942 年便颁行了新《民法典》,因此《新意大利文摘》的内容便部分过时了。

出版《新意大利文摘》的"Utet 出版社",在 20 世纪 50 年代资助出版了新的百科全书,名为《全新意大利文摘》(Novissimo digesto italiano),其中包含了《民法典》的新规定,尤其是 1948 年生效的共和国宪法等内容。[105] 类似的还有朱弗莱(Giuffrè)出版社出版的《法律百科全书》(Enciclopedia del diritto)。该书的编纂始于 20 世纪 50 年代末,耗时四十多年。[106] 加上后来增补的内容和年鉴,共六十多卷。主编明确表示,自己的目标是将法律体系作为一个"鲜活的有机体"来呈现,而不是证明学者们博学广识的"僵死的词条拼图"。[107] 这使得作者们能够围绕着意大利的法律制度来展开讨论。不过百科全书中也包含了大量的比较法内容,如马克斯·莱茵斯坦(*Max Rheinstein*)的关于"普通法正义"的文章。[108] 历史主题的相关词条可以令现行法的法律制度与规则更加清晰。许多词条都分为了罗马法、中世纪法和当代私法三个部分加以论述。

综上,百科全书在意大利法学知识的建构中发挥了重要的作用。它在一定程度上占据了其他文献体例的位置,后者可能更适合于服务实践目的也更容易更新,尤其是大型法典评注。[109] 但是近十年来,由于法学知识分化愈加精细,百科

---

[102] 参见 *Birocchi*, Enciclopedie giuridiche (Fn. 100), 218 f.。

[103] Nuovo digesto italiano, 1937-1940.

[104] *Birocchi*, Enciclopedie giuridiche (Fn. 100), 224-226.

[105] 《全新意大利文摘》于 1971-1975 年出版。

[106] 对此参见 *Contri*, Scienza giuridica ed editoria, in: Scalisi, Scienza e insegnamento (Fn. 89), 1515-1523, 1515, 其中提到 Antonino Giuffrès 最初的计划是在四年之内出版整部作品。前八卷的书评中也提到了 P. R.[escigno], Riv. dir. civ. 1961, I, 515-518,其中批评道,《法律百科全书》还要 10 年才能完全出版,而到那时最早出版的各卷早已经过时了。

[107] 参见 die Präsentation der Direktoren in: Enciclopedia del diritto, Bd. 1, 1958, V-VII。

[108] *M. Rheinstein*, Common Law-Equity, in: Enciclopedia del diritto, Bd. 7, 1960, 915-973.

[109] 参见上文第二部分(一)和(二)。

全书这种体例也遭遇危机。[110] 百科全书整体为法秩序所作出的贡献,也因为持续的信息流动与更新而很快过时:读者仅关注个别词条,而无视了集合整体的特性,他常常无法找到自己所要探寻的答案,而只能找到一些甚至是已经过时了的文章。此外,考虑到百科全书在19、20世纪所具有的巨大理论价值,很难想象出版社在百科全书领域还能有什么创新举措。[111]

五、法典评注的价值

法典评注的价值可以从法秩序的三个重要"表征"来评价:法学理论、判决和立法。[112] 法典评注在学术界是如何评价的?它在实践中是否重要?它是否有助于制定法的更新?下文将就这三方面的问题展开论述。

(一)法典评注与法学理论

尽管法学教授们全面地参与了法典评注的编写,但在意大利,法典评注的学术价值日渐式微。[113] 在意大利,大学选拔教授的过程中,参与法典评注编撰的经历总是被质疑。[114] 这背后的观念是,作者在法典评注中没有作出任何原创性的贡献。能够代表法学家原创见解的是专著,其中作者会就特定的主题进行详细分析。[115] 通过对相关法律制度的理论重建,专著作者必须提出自己的原创观点,或者至少应当在所研究的法学领域中为学术共同体提供值得参考的资料。

然而在过去,参与法典评注的编撰曾是一项极高的荣誉。考虑到对主编有极高的要求,参与《夏洛亚-布兰卡民法典评注》的写作是一名学者学术牛涯的高光时刻。只有极其知名且出版过专著的教授才能参与评注的编写。此外,过去许多

---

〔110〕 20世纪八九十年代还启动了其他百科全书的编纂如《特雷卡尼法律百科全书》和《私法学科摘要》。后者区分了不通过的章节如民法、商法等。民法篇已经完成,并且出版了10多卷增补卷。

〔111〕 出版社几乎每年都会对百科全书进行增补。有的百科全书的增补,会全面更新百科全书的内容,如《法律百科全书》和《私法学科摘要》,有的则仅就过去一年的变化进行更新,例如《特雷卡尼法律百科全书》。

〔112〕 参见*R. Sacco*, Legal Formants: A Dynamic Approach to Comparative Law, American Journal of Comparative Law 39 (1991), 1-34, 21-26。

〔113〕 *Cian*, I commentari (Fn. 4), 348:"法典评注——尤其是现在的法典评注——是最低端的文献体例,其学术性远低于其他的文献体例。"

〔114〕 *Galgano*, I commentari (Fn. 4), 328 f.

〔115〕 参见*A. Zaccaria*, Produzione giuridica ed esigenze editoriali, in: Scalisi, Scienza e insegnamento (Fn. 89), 1469-1489, 1473 f.; *G. Peruginelli*, La monografia giuridica: identità, evoluzione, valutazione, in: *S. Faro/G. Peruginelli*(Hg.), La dottrina giuridica e la sua diffusione, 2017, 119-144, 139 f. 关于方法论参见*G. Pascuzzi*, Giuristi si diventa, 2008, 130-132。

知名法学家都因其关于民法典的评注而在青史留名。

但是在当前的学术共同体中,专著才是真正意义上代表了一名学者学术声望的文献体例。这一文献体例对于法学家学术生涯的发展也具有更大的意义。[116] 这一事实也影响了法典评注的风格:作者想尽一切办法证明自己的能力而提出原创贡献。极端情况下,一些评注甚至被视为“专著”。[117] 这些书对实践毫无用处。[118] 知名的评注编者阿尔伯特·特拉布奇(*Alberto Trabucchi*)对这类民法典评注进行了严厉的批评,并要求学者不应在评注中掺杂自己的私人见解。[119] 评注者仅仅应当综述判决与理论上提出的观点,他们的个人见解只是为读者寻找不同解决方案提供参考而已。[120] 大型法典评注会被理论所引用,而小型评注则不会,因为他们仅仅被当作是信息来源而已。

(二)法典评注与司法实践

法典评注是沟通理论与实践的理想工具。评注的结构便于读者查找重要的信息,同时也便于评注者在统一的框架内研究判决和理论就解释问题提出的不同解决方案。此外,法官也会参与法典评注的编撰。当他们结合评注来研究学说时,会促使他们运用学说来解决疑难案件。

在理论上,法典评注为律师撰写论文也提供了便利。事实上,法典评注在过去曾经是律师工作必不可少的工具。在近 20 年里,律师职业在时间上的紧迫感以及许多律师的低水平现状都借由评注的使用得到了明显的改观。小型评注仍然为以实践为目标的法律检索提供了良好的支持。但是,现在律师检索信息的首选工具是互联网和由法学类出版社创建的数据库。大型法典评注则有朝着理论研究演变的倾向。具备中等水平的律师习惯于通过关键词组合在线上检索问题的解决方案,这样可以找到针对相关问题的最重要的法院判决。[121]

法典评注在法官裁决争议问题时也能发挥重要作用。但是近年来,法官主要使

---

〔116〕 *Peruginelli*, La monografia giuridica (Fn. 115), 139 f.; *Pascuzzi*, Giuristi si diventa (Fn. 115), 130-132; *R. Di Raimo*, La valutazione delle monografie nelle scienze sociali, secondo il sistema attuale, in: Conte, Evoluzione e valutazione (Fn. 3), 241-252.

〔117〕 *Cendon*, I commentari (Fn. 4), 334. Siehe auch Cian, I commentari (Fn. 4), 349.

〔118〕 参见上文第三部分(一)。

〔119〕 *Trabucchi*, I commentari (Fn. 4), 355: „non deve assolutamente trattarsi di un lavoro troppo originale“.

〔120〕 *Trabucchi*, I commentari (Fn. 4), 355.

〔121〕 参见 *F. Turchi*, Strumenti software per banche dati giuridiche, Informatica e diritto 2010, 33-47; *G. Ziccardi*, Le nuove modalità di ricerca nelle banche di dati giuridiche: alcune considerazioni (e un'ipotesi di ricerca), Ciberspazio e diritto 2014, 27-36。

用的是司法部门自行建立的数据库,[122] 从而能直接找到相关的先例判决。因此过去出现的理论与实践对话,现在也渐渐变少了。[123] 忙于工作的法官不再研究大型法典评注的复杂内容,而是直接诉诸先例,找到案件的解决方案。这种工作方式会导致发生裁判不一致的风险发生,因为在数据库的检索常常是不彻底的。

意大利法院判决的特色是禁止引用法学论文中学者的观点。[124] 而在德国法上,判决引用法学理论观点,不仅是被允许的,而且还很常见。判决也常常引用法典评注。意大利法官则不得引用法典评注。这一点对于法典评注的使用产生了负面影响,因为法官会因此而倾向于依靠先例来解决案件。另一方面,学说也意识到法典评注并不当然就是沟通理论与实践的理想工具。训练有素的法官更容易从期刊论文或判决评论中获得启发,特别是对于一些尚未在判决中得到充分讨论的主题。

整体来说,法典评注过去在司法实践中所发挥的作用正逐渐被互联网和数据库所取代。但相比于大型教科书,法典评注在司法实践中仍有其独特价值,尽管已经今非昔比。而且法典评注是一种也很适合以线上形式呈现的文献种类。我们期待出版社在未来通过线上评注的方式推动法典评注在实践中得到更广泛的应用。现在,纸质版的评注已被转化成了电子书或数据光盘。而在其他国家,法典评注则被更好地融入线上数据库中。

(三)法典评注与法律修订

意大利学界认为,法典评注有助于推动民法典的修订。通过对法条进行评注可以揭示出,一项判决涉及哪些法律问题,进而判断其适用的法律规范的内容是否与时俱进。[125] 可以看到,一些条款还附注了数量可观的判决,因此有时可以从中发现法律规则本身是否引发了争议。[126] 而另有一些条款则只有来自法学理论

---

〔122〕 例证是意大利最高法院的电子文件中心,它负责运营<www. italgiure. giustizia. it> 这个数据库。参见*F. Fiandanese*, Il Centro Elettronico di Documentazione della Corte Suprema di Cassazione, in:*G. Peruginelli/M. Ragona*(Hg.), L' informatica giuridica in Italia-Cinquant'anni di studi, ricerche ed esperienze, 2014, 151-168。

〔123〕 参见*A. Braun*, Professors and Judges in Italy: It Takes Two to Tango, Oxford Journal of Legal Studies 26 (2006), 665-681。近期的情况参见*F. D. Busnelli*, Verso una giurisprudenza che si fa dottrina: Considerazioni in margine al revirement della cassazione sul danno da c. d. „nascita malformata“, Riv. dir. civ. 2013, 1519-1529。

〔124〕 参见《意大利民事诉讼法典施行规定》第118条。法制史角度的考察参见*Braun*, Professors and Judges in Italy (Fn. 123), 671-675;*M. De Bernardi*, La „legge delle citazioni“ del 426 d. C. e l'art. 118 delle disposizioni per l'attuazione del vigente codice di procedura civile italiano, Rivista di diritto romano 13 (2013), 1-11, 线上:<http://www. ledonline. it/rivistadirittoromano/>。

〔125〕 参见*Cendon*, I commentari (Fn. 4), 342。

〔126〕 参见*F. Bartolini*, La selezione della „giurisprudenza“ nella valutazione di attualità della legge, in: Sirena, Dal „fitness check“ alla riforma del codice civile (Fn. 50), 97-117。

的证据,从中可以推断,这一规范在意大利并无现实意义。〔127〕 因此,意大利民法典包含了一些极其过时的规范。其中有代表性的是《意大利民法典》第 924 条关于蜂群的规定。〔128〕《夏洛亚-布兰卡民法典评注》关于本条的评注只是提到了罗马法的起源。〔129〕

近年来,民法典改革获得了极高的关注,〔130〕2019 年年中政府提出了一份对民法典进行局部修订的草案。〔131〕 起草之前的理论准备工作,是由意大利民法学会牵头的,其中法典评注在回答民法典相关规范的问题中发挥了重要作用。〔132〕

六、展望

从比较法的角度看,相比于德法两国,法典评注在意大利法律文化中的重要性处于中间状态。1865 年民法典颁行以来,意大利的法学家习惯于没有法典评注。1942 年民法典之后,由于日渐受到德国法律文化的影响,法典评注才以不同的形式逐渐成为成果丰硕的文献体例。

尽管当前有许多不同的电子资源作为替代选择,在意大利法学文献市场中,法典评注仍然成果丰硕。但是法典评注也陷入了严重的危机中,特别是由于实践中越来越多地通过判决数据库来获得信息。近年来两部最著名的法典评注《夏洛亚-布兰卡民法典评注》和《施莱辛格民法典评注》的新任主编令评注获得了新生,同时也有出版社认真计划的新评注出版(《加布利耶利民法典评注》)。随着法律规定日渐复杂而法学出版物也日益增多,法典评注在筛选与整理法学知识方面仍将发挥更加重要的作用。相应地,大型教科书和百科全书所面临的危机则更为严峻,迫切需要出版社采取行动挽救其生命力。但是法学类出版社现在也没有这个雄心壮志去激发意大利法学文献的活力了。

---

〔127〕 在《意大利民法典》第三编“物权法”中,有许多在实务中根本不重要的条款。

〔128〕《意大利民法典》第 924 条:“蜂群的所有人可以在他人的土地上追赶蜂群,但是应当对给土地造成的损害给予赔偿;如果在两日内未追赶或者停止追赶蜂群的,则土地所有人可以取得并保留蜂群”。德文译本:*S. Patti*(Hg.), Italienisches Zivilgesetzbuch, 3. Aufl., 2019。

〔129〕 *De Martino/Resta/Jaricci/Pugliese*, Beni. Proprietà (Fn. 58), 388.

〔130〕 *G. Alpa*, Verso la riforma del codice civile, Rivista critica di diritto privato 2018, 1-6, 3; *P. Sirena*, Verso una ricodificazione del diritto privato italiano? Il modello del nuovo „Code Napoléon“, Osservatorio del diritto civile e commerciale 2018, 19-46.

〔131〕 Disegno di Legge Delega al Governo 1151/2019 per la revisione del codice civile.

〔132〕 参见 die Beiträge des Jahrestreffens 2019 der Associazione dei civilisti italiani: Atti del Convegno „Il diritto patrimoniale-Una rivisitazione: le revisioni“, 线上地址:<https://www.civilistiitaliani.eu/iniziative/notizie/692-atti-del-convegno-il-diritto-patrimoniale-una-rivisitazione-le-revisioni>。

蓝天使和绿色系列

——评注在荷兰私法出版文化中的角色

[荷]杰勒·扬森 著　支春华 译　刘青文 校

目　次

一、引言

荷兰诗人(和法学家)雅克·布卢姆(*Jacques Bloem* 1887-1966)在一首诗歌中描写荷兰这个国家的特质时写道:"这里的一切,对知足者已足矣。"[1] 由于本文的中心论题是关于评注在荷兰私法出版文化中的地位,鉴于其地位有限,这句

[1] 来源于诗歌„De Dapperstraat", 参见:*Bloem B. Slijper*, Van alle dingen los. Het leven van J. C. Bloem, 2007。

诗在此也同样适用。在荷兰,只有区区三部针对 1992 年生效的荷兰《民法典》[Burgerlijk Wetboek(BW, Bürgerliches Gesetzbuch)]的评注,并且,根本没有将评注作为一种法律文献形式进行研究的文献。而我这里所说的评注,是指那些对荷兰《民法典》条款进行持续性解释的著作。[2] 这意味着,一方面对于各专业问题的阐释,并不是通过将其划归诸如合同法、不动产法和继承法等不同的法律领域来构建的,而是要遵循法律规定的各条文次序来进行;另一方面,法律条文在解释法律时起着决定性的作用,具体而言,即每一项评注总是直接关联到某个法律条文,当然,这里指的是荷兰《民法典》的条文。

法律条文与评注之间的密切关系通常表现为法条内容已经被吸纳进了评注正文,或者在页边空白处指明所评注的法律条目。在所谓实用手册和教科书中,其内容和法律条文之间却不存在这样密切的联系;即便一些自然段包含了对特定法律条文进行评注的内容,或者有时对法条加以复述,但这些出版物并不是评注。同时,出于以下两个原因,本文也会论及实用手册和教科书。这首先是因为,本文不仅涉及私法评注的特殊角色,而且还是对荷兰整个私法出版文化状况的描述。另一个原因在于,只有将评注置于所属的出版文化的整体背景之下,才能理解其在荷兰私法出版文化中的特殊角色。[3]

在论及荷兰著名的私法评注(下文第三部分)之前,我将对荷兰私法法典化时期的历史做一个概述,并在此框架内介绍与法典化有关的文献形式(下文第二部分)。在前民法典时代,如同整个欧洲大陆一样,荷兰所适用的法律是成文和不成文的区域性法律的混合体,同时,人们也采用罗马法作为辅助性的法律渊源,后者即所谓欧洲共同法(ius commune),主要包括公元六世纪东罗马皇帝优士丁尼时期的法律制度,以及被优士丁尼在公元六世纪定为法律的法学学说合集(即学说汇纂,也被称为潘德克顿)。在荷兰也产生了关于上述两种罗马法主要渊源的评注,并且影响力超出了荷兰本土的范围,例如,阿诺尔德·维尼修斯(*Arnold Vinnius* 1588-1657)对各种具体法律制度的评注[4]和约翰内斯·弗特(*Johannes Voet*

---

〔2〕 详见:*D. Kästle*: Juristische Kommentare-theologische Kommentare。Von der Farbe des Chamäleons, in:*D. Kästle/N. Jansen*(Hg.), Kommentare in Recht und Religion, 2014, 393-450, 396: „Ein Kommentar lässt sich dann definieren als Text, der an einen anderen Text anknüpft (Primärtext, Basistext, Referenztext) und unter formaler Anlehnung diesen fortlaufend erläutert。"

〔3〕 参见:N. 扬森的引言, Kommentare in Recht und Religion, in:*D. Kästle/N. Jansen*(Hg.), Kommentare in Recht und Religion, 2014, 1-14, 3, der von „diskursiven und institutionellen Bezügen der Kommentierung" spricht。

〔4〕 参见:*A. Vinnius*, In quator libros Institutionum imperalium Commentarius, Leiden, 1777。

1647-1713)对学说汇纂的著名评注。[5] 对这类情况,本文在此不予赘述。

二、历史概况:1800-1945:在注释和体系之间

在荷兰的第一位国王路易·拿破仑(*Louis Napoleon*)(拿破仑皇帝的弟弟)统治之下,荷兰经历了本国历史上第一次私法法典的编纂。那是在1809年,也就是在拿破仑的法国《民法典》于1804年生效五年之后,荷兰引进了所谓"适应荷兰王国的拿破仑法典",可以说,这是一部根据荷兰的实际情况做了些微适应性处理的拿破仑法典的荷兰版本。但是这部法典仅施行了两年,因为自从1811年拿破仑将荷兰吞并到法兰西帝国起,法国《民法典》就直接适用于荷兰了。[6] 在荷兰经历了一段动荡期之后,(以英国为核心的)联合王国通过《维也纳条约》扩展到了卢比荷地区,后来,又失去了比利时地区。在此期间,荷兰以法国《民法典》为基础制定了一部新的民法典,该法典于1838年生效,并从1838年一直施行到了1992年。在当代荷兰的文献中,这部民法典被称为"旧《民法典》"(Oud Burgerlijk Wetboek,简称OBW)。[7]

荷兰旧《民法典》生效后,涌现出一大批急就章式的简短评注,其内容大多是将荷兰刚出炉的《民法典》与法国《民法典》以及《民法大全》(*Corpus iuris civilis*)进行比较[见本部分(一)]。随着时间的推移,当然也出现了专注于荷兰旧《民法典》法律条文的评注,它们不再局限于对法律条文作简短解释,而是对法律中必然包含的或者已然存在于司法实践中的问题试图做出解释[本部分(二)]。最后需要谈及的那些有关荷兰旧《民法典》的著作,它们主要是出于法学教育和法律培训之目的而撰写的[本部分(三)]。当然,我放弃了对许多出版物的穷尽式列举,并会基于著述内容和法律条文的关联性视角,集中论述其中一些最重要的著述。

众所周知,1838年荷兰旧《民法典》的编纂受到了法国《民法典》的深刻影响,而荷兰私法研究的主要形式模仿的也是法国法学的文献形式。在19世纪,尽管

---

〔5〕 参见:*J. Voet*, Commentarius ad pandectas, in quo praeter Romani juris principia ac controversias illustriores jus etiam hodiernum et praecipuae fori quaestiones excutiuntur, *Leiden/Den Haag*, 1698-1704. Siehe zu Voet P. C. Kop, Johannes Voet, in: *ders./T. J. Veen*(Hg.), Zestig juristen, 1987, 130-134。

〔6〕 关于该法典的具体内容可参见:*F. Brandsma*, Een Basterd Code Napoleon? Het Wetboek Napoleon ingerigt voor het Koningrijk Holland, in: *J. J. Hallebeek/A. J. B. Sirks*(Hg.), Nederland in Franse schaduw: recht en bestuur in het Koninkrijk Holland (1806-1810), 2006, 221-247. Siehe auch den dem Gesetzbuch gewidmeten Band *J. H. A. Lokin/J. M. Milo/C. H. van Rhee*(Hg.), Tweehonderd jaren codificatie van het privaatrecht in Nederland, 2010。

〔7〕 荷兰法典编纂历史概况可参见:*J. H. A. Lokin/W. J. Zwalve/C. J. H. Jansen*, Hoofdstukken uit de Europese codificatiegeschiedenis, 5. Aufl., 2020, 333 ff.。

德国私法法学的发展也受到持续关注,但是荷兰法学的主要研究对象始终是罗马法。直到1896年德国《民法典》颁布并于1900年生效,荷兰私法学者才将目光更多地转移到德国法学的发展上来。[8]

(一)概览性作品和评注

荷兰旧《民法典》生效早期的私法研究著作都天然地打上了法国《民法典》的烙印。出身于著名犹太人法学世家的卡雷尔·阿赛尔(*Carel Asser* 1780-1836)[9]——诺贝尔奖获得者托比亚斯·阿赛尔也是该家族成员之一[10]——所写的一部著作就是阐释荷兰旧《民法典》与法国《民法典》最重要的异同。荷兰独立后,阿赛尔担任立法委员会的成员,参与了荷兰旧《民法典》的法典编纂。因此,他对法国和荷兰法典的异同了然于心。然而,由于国际政治形势的动荡(比利时独立),荷兰立法进程推进缓慢,以至阿赛尔在1838年荷兰旧《民法典》生效之前就去世了。同年,阿赛尔的遗作《荷兰民法典与拿破仑法典的比较》(Het Nederlandsch Burgerlijk Wetboek vergeleken met het Wetboek Napoleon)在他的儿子L.阿赛尔(L. Asser)和侄子C.D.阿赛尔(C. D. Asser)的共同努力下得以出版。该书编选者在前言中写道,出于阿赛尔本人的意愿,本书正文前会印出所评注的法律条文。然而此后,为了避免著作权争议,节省印刷成本,以及出于读者在阅读该书时会自行准备法国《民法典》和荷兰旧《民法典》条文的设想,书中不再印出所评注的法律条文。[11]

一年之后的1839年,一部篇幅不长的法律评注,以阿姆斯特丹律师塞缪尔·菲利普斯·利普曼(*Samuel Philippus Lipman* 1802-1871)的名义出版了。而根据评注前言的介绍,该书系由J. W.泰德曼(*J. W. Tydeman* 1815-1879)撰写。该书主要是对新生效的荷兰旧《民法典》的法律条文进行了较为简短的评注,辅以法国《民法典》和罗马法相应法律条文的比较研究。诚如阿赛尔书中所言,荷兰旧《民法典》不仅在条文编排上与其前身法国《民法典》存在关联,在内容上也与前法典

---

[8] 关于自19世纪末对旧《民法典》和法国《民法典》日益增加的批评可参见:*C. J. H. Jansen*, De wetenschappelijke beoefening van het burgerlijke recht in de lange 19e eeuw, 2015, 72 ff.

[9] 卡雷尔·阿赛尔的生平可参见:*A. J. van der Aa*, Biographisch woordenboek der Nederlanden, Bd. 1, Haarlem, 1852, 421-427。

[10] 关于阿赛尔家族和托比亚斯·阿赛尔可参见:P. C. Kop, Tobias Michaël Carel Asser, in: ders./Veen, Zestig juristen (Fn. 5), 225-230。(托比亚斯·米夏埃尔·卡雷尔·阿赛尔(Tobias Michael Carel Asser,1838年4月28日-1913年7月29日),荷兰法理学家,国际法庭的创建人,1911年诺贝尔和平奖获得者。——译者注)

[11] 参见:*C. Asser/L. Asser/C. D. Asser*, Het Nederlandsch Burgerlijk Wetboek vergeleken met het Wetboek Napoleon, Amsterdam, 1838,编者前言,第15页以下。

时代作为主要私法法源的罗马法密切相关。[12] 又一年之后,即 1840 年,泽维纳尔(*Zevenaar*)的公证员 G·普利斯特(*G. Pliester* 1799-1889)出版了一本大约 100 页的小册子,主要内容包括对荷兰旧《民法典》条文的简要评注,并结合了法国法官的解释性判例和相关法学学说。为了避免不必要的长篇累牍,并且基于法律读者手边一般都会有荷法两国的法律条文之设想,普利斯特在书中没有附加法律条文。[13]

在此之后,这类针对法律适用的书籍在实践中的需求逐渐增大,也陆续有学者出版了很多同类型作品,例如,乌德勒支的绪勒·托特·佩尔瑟姆(*C. L. Schüller tot Peursum* 1813-1860)[14]撰写了一部同类型著作,其第一卷于 1841 年出版。与普利斯特不同的是,佩尔瑟姆在书中印刷了法律条文,并在相应法条下做简短的解释性评注。[15] 此外,荷兰最高军事法院法官 J·韦尔内德(*J. Vernède* 1799-1865)从 1844 年开始,以多卷本形式陆续出版了一部主要关于荷兰旧《民法典》的评注。该书印刷了法律条文,并在法律条文之后,用较小字体印刷以法国《民法典》和罗马法为主要内容的简短评注。在法律条文之前,作者始终都会列举出已经出版的围绕同一主题的文献。[16] 阿姆斯特丹律师德·马提尼(*G. J. de Martini* † 1869)著有一部同类型著作,该书聚焦于荷兰旧《民法典》条文并仅做简短评述,其原因在于,在荷兰旧《民法典》生效后的短短几年内,学界所开展的关于法典条文内部关联性、系统性的研究,以及对高级法院重要判例的研究,还不足以

---

〔12〕 参见:*S. P. Lipman*, Burgerlijk Wetboek, voorafgegaan door de wet houdende algemeene bepalingen der wetgeving van het koningrijk, vergeleken met het Romeinsche en Fransche regt, Amsterdam, 1839, „onder toezigt van" Lipman; 在第 6 页标明了泰德曼是原文作者。

〔13〕 参见:*G. Pliester*, Aanteekeningen op de Nederlandsche burgerlijke wetgeving, Arnheim, 1840; 见第 3 页有关不印刷法律条文的决定。

〔14〕 关于托尔瑟姆可参见:A. J. van der Aa, Biographisch woordenboek der Nederlanden, Bd. 17/1, Haarlem, 1874, 524-526。

〔15〕 参见:*C. L. Schüller tot Peursum*, De Nederlandsche Wetboeken, Bd. 1: Burgerlijk Wetboek, met aanteekeningen, Utrecht, 1841。

〔16〕 参见:*J. Vernède*, Handleiding tot de Nederlandsche Wetgeving, Utrecht, 1844。

合力支撑起来去撰写一部内容更加详实的评注。[17]

1843 年,就职于荷兰司法系统的范·哈塞特(*W. J. C. Van Hasselt* 1795-1864)至少初步填补了当时的荷兰法学界对判例研究的空白。最初,他的想法是出版一部法律条文汇编,[18]但由于其他的工作安排,这个想法最终未能实现。1843 年,范·哈塞特开始撰写一部包括法律条文、简要评注、相关判例以及文献索引等诸多内容的著作。范·哈塞特的目标读者是法律工作者,在书中,每一张印刷页后都留有一张空白页,以供读者誊写注释,使得读者可以随时添加最新研究成果。[19]

最后,我想以提及海牙执业律师德·平托(*A. A. de Pinto* 1811-1878)的一部同时期著作来结束这部分内容。该书并不完全属于我们在此提及的文献类型,因为它不仅是一本概览性著述,也被作者本人视为一本教科书。这本《民法典手册》(Handleiding tot het Burgerlijk Wetboek)的第一版于 1837 年出版。根据前言介绍,

---

〔17〕 参见:*G. J. de Martini*, De Nederlandsche Wetgeving, toegelicht door mr G. J. de Martini, Amsterdam, 1840, 8, zu seinem Ansatz。此外我参考了来自登波士的律师萨森(J. H. Sassen 1786-1830 aus Den Bosch)的不完整概述:Proeve van een beredeneerd overzigt van het Burgerlijk Wetboek voor het Koninkrijk der Nederlanden, Den Bosch, 1827。该卷涉及旧《民法典》第一编的前四章,以及人法和家庭法。萨森的离世使其进一步的研究被迫终止。同样可参见 *W. H. Van der Voort*, Het Nederlandsch Burgerlijk Wetboek uit deszelfs beginselen verklaard en met de bepalingen der Fransche wet vergeleken, Utrecht, 1838。在前言中,他表示将按照旧《民法典》的目录次序进行撰写。并以阿赛尔、利普曼和泰德曼等人为范例,因为这是呈现已发表的文献内容,并且指出与法国《民法典》不同之处的最简捷的途径。范德佛特只印刷已经完成评注的法律条文。如同萨森一样,他的作品只包含了荷兰旧《民法典》第一部分的部分内容,因为范德佛特在完成这部分内容之后不久就离世了。

〔18〕 关于 1838 年之后的法律出版物和导论书籍,可参见:*G. W. F. Brüggeman/E. C. Coppens*, Bibliografische inleiding in de rechtsgeschiedenis van de negentiende eeuw, 1985, 253 ff. Weiter C. J. H. Jansen, De wetenschappelijke beoefening (Fn. 8), 106 f. 路滕贝尔格(G. Luttenberg 1793-1847)1813 年撰写的法律编年史汇编是这些出版物中最成功的作品之一。当有法律生效时,他持续性地编写了法律条文、相关法律史背景以及高级法院的判例。1841 年关于荷兰旧《民法典》的部分也相应出版。该系列由兹沃勒市的两位公职人员舒尔曼(L. N. Schuurman 1801-1888)和乔登斯(P. H. Jordens 1835-1911)作为继任者并继续出版廉价的口袋书版本。这一系列丛书以"舒曼和乔登斯"而闻名,但该系列并不是评注,而是以百科全书式的归纳为重点。该系列持续出版至 2007 年,在那之后改名为"Lexplicatie"并转为线上发行。可参见 *C. J. H. Jansen*, W. E. J. Tjeenk Willink: 150 jaar juridische uitgever van boeken en tijdschriften, 1988, 4-14。阿姆斯特丹的律师范霍滕(B. A. van Houten 1772-1852)还出版过一本关于荷兰旧《民法典》的词典,堪称珍稀之物。他按首字母次序(要约、占有等)列举了与之相关的法律条款,参见 De Nederlandsche Burgerlijke Wetgeving, Bd. 1 (A-I), Amsterdam, 1837; Bd. 2 (J-Z), Amsterdam, 1838。

〔19〕 参见:*W. J. C. Van Hassele*, Burgerlijk Wetboek voorafgegaan door de wet houdende algemeene bepalingen der wetgeving van het koningrijk, met aanteekeningen, Den Haag, 1843, über seine Methode im „Voorberigt".

该书是一个简短而紧凑的“面向年轻的初级法律从业者和法学生”的导论性著作。[20] 在书中，德·平托遵循法律条文的次序，对其含义以编号注释的形式加以阐明，并且划分不同要点进行论述，但没有印出法律条文。

（二）实用手册

旧《民法典》生效之后，随着时间的推移，荷兰私法学界对于法国法的批判和背离逐渐增多。从实务需求的角度看，与法国《民法典》相关的著述逐渐让位于与荷兰旧《民法典》在实践中的法律适用相关的著作，例如，格罗宁根民法教授格哈德斯·迪菲斯（*Gerhardus Diephuis* 1817-1892）撰写的两部权威著作。[21] 其一是《根据民法典规定的荷兰民法》（Het Nederlandsch burgerlijk regt naar de volgorde van het Burgerlijk Wetboek），该书从 1844 年开始出版，共有八卷。[22] 随着思考过程和写作进程不断推进，迪菲斯逐渐认识到撰写这部有关荷兰旧《民法典》法律适用的著作的重要性，原因在于，“如果盲目接受法国法学学者在处理一系列法律问题时所得出的结论，即便是在阿赛尔先生的著作中所阐释过的那些问题，在荷兰立法中也是完全错误的”。[23] 尽管如此，该书仍然受到了法国文献的深刻影响。从书名就可以看出，迪菲斯化用了图利耶（*C. B. M. Toullier*）的代表作《遵循民法典的民法》（Le droit civil suivant l'ordre du Code）之名。[24] 迪菲斯还经常引用图利耶（以及其他法语作者）的观点，用来支持他在前言中所述的研究目的，即改进当

---

〔20〕 参见该书第 2 版引言：*A. A. de Pinto*, Handleiding tot het burgerlijk wetboek, 2. Aufl., Aantekeningen, Den Haag, 1840, 8。关于他的诸多作品参见 *C. J. H. Jansen*, De wetenschappelijke beoefening（Fn. 8）, 87-90。

〔21〕 关于迪菲斯可参见：*J. H. A. Lokin*, Gerhardus Diephuis, in: *G. S. Overdiep/T. W. Veen/W. J. Zwalve*（Hg.）, Acht Groningse juristen en hun genootschap, 1986, 105-133, 亦可参见：*E. H. Hondius*, Gerhardus Diephuis, in: *Kop/Veen*, Zestig juristen（Fn. 5）, 215-217. Jüngst *J. H. A. Lokin*, De Groninger faculteit der Rechtsgeleerdheid, 2019, 296 ff.。

〔22〕 参见：*G. Diephuis*, Het Nederlandsch burgerlijk regt naar de volgorde van het Burgerlijk Wetboek, 1. Aufl., 1844-1855; 2. Aufl., 1856-1859。

〔23〕 参见：*Diephuis*, Burgerlijk regt（Fn. 22）, Bd. 1, V f.（Voorrede）。此外当时的法学文献主要聚焦于 1811 年至 1838 年在荷兰生效的法国《民法典》。例如迪菲斯的老师尼恩霍斯（H. Nienhuis 1790-1862）为他的学生（他本人视之为听众）出版了一册小本著作，其重点在于法国《民法典》：Handleiding bij academische voorlezingen over het hedendaagsch burgelijk regt, Groningen, 1826-1827, 2. Teil 1831。直到 1849 年他才出版了一本关于荷兰旧《民法典》的两卷书籍中的第一卷：Akademische voorlezingen over het Nederlandsch Burgerlijk regt, Den Haag, 1849。

〔24〕 参见：*Lokin*, Gerhardus Diephuis（Fn. 21）, 106。亦可参见：*C. J. H. Jansen*, De wetenschappelijke beoefening（Fn. 8）, 116-117. 迪菲斯的研究方法在基本视角上区别于图利尔。因为迪菲斯不断强调，应当消除罗马法对荷兰民法的影响，他不认为在对荷兰旧《民法典》的解释中引用罗马法有任何意义。而属于所谓罗马法学派的图利尔的观点则完全相反；除了上述引注丰富的参考文献，还可参阅：*H. Kooiker*, Lex scripta abrogata, De derde renaissance van het Romeinse recht, 1996, 203 ff.。

时荷兰旧《民法典》的注释学和教义学研究状况。事实上,迪菲斯的作品也符合法国注释学派的特征,[25]这体现在书中法律条文和评注内容的密切关联上,例如,该书第一到第八卷均以荷兰旧《民法典》各编引言的解释为开篇。而在形式上,迪菲斯既没有在正文中单独列出法律条文,也没有在页边标明正文所论述的具体条款。

迪菲斯的第一部著作受到诸多批评。批评者认为,该书是一部注释性而非系统性的著作,[26]而对后一类著作的需求在实践中更为迫切。因此,迪菲斯从 1885 年起出版了一本更加系统性的教科书,书名为《荷兰民法》(Het Nederlandsch Burgerlijk regt)。在这部著作中,迪菲斯不再盲目地遵循法律条文的次序,也不再只是简单地以荷兰旧《民法典》第一编引言的解释作为开篇,而是一开始就对民法典作出总体性的概述。事实上,历史法学派和潘德克顿法学思想深刻影响了迪菲斯的第二部著作。例如,迪菲斯在书中经常引用历史法学派的先驱——弗里德里希·卡尔·冯·萨维尼(*Friedrich Carl von Savigny* 1779-1861)的观点和奥地利潘德克顿法学家约瑟夫·翁格尔(*Joseph Unger* 1828-1913)所建构的奥地利私法体系。[27] 该书后来被学界称为"迪菲斯体系"。和第一部著作一样,第二部著作的正文也没有单独列出法律条文。

19 世纪荷兰私法的另一位"巨擘"——乌德勒支教授奥普祖默(*C. W. Opzoomer* 1821-1892)在其著作中采取了与迪菲斯的第二部著作颇具可比性的研究方法。[28] 正如迪菲斯的第一部著作那样,奥普祖默在他从 1865 年开始出版的多卷本代表作《民法典解释》(Het Burgerlijk Wetboek verklaard)中,也遵循了荷兰旧《民法典》的条文次序。如同"迪菲斯体系",奥普祖默采取的也是系统性和注释性研究相结合的方法。具体而言,系统性研究方法适用于较为简单且争议较少

---

〔25〕 尽管迪菲斯化用了图利尔的书名,但研究方法与将法律条文视为重点的"注释王子"(prince de l'exégèse)德莫隆布(J. C. F. Demolombe 1804-1887)相似。关于注释以及经典法学派参见:*Kooiker*, Lex scripta abrogata (Fn. 24), 254 ff. ;*J. -S. Borghetti*, Legal Commentaries in France: Will Mammoths Come Back to Life?, in diesem Band, 45-60, 47-50。

〔26〕 例如有关该书第一部分的评论参见:*N. Olivier* in: Themis 1844, 355-360, 356. A. A. 德·平托在他关于第二版的评论中加入了批评意见:Themis 1857, 471-479。这一时期法国法学界也发生了类似的关于研究法国《民法典》最佳方式的辩论——以(注释性的)评注形式或是以(系统性的)论文形式?参见:*A. Bürge*, Das französische Privatrecht im 19. Jahrhundert. Zwischen Tradition und Pandektenwissenschaft, Liberalismus und Etatismus, 1991, 239 ff. 。

〔27〕 参见:*Lokin*, Gerhardus Diephuis (Fn. 21), 119。

〔28〕 参见:*P. C. Kop*, Cornelis Willem Opzoomer, in: ders. /Veen, Zestig juristen (Fn. 5), 218-224. 有关奥普祖默与迪菲斯研究方法的比较参见:*J. H. A. Lokin*, De taak van de rechtswetenschap volgens Diephuis en Opzoomer, Groninger Opmerkingen en Mededelingen 1992, 25-43; 亦可参见:*H. W. Heyman*, Diephuis en Opzoomer, Ars Aequi 25 (1976), 364-373。

的法律条款,而注释性研究方法则适用于较为复杂的法律条款。与迪菲斯不同的是,对于那些较为复杂的法律条款,奥普祖默会在书中将其单独列出。这一做法在奥普祖默的另一部著作《民法典:对仍需解释的条款的说明》(Het Burgerlijk Wetboek: Aantekening op de artikelen die thans nog verklaring behoeven)中得到延续。〔29〕该书聚焦于在各类文献中被经常讨论的对复杂法律条款的解释。除此之外,对于较为简单的法律条款,奥普祖默仅对其做系统性论述,且仅以相应法律条文的编号作为正文标题,而不单独列出其内容。此外,19 世纪最后一位伟大的荷兰私法学家——格罗宁根私法教授兰德(*N. K. F. Land* 1840-1903)也采取了相似的研究方式。〔30〕 兰德的著作《民法典解释》(Verklaring van het Burgerlijk Wetboek)包括五个部分,书中主要对荷兰私法的重要原则进行了论述。在内容上,该书遵循法律条文的次序,在页边空白处加粗印有所评注的法律条款的序号。兰德的目的在于,要让读者更加重视法条学习,而不是仅仅止步于文献阅读。〔31〕

乌德勒支私法教授约翰·菲利普斯·苏伊林(*Johannes Philippus Suijling* 1869-1962)从 1918 年开始出版的多卷本著作《民法概论》(Inleiding tot het burgerlijke recht)是一个能够体现德国潘德克顿法学的私法实践深刻影响荷兰法学的典型范例。〔32〕 与前述学者不同的是,苏伊林的论述并没有遵循法律条文的次序;更与前述学者截然不同的是,其研究思想并不十分倾向于法国,而是更多倾向于德国。此外,他将著作的第一部分发展成了一个总论,正如潘德克顿法学家们所认为正确的那样。〔33〕 他还将许多源自德国学说的概念与思想引入到荷兰的私法实践中。例如,他赞成意思瑕疵理论,并撰写了法律行为和所有权移转的抽象体系的专题文章。〔34〕 在《民法概论》一书的前言中,他驳斥了那些指摘其著作是基于未经充分论证的概念之上的批评,并辩称,该书虽然非常理论化,但却尝试为实践中

〔29〕 该部作品于 1849 到 1852 年间以三卷的形式出版。

〔30〕 参见:*J. H. A. Lokin*, De denkwereld van Nicolaas Karel Frederik Land, in: Festschrift E. W. A. Henssen (1950-1999), 2000, 178-198。

〔31〕 参见:*N. K. F. Land*, Verklaring van het Burgerlijk Wetboek, deel 1, 2. Aufl. (leicht aktualisiert) hg. v. C. W. Star Busmann, 1914, VII (第一版前言)。

〔32〕 有关苏伊林所提倡的私法实践方法参见:*C. J. H. Jansen*, De wetenschappelijke beoefening (Fn. 8), 238-243。有关苏伊林的哲学思想参见:J. Ph. Suijling (1869-1962), in: ders./J. M. Smits/L. C. Winkel(Hg.), 16 juristen en hun filosofische inspiratie, 2004, 29 ff. 亦可参见:E. H. Hondius, Johannes Philippus Suijling, in: Kop/Veen, Zestig juristen (Fn. 5), 257-260。

〔33〕 参见:*C. J. H. Jansen*, De wetenschappelijke beoefening (Fn. 8), 109。

〔34〕 有关苏伊林作为潘德克顿法学学者的内容,参见:*C. J. H. Jansen*, J. Ph. Suijling (1869-1962), in: C. J. H. Jansen/Smits/Winkel, 16 juristen (Fn. 32), 38-40。

的法律适用提供理论准备。[35] 综上所述,苏伊林是一位实践型的潘德克顿法学家。[36]

（三）教科书

在兹沃勒出版社(Zwoller Verlag)的詹克·威林克(*Tjeenk Willink*)的推动下,当时还是法官的卡雷尔·阿赛尔(*Carel Asser* 1843-1898)约从1870年起开始撰写《荷兰民法适用讲义》(Handleiding tot de beoefening van het Nederlands,以下简称《讲义》)一书。[37] 詹克·威林克认为,法学生、初级公证员和年轻律师需要这样一本实用手册。在他看来,迪菲斯、奥普祖默和兰德的著作都过于学术化,而且这些著作的目标读者群体是富有经验的法律工作者,并不适合作为教科书。上文提及的德·平托的著作虽然也是作为教科书来撰写的,但由于书中涉及的范围太过宽泛(对全部旧《民法典》条款都做了评注),因而在教学实践中存在诸多问题。与此相反,阿赛尔法官所撰写的《讲义》则完全出于法学教育的目的。相较于实用手册,《讲义》的内容更加实用,结构更加紧凑。相较于其他著作,《讲义》没有拘泥于法条次序,而是在书中根据人法、物法、合同法、继承法等法律领域划分不同内容。阿赛尔和威林克原本计划于1880年出版完毕,但直到1885年才出版第一卷《人法》,五年后的1890年出版第二卷《物法》。《讲义》并不是对法条的评注,因而没有附加上法条原文。很大程度上它只是对私法原则进行了论述。

有关荷兰旧《民法典》的法学教科书,我还想提及阿姆斯特丹公证法教授皮特洛(*A. Pitlo* 1901-1987)撰写的多卷本著作。[38] 这套丛书从1946年开始出版,涵盖所有私法领域,并以《荷兰的民法典》(Nederlands Burgerlijk Wetboek)这样直白的书名为人所熟知。尽管该著作内容按照人法、合同法、物法、继承法等领域进行划分,但在各法律领域的具体论述中,还是相当接近法律原文的。在内容编排上,皮特洛尽可能地依照了法条次序,并且在页边空白处加粗注明了所评注的法律条

---

〔35〕 参见:*J. P. Suijling*, Voorrede bij de eerste druk, in: ders., Inleiding tot het burgerlijk recht, Bd. 1: Algemene beginselen, 3. Aufl., 1948。

〔36〕 批评家朔尔顿(P. Scholten)评论苏伊林的作品为"荷兰的潘德克顿法学"(de Nederlandsche Pandecten)参见:Een nieuw leerboek (II), Weekblad voor privaatrecht, notariaat en registratie 1919 (Heft 2585), 257-259, 259;亦可参见:*C. J. H. Jansen*, De wetenschappelijke beoefening (Fn. 8), 242。

〔37〕 更详细的说明参见:*C. J. H. Jansen*, De wetenschappelijke beoefening (Fn. 8), 93-94。

〔38〕 在一次详细的访谈中皮特洛(轻松愉快地)谈到他的生活;参见:*J. M. van Dunné/P. Boeles/A. J. Heerma van Voss*(Hg.), Acht civilisten in burger, 1977, 197-234。

文。正因如此,该书被作者自称为一部按荷兰旧《民法典》逐条撰写的评注。[39]

三、从 1945 年至今的私法出版文化

1948 年,莱顿私法教授爱德华·莫里茨·梅耶斯(*Eduard Maurits Meijers* 1880-1954)受委托起草一部新民法典。[40] 然而数年之后,梅耶斯去世,只留下一部尚未完成的民法典草案。但是,没有人能够胜任梅耶斯的角色,因为他在法律史学和比较私法学方面的造诣无人能望其项背。因此,编纂新民法典的任务被迫拆分并交由若干个立法委员会推进执行,而旷日持久的立法进程也因此变得困难重重。各立法委员会时不时会陆续公布新民法典的部分草案,引发学者在文献中的深入探讨以及修改建议,而修改后的文本事后又再次遭到激烈的批评。

在这期间引人注意的是,1945 年之后的大多数重要的荷兰私法权威著作都不再修订再版了。例如迪菲斯、奥普祖默、兰德和苏伊林的著作,在二战之后都不再修订更新。[41] 或许可以做这样的解释:法学界的大部分精力因为要不断地讨论新民法典的部分草案而被耗尽了;再就是,荷兰法学发展到了一个僵化的阶段。

阿赛尔所著《讲义》是常规下的例外。该书早在 1900 年就已多次再版。很显然,该书的修订再版要容易一些,因为它被定位为实用手册,其内容的编排不按照法条次序,而是根据法律领域进行划分。这使得该书根据法律领域划分的各部分内容可以委托给不同作者进行修订。此外,如前文所述,阿赛尔本人所撰写的部分并非掺杂作者对具体解释问题观点的注释性论述,而是导论性的概述。因此,与苏伊林或者迪菲斯强调推论的著作相比,《讲义》的修订工作要简便得多。[42] 最后,阿赛尔本人并没有完成《讲义》的全部撰写工作,这使得未完成的部分需要

---

〔39〕 参见例如皮特洛和沃尔芬斯佩尔格(G. J. Wolffensperger)和弗伦克尔(B. Frenkel)合作撰写的第 8 版前言:Het Nederlandsch Burgerlijk Wetboek deel 3a: De benoemde Overeenkomsten, 1978, VI。类似的观点亦可见于南非私法教授霍夫曼(L. C. Hofmann)的著作中。他著有共计三卷的《学生简明实用手册》(kurzes Handbuch für Studierende)。合同法总论部分的第 1 版于 1930 年出版,物权法部分于 1933 年出版,合同法的第二部分于 1936 年出版。他将书中内容尽可能地按照法律条款的次序进行编写,并且在页边空白处加粗印有法条编号,还将其作为标题。相似的研究方法(按法律领域划分内容,但严格遵循法律条款的次序并且部分地以法律适用的实践需要为导向的研究方法)亦可见于 *H. F. A. Völlmar*(1895-1966), Handleiding [Leitfaden] voor studie en praktijk, 1940/1942; J. D. Veegens (1845-1910), Schets [Skizze] van het Nederlandsch Burgerlijk recht, 1906。

〔40〕 有关梅耶斯受托起草法典的大量文献以及现在的荷兰《民法典》长期的立法历史,参见最近的:*C. J. H. Jansen*, De wetenschappelijke beoefening (Fn. 8), 96 II. P. Z. 1。

〔41〕 在此之前只出版了粗浅的重新编写的版本,例如列维(Levy,)重编了奥普祖默的作品,德·萨沃宁·洛曼(de Savornin Lohmann)、埃根斯(Eggens)、洛斯卡特·弗米尔(Losecaat Vermeer)和施塔·巴斯曼(Star Busmann)重编了兰德的作品的部分作品。

〔42〕 参见:*J. H. A Lokin*, Diephuis, Opzoomer, Land, Ars Aequi 2019, 420-423, 422。

不断加入新的撰稿人,同时已完成的部分也需要人修订。随着对《讲义》各部分内容的修订,该系列丛书的性质也发生了变化,具体而言,《讲义》原本是为法学生和初级公证员而撰写的导论性读物,现在则成了权威著作。《讲义》的成功是基于由诸多知名法学教授参与完成修订工作这一事实之上的,例如前文提及的梅耶斯修订了继承法部分,阿姆斯特丹罗马法和私法教授保尔·朔尔顿(*Paul Scholten* 1875-1946)〔43〕修订了物权法部分。

阿赛尔系列丛书(Asser-Reihe)至今仍在不断修订和扩编。该系列丛书每隔数年就会实时更新、修订和再版传统私法领域(人法、家庭法、合同法、物权法、继承法)的相关内容。不久前,阿赛尔系列修订了关于国际私法的三部分著作;而破产法部分的修订正在筹备中。同样,皮特洛出版的荷兰旧《民法典》评注以及后续修订的各部分内容与阿赛尔系列丛书一样,根据法律领域进行内容划分,并且由不同作者修订完成。以皮特洛系列(Pitlo-*serie*)闻名的这一系列丛书在更大程度上是以法律培训为导向的。因此,与阿赛尔系列丛书相比,该书为文献讨论、比较法研究和法律史研究所提供的空间更小。换言之,皮特洛系列的各部分是教科书,而不是阿赛尔系列那样的实用手册。〔44〕在皮特洛系列丛书中,法律条文与丛书内容之间的关联远没有最初皮特洛本人所设想的那么密切。皮特洛本人曾将他的著作称作一部评注,但当下的修订版本难副其名。因为,该系列既不附加印刷法律条文,也不在页边空白处注明当前论述的关联法条。

(一) 绿色系列

20世纪60年代,莱顿大学法律系的一些教师与迄今主要在税法领域活跃的沃特斯·克鲁沃出版社(Verlag Wolters Kluwer)共同发起出版一部侵权法活页集的倡议。一部涉及范围如此宽广的面向法律实践的著作在当时的荷兰是前所未有的。〔45〕正如该书第一版所述,该书出版之目的在于为读者提供对相关法律领域“相当完备的概括性介绍”,〔46〕包括当前最新的司法判例研究和学说文献观点。

---

〔43〕参见:*P. W. Brouwer*, *P. Scholten*(1875-1946) in:C. J. H. Jansen/Smits/Winkel, 16 juristen (Fn. 32), 45-59。

〔44〕20世纪90年代起,又增加了有着相似结构的《民法研究系列》(Studiereeks Burgerlijk Recht),这是一部由不同的作者(最初只有来自莱顿的学者)为了法学教育,每隔几年对财产法的传统子领域(合同法、物权法、侵权法等)修订的概览性作品。

〔45〕关于绿色系列(Groene Serie)产生的历史,详见该书第1版的撰稿人,即后来的莱顿私法教授布罗姆贝尔根(A. R. Bloembergen 1927-2016)的回忆录:Veertig jaar losbladigen. Herinneringen en gedachten, 2000。

〔46〕参见:*H. Drion* im „Voorbericht“, Seite V, zur Erstauflage: Onrechtmatige daad, Loseblattausgabe Oktober 1968 (Groene Serie)。

作者应放弃批判,并且不在书中掺杂个人观点。该书的侧重点是对通行学说和最新司法判例的介绍。十年后,合同法和损害赔偿法的部分也相继出版。这些著作共同组成了后来被称为“绿色系列”(Groene Serie)丛书中的三卷。“绿色系列”丛书不是一部评注,而是一部百科全书式的,根据专题划分内容的概览性著作。该丛书的各部分内容不是以相应的法律条文,而是以各法律领域中重要的一般性主题的概述作为开篇。

如今的荷兰《民法典》最终于 1992 年生效后,沃特斯·克鲁沃出版社决定将“绿色系列”作为新民法典的评注继续出版。各部分内容被重新修订为对新民法典相应法律条款的评注,并在评注内容之前单独列出法律条文。此外,该书的研究方法和出版目的则大致保持不变,内容仍然是对当前的法律实践和法学研究状况做出“相当完备的概述”。沃特斯·克鲁沃出版社要求作者与之前的丛书撰写相比,更多地将内容重心放在法律实践上,因为新的“绿色系列”要做到“就与法律实践相关的内容而言,是完备无缺的”。〔47〕 这意味着,原则上应当将下级法院判例研究、少数派观点排除在该书内容之外。重点应当放在主流观点和荷兰最高法院(*Hoge Raad*,荷兰最高审级民事法院)的判例研究上。比较法研究也被排除在外。书中始终会列出相关文献来源索引,以便读者进一步查阅资料。“绿色系列”现在只在线上发行,以紧扣实践关联性。

(二)条文和评注

在现行荷兰《民法典》生效的两年前,即 1990 年,《条文和评注》(Tekst en Commentaar)开始出版。根据第一版前言,该书出版的目的,是整理在旷日持久的立法进程中产生的大量法律文献。该书的作者和倡议发起人——莱顿私法教授汉斯·纽文修斯(*Hans Nieuwenhuis*,1944–2015)认为,法典化时代中的诸多法律文献已经淹没在历史的长河中,其踪迹已然难觅。〔48〕 一些法律史的章节与立法过程中被废弃的法律草案有关,另一些与那些被明显或较少修改的法律条文有关。〔49〕

---

〔47〕 参见:Auteursinstructie Groene Serie Privaatrecht mei 2019, 5: „compleet voor zover relevant voor de rechtspraktijk“; „gericht op het geldende recht en niet opiniërend“; 11: „vermeld arresten van de Hoge Raad en alleen bij gebreke daarvan of in aanvulling daarvan lagere rechtspraak.“, 18: „De rechtspraktijk is doorgaans niet gediend bij uitgebreide verwijzingen naar buitenlandse literatuur en rechtspraak。“

〔48〕 关于纽文修斯参见:*J. H. A. Lokin*, Hans Nieuwenhuis (1944–2015): Sokrates aan de Leidse Rijn, Rechtsgeleerd Magazijn Themis 2015, 258–268. 亦可参见 *R. de Graaff et al.*, Hoe begrip van burgerlijk recht mogelijk is. Over het werk van Hans Nieuwenhuis, Ars Aequi 2015, 835–840。

〔49〕 参见:*J. H. Nieuwenhuis/C. J. J. M. Stolker/W. L. Valk*, Tekst en Commentaar, 1. Aufl., 1990, V(前言)。

与其他著作相比,《条文和评注》一书在更大程度上体现出对法律条文的重视。原则上附有印刷的法律条文,紧接着的是与条文相关的评注内容。这部评注起初主要是由对一些重要的法制史内容的援引构成的,但内容很快就发生了变化。伴随《条文和评注》取得的巨大成功,这部以蓝色封面出版的著作在实践中以“蓝天使”(Blauwe Engel)闻名。在接连不断再版的过程中,法律史内容越来越多地隐藏到背景知识当中;而荷兰最高法院的相关判例越来越多地呈现于文本。这是因为,《条文和评注》的宗旨在于成为一部“实用的”评注,所以下级法院的判决并未受到关注;并且《条文与评注》既不介绍相关文献,也不进一步论述文献中的观点。因为该评注的作者所遵循的指导方针是,只有“在法院判决和法律史没有提供解决方案”的情况下,才留有表达个人观点的空间。在外部形式上,该书保留了逐条列出法律条文并加以评注的排版方式,“这使得该书对法律条文的阐述比实用手册或教科书更加直接”。[50]《条文和评注》旨在让法律人可以在实务中尽快对某一法律规范的适用范围和意义形成概括性认识,以便将其妥当地适用到个案当中。因此,从作者的角度而言,《条文和评注》不应包含任何“超越法律条文”(Gesetzestext plus)的内容。

这部评注采取线上线下并行的发行方式,以助其抵达更多法律工作者的手中。该书出版后不久,就扩编了荷兰《民法典》之外的其他法律领域单独成卷的评注。例如,有关租赁法、劳动法、环境法和刑法的各卷(以不同颜色)相继出版,后出版的各卷以相同的方式对相关法律规定进行了评注。

在 1990 年第 1 版《条文和评注》的前言里,纽文修斯写道,在荷兰还从未出现过可与之相提并论的著作。这句话委婉而清楚地道明了他写作《条文和评注》一书的灵感之源,正如纽文修斯有一次亲口告诉我的那样,它源自德国的《尧尔尼希评注》(*Jauernig*-Kommentar)。[51] 如果将《条文和评注》和《尧尔尼希评注》逐页比对,会发现两部评注的相似性不仅体现在内容上,而且两部评注都使用薄纸印刷,并使用粗体字标题,以便读者能快速概览。《条文和评注》系列丛书所效仿的范本在德国,而不在荷兰,尽管在荷兰旧《民法典》时代出版过大量具有可比性的著作(例如利普曼/泰德曼(*Lipman/Tydeman*),舒尔曼/乔登斯(*Schuurmann/Jordens*)和韦尔内德(*Vernède*)所著评注[参见上文第二部分(一)],它们也完全可能充当范本的角色。

---

〔50〕 参见:*C. J. J. M. Stolker/W. L. Valk/T. C. Borman*, Tekst en Commentaar. Aanwijzingen voor auteurs en redacties, 2017, 9 f. 。

〔51〕 参见:*O. Jauernig*(Hg.), Bürgerliches Gesetzbuch, 1. Aufl., 1979; jetzt 17. Aufl., 2018, hg. v. R. Stürner。

(三) 斯杜(Sdu)评注

在“蓝天使”取得巨大成功的启发下,又有一部关于荷兰《民法典》最重要部分的新评注加入了《条文和评注》的行列,即由曾是国有印刷厂的斯杜出版社(Verlag Sdu)(Sdu 的意思是国家印刷局和出版商)[52] 出版的《斯杜评注》(Sdu Commentaar)。这部评注可以被称为是《条文和评注》的“弟弟”,因为其同样简短而实用,但与“哥哥”不同的是,《斯杜评注》在内容上赋予通常在实践中具有重要意义的下级法院判例以更大的空间,这很大程度上是因为该出版社同时也发行一些司法杂志的缘故。在《斯杜评注》的线上版本中,读者可以直接通过超链接“一键点击”查阅相关司法判例。[53]

(四) 三个简明评注

除了阿赛尔系列和皮特洛系列这两个重要的私法丛书之外,在荷兰还有上文所述的“绿色系列”、《条文和评注》以及《斯杜评注》这三部评注。问题在于,如何对这三部评注加以区分,三者又在多大范围内存在相同点。

在回答上述问题时,需要指出的是,这三部评注都是由众多学者共同撰写而成,因此,无法十分全面地对整部评注的全部特质进行描述。在此,我将主要论述“绿色系列”和《条文和评注》这两部最重要的评注,对《斯杜评注》的论述仅限于一些要点。从总体上看,与《条文和评注》相比,“绿色系列”显得更加学术化。相应地,“绿色系列”所涉及的范围也比《条文和评注》更加宽广。从形式上看,与《条文和评注》不同的是,“绿色系列”的评注内容列出了参考文献。据此,“绿色系列”实现了过滤功能(Filterfunktion),具体而言,读者可以通过阅读评注较为全面地理解法律条文和相关文献的含义。通过这种方式,读者可以对相关研究成果一览无余。为此,“绿色系列”会就与法律实践相关的司法判例和学说文献做全面的概述。《条文和评注》出版的唯一目的在于尽可能准确地表述法律条文的含义。读者几乎只能找到荷兰最高法院相关判例的核心内容和立法历史。[54] 这两部评注均可提供快速概览性的指引,因此在实务界都备受推崇,但在学术界反响平平。当然,这两部评注都会在学术研究中被引用,但仅限于对特定主题进行快速概览的范畴。这并不意味着,这两部评注均被学界认可为“可引用的”著作,而大多数

---

〔52〕 参见:*A. I. M. van Mierlo/T. Hartlief /R. P. J. L. Tjittes*(Hg.) Sdu Commentaar Vermogensrecht, 2010。如同《条文和评注》一样,《斯杜评注》也出版了其他实务中重要的法律领域的评注,例如劳动法、破产法、诉讼法等。

〔53〕 参见第 2 版前言:*P. S. Bakker et al.* (Hg), Sdu Commentaar Vermogensrecht, 2. Aufl., 2020。

〔54〕 与之相反,正如前文所述,《斯杜评注》也囊括下级法院判例。

情况下它们被排除引用的原因主要在于,它们不提供在其他地方表达出来的意见和观点。相应地,将“绿色系列”、《条文和评注》以及《斯杜评注》这一类法律条文评注类著作列入学术出版物标题下的参考文献目录中的情况并不常见。这种现象有一定自相矛盾之处,因为这三部评注的编撰大多掌握在法学学者或者兼任大学教职的法律实务工作者手中,但他们首先会告诉编辑什么是他们在评注中不应该做的(包括比较法研究、非典型判例研究、描述和介绍学术文献中的观点论争等),这或许就是它们不被列入学术参考文献的原因吧。

四、荷兰的过去和现在——荷兰和德国

纵观荷兰私法出版文化,不难发现,现有关于荷兰新《民法典》的实用手册在数量上比荷兰旧《民法典》时代要少。评注方面的比对也呈现如此景象;1838 年后的荷兰《民法典》评注更加百花齐放。此外,值得注意的是,法律实务工作者(律师、法官、公证员)在很大程度上并不重视评注形式的文献。尽管在 1838 年施行旧《民法典》时代,有法律实务工作者(德·平托、普利斯特、范·哈塞特等人)出版过一些按照法律条文的架构进行内容编排的评注[参见第二部分(一)],但在荷兰新《民法典》时代,这类由实务工作者撰写的评注逐渐销声匿迹。与 19 世纪相比,在当代荷兰法学文献中,实务界的作者比例很低。[55] 实用手册、教科书和评注的作者大多是法学学者。也许这也是荷兰评注文化与德国相比相形见绌的一个原因。荷兰没有诸如《慕尼黑评注》(Münchener Kommentar)或者《施陶丁格评注》(Staudinger Kommentar)这类大型评注的另一个原因在于,荷兰的作者数量比德国少。

这种差异也是由于荷兰和德国博士学制的差异造成的:在荷兰博士学习阶段通常要四到五年时间,这使得荷兰的法学博士数量少于德国。因此,荷兰具有学术发表经验的法律实务工作者的数量也低于德国。此外,沃特斯·克鲁沃出版社在荷兰法律出版领域占据主导地位,除了沃特斯·克鲁沃出版社出版的阿赛尔系列之外,已经没有必要再出版比已出版的两部评注内容更详实的评注了。因此,《斯杜评注》事实上也没有取得很大的成功,因为直到最近,沃特斯·克鲁沃出版社仍在阻止将《斯杜评注》收纳进最常用的法学数据库之中。此外,荷兰的国土面积显然比德国更小、人口也更少,这也是荷兰评注文化欠发达的一个原因。然而,“小国”并不是一个充分理由,瑞士和奥地利的国土面积同样比德国小,但却拥有

〔55〕 关于 19 世纪法律实务工作者的重大影响,参见:*J. H. A. Lokin*, Van tweeën een. Drie tijdschriften herdacht, Rechtsgeleerd Magazijn Themis 1989, 223-245, 225。

(比荷兰更加)发达的评注文化。这也许是因为,出于实用主义思想,荷兰人认为德国的法学文化和文献太过详尽,以至于缺乏实用性和必要性。最后,荷兰法学界取代(传统)教义学的经验主义倾向也削弱了评注文化(这一点也体现在阿赛尔系列的编写和修订过程之中)。[56]

综合上述原因,完全可以解释荷兰评注文化不发达的现状。尽管如此,出于以下理由,这一状况仍可能发生改变。首先,德国《民法典》(以及《瑞士民法典》)在荷兰新《民法典》的立法过程中产生了深远的影响,[57]例如,荷兰新《民法典》的财产法也借鉴了德国法的总分则立法体例。[58] 因此,我们可以期待,在学习德国《民法典》的过程中,德国私法出版文化的一些观念也会被荷兰法学界所接受。更现实的是,对单个或多个法律条文进行论述的可能性,提供了一种简明扼要的出版范式,而线上发行的可能性也有助于著述的快速传播,这同样符合作者和出版人的利益。此外,编写这样一部能够保持实时更新的荷兰《民法典》评注看起来也比编写阿赛尔系列的不同部分更加方便。对一系列法律条文进行评注,实际上是一项既要提纲挈领又要快速完成的任务,它似乎更适应现代学术文化的要求,即以牺牲学术研究为代价,使得学术从业者的工作重心变成了进行法学培训并同时致力于从外部取得学术资助。从这个意义上说,慢科学(*slow science*),例如实用手册或教科书的撰写,可能会变得越来越缺乏吸引力和不受欢迎,而这种状况会使得对法律条文进行论述的大型评注拥有更大的发展空间。但由于在现实中,对法律条文进行论述的评注在荷兰所享有的学术声誉较为有限,评注文化在荷兰的发展仍然困难重重。

五、展望未来

未来荷兰私法出版文化会与德国逐渐趋同吗,还是二者的区别在 21 世纪依然如故?我期待两国私法出版文化会相向而行,具体而言,德国对评注的原有注重程度会有所降低,而荷兰却较此前而言有所加强。荷兰可能不会出现一部全新的、内容更加详实的评注,但是,“绿色系列”完全有可能发展成所谓德式大型评

---

〔56〕 参见:*C. J. H. Jansen*, De wetenschappelijke beoefening (Fn. 8), 132-143。

〔57〕 例如,梅耶斯无数次地在其所撰写的文献中提到德国法律条文和文献,并以较小篇幅提到瑞士法。关于梅耶斯的法律比较研究(和他的作为立法委员会成员的继任者)参见:*V. J. A. Sütö*, Nieuw vermogensrecht en rechtsvergelijking-reconstructie van een wetgevingsproces (1947-1961), 2004, 26 ff. 亦可参见:*E. O. H. P. Florijn*, Ontstaan en ontwikkeling van het nieuwe Burgerlijk Wetboek, 1994, 106, 关于梅耶斯的研究方法和瑞士法的影响,参见:*J. E. Jansen* Over de invloed van het Zwitserse zakenrecht op het Ontwerp Meijers en Boek 5 BW, Ars Aequi 2012/11, 524-527。

〔58〕 详细内容参见:*C. J. H. Jansen*, De wetenschappelijke beoefening (Fn. 8), 105-114。

注。最后,我想引用德国著名诗人海因里希·海涅(*Heinrich Heine*)评价荷兰的一句话作为结束语:“当世界末日到来时,我会搬到荷兰去,因为在那里,任何事情的发生都比其他地方晚五十年。”〔59〕

〔59〕 荷兰文献中反复指出,海涅的这番话没有出处。这句俏皮话以所有可能的变体被用于不同的著名地区和人物,例如卡尔·克劳斯(Karl Kraus)评价维也纳或者俾斯麦评价梅克伦堡-前波莫瑞州。

民法视角下的西班牙法律评注

——一种模式的得与失

[西]布鲁诺·罗德里格斯·罗萨多 著　周梅 译　刘青文 校

目　次

一、历史渊源

在西班牙,法律评注的滥觞与独立的西班牙法律科学的诞生密切相关。如安东尼奥·马丁·佩雷斯(*Antonio Martín Pérez*)所指出的,关于西班牙法律的第一部法律文献,大多数为拉丁文,但彼时也已经开始有西班牙语出现在此类文献中——是对卡斯蒂利亚最重要的法律条文的匿名注释。[1] 来自卡斯蒂利亚的第

---

〔1〕 *A. Pérez Martín*, Glosas Medievales a Textos jurídicos hispánicos, Inventario y tipos, Cahiers d'Études Hispaniques Médiévales 14-15 (1989), 17-35, 17 ff. 这些法律条文中需要强调的是 el Fuero Real, el Espéculo 和 Las Siete Partidas, 均由 Alfons 五世颁布。

一批知名的法学家[阿里亚斯·德·巴尔沃亚(*Arias de Balboa*),冈萨雷斯·德·布斯塔曼特(*González de Bustamante*),阿里亚斯·达维拉(*Arias Dávila*)]是帝国既有法律文本的注释作者。早在15世纪末期,注释了《王家法典》(*Feuro Real*)和《七章律》(*die Partidas*)的阿隆索·迪亚斯·德·蒙塔尔沃(*Alonso Díaz de Montalvo*)就已闻名遐迩。[2] 在16世纪,注释的传统得到传承,正如1555年出版的格雷戈里奥·洛佩斯(*Gregorio López*)对《七章律》的注释所显示的那样,它应作为这部13世纪文本的大型注释(*Glossa magna*);[3]另一方面,16世纪也出现了第一批严格意义上的评注,它们有独立的讲究结构的行文,远远超越了注释的形式化要求。这种意义上的第一批评注是指安东尼奥·戈麦斯(*Antonio Gómez*)的《托罗法律评注》(In leges Tauri Commentarius)及马科斯·布尔戈斯帕斯(*Marcos Burgos de Paz*)的《托罗法律评注》(Ad leges taurinas commentarii)——二者都是关于托罗城所颁布的法律。[4]

自那以后,关于西班牙法律的评注大量涌现;在16和17世纪,它们主要由拉丁文写就,到了18和19世纪已经是西班牙文行走天下。尤为值得一提的是16和17世纪署名为阿方索·德·阿赛维多(*Alfonso de Acevedo*)的《西班牙宪法中的民事法评注》(Commentaria iuris vivilis in Hispaniae regias constitutiones)(萨拉曼卡,1583)和胡安·古铁雷思(*Juan Gutiérrez*)的《地方权评注》(Commentaria ad leges Regias)(萨拉曼卡,1588)。这两部评注评的都是《新编》(*Nueva Recopilación*)——一部于1567年由菲利普二世颁发的卡斯蒂利亚的法律汇编——并多次再版。18世纪阿尔瓦雷斯·波萨达(*Alvarez Posadill*a)以西班牙语出版了《托罗法律评注》

---

〔2〕 关于这位作者,安东尼奥·佩雷斯·马丁(A Pérez Martín)见 EL aparato de glosas a las Partidas de Alonso Díaz de Montalvo, Carthaginensia Revista de Estudios e Investigación. Instituto Teológico de Murcia O. F. M. 31 (2015), 591-662, 591 ff.。

〔3〕 关于这篇文章及作者见 *R. Gibert*, La Gregorio López, in: J. Alvarado (Hg.) Historia de la literature jurídica en la Éspaña del Antiguo Régimen, Bd. 1, 2000, 423-472, 423 ff.; A *Pérez Martín*, El aparato de Glosas a las Siete Partidas de Gregorio López de Valenzuela, Glossae, European Journal of Legal History 13 (2016), 485-534, 485 ff.; *A. Masferrer*, The Siete Partidas of Wise King Alfonso IX and its Glossa (las Siete Partidas del sabio rey don Alonso el nono, nuevamente Glosadas por el licenciado Gregorio López del Consejo Real de Indias de su Magestad), in: S. Dauchy *et al.* (Hg.), The Formation and Transmission of Western Legal Culture: 150 Books that made the law in the Age of Printing, 2016, 106-110, 106 ff. Gregorio López 对于《七章律》的评注在十九世纪被 Sanponts y Barba, Martí de Eixala 和 Ferrer y Subirana 翻译成了西班牙语,于1883至1884年在巴塞罗那出版。

〔4〕 *A. Gómez* 的《In leges Tauri Cooentarius》1555年在 Salamanca 出版(其他版本于1591年,1598年,1602年及1624年出版)。*M. Burgos de Paz* 的《Ad leges taurinas commentarii》于1578年出版于 Valladolid。*Antonio Gómez* 也因作为《Variarum resolutionum iuris communis et regii libri tres》的作者而闻名(1552年第1版)。关于这两位作者及各自评注的影响见 *F. de Castro* 所著《Derecho civil de España》,第一卷,1949年,第148页及以下。

(Comentario a las Leyes de Toro)(1796);19 世纪最有影响力的评注是亚马斯·莫利纳(*Llamas y Molina*)的《托罗法律评注》(Comentario a las Leyes de Toro)(1827)和帕切科·古铁雷思(*Pacheco y Gutiérrez*)的《关于托罗法律的历史批判评注》(Commentario hinstórico, crítico y jurídico a las Leyes de Toro)(1862)。[5] 此外,还出现了大量关于地方法(Foralrecht)* 的法律评注,尤其是关于阿拉贡法和加泰罗尼亚法的评注。[6]

西班牙民法典就诞生在这样的传统中。1851 年的《西班牙民法典(草案)》,作为最终生效的《西班牙民法典》的前身,其发布时,还一同出版了其起草人、司法部长加西亚·戈耶纳(*Garcia Goyena*)所著的长篇评注,这篇评注对于解释当今的西班牙法律文本依然十分重要。[7]

二、《西班牙民法典》及其评注

(一)《西班牙民法典》的颁布

1889 年的《西班牙民法典》(*Código civil*)是持续了一整个世纪的立法项目和编纂尝试的结晶。这部法典的"点睛之笔"出自司法部长曼努埃尔·阿隆索·马丁内斯(*Manuel Alonso Martínez*)之手。1888 年,他在议会成功促成了一部法律的颁布,并由此确立了编纂《西班牙民法典》要遵循的基本原则。遵照这些原则,司法部的法典编纂委员会(Comisión General de Códificación)编纂了《西班牙民法典》,并提交议会,议会于 1889 年 7 月批准了这部法典,[8] 法典就此生效;但其后历经了 65 次修订。[9]

---

〔5〕 关于这些作者及他们的著作见:*Real Academia de la Historia* 的 Diccionario Biográfico Español,网址为:dbe. rah. es。

〔6〕 见 *de Castro*, Derecho civil I (注释 4),163 页及随后。

〔7〕 *F. Garcia Goyena*, Concordancias, Motivos y Comentarios del Código civil Español, 2 Bde., 1852. 1973 年两次再版。

〔8〕 关于西班牙民法典的历史以及 19 世纪若干编纂法典的尝试,可见 *J. Baro Pazos*, La Codificación del Derecho civil en España, 1993。民法典的不同草案由 *J. F. Lasso Gaite* 出版:Crónica de la Codificación Española, Bde. 4, 1-2: Codificación civil, 1979-1980。

〔9〕 这些修改中的大部分只涉及西班牙民法典的少数条款。两次范围最广泛的修改分别发生在 1981 年 5 月和 7 月,这两次修改服务于使民法典适应 1978 年的宪法的要求。最后一次法律改革是 2018 年 8 月 3 日通过皇家批准的,涉及第 56 条和父母监护的实施。

* Foral 一词来源于 fuero,这个词指法律、权力,也指西班牙一些地方(如巴斯克地区和纳瓦拉地区)享有的特权和历史上长期实行的法律(也就是说,属于这些地方独有的法律,类似美国的州有本州的法)。——校者注

即使不涉及《西班牙民法典》,而仅涉及西班牙的评注文化,如下关乎《西班牙民法典》的表述也会对更好地理解评注有所帮助。因为作为评注的对象,《西班牙民法典》对评注产生了显著的影响。《西班牙民法典》是一部实践性的作品,它由律师,而不是由学者所著。同义词经常被用来表达同一概念或者指称一个有若干意义的表达;例如《西班牙民法典》第1300条及第1301条中的“Nulidad”不仅表示无效,也表示可撤销性,而没有对二者进行明确的区分。需要强调的是,《西班牙民法典》并没有统一西班牙民法。一方面,像《土地登记簿法》(1861年的《*Ley hipotecaria*》)或是《户籍登记所法》(1870年生效的《*Ley del registro civil*》)这样的特别法继续有效,对于这些领域,《西班牙民法典》未做规定;另一方面,在《西班牙民法典》的规定之外,各地区历史遗留的私法秩序仍然继续存在,包括其中一些特殊规则[如地方法(Foralrecht)]。在这些地区(阿拉瓦、比斯开、加泰罗尼亚、巴利阿里群岛、加利西亚、阿拉贡及纳瓦拉),只有在不与当地的私法相抵触的情况下,《西班牙民法典》才适用;或者,在当地地方法(Foralrecht)没有相关规定时,《西班牙民法典》才可以适用。这些特别规定主要涵盖了家庭法和继承法领域,尽管近年来也开始在债法和物权法方面颁布法律。

(二)《西班牙民法典》的第一次评注热潮

早在《西班牙民法典》于1889年生效之前,就已出现了第一部针对该法典条文的评注。在1888年至1899年期间,巴塞罗那的莫德斯托·法尔孔(*Modesto Falcón*)教授出版了五卷本的部分基于《西班牙民法典》草案的评注(Código civil ilustrado con notas, referencias, concordancias, motivos y comentarios)。同样,曼努埃尔·德·波法卢(*Manuel de Bofarull*)在1889年出版了他的单卷本《评注版西班牙民法》(Código civil español según la edicion official: anotado y concordado),国际权利评论编辑部(Revista de Derecho internacional)出版了两卷本的《西班牙民法典评注》(Código civil comentado)。在1890年至1891年,马里奥·纳瓦罗·阿曼迪(*Mario Navarro Amandi*)教授(也是律师)出版了四卷本的《评注民法问答》(Cuestionario del Código civil comentado),莱昂·博内尔-桑切斯(*Leon Bonel y Sánchez*)出版了非常全面的四卷本《西班牙被评注及广泛协商的民法典评注》(Código civil español, comentado y concordado)。后续的评注都延续了这些评注的篇幅。[10]

当代最重要的两部《西班牙民法典》评注是最高法院的法官何塞·玛丽亚·曼雷萨·纳瓦罗(*José María Manresa Navarro*)的12卷评注及笔名为昆图斯·穆丘

〔10〕 关于《西班牙民法典》的所有评注的清单(确保完整性)一共是13部,由*de Castro*于1949年出版(Derecho civil I [Fn. 4],300)。

斯·斯卡沃拉（*Quintus Mucius Sacaevola*）的25卷评注。曼雷萨于1890年至1907年出版的《西班牙民法典评注》（Comentarios al Código civil español），在笔者看来代表了那个时代最高的评注水准。这部评注多次再版，第8版也是最后一版，是由若干位教授对其进行了更新，于1973年至1976年出版。由律师佩德罗·阿帕拉特基·奥赛霍（*Pedro Apalategui Ocejo*）和里卡多·奥约罗斯·佩雷斯（*Ricardo Oyuelos Pérez*）所撰写的斯卡沃拉（Scaevola）评注《被评注及广泛协商的民法典》（Código civil comentado y concordado extensamente），由不同的作者多次修订并再版。在这两部评注中，《西班牙民法典》的每一个条文都被逐条评注，还尝试在与其他法条、与自己的前身条款和司法判例，以及斯卡沃拉评注中的对应法条相比较的前提下——同时援引其他国家的民法典，特别是南欧及南美国家的民法典的相关条款——来对这些法条进行评注。在这两种情况下，不同作者所进行的更新使评注丧失了统一性，以致之后的版本没法达到首版的水准。

19世纪后期及20世纪初的西班牙评注毫无疑问都是以上文所提及的之前在西班牙出版的法律评注为基础的。它们最初的灵感之源——尤其是在曼雷萨（*Manresa*）与斯卡沃拉（*Scaevola*）的评注中清晰可感——其实是注释法学派（*École de l'exégèse*）的法国评注。尽管在法国早已不再按照这种方式去评注，但西班牙的评注还是极力揭示出每个条款的含义，并分析它的原文、解读它的内容以及评估它可能的适用范围。由此可以得出结论，20世纪上半叶的西班牙评注是注释法学派的后期成果。〔11〕

（三）《西班牙民法典》的第二次评注热潮

这个系列的西班牙民法典评注在1936年曲终人散，因为同年爆发了西班牙内战。有关这次停滞的原因不能简言论之；笔者认为存在下列两个主要原因。第一，这个时期的法国法学在西班牙学者中失去了意义，而意大利法学的影响后来居上（这也和政治原因有关，因为当时是佛朗哥统治的初期）。西班牙学者开始对新的意大利民法典唯其马首是瞻，欲从法国法学及对法国民法典的评注中挣脱出来。〔12〕 由此也就不难得出评注暂时停滞的第二个原因：许多西班牙法学家怀揣对意大利民法典的迷思，指望用一部新的民法典取代旧的西班牙民法典，由此冀

---

〔11〕 关于注释法学派（*École de la exégèse*）及相关评注见 *D. Kästle-Lamparter*, Welt der Kommentare, 2016, 66 f. m. w. N。

〔12〕 对于意大利法学自1940年以来的影响持尖锐批判的观点见：*J. M. Miquel González*, Los desprecios al Código civil, Revista Jurídica de la Universidad Autónoma de Madrid 19 (2009), 229-238；根据他的观点——我在此翻译如下："很显然，西班牙内战以后出现了明显忽视西班牙民法典原文的现象。我不知道，战争带来的意识形态变化，是否在与1942年《意大利民法典》的对比中，助长了对一部自由法典（西班牙民法典）的贬损，而这被认为是技术上的优势，并通过对博洛尼亚的法律人的研究指导我们的教学。"

望西班牙的法学水平达到意大利法学所达到的水准。西班牙政府甚至接受了1946年在萨拉戈萨(Saragossa)的全国民法大会上通过的决议——该会议提出了制定一部新的西班牙民法典的建议——并起草了一个实施计划,意图将这个决议付诸实施。全国民法大会的计划是首先通过涉及地方法(Foralrecht)的特别法律,之后在这些法律及1889年的民法典基础上出台一部新的适用于整个西班牙的统一的民法典。[13] 众所周知,这个计划只实施了第一部分,即颁布了规制地方法的特别法律;与此相反,一部新的统一的民法典却并未出台。然而,西班牙的学者们在此过程中丧失了对于本国的民法典进行分析和诠释的兴趣。

依笔者观察,当事实表明,已断无可能出台一部新的民法典草案时,学者们再次表现出对西班牙民法典评注的热情,便绝非偶然。同样令人瞩目的是,重新燃起的撰写西班牙民法典评注的热情,与西班牙法学亲炙德国法的历史脚步意想不到地合拍了。

1974年,原本包括引言和四编的《西班牙民法典》经历了大面积的修订,并重新配置了新的引言,但制订一部全新的民法典的计划只字未提。由此也就不言自明,立法者已悄然放弃了新法典的编纂计划。

在接下来的一段时间,大量的评注出版上市。从1978年起,埃德萨(Edersa)出版社出版了由马德里康普顿斯(*Complutense*)大学曼努埃尔·阿尔瓦拉德霍(*Manuel Albaladejo*)教授编撰的《民法及法律汇编评注》(Comentarios al Código civil y compilaiones forales)。这一系列包括对于地方法的法律评注,共38册,其中有几册还包含若干分册,直到2002年才全部出齐。大多数作者是民法学教授;总体上涉及范围最广、要求最高的《西班牙民法典》评注。其中若干册都被再版;2002年,随着最后一册的出版,对评注的更新也宣告结束,此后再未出过新版。

自1978年以来,也出版了若干篇幅较短的评注。这些评注只有一册篇幅,以面向司法实践为要旨,并在这个意义上取得了成功。尤为值得一提的是费尔南德斯·乌尔萨因基(*Fernándes Urzainqui*)和奥卡拉冈(*O' Callaghan*)的《西班牙民法典》评注,它们是更新再版次数最多的评注。这些评注对每一个条款都做了十分简短的评析,摘录了最重要的司法判例。[14]

与此相对,由贝科维茨·罗德里格斯-卡诺(*Bercovitz Rodríguez-Cano*)和多明

---

〔13〕 就1946年民法典的全国会议及关于颁布一部新法典的草案详见:*J. L. Lacruz Bredejo*, EL Congreso Nacinonal de Derecho civil de 1946, Anuario de Decrcho civil 1 (1946), 145-155, 145 ff.;也见 de *Castro*, Derecho civil I (Fn. 4), 234 ff.。

〔14〕 法官 *Francisco Javier Fernándes Urzainqui* 以"西班牙民法典"名义发表的评注(与另一个由他撰写了前言的简单的"西班牙民法典"版本不同)至2016年已再版11次。*Xavier O' Callaghan Muñoz* 教授(先前为最高法院法官)的《Código civil comentado y con jurisprudencia》在2019年进行了第9次再版。

格斯·罗埃尔莫(*Domínguez Luelmo*)主编的评注体现了更高的学术要求:各位作者协同编撰,不仅援引最新司法判例,也援引最新学术文献。[15]

1989年由司法部主编的两卷本民法典评注,在西班牙的所有评注文献中享有特别的地位,当时西班牙的所有民法学教授都参与到了这部评注当中。这是一部为了纪念《西班牙民法典》诞生一百周年而出版的评注,目的是打造一部具有较高法学水准的简明评注,并通过修订再版达到实时更新。这部评注至今仍保持着经典著作的地位,但是通过修订再版达到实时更新这一目标一直没有实现。[16]

2000年,由米格尔·帕斯古奥·利亚尼奥(*Miguel Pasquau Liaño*)主编的评注《被评注的民法案例》(Jurisprudencia civil comentada)出版,尽管标题并没有标明,但却是一部对《西班牙民法典》的每个条款都逐条评注的作品,而且侧重于引用最高法院的司法判例,并有超过50名大学教授共同参与了编撰。2009年这部评注以三卷本形式再版。

同样侧重于援引司法判例的是一部2000年出版的评注,其作者主要是(负责民事审判的)最高法院第一法庭的法官及其他一些兼任民法教授的法官。[17] 评注共有九卷,在很多方面都会让人联想到德国的《帝国法院委员会民法典评注》,[18]其主编伊格纳西奥·谢拉·基尔·德拉奎斯塔(*Ignacio Sierra Gil de la Cuesta*)是当时最高法院第一法庭的庭长。这部评注在司法实践中鲜有共鸣,仅在2016年再版过一次。

最近几年,有两部内容广泛的评注以多卷本的形式出版,许多大学教授参与其中,并且民法典的每一个条款都得到了详细的评注。其中一部是由卡尼萨雷斯(*Cañizares*)、奥尔杜纳(*Orduña*)、德巴勃罗(*de Pablo*)与瓦尔普艾思塔(*Valpuesta*)教授主编的《西班牙民法典评注》(Código civil comentado),它吸引了80多名教授投身其中。这部评注于2011年以四卷本形式出版,2016年出了修订版。另一部评注是由贝科维茨(*Bercovitz*)主编的以九卷本形式出版的《西班牙民法典评注》(Comentarios al Código civil)(2013年),同样凝聚了众多教授的辛勤汗水。[19] 虽然这两部评注都遵循同样的理念——与德国评注极其相似的理念——但也许第

〔15〕 *R. Bercovitz Rodríguez-Cano* (Hg.), Comentarios al Código civil, 4. Auf., 2013. *A. Domínguez Luelmo* (Hg.), Comenarios al Código civil 2010.

〔16〕 《Comentario del Código civil》第1版于1989年出版,1993年部分更新版本出版,其后工作中断。

〔17〕 *I. Sierra Gil de la Cuesta*(Hg.), Comentario del Código civil, 9 Bde., 1. Aufl.,2000.

〔18〕 《以帝国法院及联邦最高法院司法判例为考察重点的民法典评注》,最后一版,即第12版,联邦最高法院法官主编,1974-2000年。

〔19〕 这些评注与一卷本评注的同名主编并未搞混淆,那位主编的同名评注是《Comentarios al Código civil》(第4版,2013年),在注释15中曾提及。*Bercovitz* 教授在西班牙因为主编了不同版本的评注而广为人知。

一部在内容上着力更多,因而其传播范围也更为广泛。

三、民事法律的其他评注

如前所述,《西班牙民法典》的特别之处在于它并未统一所有的民事法律规范,像《户籍登记所法》和《土地登记簿法》这样的民事特别法仍然在民法典之外继续生效。在西班牙法律评注的第一个阶段——从 19 世纪末到 20 世纪初——这些法律也已是特别评注的对象。特别是 1861 年的《土地登记簿法》受到当时众多评注的青睐:潘多哈(*Pantoja*)和约莱特(*Lloret*)、戈麦斯·德拉塞尔纳(*Gómez de La Serna*)、加林多-埃斯科苏拉(*Galindo y Escosura*)和莫雷尔-特里(*Morell y Terry*)都以它为参照文本。[20] 但是正如对于《西班牙民法典》的评注一样,这些评注活动的持续时间没有超过 20 世纪最初的几十年。

20 世纪的最后几十年,学界撰写法典评注的兴趣又重新燃烧起来,而这时候已经出现了更多的民事特别法。除了一直施行的《户籍登记所法》和《土地登记簿法》,地方法也被编纂为法典。此外还有若干部新的法律,要么是基于特别需求——《住房所有权法》《租赁法》《租借法》,要么是基于欧盟的立法行为——《一般交易条款法》《消费者信贷法》及其他——而颁布。几乎所有这些法律都被评注了。不仅是各地的地方法,[21] 还包括前文提到的《住房所有权法》[22]《租赁

---

〔20〕 *J. M. Pantoja/A. M. Lloret*, Ley hipotecaria comentada y explicada, 3 Bde., 1861 – 1862; *R. Gómez de La Serna*, La ley hipotecaria Española comentada y concordada, 2 Bde., 1862; *L. Galindo y de Vera/R. Escosura y Escosura*, Comentarios a la legislación hipotecaria de España y ultramar, 4 Bde., 1880; *J. Morell y Terry*, Comentarios a la legislación hipotecaria, 6 Bde., 1920. 最后 3 部评注均再版。

〔21〕 *M. Albaladejo* 出版的《Comentarios al Código civil y compilaciones forales》。这些法律都有独立的评注,如 *J. L. Lacruz Berdejo* 出版的 3 册的 Comentarios a la compilación de Derecho civil foral de Aragón 中的阿拉贡的地方法(1988, 1993, 1996); *E. Rubio Torrano* 在纳瓦拉(Navarra)出版的《Comentarios al Fuero Nuevo: Compilación del Derecho civil foral de Navarra》(2002);*F. Puig Blanes* 与 *F. J. Sospedra Navas* 在加泰罗尼亚 (Cataluña)(地名)出版的 2 册的《Comentarios al Código civil de Cataluña》及现今由 *J. Egea Fernández* 出版的一系列评注。

〔22〕 *M, Cuadrado Iglesias*(Hg.), Comentarios a la ley reforma de Reforma de la propiedad horizontal; *J. M. Miquel González*(Hg.), Comentarios a la ley de propiedad horizontal, 2011; *R. Bercovitz Rodríguez-Cano*(Hg.), Comentarios a la ley de propiedad horizontal, 5. Aufl., 2014.

法》[23]《租借法》[24]《著作权法》[25]以及更多的消费者权益保护法。[26] 在这里已不可能将所有的评注清单都罗列出来。

四、其他法律领域速览

西班牙学者现阶段对于编撰法律评注的兴趣已经不仅局限于民法领域,而是实际上拓展到了所有的法律领域。快速浏览之后便可以断定,目前在西班牙的几乎所有法律领域都存在法律评注。

正如在民法领域,早在19世纪下半叶及20世纪初,就有几部具有特殊意义的法律评注。《刑法典》(*Código penal*)总是评注法学家们考察的重点,对它的持续评注甚至跨越了20世纪中期。[27]《民事诉讼法》(*ley de enjuiciamiento civil*)在其出台后不久很快也成了评注的参照文本,他的作者曼雷萨(*Manresa*)同时也是一部著名的民法典评注的执笔人。[28] 关于《刑事诉讼法》(*ley de enjuiciamiento críminal*)及《商法》(*Código de comercio*)的评注也接踵而至。[29] 然而,这些对单项法律所进行的评注总像是一种例外,对法律进行全方位评注的气候尚未形成。大部分其政治性远甚于其法律性得到高估的法律,尤其是宪法,并没有被评注。[30]

但正如在民法领域,20世纪的最后几十年和现在的21世纪都出现了新的评

---

〔23〕 *F. Pantaleón Prieto*(Hg.), Comentarios a la ley de arrendamientos urbanos, 1995; *X. O' Callaghan*(Hg.), Comentarios a la ley de arrendamientos urbanos, 1995; *C. Lasarte Alvarez*(Hg.), Comentarios a la ley de arrendamientos urbanos, 1996; *R. Bercovitz Rodríguez-Cano*(Hg.), Comentarios a la ley de arrendamientos urbanos, 2013.

〔24〕 *M. Pasquau Liaño*(Hg.), Comentario a la ley de arrendamientos rústicos, 2004; *V. Guilarte Gutiérrez*(Hg.) Ley de arrendamientor rústicos: comentarios dotrinales y formularios prácticos, 2. Aufl., 2006; *R. Ballarín Hernández*(Hg.), Comentario a la ley de arrendamientos rústicos. 2006.

〔25〕 *J. M. Rodríguez Tapia*(Hg.), Comentarios a la ley de propiedad intelectual, 2. Aufl., 2009; R. *Bercovitz Rodríguez-Cano*(Hg.), Comentarios a la ley de propiedad intelectual, 4. Aufl., 2017.

〔26〕 例如 *S. Cámara*, *Lapuente*(Hg.), Comentario a las normas de protección de los consumidores, 2011; *R. Bercovitz Rodríguez-Cano*(Hg.), Comentario del texto refundido de la ley general para la defensa de los consumidores y usuarios y otras leyes complementarias, 2. Aufl., 2015。

〔27〕 *T. M. Vizmanos/C. Alvarez Martinez*, Comentarios al Código penal, 1848; *F. castejón*, Comentarios científico-prácticos al Código penal de 1870, 1926; *A. Quintano Ripollés*, Comentarios al Código penal, 1946.

〔28〕 *J. M. Manresa y Navarro*, Comentarios a la ley de enjuiciamiento civil reformada, 8 Bde., 1889, 多次再版。

〔29〕 *E. Aguilera de Paz*, Comentarios a la ley de enjuiciamiento criminal, 6 Bde., 1912; *J. M. González de Chavarri y Vivanco*, Comentarios al Código de comercio, 5 Bde., 1925-1930.

〔30〕 关于1931年的共和国宪法也有评注,见:*N. Pérez Serrano*, La constitución Española: antecedents, texto, comentario, 1932。

注的高潮,对于1978年的宪法、1994年的刑法典及2000年的民事诉讼法的评注,也均在这个期间悉数登场。[31] 此外,对于一些不太重要的法律也漫涌出不计其数的评注。

五、西班牙法律评注成功的缘由

上文中已经提及西班牙法律评注成功的三个主要缘由:自身的评注传统,注释法学派的影响以及德国法律学说的影响。这里有必要详细阐述相关的成功缘由。

首先是上文已经提及的西班牙的评注传统:安东尼奥·马丁(*Antonio Martín*)指出,西班牙法学的特殊之处在于,早在欧洲共同法(ius commune)时代,就已存在对自己的法律进行评注的西班牙传统,而且有别于对《国法大全》(*corpus iuris civilis*)的评注。[32] 所以,西班牙新发布的法律也会得到评注是这个传统延续至今的逻辑结果。

至于注释法学派的作者对于19世纪末20世纪初的西班牙法学者所带来的影响,我们只需回顾一下《法国民法典》(*Code Civil*)当时在整个欧洲所享有的声望便不难想见。西班牙法学者对图利耶(*Toullier*)、德莫隆布(*Demolombe*)、迪朗东(*Duranton*)以及洛朗(*Laurent*)的著作不仅耳熟能详,而且还尝试着群仿而效之。因此,这一时期西班牙法典评注的内容与法国评注十分相似:一般来说它们都是单个作者独立完成的作品,专注于对法律条文的分析和解释,鲜少批评条文本身的立法缺陷或指出法律漏洞。尽管这些评注内容在现代评注的背景下充斥着陈词滥调,但是作为对于法律原文的解释工具,仍不失其价值。

此外,如上文所述,从20世纪后几十年直至今日,德国法律学说的影响可谓可知可感。因为西班牙评注都采用与德国评注相似的结构来撰写,而且一众作者的评注作品都是由一个编辑经手,至少风格协调统一后再出版。在有些情况下[尤其是卡尼萨雷斯(*Cañizares*)和贝科维茨(*Bercovitz*)主编的关于《西班牙民法典》的最新评注],对单个法律条款的评注并不只是对法条原文的纯解释,而是像自己写的小论文,有探讨性。这些评注以解释法律原文为由头,对相应的法律概

---

〔31〕 *O. Alzaga Villaamil*, *G. Peces Barba*, *L. M. Cazorla P*, *M. E. Casas Bahamonde* 出版了若干关于宪法的评注;*J. L. Díez Ripollés*, *G. Rodríguez Mourullo*, *G. Quintero Olivares*, *J. L. Manzanares Samaniego*, *L. Arroyo Zapatero*, *M. Gómez Tomillo*, *M. Cobo del Rosal*, *J. A. Cruz de Pablo* 出版了刑法典的评注;*F. Cordón Moreno*, *L. Marín Castán*, *F. Toribios Fuentes*, *J. Garberi Llobregat* 和 *J. Banacloche Palao* 出版了关于民事诉讼法的评注。

〔32〕 *Pérez Martín*, Glosas Medievales (Fn. 1), 35.

念一并进行阐释,同时又超越法律原文的条条框框,对它们在司法实践和法学学说中的发展进行了综合评述。

德国法律评注在西班牙的影响,乍一看会令人十分惊讶;但须知,整个西班牙法学在20世纪末都受到了德国法学的影响。从未有任何一种语言像德语那样,其翻译成西班牙语的法学教科书和法学专著如此之多——不仅民法领域如此,而且刑法和宪法亦概莫能外。〔33〕 此外值得注意的是,自20世纪下半叶以来,那些最著名的西班牙作者对德国法都是熟稔于心的。〔34〕 如果说近些年来来自普通法领域的作者的影响力与日俱增的话,那也不过是英语作为国际化语言得到了更为广泛的传播的缘故。

六、西班牙法律评注相对失败的原因

尽管在截至目前的行文中我们描述了法律评注在西班牙所取得的所有成功之处,但必须指出,它们与法律评注在德国法律制度中所担当的重任仍然无法相提并论。平心而论,法律评注可以说陪伴着德国法律人从摇篮到坟墓的漫长一生。〔35〕 与此相对,它在西班牙的地位要低得多。很难想象一个德国的律师没有帕兰特评注(Palandt)在手,但只有极少数的西班牙律师会在工作中使用评注,法学专业的大学生几乎不熟悉如何使用评注。实践性的长期缺失体现在,虽然在西班牙已有许多公开出版的评注,但是只有极少数实现了多次再版。〔36〕 西班牙评注相对失败的原因,可以列出的还不少。

(一)理论脱离实践

对于德国读者可能会有些惊讶,在西班牙,如何教授法律是一个十分理论性

---

〔33〕 下列的德国民法教科书已被翻译成西班牙语:*L. Enneccerus/T. Kipp/M. Wolff*(1933)的多册的经典教科书,*A. von Tuhr* 的《民法总论》(1947),*H. Lehmann* 的《总论》;*J. W. Hedemann* 的《债法》(1958),*K. Larenz* 的《债法》(1959),*D. Medicus* 的《债法》(1995),*W. Flume* 的《法律行为》(1998),*Hedemann* 和 *H. P. Westermann* 的《物权法教科书》(1955),J. Binder 的《继承法》。《德国民法典》分别由 *C. Melón Infante*, *E. Eiranova Encinas* 和 *A. Lamarca Marqués* 三次翻译成西班牙语,最后一次在2013年。

〔34〕 西班牙著名民法教科书的作者 L. Díez-Picazo(《Sistema de Derecho civil》)将若干德国作者(Wieacker, Viehweg)的作品翻译成了西班牙语。教科书《Elementos de Derecho civil》的作者 Lacruz Berdejo,将 Binder 的《继承法》(Erbrecht)翻译成了西班牙语。教科书《Derecho civil de España》的作者 Federico De Castro,将德国法学的若干概念引入了西班牙。

〔35〕 *Kästle-Lamparter*, Welt der Kommentare (Fn. 19), VII; über den Palandt *K. W. Slapnicar*, der Wilke, der später Palandt hieß, *NJW* 2000, 1692-1699, 1699.

〔36〕 现今销量最大的是对西班牙民法典的评注[作者为:Fernández Urzainqui 和 O'Callaghan(见注释14)],不过,与其说它们是体系化的评注,毋宁说是有结构性编排的判例和材料汇编。

的问题。笔头考试主要由理论性的问题组成,对这些问题的回答不必借助法律条文。法律条文大部分必须能够背诵;只是偶尔的情况下会出现案例分析。法律专业的学生是在学业结束之后才接触到职业实践,其结果便是,实务从业者不相信那些不了解司法实践的学者可以为他们所遇到的问题提供合适的、现实中能够解决问题的方案。所以实务从业者既不看重大学教授们所写的学术著作,也不会理会他们所编撰的法律评注。他们宁愿更相信他们自己的信息来源,首要的便是司法判例的数据库。

由实务从业者执笔的法律评注,在西班牙恐怕绝大多数人都没有听说过。正如在西班牙,不会像在德国那样,从事实务的法律人还会撰写学术论文,且司空见惯。由最高法院的法官主编法律评注[37]恐怕更是凤毛麟角。

人们可能会认为,在西班牙所有法学院推进的博洛尼亚进程*应该可以将理论与实践更紧密地结合在一起,但事实上反而加剧了二者之间的矛盾。之前法学院的学制为五年,所有课程都是必修课;现在的法学本科学制为四年,许多课程都变成了选修课。其后果是教师可以用来进行实务操作练习的时间更少,反而更加强化了用于理论学习的时间。到了研究生阶段才开始强化实践性的教学和学习,然而却不是所有学生都能完成这个阶段的学习。

(二)西班牙民法学与《西班牙民法典》的脱节

第二个原因在于民法学说和民法典之间结构上的龃龉。在德国,民法的学说与民法典的结构可谓心手相连:两者都是从总论开始,穿过债法才到物权法,最后以家庭法和继承法结束。德国学生开始民法专业的学习——其他法学专业也是如此——很大程度上都是从法典的第1条学到最后一条。惟其如此,德国法律人才会和法律形成如此紧密的关系,使其一方面是可以解释和补充的,另一方面也为自主的法律续造厘清了边界。由此也可以看出,法科学生对于相应的法律评注拥有浓厚的兴趣。

与德国有所不同,西班牙法学教育并不强调以法律条文为基础。只要想想,西班牙的民法典遵循了与法国民法典同样的结构,以人、物、所有权获得的不同方

---

〔37〕 *Sierra gil de la Cuesta*, Comentario del Código Civil (Fn. 17).

* 博洛尼亚进程(Bologna-Prozess),是29个欧洲国家于1999年在意大利博洛尼亚提出的欧洲高等教育改革计划,该计划的目标是整合欧盟的高教资源,打通教育体制。“博洛尼亚进程”的发起者和参与国家希望,到2010年,欧洲“博洛尼亚进程”签约国中的任何一个国家的大学毕业生的毕业证书和成绩,都将获得其他签约国家的承认,大学毕业生可以毫无障碍地在其他欧洲国家申请学习硕士阶段的课程或者寻找就业机会,实现欧洲高教和科技一体化,建成欧洲高等教育区,为欧洲一体化进程作出贡献。——校者注

式以及义务与合同为其编章的主要内容,〔38〕便足矣。而与此相对,法学教育是以潘德克顿体系来构造其自身体系的,学习法律从总论开始,然后关于义务和合同,之后是物权法,紧接着是亲属法和继承法。西班牙民法典与民法教学顺序之间的错位,加之西班牙民法典在立法技术上的薄弱——因为其制定者不是法学学者,而是法律实务界人士——其结果是,西班牙的实务界人士觉得不是法律条文,毋宁是司法判例更与其休戚相关。因此,对法律条文的评注相比于对司法判例的总结,其重要性明显等而下之。

(三)减轻工作压力模式之缺失

最后,工作体制上的原因也值得一提,因为西班牙高校不存在工作助手制度。这一点不一定是主要的原因,但是每个熟悉德国高校运作机制的观察者都可以看出,德国高校法律系的教席拥有许多学术助手和学生助理,这个制度对于法律评注在德国的成功功不可没。因为评注即便是作为单个作者的著作出版,常常也是其助手参与的结果。与此相对,西班牙的体制没有这种助手的岗位设置,只有数量极少的学生助理。尽管博士生都由教授指导,但是他们的博士论文由基金会的奖学金提供资助,所以博士生没有义务为教席工作。西班牙的教授事实上并没有获得足够的支持,来完成这些不仅需要耗费大量时间,还需要详尽考察司法判例的工作。

此外,在西班牙的学术界——有别于德国的传统——通过继任者来续写评注的做法并不常见。这也是为何西班牙的评注再版次数较少进而中断的原因。

七、结论

总体来说,法律评注在西班牙的最新历史是一部成败参半的历史。说它成功,是因为评注活动在西班牙十分活跃,它提供了加深了解民法典知识和促进整个民法领域体系化的可能性。说它不成功,是因为它没有得到它在其他法律体系中得到过的回响,也没有获得它在其他法律体系中获得过的声望。对于许多不了解它的存在的大学生来说,法律评注的用途不甚了了,法律实务工作者也常常将其束之高阁。

---

〔38〕《法国民法典》三编(人、物,所有权的不同获得方式),《西班牙民法典》四编(人、物、所有权的不同获得方式及第四编,即义务与合同),只是需要回溯到在西班牙只是需要将所有权转移的原因(Causa)与所有权移转相区别的必要性。如奥地利、荷兰及瑞士法一样,西班牙的法律制度遵循要件主义和要因原则。

这些不成功之处并不是因为评注本身的技术质量缺失,其病根其实都早已内含于西班牙法律人才的培养体制及西班牙的大学结构。从这个意义上讲,学术文献的成功总还是会需要一些外部的条件,而这些条件,西班牙也许尚不具备。

法律评注在日本的发展与价值

——作为法学思维方式映射的文献形式*

[日]长野史宽 著　张慰 译

目　次

* 本文曾发表于《南大法学》2022年第4期,第170-184页。

一、引言

日本法学的特征在于,在单个部门法中通常会比较不同的外国法律体系,必要时还会从这些法律体系中提取单个的理论元素,[1]但不同的部门法之间几乎没有交流。[2] 从这个意义上说,日本法律是国际性的,但很遗憾它不是跨学科的。

以此为背景,就目前所见,日本不存在将评注(Kommentare)作为一种跨学科法学研究的文献形式的作品[3]也就不足为奇了。然而进一步研究会发现一个非常有趣的现象,即法律人的思维方式反映在每一种文献形式之中,下文将尝试更详细地展现出这一点。

二、法律评注在日本的发展

法律评注在日本并没有很长的历史。如下文进一步所示,二战后,它才出现了可持续的扩展。然而,从比较法的角度来看,其发展路线并不是无关紧要的。因此,本部分专门研究这一发展。

(一)初期

1. 不同法律的颁布

19 世纪末,日本以西方法律为样板颁布了不同的法律。[4] 对此,立法者常常追溯到外国法的方法与经验之上。尤其是,民法的制定借鉴了当时的各种外国法典,特别是法国民法典和德国民法典的第一草案和第二草案以及普通法(common

---

〔1〕 这一点尤其适用于民法,经常被提到的是德国法、法国法和普通法,有时也是奥地利、荷兰或意大利法律。但也有例外,例如刑法受德国法影响之强,以至于文献的内容(至少在总则的范围内)与德国的几乎无法区分。以前社会法同样受到德国法很强的影响,但近期的文献几乎只专注于美国法。

〔2〕 背景(或者可能的结果)是,与德国的法学家不同,大多数日本法学家仅仅专注于一个(相对窄)的专业领域。

〔3〕 可比较的比如 *D. Kästle-Lamparter*, Welt der Kommentare, 2016。

〔4〕《民法》的总则、物权法、债法于 1896 年颁布,家庭法、继承法于 1898 年颁布,并于 1898 年生效。《宪法》(即明治宪法)1889 年颁布,1890 年生效。《刑法》1907 年颁布,1908 年生效。快速立法的背景是当时的政府希望改变与西方国家的"不平等条约",就此范畴而言日本被迫建立起了"现代"的社会秩序。总体可参见 *H. Baum/M. Bälz*, Rechtsentwicklung, Rechtsmentalität, Rechtsumsetzung, in: dies. (Hg.), Handbuch Japanisches Handels-und Wirtschaftsrecht, 2011, 1-30, 6ff; G. Koziol, Juristische Methodenlehre in Japan, RabelsZ 83(2019), 361-397, 363 f.; 更详细的参考 W. Röhl (Hg.), History of Law in Japan since 1868,2005。

law)。其中一位制定者自豪地称赞民法为“比较法学的成果”。[5]

2. 第一部法律评注

在第一部法律颁布后不久,仅形成了极少的法律评注。值得一提的是梅谦次郎(*Kenjiro Ume*)[6]和冈松参太郎(*Santaro Okamatsu*)[7]的《民法评注》以及美浓部达吉(*Tatsukichi Minobe*)[8]的《宪法评注》。这段时期评注的特别之处,一方面在于它们是单独由一位作者来完成的,[9]另一方面则是它们的方法或多或少是诠释性的(exegetisch)。[10]这两方面都可以追溯到日本法律在当时并不十分发达的事实之上:法律学者的数量太少,以至于无法由几位教授共同撰写一篇评注文章。法律素材(判决或文献观点)还不是很丰富,因此只有诠释这种途径被视为方法。[11] 此外,人们显然没有充分意识到评注作为一种文献形式的特殊性:到底写成评注的形式还是教科书的形式,不如说是相当偶然的。

(二)战前的发展

在上述日本法学的发展初期之后,尤其是民法进入了一个新的发展阶段,此后(常常是带有批判性的)被称为“理论继受”[12]阶段。这一术语意味着,“现有法律,是经法律人遵循外国法由其规范集(Normenkomplexen)重建和转变而来的,当然不是全部,而是在重要的方面有所不同”,[13]“外国法”在日本首先是指德国法。一些并非或不完全源自德国民法典,其实是以德国民法典以外的概念为基础的法律制度被重构与转化,以使得它们与以德国民法典为基础的德国民法学的理

〔5〕 *N. Hozumi*, Lectures on the New Japanese Civil Code, 1912, 22.

〔6〕 *K. Ume*, Minpo yogi kan no ichi/ni/san/shi/go [Lehrbuch des Zivilrechts, Bd. 1-5], 1896-1900.

〔7〕 *S. Okamatsu*, Chushaku minpo riyu jo-kan/chu-kan/ge-kan [Erläuterung zu den Motiven des Zivilgesetzes, Bd. 1],1896.

〔8〕 *T. Minobe*, Chikujo kenpo seigi [Kommentar zur Verfassung],1927.

〔9〕 当然 Ume 的评述有一个特别之处,他(和脚注 5 所提到的 Hozumi 一起)是日本民法的起草者。因此他的评述(对于这个时代的文献而言是例外性的)到今日仍经常被引用。就此而言,它与 Gottlieb Planck 的民法典评注(*G. Planck*[Hg.], Bürgerliches Gesetzbuch nebst Einführungsgesetz, Bd. 1-7, 1./2/Aufl., Berlin, 1897-1902)具有可比性。

〔10〕 这当然不仅适用于所提及的评注,也在一般意义上适用于当时的所有文献形式。可参见 *Z. Kitagawa*, Development of Comparative Law in East Asia, in: *M. Reimann/R. Zimmermann*(Hg.), The Oxford Handbook of Comparative Law, 2006,237-260,240 (“评注的时代”)。

〔11〕 *Kitagawa*, Development (脚注 10),240。

〔12〕 这个概念源自 Zentaro Kitagawa (*Z. Kitagawa*, Nihon hogeku no rkishi to riron[Geschichte und Theorie der japanischen Rechtswissenschaft], 1968, 25ff.; *Z. Kitagawa*, Rezeption und Fortbildung des europäischen Rechts in Japan,1970,67ff.)。也可以参见 *C. W. Canaris*, Theorienrezeption und Theorienstruktur, in Festschrift für Yentaro Kitagawa, 1992,59-94。

〔13〕 *Kitagawa*, Rezeption und Fortbildung(脚注 12),67。

解能保持一致。这种发展在20世纪20年代之前影响最为显著;然而,德国的影响一直持续到了第二次世界大战。人们只能猜测出现这种法律现象的原因,[14]但应该强调的是,这一发展主要是由学术推动的,因为大多数法律学者都是去德国开展的学术研究。[15]

有趣的是,在战前尽管出现了理论继受和作为其背景的德国强影响力,但除了上面提到的作品,日本几乎没有任何其他的法律评注了。这并不意味着当时不存在对法律评注的需求。据报道,当时的实务工作者,尤其是法官,在工作中参考了德国法律评注的意见。[16]法学领域上述的理论继受仍在进程中,而实务领域已经适用了德国法律评注。这个略让人吃惊的报道提出了一个在法律发展的载体方面特别有趣的问题,也就是实务人员的工作方式是否与由理论者所承担的理论继受相关。这个到目前为止从未被提出过的问题的答案是肯定的。两者之间存在着交互作用:一方面,经由学者对民事法律的解释遵循了德国的系统化和教义化模式,使得实务人员对德国法律评注的运用变得可行或者至少容易一些。另一方面,许多实务工作者对德国民法教义学很熟悉,这形成了一个重要的理由,经由民法学者引入的德国教义学在实践中能站稳脚跟。在此方面我们注意到了一个独特的法律权威的自我生产(Autopoiese)。[17]

(三)战后的发展

1. 法学的发展

战后日本法学经历了一次大转折。一方面,作为美国推动的"民主化"的一部分,一些法律被全面修改。[18] 例如《宪法》《刑事诉讼法》和《商法》的公司法部分,以前受到德国法律的影响较大,现在却受到了美国法的影响。民法也进行了

---

〔14〕 一方面是政治上的原因,即作为当时非常成功国家的德意志帝国(das Deutsche Reich),在国家体系的现代化和集权化方面表现得很有吸引力。另一方面,必须指出法律方面的原因,德国法律体系以其精确的概念形成与逻辑的准确性被认为对于日本民法的体系化和教义化很有帮助。可参见,*Kitagawa*, Rezeption und Fortbildung(脚注12),第44页及其后;更详细的可参见 *Kitagawa*, Geschichte und Theorie (脚注12),第129页及其后。

〔15〕 *Kitagawa*, Rezeption und Fortbildung(脚注12),52;更详细的可参见 *Kitagawa*, Geschichte und Theorie (脚注12),第131页及其后。

〔16〕 *C. Suzuki*, in: Chushaku minpo(8) shiori [Beiheft zum Kommentar des Zivilrechts, Bd. 8], 1965, 1. 此后,举证责任问题成为使用德国法律评注的原因之一,因为在日本教科书中对此几乎没有任何解释。但自从法学院成立以来,情况发生了变化。可参见 *G. Koziol*, Juristische Methodenlehre (脚注4),第394页及其后。

〔17〕 在法学中的自我生产(Autopoiese)概念,可参见 *G. Teubner*, Rechts als autopoietisches System, 1989, 第21页及其后。

〔18〕 可参见 *Baum/Bälz*, Rechtsentwicklung (脚注4),页边注第23及其后。

这种改革,特别是《家庭和继承法》的根本性重塑。

另一方面,民法的其他领域(即财产法)也有了新的发展:[19]人们意识到德国教义学的元素是多么广泛地进入日本法之中——这与前述的“理论继受”概念的影响一并出现——并且使这种借鉴成为了批判审查的对象。然后,一些有影响力的教授[20]“重新发现”了《法国民法典》对日本民法的影响:[21]他们强调,《民法典》中有相当一部分条款源自法国,因此实际上没有理由根据德国的教义学对其进行重构。此外还有美国的影响,尤其是通过对法律运用经济分析的方法。[22]

简而言之,所有这些发展的结果就是减少了德国法的影响。一些法律领域,特别是宪法、公司法和刑事诉讼法,很大程度被“美国化”。反之,在民法中,对个别条款的解释不仅要考虑各自的母法体系(Mutterrechtsordnung),往往也要考虑其他法律体系,并被作为其自身发展的支点,以至于说是“混合法律体系”[23]。[24]

2. 法律评注的繁荣

法律评注的历史再次展现出了一个有趣的发展:德国法对法学的影响在经历了如上所述的相对化甚至部分削弱之后,评注才达到了它的鼎盛时期。

一开始出现了零星的一些评注,它们在二战后由上面提及的法律改革所推动。特别值得一提的是由法学协会(Hogaku Kyokai)团队出版的二卷本的新宪法评注,[25]以及由两位教授对新公司法撰写的评注。[26]前者是日本第一部由多个作者共同完成的评注作品。

这个阶段评注的主要目的是解释修改过的法律,以使得普通民众能够理解。当然法学协会的评注形成了一个例外,因为它不仅实现了启蒙的功能,而且由于其具备的高学术水平,在以后的文献中还常被提及。

---

〔19〕 对于战后日本民法学的发展,更详细的可参见 *G. Koziol*, Juristische Methodenlehre (脚注 4),第 369 页及其后。

〔20〕 特别需要被提到的是 Eiichi Hoshino, 当时东京大学的教授。

〔21〕 可参见 *G. Koziol*, Juristische Methodenlehre (脚注 4),第 371 页及其后。

〔22〕 可参见 *G. Koziol*, Juristische Methodenlehre (脚注 4),第 379 页及其后。

〔23〕 概念可参见 *R. Zimmermann*, Mischrechtsordnungen, in: *J. Basedow/K. J. Hopt/R. Zimmermann* (Hg.), Handwörterbuch des Europäischen Privatrechts, 2009, 1068-1071。

〔24〕 可参见 *Baum/Bälz*, Rechtsentwicklung(脚注 4),页边注第 2;G. Koziol, Juristische Methodenlehre (脚注 4),第 364 页。

〔25〕 *Hogaku Kyokai*(Hg.), Chukai nihon- koku kenpo jo/chu/ge[Erläuterung der japanischen Verfassung, Bd. 1-3],1948-1950. Hogaku Kyokai 一直是一个由来自东京大学的教授组成的团队。

〔26〕 *K. Osumi/T. Omori*, Chikujo kaisei Kaisha-ho kaisetsu [Erläuterung der neuen Vorschriften zum Gesellschaftsrecht],1951.

其后,20世纪50年代一些评注系列(Kommentarreihen)相继出版。〔27〕在评注系列中针对每一个法律领域原则上均计划了一册评注,每一册都是用A5纸印刷的口袋书形式。一方面,这些小册的评注系列是由立法改革推动的,这反映在一个事实上,首先出版的是家庭和继承法卷以及宪法卷。然而,这并不是唯一的背景。另一方面还应该注意到法律实践中对法律规范以法律评注形式进行解释的需要。〔28〕此外,部分的则是由德国法律评注的影响所致。〔29〕

与实践的需要相一致,在所有提及的系列中,判例法的客观呈现都是很重要的。在一些卷册中实务工作者也成为共同作者,进一步的特殊性与之相关。〔30〕因此铺平了大法律评注之路,〔31〕对此可细分为三个世代(Generation)。

在20世纪60年代几乎同时开始出版三个大法律评注系列,分别是刑法(Chushaku Keiho《刑法评注》,1964-1970),民法(Chushaku minpo《民法评注》,1964-1987)以及公司法(Chushaku kaisha-ho《公司法评注》,1965-1972),并且都是在有斐阁(Yuhikaku)出版社出版。〔32〕在第一代的评注系列中,《刑法评注》有6卷,《公司法评注》有10卷,而《民法评注》有26卷,其规模远超其他的评注。

在《刑法评注》的序言中〔33〕简洁地概括了出版这个评注系列的情况。产生大型评注系列的前提主要是两个方面:一方面,必须有足够的相关文献和判例,当时就是这种情况。另一方面,还必须具备出版这样一部大型丛书的社会和经济条件。对此,由于二战后日本的经济增长,出版社有能力出版这样的出版物,并且对这样的评注也有着充足的需求。在此背景下,编者和有斐阁出版社共同致力于此

〔27〕 Poketto Chushaku zensho [Taschenkommentarreihe], Chukai horitsu-gaku zensho [Reihe juristischer Kommentare] 以及 Horitsu-gaku taikei konmentaru hen [System der Rechtswissenschaft - Kommentierungen].第一个被提及的系列是由有斐阁出版社出版的,其在此后日本的评注世界里扮演着引领性的角色。

〔28〕 对 Chukai horitsu-gaku zensho 系列的解释[Reihe juristischer Kommentare]。

〔29〕 *Z. Nakagwa*et al. Shinzoku sozoku-ho [Familien- und Erbrecht](1953)的前言中,提到了比如《帝国法院民法典评注》(Reichsgerichtsrätekommentar)并且表达了这一卷册有朝一日可以成为一个范围广阔的作品的希望。

〔30〕 比如 *T. Taniguchi* et al. Minpo sosoku bukken-ho[Allgemeiner Teil des Zivilrechts und Sachenrecht], 1956;*Nakagawa* et al. ,Familien- und Erbrecht(脚注29),两个都是在 Poketto chushaku zensho 系列之中。

〔31〕 20世纪60年代被许多作者称作"评注的繁荣期":可参见 *M. Kai*, in: Chushaku Minpo(11) shiori [Beiheft zum Kommentar des Zivilrechts, Bd. 11],1965,3;*K. Igarashi*, in: Chushaku minpo (19) shiori [Beiheft zum Kommentar des Zivilrechts, Bd. 19],1965,4。

〔32〕 引人注目的是,宪法并没有计划相应的系列。可能的原因在于,上面提到的 Hogaku Kyokai(脚注25)的评注是如此有影响力,以至于另外的大型系列几乎被认为是不必要的或者不可能的了。其后出版的《宪法评注》Chushaku kenpo[Kommentar des Verfassungsrechts](对此可参见脚注42)在第一卷的前言里提到其目标是为了修订 Hogaku Kyokai 的评注。

〔33〕 可参见编者在 Chushaku keiho[Kommentar des Strafrechts, Bd. 1]的前言。

项目。〔34〕否则,此时已不再能找到为普通大众解释新法律的动机的痕迹了。

此外,至少在民法评注中德国评注的影响仍不容忽视:本系列的每一卷都附带一个作者文章形式的附录,附录中附有作者的文章,从中可以清楚地了解项目背景以及当时的情况。在这些文章中,德国法律评注被多次提及。〔35〕

上述提及三个系列中规模最大的民法评注系列,直到它全部出版完成,持续了非常长的时间。部分是由于外部原因,即从 20 世纪 60 年代后半期开始的激进左翼学生风潮使得大学教授的工作变得相当困难。〔36〕然而也有一个内在的原因:根据这一系列评注本来的目标,重点应该放在判例上,同时也应呈现文献观点的现状。〔37〕立法过程、学说发展以及外国的法律制度,一卷又一卷,被分析得越来越深入。〔38〕

在放弃了对刑法评注修改的同时,20 世纪 80 年代中期开始出版新版本的民法评注〔39〕和公司法评注〔40〕。〔41〕同时,有斐阁的评注系列也扩展到其他法领域,即宪法〔42〕和民事诉讼法〔43〕。这一评注系列可以称为第二代。

在民法领域,值得注意的是新版评注的出版开始于第一版完成的一年后。然而,新版的出版也花费了很长时间。更糟糕的是,它从未结束。民法评注的新版本原本计划了总共 28 册。2015 年有斐阁宣布中止出版计划之前,最终出版了 23 册。对此并没有给出任何理由,但这可能与第一版完成的延迟是相同的原因。

对于大型评注在日本的传播具有先锋地位的有斐阁出版社的评注系列,自

---

〔34〕 在公司法的评注中有一个附加的情况:它被当作许多教授的纪念文集;可参见编者在 Chushaku kaisha-ho[Kommentar des Gesellschaftsrechts]的前言。

〔35〕 *Suzuki*,Beiheft(脚注 16),1;*Y. Yamanaka*, in: Chushaku minpo(15)shiori [Beiheft zum Kommentar des Zivilrechts, Bd. 15], 1966,1f.;*Igarashi*, Beiheft(脚注 31),4f。依据 Igarashi 的想法,这个项目遵循的不是帕兰特(Palandt)式的,而是厄特曼(Oertmann)的样式风格。这个具体意味着什么并不清楚。其可能的目标是,不仅考虑判决还要全面考虑文献观点,以及阐明作者本人的观点。

〔36〕 可参见 *T. Taniguchi*, in: Chushaku minpo(25) shiori [Beiheft zum Kommentar des Zivilrechts, Bd. 25],1970,1。

〔37〕 可参见对 Chushaku minpo [Kommentar des Zivilrechts]的解释。

〔38〕 民法评注第 10 卷的前言,在此系列中最后出版。

〔39〕 Shinpan chushaku minpo [Neuauflage des Kommentars des Zivilrechts], Bd. 1-28, 1988-2007. 这一系列的不完整性直接在文本中。

〔40〕 Shinpan chushaku kaisha-ho [Neuauflage des Kommentars des Gesellschaftsrechts], Bd. 1-15, 1985-1991.

〔41〕 原因可能在于,传统上在刑事法领域占有很大的市场份额的 Seirin Shoin 出版社开始出版大型的评注系列。(Dai konmentaru keiho [Grosskommentar des Strafrechts], Bd. 1-10,1988-1991; 2. Aufl., Bd. 1-13,1999-2006;3. Aufl., Bd. 1-13,2013ff., 对此第 10 卷和第 12 卷尚未出版)。

〔42〕 Chushaku kenpō[Kommentar des Verfassungsrechts],Bd. 1, 2000. 这个系列只出版了第一卷,这可能与主编 Nobuyoshi Ashibe 的去世有关。

〔43〕 Chushaku minji sosho-ho [Kommentar des Zivilprozessrechts],Bd. 1-9, 1991-1998.

2010年以来表现出了方向性的转变:有斐阁开始出版新的评注系列,并没有作为迄今为止系列的第三版,而是作为一个全新的评注。这被称为第三代。

这个系列的重新建立并非没有理由:现在这个系列的范围略微缩小了。比如民法仅仅计划了20卷,刑法3卷,民事诉讼法5卷。在刑法评注的前言中对其理由进行了总结:首先,新的系列不仅面向实务工作者和教授,而且也面向学生;因此述评应该是紧密的(kompakt)。其次,不再全面介绍法院的判决,而是仅仅选择其中最重要的部分。因为现在可以通过数据库更好地实现原本那部分功能。当然另一方面很容易设想,除了官方的理由外,至少对于出版社而言还存在一个实用主义的理由。有斐阁可能希望通过缩减系列来保障在《民法评注》新版本中出版至系列的实际完结。

在大型评注系列之外,其间还有许多其他带着各种目标设定的评注或者评注系列。部分特别针对判决,〔44〕部分则针对附属法(Nebengesetze),比如《土地注册法》或者《律师法》的解释。〔45〕一些特别照顾到学生的理解能力,〔46〕而另一些的特点是由单个作者或者几个作者写作完成。〔47〕这种多样性表明,此时日本的法律评注已经和德国的一样普及了。

(四)小结

如上所述,许多因素促成了评注在日本的发展。最重要的因素可能是实务工作者的需要。此外,当然一方面是充足的法学经验,另一方面是出版社做好了经济上的准备。这或许会造成一个印象就是,评注在日本是自己发展起来的。

然而,这种观点是片面的。事实上,无论在较小评注系列还是较大的评注系列中,德国的法律评注都经常被视为典范。此外,实务工作者的需求并不完全与德国法律无关。这可能是因为实务工作者自战前就一直使用德国的法律评注,如上所述,这可能与民法上的理论继受有关。在这方面,实务工作者的法律思维方式受到了德国评注的影响。因此,德国对日本法律评注发展的影响不应被低估。

---

〔44〕 比如有斐阁(Yuhikaku)出版社"Taikei minpo hanrei"系列[System der zivilrechtlichen Rechtsprechung]。

〔45〕 Jokai [Kommentar]——Kobundo出版社系列。

〔46〕 比如Nihon Hyoron-sha出版社的Kihon-ho konmentaru系列[Basiskommentar]以及"Shin kihon-ho konmentaru" [Neuer Basiskommentar]。

〔47〕 比如*H. Otsuka*, Chukai keiho [Kommentar des Straftrechts], 1971, 2. Aufl., 1977;*S. Wagatsuma/T. Ariizumi/M. Shimizu/T. Tayama*, Wagatsuma Ariizumi konmentaru minpo sosoku bukken saiken[Kommentar zum Allgemeinem Teil des Zivilrechts, Sachenrecht und Schuldrecht], 2005。后者至今仍经常被重新发行(6. Aufl., 2019)。

三、日本法律评注的特点

在这一部分中将根据凯斯特勒-兰帕特尔(*Kästle-Lamparter*)的著作,〔48〕从一系列不同的角度对日本法律评注进行研究。正如上文所示,日本的法律评注以德国为典范的事实,让我们有理由相信日本的法律评注看起来与德国的评注基本近似。因此,在下文更重视的是其不同之处。

(一)参照文本

参照文本首先是各自的法律,即宪法、刑法、民法、公司法等。此外,还对一些相关的特别法进行了评注。民法评注还包括典型的标准化的一般交易条款(AGB),如银行的格式条款。

在法律评注里解释一般交易条款,在德国也很常见,没有任何有违常情之处。然而,有趣的是评注的动机:根据作者的说法,〔49〕鉴于银行条款(Bankbedingung)一定程度对使用者(Verwender)而言有利的内容,他们会尽可能地将其解释成近似于《民法典》的规定,从而使其合理化。换句话说,之所以将银行条款作为参照文本来评注,是为了削弱其在缔约中的作用。一般而言,评注赋予了参照文本一定的权威性。〔50〕但这是否也适用于出于这种动机的评注呢? 这可能是一个有趣的问题。

(二)方法和内容

评注的方法和内容就一般而言与德国法律评注是近似的:首先是法律文本,其后是评注,有些章节前置了注释性的前言(Vorbemerkung)。

在大型评注系列中,如前所述,一方面是第一和第二代,另一方面是第三代,两者间存在差异。就前者而言,基于许多法庭判决的判例得到了详细的呈现。文献观点也或多或少地得到了全面记录。之后跟着的通常是作者自己的观点。民法评注的独特之处是对外国法律制度的大量描述。它们通常包括德国法和法国法以及普通法。它们通常在前言(Vorbemerkung)中,所以一些前言占据了很多篇

〔48〕 *Kästle-Lamparter*, Welt der Kommentare (脚注 3),第 289 页及其后。

〔49〕 *R. Suzuki*, in: Chushaku minpo (17) shiori [Beiheft zum Kommentar des Zivilrechts, Bd. 17], 1969, 3ff. 当然必须无奈承认,这样的尝试很快就靠近其边界。

〔50〕 可参见 *N. Jansen*, The Making of Legal Authority. Non-legislative Codifications in Historical and Comparative Perspective, 2010, 119ff.;*Kästle-Lamparter*, Welt der Kommentare (脚注 3),第 327 页及其后。

幅。[51] 这清楚地表明了日本民法学非常重视比较法研究。总的来说,第一代和第二代的评注可被视为专题性(monographisch)的。[52]

第三代评注则不同。如前所述,判例不再被全面纳入,只有在对理解日本法是必需的时候才会提及外国的判例。鉴于评注的受众范围以及功能,这意味着什么? 下文详细探讨。

(三)形式

在呈现出来的外观上,日本评注与德国评注没有本质的区别。如上所述,首先是法律文本,接着是解释。当然,日本评注没有使用像帕兰特民法典评注(Palandt)那样令人费解的缩略语。这些书的尺寸不比教科书和专著大(主要是 A5 规格),印刷字体不会更小,纸张也不会更薄。简而言之,评注看起来就像教科书和专著。这些虽然只是外在的东西,但是结合前面提到的专题性的呈现方式,它会让读者感觉就像在读一本专著。

(四)功能

就功能而言,凯斯特勒-兰帕特尔所强调的功能——解释、记录、选择、排序、控制、具体化、调解、稳定、相对化和革新[53]——或多或少都可以被看到,尽管相对于德国法律评注它们的强度各有不同。如已经阐释的,第一代和第二代大型评注以百科全书的方式包含了关于法庭判决和学术观点的大量信息。其中文档功能占主导地位,而过滤功能则相当弱。然而,正如前面提到的,这个目标被第三代评注抛弃了;现在更重视的是对信息的过滤。可以这样理解,日本的法秩序现在已经非常成熟,需要对信息进行过滤。

另一方面,第一代和第二代的解释通常是专题形式,包含对各种学说观点的分析以及阐明自己的观点。因此,应将其视为一种强大的批评或续造的功能;而稳定的功能相对较弱。如同下面将要介绍的,这种功能传统上是由教科书来实现的。在第三代评注中,这种情况发生了改变:通过对有影响力的法院判决和学术观点的选择,不断加强的过滤功能对通说的形成可以有所贡献。这种情况在多大程度上能够实现仍须耐心等待,这取决于第三代评注的权威性,对此下文会进一步讨论。

---

〔51〕 例如,在新版民法评注的第 13 卷中,前言(Vorbemerkungen)占据了页面几乎一半的篇幅。

〔52〕 在这方面,民法评述及其新版可以与德国的施陶丁格(Staudinger)评述相媲美。

〔53〕 可参见 *Kästle-Lamparter*, Welt der Kommentare (脚注 3),第 311 页及其后。

(五)作者

在评注系列的早期,也就是二战后早期,有一个系列特别重视教授和实务工作者间的合作。〔54〕 但这属于例外。在实体法的核心领域——即宪法、民法和刑法——通常只由教授来进行评注。它反映出一个事实,即法律学者在日本一直拥有很大的权威。〔55〕 然而,在程序法和受程序影响的领域,如公司法或破产法,这一点上自然有所不同。许多实务工作者成了作者。

此外值得注意的是,除了少数例外,评注总是由多位作者共同撰写的。小型的评注并没有不同。原因可能在于,教科书被认为是更适合于有体系地展开单个法学家学术理念的文献形式。〔56〕 与之相关,不存在标题中提及创始者姓名的评注。〔57〕 这一切都需要在如下背景来理解,即日本的评注项目大部分都是由出版社(特别是有斐阁)负责计划和执行的。

大型评注通常是由相关领域内著名的教授和专家来承担的。当然在第三代评注中加入了许多相对年轻的作者。这可能会对评注的权威性有影响,下文将对此进行分析。

(六)受众范围

正如上文所预计的,第一代和第二代大型评注的受众范围很广,包括了实务工作者和法学学者。他们形成了一个共同的参考基础,如果评注能在一定程度上将学术与实践结合起来,这个基础就是牢靠的。评注对学生具有怎样的实用性,反而并没有得到重视。

第三代评注开始出现了变化。开始尝试减小评注的规模,某种程度上开始考虑如何对学生更便利。这个目标是否实现尚不明确。一方面是教科书,正如下文将详细介绍的,在日本法学领域比评注更有影响力,而且也适合学生。当然教科书不能论述所有重要的法院判决。然而,另一方面,针对学生还有大量专注于司法判决的文献,相较于评注这似乎更受学生欢迎。因此对于学生而言的法律评注——用一句日本俗语来概括的话——“作为皮带(Gürtel)来说太短,作为宽腰带(Schärpe)来说太长”。

〔54〕 在脚注 27 中所提到的“Poketto chushaku zensho”系列[Taschenkommentarreihe]。

〔55〕 在日本,学者参与新法律的起草并在其中发挥并非无足轻重的作用是非常常见的。对于学者在日本立法中的作用可以参见 *Y. Nishitani*, Law-Making in Japan, in: J. Basedow/H. Fleischer/R. Zimmermann (Hg.), Legislators, Judges and Professors, 2016, 3-26, 21。

〔56〕 对于评注和教科书在日本的关系,可以参见以下的“四(二)”。

〔57〕 对此唯一的例外,就是在脚注 47 中提到的由 Sakae Wagatsuma 和 Toru Ariizumi 编撰的民法评注。

此外,有疑问的是,实务工作者使用第三代评注的频率到底有多高。由于里面只提到重要的法院判决,它们不太可能成为实务从业者的信息来源。如今实务工作者都在使用数据库寻找相关判决。相反,可以想象的是,实务从业者常常将判决是否在评注里被提及来作为判断其是否重要的论据。多大程度是这种情况,取决于第三代评注的权威性,对此稍后将进行研究。只要评注包含了作者自己的观点,这些也会被实务工作者使用。总的来说,有理由认为从业者对评论的使用方式从第三代开始将有所改变。

反之,小型评注的受众自然主要被限制于学生群体。然而,由于上述与第三代大型评注相关被提及的原因,这些评注实际上并未被深入使用。

(七)继受和权威

关于继受和权威,从一开始就被限制在大型评注之上。小型评注几乎没有权威性:虽然此类评注中的一部分获得了影响力,但这是因为作者本人的权威或内容的说服力,至少不是因为评注的权威性。

针对第一代和第二代的大型评注,首先可以确认,他们对外国法律制度的介绍以及对判例和文献观点的总结是被广泛认可的。它们在学术和实践中均形成了研究的起点。

此外,律师实务、法庭实务和学术必须被分开来观察:在律师实务中第一和第二代评注的权威性毋庸置疑。它们一直既是信息来源,又是具有说服力的参考文本。相反,评注甚至文献的影响,在法庭实践中是看不到的,因为除判例(Präjudizen)外日本的法庭判决从不引用任何文献。但是这并不意味着,评注在此没有任何影响,恰恰相反:在一些有争议的问题上,大型评注中代表性的观点在法庭实践中是占优势的。[58] 在这方面,第一代和第二代的大型评注在法庭实践中事实上具有相当大的实践权威。在学术领域则有所不同:如前所述,就法律状况的客观陈述有疑问时,评注被视为可靠的信息来源。与此相对,在那里代表性的观点并不具备特别大的权威性:它们通常被认为与一般的专著或论文处于同一水平。

第三代评注看起来到底怎样,仍需耐心等待。大型评注具权威性的原因——至少在实践中——在于它的篇幅和作者的知名度。第三代评注,如前所述,更小篇幅,并且作者也相对年轻。这可能会削弱其权威性。然而,法律素材的选择似

---

〔58〕 作为例子应被提及的是与卖方对物的担保责任有关的问题,对此,Kaoru Yunoki 在《民法评注》中的观点,是基于债法改革前德国主流的“担保理论”而对相关规定进行的评注,对司法实践产生了重大影响。对下级法院的司法实践的影响可参见 *Y. Shiomi*, Keiyaku kakuron I[Vertragsrecht Besonderer Teil I],2002,117,125,179。当然还必须指出,Yunoki 在差不多相同的时间写了关于卖方担保责任的专著。

乎也有可能被认为是权威性的,年轻作者的知名度自然在未来可能会增长(也许正是因为在系列里做评注)。在这种情况下,大型评注仍可被视为权威。

四、其他的文献形式

在接着讨论评注和教科书的关系之前,本节介绍一些其他的文献形式,它们以特别的方式反映出日本法的特征。

(一)与判决有关的文献

首先必须提到的是把判例作为对象的文献。第一是研究文献(Studienliteratur),它简要概括了最重要的法院判决,然后对其进行解释。[59]最传统的是"判例百选"系列(Hanrei hyakusen),当然期间还出版了许多不同的系列。此外还有每年四月出版的专业杂志《Jurisuto 特刊》,专门介绍上一年最重要的判决并对其评论。[60]

第二个重要的文献形式是附带判例一览表的法律汇编。这个汇编不包含评注,但是包含了重要的法律中每一个法条的重要判决并附带简要的总结。目前有两个这样的合集,它们在所收集的判决范围上有所不同。[61]较小合集的对象特别针对学生,另一个大范围的还针对实务工作者。

这些书的用处是显而易见的,但人们也不能对其高估:为了不超出合集预先计划的总篇幅,总结自然只能是相对简短和简单的。因此至少实务工作者、学生也常常必须自己阅读相关的判决(大多数连同注释 Anmerkung[62])。可以说判决的概括仅仅是附件(Annex),最主要的是法律文本。

第三,值得一提的是把美国的法律重述作为样板的尝试。由于日本一般都有相关的法律,当然没有美国法律重述那么大的发挥空间。到目前为止日本仅仅公布了一个法律重述,即在侵权法领域。[63] 这种重述的必要性源于该领域条款的

---

〔59〕 可参见 *G. Koziol*, Juristische Methodenlehre(脚注 4),394。

〔60〕 一些民法和国际私法判决每年会在日本法的杂志上也以德语进行总结。2018 年可参见 *G. Koziol*, Überblick über wichtige zivilrechtliche Entscheidungen des japanischen Obersten Gerichtshofs aus dem Jahre 2018, Zeitschrift für Japanisches Recht 48 (2019),245-268。

〔61〕 比较小的是 Hanrei roppo, 比较大的是 Hanrei roppo professional。两者每年均在有斐阁出版。

〔62〕 日本重要判决的注释(Anmerkung)以不同的形式大量出版。可参见 *G. Koziol*, Juristische Methodenlehre (脚注 4),386。

〔63〕 *Nihon Fuho Koi-ho Kenkyu-kai*, Nihon fuho koi-ho risuteitomento [Restatement des japanischen Deliktsrechts], 1988.

稀缺性和其一般条款的性质。[64] 核心条款,即民法典的第709条,[65]规定了一般的过错责任,它的内容特别抽象。[66] 对于此类规则,重述方法实际上是有意义的。然而,这项尝试尚未找到任何接班人。无论如何,上述文献形式都阐明了判例在日本法中的高度重要性。[67] 它实现了一部分在德国由评注所负担的功能。

(二)教科书

1. 高价值

最后,本文将研究——相对于评注而言——教科书的价值。这里所说的并不是针对学生的简明教科书,而是首要面向法学家和实务工作者的大型著作。在体系化和教义化过程中,这些著作比评注发挥了更重要的作用。在战前时期,不考虑论文和专著,通过上述德国法的理论继受的民法教义化,完全是在教科书的基础上进行的。在战后,法律观点形成的中心始终是教科书,而不是评注。在这样的上下文中标志性的事实是,长久以来在评注领域占据最大市场份额的有斐阁出版社,在20世纪50年代为了庆祝其成立80周年,首先出版了大规模的教科书系列,[68]然后才开启了大型评注系列。

同样的情况也适用于实践:在民法领域,纵跨战前和战后的民法学领军人物我妻荣(Sakae Wagatsuma)的教科书,尽管之后经历了法律修订,至今仍在重印。这是因为,在面对一个尚未解决的法律难题时,从业人员首先要做的仍然是打开教科书。如前所述,第一代和第二代大型评注一定程度上都非常有影响力,但它们从来都不是具有优势地位的法律文献类型。这也形成了与德国法之间的一个重要区别。

此外,评注一直不太受学生欢迎。这在过去并不奇怪,因为对于学生来说,大型评注太过详细了。[69] 尽管一段时间以来,主要针对学生的评注已经有了不一样的较小系列,但教科书仍然是具优先地位的。

2. 可能的背景

人们只能猜测相对于评注而言教科书具有高价值的原因。就民法而言,至少

---

〔64〕 可参见 *Nihon Fuho Koi-ho Kenkyu-kai*, Restatement(脚注63),4。

〔65〕 "谁故意或者过失破坏法律或者损害他人受法律保护的利益,对由此形成的损失承担赔偿责任。"

〔66〕 对于德语的日本侵权法可参见 *K. Yamamoto*, Grundzüge des japanischen Schadenersatzrechts, 2018。

〔67〕 对此可参见 *G. Koziol*, Juristische Methodenlehre(脚注4),385f. 。

〔68〕 它叫作 Horitsu-gaku zenshu [Reihe der gesamten Rechtswissenschaft],一共超过60卷。

〔69〕 可参见 *T. Kawashima*, in: Chushaku minpo (3) shiori [Beiheft zum Kommentar des Zivilrechts, Bd. 3], 1973, 4 ("日本的法学生可能专注于教科书的阅读,从不翻开像有斐阁(Yuhikaku)的民法评注这样的大型评注。")

可以考虑以下三种解释。

首先,这可能是由于尚未完成的民法体系化所造成的。由于民法是以潘德克顿体系为基础的,大多数教科书也都遵循这一体系。但总有人试图拟就一种新的体系。除了小的体系修改的建议外,〔70〕一些有影响力的观点还想要将"人身权"与财产权并列确立为一个独立的法律领域,〔71〕它应该包括姓名权和其他人格权、权利能力和行为能力规则以及家庭法等。这一概念很大部分受到了法国法的影响。另一方面,则常常试图取消总则部分,并将其纳入相应的领域。

在民法领域发生理论继受的背景之下,这些不同于潘德克顿体系的体系化思想应该被理解为是把德国法的支配地位相对化并且建立自己的体系的一次尝试。换言之,体系化的开放性是因为过去和现在一直都有各种外国影响的源头。这种开放性只能通过不断体系化的尝试来消除或缓解,而体系化只在教科书的范畴里具有相应的可能性。相反的,评注则不是合适的地方,因为评注面向法律文本并且遵循现存体系。

第二点以日本当地的情况来看是很重要的,因为超过 1000 条条款〔72〕的日本民法相对来说还是不够的。因此,有许多条款被称为"一般条款性的"。〔73〕除了在德国民法典中也是以一般条款的形式表达的诚信条款(日本民法典第 1 条第 2 项)〔74〕和悖俗条款(日本民法典第 90 条〔75〕),特别要提到的是第 709 条〔76〕,它以

---

〔70〕为了构想实体意义上合同法总则,在债法的总则部分,"合同利益"被当作请求的核心而受到重视,合同法的规则如解除(Rücktritt)或者风险承担(Gefahrtragung)也被包含在其中(*Y. Shiomi*, Saiken soron[Schuldrecht Allgemeiner Teil], Bd. 1, 2. Aufl., 2003; Bd. 2,3. Aufl.,2005)。另一些则通过法律行为(Rechtsgeschäft)、债法总则和狭义合同法一并来构建实体意义上的合同法。比如 *S. Kagayama*, Keiyaku-ho kogi[Lehrbuch des Vertragsrechts],2007;在这一方面,这本书与 Hein Kötz(*H. Kötz*, Vertragsrecht, 2009)具可比性。

〔71〕*T. Hironaka*, Shinpan minpo koyo dai 1 kan [Lehrbuch des Zivilrechts, Neuauflage, Bd. 1], 2006. 在这本书中区分了"人身权"(das Recht der Person)和"财产权"(das Recht des Vermögens),两者都有一个核心领域和一个次要领域。可参见,*A. Omura*,"Hito no ho" kara mita fuho koi-ho [Deliktsrecht- vom Gesichtspunkt des "Personenrechts" aus betrachtet], Awaji Takehisa sensei koki shukuga [Festschrift für Takehisa Awaji zum 70. Geburtstag], 2012,321-347. Awaji Takehisa sensei koki shukuga, Shin kihon minpo 1-8 [Neue Grundzüge des Zivilrechts, Bd. 1-8], 2014-2017,这本书立足于人(Personenorientiert)的视角,区分了"人的领域"(家庭,物权和侵权法),"人与人的关系"(合同法、债法的总则和民法总则)以及"人与其关系的运用及扩展"(继承与担保法)。

〔72〕2018 年的继承法改革后,民法典的最后一条是第 1050 条。然而,由于中间插入了一些条款(在第 423 条之后是第 423-2 到第 423-7 条),1050 并不是确切的条款数量。

〔73〕对于日本民法教义学中的一般条款的地位价值,可参见 *G. Koziol*, Juristische Methodenlehre(脚注 4),第 390 页及其后。

〔74〕"权利的行使和义务的履行应当依据诚信公正进行。"

〔75〕"一个违反公共秩序或者善良风俗的法律行为是无效的。"

〔76〕可参见脚注 65。

法国民法典为典范规定了过错责任的一般构成要件。这个或多或少同样也适用于第 415 条[77]合同责任以及第 703 条[78]和 704 条[79]的不当得利。关于此类法规范,面向法律文本的评注的形式不是主要目标。因为评注不可避免地会是教科书式的。

以此背景,特定的法律问题必须被归入哪条法律规定,通常被认为并不重要,因为法律文本通常没有具体的内容。更确切地说,人们只重视如何评断问题以及哪些因素与所涉法律后果有关。教科书至少可以像评注一样好地完成回答这个问题的任务。[80]

第三个可能的背景与对分类工作的轻视有关。为了实现实用主义的衡量,法条文本被低估了,这常常被称作日本民法教义的特征。[81] 但这个方面决不能被高估:在日本,人们通常也是从法条文本出发,在这一点上和德国法或者其他欧洲大陆的法律完全一样。当然一定程度的轻视在事实上还是能被观察到的:一个明显的例子就是为事务辅助人承担责任的规定。德国民法典第 831 条第 1 款第 2 句规定了使用人的免责证明(Entlastungsbeweis des Geschäftsherrn),长久以来在法政策上这被认为是应当存疑的。[82] 民法典第 715 条[83]作出了几乎一样的规定。尽管法院几乎不允许免责(Exkulpation)。主流观点认为,通过司法判决,免责证

---

〔77〕 在 2017 年的民法改革之前,第 415 条是:Erfüllt der Schuldner nicht dem Inhalt der Schuld entsprechend, so kann der Gläubiger den Ersatz des daraus entstandenen Schadens verlangen. Das Gleiche gilt, wenn die Erfüllung aufgrund von Umständen unmöglich geworden ist, die dem Schuldner zuzurechnen sind.(如果债务人不按照债务内容履行债务,债权人可以要求赔偿由此造成的损害。如果由于可归责于债务人的情况而无法履行义务,则同样适用。)在改革之后条文变得更为复杂了。德语翻译的改革后的民法可参见:*K. Yamamoto* et al., Übersetzung des novellierten Zivilgesetzes 2020 (Allgemeiner Teil, Schuldrecht, Zeitschrift für japanisches Recht 45 (2018),183-305。

〔78〕 "任何人在没有法律理由的情况下从他人的财产或服务中获利,从而给另一方造成损失(在获利这一章中)的,有义务在其获利的范围内偿还。"

〔79〕 "恶意的获利者偿还了连同利息在内的获利。如果在此情况下还出现了损害,那他还必须对此赔偿。"

〔80〕 可参见 *Igarashi*, Beiheft(脚注 31),5(如果只有极少数法规发挥重要作用,就像当前卷册中讨论的侵权法就是这样的情况,评述形式的不足就变得更加明显。第 709 条的评注有好几百页,在那里谈评注可能就毫无意义。)

〔81〕 这与直到 20 世纪 70 年代在日本民法中非常有影响力的法律思维方式,即"利益平衡论"有着深刻的关系。后来对此的相对化,具体可参见 *G. Koziol*, Juristische Methodenlehre(脚注 4),375ff.。

〔82〕 *G. Wagner* in: Münchener Kommentar zum BGB, 7. Aufl. 2017, § 831 Rn. 1ff. m. w. N.

〔83〕 "(1)因一定事务而使用他人的人,对辅助人就该事务的执行给第三人施加的损害,负赔偿责任。但是,使用人就辅助人的选任以及该事务的监督已尽相当注意,或者即使尽到相当注意损害仍会发生,则不发生赔偿义务。

"(2)代替使用人监督事务的人,根据第 1 款承担责任。

"(3)第 1 款和第 2 款的规定,不妨碍使用人或监督人对辅助人行使求偿权。"

明(Entlastungsbeweis)实际上已经失去效力。[84] 在文献中,这种判决的正当性在于,为事务辅助人承担责任带着风险控制和利益获取的要素,这使其接近危险责任(Gefährdungshaftung)的特征。[85] 虽然有一些不同的观点认为,在每一个案件中都排除免责证明(Entlastungsbeweis)是不恰当的,[86] 但几乎没有人认为:因为它破坏了实在法,法律的这种发展是不正当的。

另一个在日德法律比较上特别有意思的例子,是关于侵权损害赔偿请求权的消灭时效期间的开始:在这个问题上,根据德国民法典第 199 条第 2 款和第 3 款,30 年的期间自"实施行为、违反义务或其他造成损害的事件发生"之时起开始。德国法律人完全从字面意义去理解这个时间点,损害赔偿请求权很有可能在损害出现前就完成消灭时效,[87] 而这似乎破坏了责任法规则根本的意义与目的。[88] 日本民法为侵权损害赔偿请求权规定了 20 年的消灭时效期间,[89] 自"非法行为发生时"开始。按照字面意义,这个时间点与上面提到的德国民法典的 30 年期限具有可比性。然而在日本有着不同的理解:在一个涉及尘肺的案件中,日本最高法院裁定,20 年的期限从损害行为发生时算起,如果此时损害已经形成。[90] 因为被认为是适当的结果,这个判决在文献中也被广泛接受。因此,日德比较再次显示出鲜明的对比。一方面这一定是由于不同的客观的价值决定:在德国非常重视法律的稳定性,对个体法益的保护是其背景,而在日本则更重视具体问题的正确解决。与这里有趣的问题相关,另一方面也是可以想象去理解如下的区别,德国法律人感觉自己受到法律本文更严格的约束,而在日本超越法律文本边界的法律续造被更宽容地对待。

如果从上面的分析可以得出结论,即在日本的法秩序中法律文本仅仅被赋予了相对小的权威性,这意味着不再需要继续遵循法律文本。[91] 不过,与教科书相

---

〔84〕 可参见 *Y. Shiomi*,Fuho koi-ho II [Deliktsrecht, Bd. 2],2. Aufl., 2011, 43 m. w. N.。英语的可参见 *F. Nagano*,Japan, in: H. Koziol (Hg.), Comparative Stimulations for Developing Tort Law, 2015, Rn. 7/1 f.。

〔85〕 *Shiomi*, Deliktsrecht(脚注 84),43f.;可参见 Yamamoto, Grundzüge (脚注 66),Rn. 656.。

〔86〕 这里所指的是辅助人(Gehilfe)仅在临时或在家庭内受雇的情况。可参见 *Nagano*,Japan (脚注 84), Rn 7/12 m. w. N.。

〔87〕 比如 *H. Grothe*, in: Müko BGB (脚注 82),7 Aufl., 2015, § 199 Rn. 51f.。

〔88〕 对此批判的如 *H. Koziol*, Der Beginn schadenersatzrechtlicher Verjährungsfristen, in: Festschrift für Lorenz zum 80. Geburtstag, 2014, 653-666。

〔89〕 司法判决将这一期限理解为除斥期间,不间断地受到了文献的批评。2017 年民法改革后,条文的措辞毫无疑义地表明,20 年的期限是消灭时效期间。

〔90〕 OGH, 27. 4. 2004, Minshu 58-4,1031.

〔91〕 相似的见 Igarashi,Beiheft (脚注 31),5(反对评注形式:"现实主义的看法正越来越有影响力,解决问题的答案不是通过对法条的适用来获得的,规范的使用只是一种手段,从而使在具体案件中适用的解决方案正当化。")

比,评注一直处于次要地位,而且至今仍是如此,也就不足为奇了。

五、结论

因此,上述研究表明,法律体系中评注的价值地位反映了体系化的程度以及法律文本的权威性。从比较法的角度来看,在其他法律体系中是否也可以看到类似的联系,是一个非常有趣的问题,本文集对此可能已经给出了答案。

法律评注在英国

——同形异义抑或同气相求？

[德]斯蒂芬·安歇迈耶 著　杨思佳 译　刘青文 校

目　次

一、引言

与其他国家的报告相同，在观察英国法中的“评注（Kommentar）”时，应将“评注”理解为一种文本,该文本在结构上以另一文本(评注所指涉的文本)为基础——在章节划分上遵循后者的外在结构——并按顺序连贯完整地解释其所指涉的文本。为进一步解释“评注”概念,项目组织者作出了补充,法律评注所指涉的对象并不是某个法领域本身,毋宁始终是某个具体的法文本——以国家的制定法或者法典为典型,不过,也可将非立法机构编纂的法律汇编或者有关法律的记载(Rechtsaufzeichnungen)纳入观察范围。如下文即将展示的,在此种意义上,评注对于英国法来说并不陌生,但大多数著作都或多或少地明显偏离了上述特征。

比如,布莱克斯通(Blackstone)出版于18世纪末的《英国法释义》(Commentaries on the Laws of England)至今仍然是英语法律文献中最具影响力的著作;但是它并非前述意义上的评注(见本文第二部分)。尽管“评注(Kommentar)”一词并没有在《哈斯伯理英国法》(Halsbury's Laws of England)和《奇蒂论契约》(Chitty on Contracts)的名称中出现,但这些当代著述反而更接近“评注”的定义。不过它们也仅仅呈现出了“评注”概念所要求的部分特征(见本文第三部分)。国际私法、公司法和破产法的解释性著作亦是如此,但也存在例外(见本文第四部分)。

这一特殊性可通过对英国法法源的观察得到解释(见本文第五部分)。在该部分中,法官被证明是英国法的主要塑造者[见本文第五部分(一)]。相反,立法者在过去一直仅扮演次要角色,而且这也是当今法律核心领域的现况。这种角色配置显而易见的结果是(一定程度上互为因果),英国没有进行民法的集中法典化[见本文第五部分(二)]。

英国法与英国法律生活的特征,也体现在法学教育的发展和法学文献上——并不仅仅是教学文献(见本文第六部分)。与欧洲大陆不同,英国的两所大学自18世纪起才参与到英国法的法学教育中。[1] 大学介入之晚,又反过来影响了法律学术文献的型式(Gestalt)与影响力(见本文第七部分)。总而言之,评注在英国法中只是众多文献体裁中的一种,与它在德国法上的重要意义相去甚远。

二、一个同形异义词:布莱克斯通的《英国法释义》

威廉·布莱克斯通(*William Blackstone*)的《英国法释义》在1765年至1769年之间分两卷出版。该书以布莱克斯通(1723-1780)1753年在牛津一系列极为成

〔1〕 1823年伦敦大学学院(University College London)成为加入英国法学教育的第三所大学,此后,相关高校数量上升到2017/2018年的164所。<https://www.universitiesuk.ac.uk/facts-and-stats/Pages/higher-education-data.aspx>.

功的讲授课为基础。[2] 1758年布莱克斯通被牛津聘任为首位英国法教授——不仅是牛津的第一位，也是有史以来的第一位。[3] 牛津大学提供给该教席的资金来自查尔斯·瓦伊纳(*Charles Viner*)(1678-1756，因此该教席被命名为“瓦伊纳教席”)的遗赠。瓦伊纳因其《摘要》(Abridgments)一书而致富，[4]该书系判决摘要的汇编，对法律问题以字母顺序排序(参见本文第六部分对此类法学文献的论述)。

只要看一看《英国法释义》的篇章结构就会发现，[5]它完全不是评注，毋宁是一种从一般到特别的法学阶梯式教科书。[6] 开篇是布莱克斯通1758年的就职演讲“论法律研究”，紧接着是“论法律的一般性质”[7]“论英国法”[8]“论受英国法管辖的国家”，[9]然后是逐渐详细的分支内容。[10] 书中也会考虑制定法的体

---

〔2〕 *A. V. Dicey*, Blackstone's Commentaries, Cambridge LJ 4 (1932), 286-307, 297:“一位讲课引人入胜且有才干的教师的突然出现让人耳目一新。”此文章系Dicey就职演讲的重印，其首次出版于The National Review liv (1909), 653-675。

〔3〕 *W. S. Holdsworth*, Some Aspects of Blackstone and His Commentaries, Cambridge LJ 4 (1932), 261-285, 262:“他(Blackstone)从1753年米迦勒学期开始上的这些讲授课，是世界上首次在大学中讲授英国法。”剑桥大学继而在1788年设立了唐宁(Downing)教席，参见*J. Baker*, An Introduction to English Legal History, 5. Aufl., 2019, 181 Fn. 78。此前，英国大学只教授罗马法和教会法；未来的法律人只能在实践中和实务人士的指导下学习英国法，参见本文第六部分。

〔4〕 详见*W. S. Holdsworth*, Charles Viner and the Abridgments of English Law, Law Quarterly Review (LQR) 39 (1923), 17-45。

〔5〕 *W. Blackstone*, Commentaries on the Laws of England in Four Volumes, hg. v. G. Sharswood, Philadelphia, 1893, xxiii (für Buch I), xxx (für Buch II), online: <http://ollresources.s3.amazonaws.com/titles/2140/Blackstone_1387-01_Bk.pdf>.

〔6〕 布莱克斯通书中与罗马的盖尤斯(Gaius)和优士丁尼(Jurtinian)《法学阶梯》的明显相似之处，可见于《英国法释义》第2卷第1章第1节(Blackstone, Commentaries [Fn. 5], 393):“本释义的上卷已经详细处理了人法(*jura personarum*)，即有关人的权利与义务，在下卷中，我们探究的对象是物法(*jura rerum*)，或者说，人可就与其人身无关的外在之物所取得的权利。这些权利被自然法学者称为支配权或财产权，我会首先对这些权利的本质或根源进行一些论述，再对其进行分类考察。”亦可见于*Holdsworth*, Commentaries (Fn. 5):“这一著作也是关于英国法的第一本体系书，它满足了培根(Bacon)关于何种著作可被称为体系书的标准——‘它是课程阅读的钥匙和一般性准备’，并且‘像一个宏伟建筑的模型’”。

〔7〕 *Blackstone*, Commentaries (Fn. 5), 24.

〔8〕 *Blackstone*, Commentaries (Fn. 5), 47.

〔9〕 *Blackstone*, Commentaries (Fn. 5), 70.

〔10〕 *Blackstone*, Commentaries (Fn. 5), 20 f., 布莱克斯通对他工作方法的描述：“请允许我简述我所设想的学术性法律解释者应该做些什么，而非我自己已经做了什么。学术性的法律解释者应该把自己的研究进程视作法律的概览地图，勾勒出国家的形状、它与邻国的连接处、国家的疆界、区域划分和主要城市；他的工作不是精细地描述下属区域的界限，或者确定每个无足轻重的小村庄的经纬度。其注意力应该像福蒂斯丘(Fortescue)所描述的那些预备律师公会(inns of chancery)里的读者一样，致力于追溯法律的根源，也即法律的原理……这些主要规则和基本原则应该与自然法中的行为准则、其他国家的实践进行权衡比较；它们应借助理由获得说明、通过实例加以阐释，并借由毋庸置疑的权威得到确证。它们的历史应被演绎、变化与革新应被观察，并应揭示，它们在何种程度上与英国的民事交易相关联，或者在何时受到了后者的影响。”

系位置。但是该著作并没有解释个别的制定法,或者对其他法律文本逐条地进行解释[此外,即便到了今天,也不是所有的制定法的条文数都是用一两只手数不过来的,参见本文第四部分(二)1]。[11] 由此表明,"Commentaries"是一个同形异义词(false friend):尽管将其翻译为"评注(Kommentar)"最接近原意,但仍会引起误解。

三、第一种近似:《哈斯伯理英国法》和《奇蒂论契约》

如果从德国法律生活中的"评注(Kommentar)"文献体裁的核心含义出发,就应该将在英国最常被使用的书籍都加以观察,不论其名称究竟为何。有两部著作能典范性地呈现出英国法的特点:《哈斯伯理英国法》和《奇蒂论契约》。每一位英国法律人都会在某个时刻翻阅它们(如今主要是网上浏览),大多数法律人会定期查阅,尤其是在涉及法律实务问题时。为了阐明清晰,两部著作的作者的解释均致力于回答给付障碍法中的一个核心问题——何种不给付(Nichtleistung)引起何种法律后果。这个分析过程涉及的相关规则都没有纳入制定法的范围;相反,它们来源于法官法(普通法)。为使本文的比较更加符合实际情况,故应将对买卖法的解释亦纳入观察范围。这一法律领域如今主要包含在1979年《货物买卖法》(制定法)之中。

(一)《哈斯伯理英国法》

该书覆盖了所有英国法,近110卷,每卷多达数百页,从"Agency(代理)"到"Wills and Intestacy(遗嘱与无遗嘱死亡)"按字母顺序排列。这些卷本会定期修订,亦可以电子方式查阅。作者主要是实务人士,也有一些是高校教师。在第一版(1907-1917)中,出版社聘请到了前大法官哈斯伯理伯爵(*Earl of Halsbury*)担任主编。[12] 直到今天,传统上仍然有一位前大法官担任全书的主编,现任主编是克莱什芬的麦凯勋爵(*Lord Mackay of Clashfern*)。一个由法官、其他实务人士和高校教师组成的咨询委员会辅助他工作。

1. 对制定法的解释

在关于契约的一卷中(第22卷),首先是关于契约拘束的本质、契约法在英国

〔11〕 下文使用的是英式的条文缩写("s."),而非"§",尽管德国使用的符号也是将两个"s"(拉丁文的 *sectio*)叠加而成的。

〔12〕 *Dicey*, Blackstone (Fn. 2), 302. Diecey 对此的冷嘲热讽:"在文字的世界里人们没法用合作来取代个性。一千位法律人的团结协作可能会创造——我相信,也必将会创造——一部英国法的百科全书,但是他们永远不会——即便他们以一位大法官为首——孕育出能与《英国法释义》一较高下的作品。"

法秩序之地位的引论,然后是其他更为概念化的内容——形式要求、契约的缔结、对待给付之必要和原则上将第三人排除在外(grundsätzlicher Ausschluss Dritter)(*consideration und privity*, 对价与相对性)、契约条款、无效、交易基础(Geschäftsgrundlage)丧失、契约允诺之消解(*discharge*, Freiwerden von Vertragsversprechen)和连带债务。

关于买卖与服务契约的第 90 卷在结构上很大程度上依照了第 22 卷的模式,并在论述买卖和服务契约的具体问题时继续沿用了这一模式。制定法(比如 1979 年《货物买卖法》)在该卷受到全面的重视。不过,每项分析的出发点均是一个以一般化的方式表达出来的法律命题(Rechtssatz),该命题的各个术语(可对比德国法意义上的"构成要件")通过在脚注中援引法律或司法判例加以解释。制定法的原文并非总是解释的对象。解释所关切的,是制定法规制的法律问题,而不是不间断地逐一解释制定法的文本或各个部分。

以 1979 年《货物买卖法》第 49 条为例。〔13〕 该规定的原文是:

"价金诉讼。(1)若根据买卖契约,货物所有权已经移转给买受人,而买受人不法地未按照契约条款或拒绝按照契约条款支付价金,则出卖人可就货物价金起诉买受人。

"(2)若根据买卖契约,不论交付与否,价金均应于特定日支付,而买受人不法地未支付或拒绝支付价金,则出卖人可就价金起诉买受人,即便货物所有权尚未移转且货物尚未就该契约予以特定化。"

在《哈斯伯理英国法》中的内容是:〔14〕

"价金诉讼—283. 若所有权已经移转。若根据买卖契约[脚注 1],货物[脚注 2]的所有权[脚注 3]已经移转给买受人[脚注 4],而买受人不法地未按照契约条款或拒绝按照契约条款支付价金,则出卖人[脚注 5]可就货物价金[脚注 6]起诉[脚注 7]买受人。

284. 若所有权尚未移转。若根据买卖契约[脚注 1],不论交付[脚注 2]与否,价金均应于特定日支付,而买受人[脚注 3]不法地未支付或拒绝支付价金,则出卖人[脚注 4]可就价金起诉[脚注 5]买受人,即便货物[脚注 7]所有权[脚注

---

〔13〕 <http://www.legislation.gov.uk/ukpga/1979/54/contents>.

〔14〕 Halsbury's Laws of England, 5. Aufl., Bd. 91: Sale of Goods and Supply of Services, hg. v. S. Majumdar, 2012, 6. 违约 (1) 出卖人的救济 (i) 价金诉讼 Rn. 283:若所有权已经移转; Rn. 284: 若所所有权尚未移转。

6]尚未移转且货物尚未就该契约予以特定化[脚注 8]。但若约定出售的货物尚未交付买受人,则出卖人对于价款的法定权利取决于其是否有能力与意愿将货物继续交付买受人[脚注 9]。"

脚注中主要是该卷内部的交叉引用;两段中,分别只有一个脚注指出其对应的制定法位置;〔15〕第二段的第二句话并不是 1979 年《货物买卖法》第 49 条的内容;其实它部分吸收了该法第 37 条第 1 款的内容:

"买方不受领货物交付的责任。(1)若出卖人已经为货物交付做好准备、有交付意愿,并请求买受人受领交付,而买受人未在出卖人请求后的合理期间内受领货物交付,则买受人对出卖人因其未受领或拒绝受领交付而产生的任何损失负责,并对照管货物产生的合理费用负责。"

不过脚注 9 中只有对司法裁判的介绍;第 37 条反而是在上一段(边码 283)的脚注 7 结尾处被提及的。脚注 7 并没有解释第 37 条与边码 284 的关联。脚注 7 只简明地指出:

"关于出卖人对照管货物产生的费用请求偿还的权利,以及买受人迟延受领交付造成的损失,见 1979 年《货物买卖法》第 37 条;以及(边码)203。这说明,第 37 条只适用于所有权已经移转的情况。"

边码 203 也没有解释其与边码 284 之间的关联。所以,匆促的读者或许根本不会察觉,边码 284 的文本与制定法并不完全相符,〔16〕也不会发现边码 284 添加的内容来自何处,不会意识到这一添加是对制定法的加工。概括性的阐述是缺失的。解释总体来看极为单薄。没有参考文献,因此也不存在讨论。

2. 对非制定法(普通法)的解释:不履行的法律后果

若契约一方当事人未履行其义务,则守约方不仅有损害赔偿(*damages*,

---

〔15〕 在第一段中(边码 283)脚注 1-6 都是对该卷其他段中概念规定的参引,脚注 7 包含该段在制定法中的位置并介绍了相关裁判。在第二段中(边码 284)脚注 1-7 也是交叉引用,脚注 8 提及了所引用的制定法的位置;脚注 9 请见正文下文。

〔16〕 编者在其他地方保留了制定法的文本,但是将它们按照一种新的方式进行排列,使得原本的结构已经无从辨识。1979 年《货物买卖法》第 12 条(关于所有权的默示条款等)就是一个例子,它被与《哈斯伯理英国法》第 91 卷(脚注 14)边码 70 进行比较:买卖契约中的所有权、不受干扰的占有、无抵押。由于解决了制定法文本内部交叉参引的问题,经过处理的文本至少更为条理清晰。读者在脚注 10 中可以首次了解到该文本的制定法来源。

Schadenersatz)请求权,还可通过终止契约(*termination*)获得法律救济。关于终止契约,英国法将契约条款作了如下划分:违反该条款必然导致、不会导致或在个别情况下导致除了损害赔偿请求权之外,还存在终止契约的权利。相应的英文术语是"*condition-warranty-innominate term*"。区分的关键在于,某契约条款是否如此重要,以至于对该条款的不履行会实质上剥夺守约方意欲从该契约中取得的全部利益。不履行条件(*condition*)时,不论违约的实际后果如何,都会导致契约终止权的产生。担保(*warranty*)则自始就排除了终止契约的权利。而在违反未归类条款(*innominate term*)时,则须根据其实际后果的严重性来判断。[17]

将某条款归入条件(*condition*)或担保(*warranty*)系基于抽象的或先验的预判,而将其留在未归类条款(*innominate term*)则以具体的事后观察为基础。《哈斯伯理英国法》强调,对于契约条款在条件(*condition*)与担保(*warranty*)之间的分类,当事人可以先验地(指在契约缔结之时)预先约定违反哪些契约规定会导致怎样的法律后果。这有助于提高法律的确定性。[18]

不过这充其量只能适用于当事人已经在契约中明确了哪些条款是条件(*condition*)或担保(*warranty*)的情形。但法院并不受此约束,因为最终是法院决定契约条款的法律分类。如果缺少先例或制定法规定,解释契约时就必须考虑到所有相关联的情形,由此对契约条款加以分类。《哈斯伯理英国法》对此所作的提示是:[19]

"需要考量的重要因素包括,该条款的履行在多大程度上会影响到契约所欲**进行的风险活动的本旨或基础**,以及该条款所产生的义务是否**直接**涉及契约的本旨,以至于该义务的不履行无异于契约履行在实质上完全失败。如果某条款被归于条件(*condition*),则在个案中,守约方终止契约时无须证明违约的后果**在实质上**

[17] 相关概述见 *A. Burrows*, A Restatement of the English Law of Contract, 2016, § 19 (8)(b), (9)(b), (c) (Text S. 17 f., Erläuterungen S. 113 f.)。

[18] Halsbury's Laws of England (Fn. 14), Bd. 22: Contract, hg. v. J. Fenwick, 2019, 8. Discharge of Contractual Promises, (4) Discharge by Termination for Breach of Contract, (ii) Defective Performance, Rn. 347: Conditions and warranties. 本卷的顾问编辑是一位 QC(女王的法律顾问之一),也是一位经验丰富的出庭律师(barrister,有权利在高级法院——高等法院、上诉法院、最高法院出庭的执业律师)。诉诸法之确定性有着悠久的传统,爱德华·柯克(Edward Coke)早在 17 世纪就已经指出:"在确定性上,英国法要优于大陆法,因为大陆法中有如此多的注释和解释,有着相同学位和权威的博士们写了如此多的评注,作者意见的多样性加剧了不确定性。而对英国法的阐释,就是我们书中所报告(即柯克自己的报告)的法官在司法程序中的解决方案,它们会产生确定性",转引自 *T. Ellis Lewis*, The History of Judical Precedent (Teil 3), LQR 48 (1932), 230-247, 238。

[19] Halsbury's Laws of England 22 (Fn. 18), Rn. 348: Criteria for distinguishing between conditions and warranties(强调符非原文所加).

触动了契约的根基,或者给其造成了任何损失。”

这些多少有些比喻色彩的表达取自司法裁判。它们是一种粗略的转述,并不是定义(Definitionen)。[20]《哈斯伯理英国法》没有追问它们是否都会合理而适当地导致相同的结果。不过可以预见的是,它所承诺的法律确定性只有在分类完成以后才会出现。此外,如果不存在不容拒绝的理由应将某契约条款归入其他类型的话,司法裁判会将其系属未归类条款(*innominate term*)作为出发点。[21]

如果对契约条款未能成功分类,则它仍然还是一个未归类条款(*innominate term*)。对于契约的根基/基础/本旨这种较为粗略的区分,《哈斯伯理英国法》也坦率地承认:[22]

“有些契约允诺过于复杂,以至于无法被纳入该模式之中,而违反该允诺的法律后果,除非契约已经有了明确的规定,并不取决于将该允诺归入条件(*condition*)或担保(*warranty*)的先验分类,而是取决于违反该允诺的效果。这一‘等待-观望’的路径相比先验的分类更有助于在契约当事人之间实现公正。如果违反某允诺会导致守约方实质上丧失全部的契约利益,换句话说,如果它触及契约的根基,使得契约进一步的商业履行已经不再可能,除了损害赔偿的救济以外,守约方也有权从其后续义务中解脱出来。”

可预见性意义上的法律确定性在这里被转换成了“等待-观望”,[23]违约的

---

〔20〕 对此,在司法裁判中也有批评:“我承认上诉法院法官刘易森(Lewison LJ)在 *Ampurius Nu Homes Holdings v. Telford Homes*[2013] EWCA Civ 577; [2013] 4 All ER 377, Rn. 50 中的批评,‘通过比喻性的术语来表达英国法上的重要命题’的问题在于,‘很难确定它们真正的含义是什么’,结合他的进一步观察,对‘触及契约根基’的描述是一种‘结论性的表述’……然而,在实践中,这种表述非常好用,要寻求更精确的检验不太可能有成果”,*Grand China Logistics Holding (Group) Co. Ltd. v. Spar Shipping AS (The Spar Draco)* [2016] EWCA Civ 982, Rn. 76 (Gross LJ)。

〔21〕 *The Spar Draco*(Fn. 20), Rn. 92 (*Hamblen LJ*), Rn. 99 (*Sir Terence Etherton MR*). 另见有大量证据的 *G. Treitel /E. Peel*, The Law of Contract, 14. Aufl., 2015, Rn. 18-055 (S. 992):司法裁判对将某条款归类为条件(condition)较为犹疑,“倾向于”认为是未归类(innominate)条款。

〔22〕 Halsbury's Laws of England 22 (fn. 18), para. 349: Innominate or intermediate terms(强调符非原文所加).

〔23〕 *N. Andrews*, Breach of contract: a plea for clarity and discipline, LQR 134 (2018), 117-137, 130 形象地将其描述为,“一种让大家耐心等待,观察违约是否会给守约方招致灾难的政策……必要的信息并不是文字,而是事件,这些事件可能发生在中国海上,而非作出决定的总部办公室中”(最后一句话是引用 *T. Weir*, Contract—the buyer's right to reject defective goods, Cambridge LJ 1976, 33-38, 36)。

经济后果(法律后果取决于经济后果)是借助一组新的、不确定的表达形式来确定的。[24] 这些表达形式完全取之于司法裁判,偶尔也来源于制定法。作者对法学文献完全不加引用,也看不出作者为了寻求一个替代性的解决方案独立地作出了哪些批判性的努力。

这种被动性对司法实践毫无助益:如果对某个违约行为诉诸法院是值得的(英国的律师费和诉讼费远高于德国),该契约涉及的规则框架通常都会比较复杂。这种情况下,较少可能存在先例或制定法已对这些契约条款做好分类。因此,这些契约条款更经常会被认定为未归类条款(*innominate term*)。由此,其可规划性与可信赖性进一步降低了。而《哈斯伯理英国法》的作者们对此也似乎听之任之。[25]

(二)《奇蒂论契约》

《奇蒂论契约》(Chitty on Contracts)* 在 2018 年出版了第 33 版,同样既有印刷版也有网络版。[26] 它的首位作者是伦敦律师约瑟夫 · 奇蒂(*Joseph Chitty*)(1775-1841)。如今的大部分撰写者是实务人士,总主编休 · 比尔(*Hugh Beale*)则是一位高校教师。该著作分为两卷,第一卷是契约法的“一般原理”:契约缔结、行为能力、契约条款、无效与公共利益(*public policy*, öffentliches Interesse)、多数债务人,第三人参与(Drittbeteiligung)、让与(Abtretung)、履行与契约义务之消解(Freiwerden),违约的法律后果,不当得利(ungerechtfertigte Bereicherung)返还(*restitution*)——这反映出当时将不当得利归为准契约(quasi-vertraglich)的过渡性制

〔24〕 *Kerr LJ* 在 State Trading Corp. of India Ltd. v. M. Golodetz Ltd. [1989] 2 Lloyd's Rep 277, 283 中坦率地指出(《哈斯伯理英国法》没有引用):这种分类“实际上是对相关条款在商业上的重要性的价值判断”。对此的批评 *Andrews*, Breach (Fn. 23), 117:“重要的法官都强调明确性之必要。不过,在普通法的体系中,要找到契约问题的准确答案,需要在海量的判例法中进行辛苦的挖掘,并且对先前的裁判进行极为详细的批判性检查。”因此,安德鲁斯(Andrews)将其视为“一种检查过剩的困境”(同上,第 128 页)并且列出了至少七种。

〔25〕 为实现《哈斯伯理英国法》意义上的公正:契约法的重要教科书 *Treitel/Peel*, Contract, (Fn. 21), Rn. 18-108-110 (S. 1030) (在这一点上)只是对整个模式提出了批评——在违反条件(*condition*)时,即便守约方并未发生任何损害,也可以终止契约。此外,作者批评认为 1979 年《货物买卖法》第 15A 条淡化了这一点,该条将对特定条件(*conditions*)的轻微(*slight*)违反等同于对担保(*warranty*)的违反,如果买受人拒绝受领货物对于出卖人来说没有期待可能性的话[英语文本的表述方式相反,但是意思相同,“对(买受人)来说,拒绝受领是不合理的”]。这里所包含的批评也很有限。

〔26〕 *H. G. Beale*(Hg.), Chitty on Contracts, 33. Aufl., 2 Bde., 2018; Supplementbd., 2019.

* 国内已引进该书第 30 版原版,见 H. G. 比尔主编:《奇蒂论合同法 · 上卷:通则(第 30 版)》,商务印书馆 2012 年版;H. G. 比尔主编:《奇蒂论合同法 · 下卷:特定合同(第 30 版)》,商务印书馆 2012 年版。——译者注

度安排〔27〕以及最后的冲突法。第二卷集中论述处理 15 种按照字母顺序从代理(*agency*)到保证关系(*suretyship*)的不同类型的"特定契约"。

1. 对制定法的解释

第 44 节基本上采取了第一卷的结构,并将其运用于买卖契约。这足以表明,《货物买卖法》本身并非总能预先确定解释的顺序。与《哈斯伯理英国法》不同,在《奇蒂论契约》的各个章节中,常常在开头就能看到法律条文的摘要。摘要的结构也大多决定了后文的解释次序。制定法引文中的各个术语(比如"构成要件",见上文)会另外在脚注中加以讨论。这导致在原本的解释的下方又出现了一个平行的文本。该平行文本遵循构成要件的顺序;但它远未包含所有构成要件,各脚注文本之间也没有关联。不过,脚注文本会参引《奇蒂论契约》的其他部分。〔28〕

2.《奇蒂论契约》对不履行的法律后果的论述

履行障碍的"概说"("In General")〔29〕一节的作者是尤安·麦肯德里克(Ewan McKendrick),他在剑桥教授契约法,出版了诸多相关论文和两本大学教科书。〔30〕 然而,这一"一般性的(allgemeine)"章节并不是"总则(Allgemeiner Teil)"或者概述——诚如《哈斯伯理英国法》已然缺失的内容。尽管尤安·麦肯德里克宣称,其主要涉及的问题是,有损害赔偿请求权的一方当事人是否可通过终止契约摆脱自己的给付义务,但其在下文中处理的是守约方的选择权,守约方坚持继续履行契约(*affirmation*),守约方对继续履行契约的确认(*affirmation*)何时不可撤回且由此丧失终止权,当事人在此方面的行为是否必须无前后矛盾(*consistency*),确认(*affirmation*)是否是一种权利放弃或禁止反言(*waiver* 或 *estoppel*),以及确认对继续存在的契约关系的效力的具体细节。

因此,该"一般性的"章节的全部篇幅都在讨论有关后果的一系列问题。它的"一般性"只体现于,守约方必须有选择权。将契约条款归入条件(*conditions*)、担保(*warranties*)或未归类条款(*innominate terms*)这一更基础性的问题,麦肯德里克是在后文的一节中处理的。当前的概述性内容包含 122 个脚注;其中有 9 个脚注

---

〔27〕 参见 *R. Wright* (*Lord Wright*), The Study of Law, LQR 54 (1938), 185-200, 195:"我认为现在在英国的民法中似乎显然存在三种被普遍接受的主要类别,契约,侵权与准契约(quasi-contract)……在准契约中,法律所调整的关系产生于被告基于原告的损害而受有利益之事实,在此等情形下被告应该向原告作出返还,若非如此,对原告就是不公正的。"该观点如今已被放弃,参见本文第七部分。

〔28〕 在关于买卖法的一章中,可以观察到这一方法:*L. Merrett*, in: Chitty on Contracts (Fn. 26), Bd. 2: Specific Contracts, ch. 44: Sale of Goods, s. 3: Terms of the Contract, (b) Implied Terms, (i) Implied Terms about Title (Rn. 44-075 ff.)。

〔29〕 *E. McKendrick*, in: Chitty on Contracts (Fn. 26), Bd. 1: General Principles, Part 7: Performance and Discharge, ch. 24: Discharge by Breach, s. 1: In General.

〔30〕 *E. McKendrick*, Contract Law, 13. Aufl., 2019; *ders.*, Contract Law-Text, Cases, and Materials, 8. Aufl., 2018.

提供了二手文献的指引。脚注 1 给出了 9 个一般性的书目,即,不涉及具体的法律问题。这种对书目的备注在后续关于具体问题的脚注之中也同样可见,作者一直采取概括参引的方式(“参见……”),但是并没有转述相应观点,也没有进行分析讨论。

对于契约条款分类的问题,《奇蒂论契约》中除了《哈斯伯理英国法》里已有的三种分类之外,还特别作了探讨:〔31〕是否还存在第四种分类亦即基础条款(*fundamental terms*)? 此类条款被表述为:

> “契约的核心,不履行会破坏契约的本旨……‘它比契约条件(condition)的范围更窄’……构成整个契约的基础,因此如果它未得到遵守,契约的给付就会与所预期的完全不同。”〔32〕

这一系列表述〔33〕包含着一些熟悉的内容,但也突出了某些新的用语。作者对此未作评论,尽管麦肯德里克紧接着强调,上议院(*House of Lords*)在 20 世纪 60 年代末就已经将这一假设性的更下位的类型视为条件(*conditions*)的一种:〔34〕但这一裁决是否从那以后就适用于假设性的条件(*conditions*)呢?

这一点颇值得注意,因为作者似乎顺带转述了一个上议院在前述判决中作出的有前提的考量。将某个条款归入条件(*condition*)有多简单? 这个问题从根本上会遭到质疑。好比方说,在某个关于供应豌豆(Erbsen)的契约中,债务人实际上交付的是菜豆(Bohnen),那么契约的基础是“豌豆”还是“豆类蔬菜(*leguminous vegetables*)”? 前述的所有表达形式都无法预先给出一个大概的方向,“核心(*core*)”或“与契约所预期的给付完全不同”的新用语亦概莫能外。即便如此,我们仍可不断追问,所负担的给付与事实上履行的给付,其外延最小的上位概念(*genus proximum*)是否并不是契约的基础、核心、根源等? 若是如此,则给付障碍法的整个分类(至少在这一点上)就都建立在流沙之上。当然,麦肯德里克对此保

〔31〕 在《哈斯伯理英国法》中,有“根本违约”的表述,但没有涉及它是否对应一类特别的契约条款的问题。

〔32〕 *Chitty I/McKendrick*(Fn. 29), Rn. 13-021 包括对司法裁判的引证。

〔33〕 在 *Valilas v. Januzaj*[2014] EWCA Civ 436; 154 Con LR 38, Rn. 59 中,上诉法院法官阿登(Arden LJ)审慎克制地提到了“开放结构的表述”:“普通法采纳了对原则的开放结构的表述,用以识别受损害方何时能够主张另一方当事人的行为为终止契约提供了正当性。我将会采取的表达形式是,考察受损害方是否已经被实质上剥夺了契约的整体利益。‘触及契约根基’的表述所传达的含义是相同的:该不履行必须与契约的整个对价进行比较,而不能只是对价的一部分。其他类似的表述也是存在的。我本人无意批评这种对原则表述的模糊性,因为我不认为在这个领域中能够阐述出任何令人满意的确定的规则。”

〔34〕 这出现在 *Suisse Atlantique Société d' Armement Maritime SA v. NV Rotterdamsche Kolen Centrale* [1967] 1 AC 361; 参见 Chitty I/*McKendrick*(Fn. 29), Rn. 13-022 Fn. 90。

持了沉默,章节间甚至完全没有相互引用。

对两部传播广泛的著作的抽检式观察,为我们照见了英国法律文献的一些本质特征:首先,制定法扮演次要角色(即便不是制定法本身,也是制定法文本);其次是法学的地位甚少得到凸显。作者们很少表达自己的看法,对他人的观点只是顺带作记录,并不加以分析讨论。作者的加工绝大多数仅限于,对司法裁判所处理的问题进行汇编。作者逐字引用重要判决的核心段落,经常伴有对相应案件事实背景的概括,并且会提及裁判法官的姓名。本文第五至第七部分会从英国法的本质特征的角度来解释英国法律文献的这些特殊之处。

3. 关于"消费者契约"的一章

《奇蒂论契约》第38章即关于"消费者契约",虽然增订进该书才不过几年,但很值得关注。作者是牛津大学教授西蒙·惠特克(Simon Whittaker)。[35] 在他内容丰富的著述(共462页)中可以观察到一种混合技艺(Mischtechnik),即,论述的外在框架是由不同的事实角度搭建而成的,它们并非总能反映出被阐释文本结构划分。这使得惠特克能够为欧盟指令、条例、英国的转化法与纯粹的本国规定绘制出一幅完整的图景。消费者契约法也由此免于碎片化,而在2015年《消费者权益法》(Consumer Rights Act)(CRA 2015)颁行之前,它们只是散见于众多制定法和规章(部级条例)之中。2015年《消费者权益法》减少了法规的数量,但还是没有把所有的相关规定都统一进来。

惠特克对2015年《消费者权益法》的阐述一直依循条款本身的顺序,在其他情况下则仍采取不同事实角度的结构。即便制定法文义提供了解释的出发点,他也没有照抄条款的全部内容,而是经常交替使用转写、总结和部分逐句复述的方法。这可以从以下事实获得解释:2015年《消费者权益法》将制定法规定的细节丰富性和无条理性推到了一个新的顶点,并且通过大量的交叉引用使得文本已经近乎无法理解——对外行来说肯定如此,因此应借助易于理解记忆的标题来帮助理解,比如"如果某实物(goods)* 契约项下的法定权利未能实现,有哪些救济途径?"(2015年《消费者权益法》第19条至第24条的标题)。第19条一共被分为

---

〔35〕 *S. Whittaker*, in: Chitty on Contracts II (Fn. 26), ch. 38.

* 根据该法第2条第8款的法律定义,goods系指"一切有形、可移动的物品,也包括水、气、电,但仅限于其被以有限的体积或者固定的数量提供时。"此外,该法将第2章"Goods"与第三章"数字化内容(Digital content)"和第四章"服务(Service)"并列,故此处将"goods"译为"实物"。——译者注

36个部分(15款,21项)[36],第20条共31个部分,第24条甚至有34个部分。仅第19条就包含(据统计)近30处交叉引用,大多数是引用制定法的其他部分,但也有第19条内部的交叉引用。该章节的其他规定中也存在类似的交叉引用率。相反,惠特克的文本则明白晓畅,尽管要快速找到对某一特定条款的解释还比较困难,但惠特克的处理更接近于对评注的初始定义。

四、其他民法解释著作

(一)《本杰明论货物买卖》

《本杰明论货物买卖》(Benjamin's Sale of Goods)首次出版于1868年,截至2019年已经更新到第10版(有增补)。[37] 该书可通过电子访问方式完整获取。全书没有依循制定法的结构划分,虽然制定法中的各个问题模块在该书中也会得到回应,但是它们被穿插其间的其他内容区隔开来了,制定法的各条规定在内容更为丰富的章节中得到了重新编排。此外,制定法的文本常常不会出现在解释的开头(比如1979年《货物买卖法》第49条在解释已过四分之一时才出现)。不过,偶尔也会有章节以制定法原文作为开篇,解释亦遵循构成要件的顺序展开。[38] 在其他情况下,第49条没有在正文中被引用,便会和整部制定法一起被置于附录之中。引人注意的是,第54条却完整地出现在了"未支付价金的计息"一节的开头,虽然它只是第49条的后续规定而已。[39]

在篇幅较大的章节里,第49条的原文经常出现。这些章节都反复提及制定法,但制定法的原文很少被作为解释的对象。作者弗朗西斯·道森(Francis Dawson)更多是根据条款关联性的需要对条款的内容进行总结。故而第49条的作用

〔36〕 惠特克在其他地方对此进行了尖锐地批评(Distinctive features of the new consumer contract law, LQR 133 [2017], 47-72, 49 f.):"2015年法案第一部分的起草……既复杂又不必要的冗长。比如主要条款(第19条)规定了违反实物契约的法定条款与消费者的特殊救济之间的关系,包含15个下属款项,超过750个字。甚为具有讽刺性的是,这种冗长(包括创造崭新的却常属累赘的术语)很大程度上体现了一种愿望——让2015年法案更易于被消费者和他们的顾问所理解。"上述术语的混乱性,同上文,第57-59页。将(欧盟)消费者保护法整合进民法的困难,并不只出现在英国,*R. Zimmermann*, Consumer Contract Law and General Contract Law: The German Experience, Current Legal Problems 57 (2005) 415-489, 459 f.已经向英国法学界指出:"《德国民法典》新的第305条至第310条看起来就像一段被扔进古典交响乐第二乐章的流行音乐:一个与周围事物全无智性关联的外来物(*corpus alienum*)……修订《德国民法典》时的新增条款非常容易辨认,它们往往冗长、措辞拙劣且顾此失彼之处俯拾皆是。现代立法的质量总是引人哀叹。"

〔37〕 *M. Bridge*(Hg.), Benjamin's Sale of Goods, 2019.

〔38〕 *F. Dawson*, in: Benjamin's Sale of Goods (Fn. 37), Rn. 16-021-027.

〔39〕 Benjamin's/*Dawson*(Fn. 38), Rn. 16-007.

在于证实或说明这种关联性，它并非观察的出发点。

最接近对评注的初始定义的，是第 11 章关于物之瑕疵的规定。[40] 制定法文本被置于该章开头，且解释按照各个构成要件的顺序展开。解释本身几乎只包含对司法裁判的分析。偶尔也会有对文献的指引。但相关的批评和讨论则尽付阙如。

对于上文讨论过的履行障碍的法律后果这一问题，《本杰明论货物买卖》的分析路径与众不同。它没有借助花样繁多的表达形式来描述未归类条款（*innominate terms*）。作者——这里是多纳尔·诺兰（*Donal Nolan*）——建议的是一个简单的二分法（并且急切地援引具体判决来加持）：契约条款要么是条件（*condition*），要么不是条件。如果不是条件，则守约方有何权利取决于违约的本质与后果。对于此类并非条件的契约条款，人们可以将其笼统地表述为担保（*warranties*）或者完全放弃对上位概念的寻找。[41]

诺兰也意识到，这与制定法的原文很难保持协调。由于《货物买卖法》在传统的意义上使用了担保（*warranties*）一词，因而需要第三种类型，[42] 这种类型也在绝大多数司法判决中发展起来了。对于这一反对意见，作者借助一个对伯罗斯的（Burrows）分类[43] 的异议进行反驳，但并没有提及伯罗斯的名字：

> "值得注意的是，不论在案例群里如何继续讨论契约条款是否构成条件（condition），新近的案例中似乎都没有考虑，是否对某个契约条款的违反**无论如何都不会**导致拒绝权的产生；因此应予质疑的是，这样一种条款的概念是否必要。该条款在 1979 年《货物买卖法》中被两次归属于契约义务，但有观点认为［此处附有判决证明］，违反担保（warranty）的严重后果可能是拒绝给付。"[44]

无论如何，本部分是最具学术性的篇章：对契约条款分类的介绍回溯了英国法的历史，甚至努力与美国法和罗马法都分别作了比较。[45]

---

〔40〕 *D. Nolan*, in: Benjamin's Sale of Goods (Fn. 37), Rn. 11-001 ff.

〔41〕 Benjamin's/*Nolan*(Fn. 40), Rn. 10-033.

〔42〕 参见 1979 年《货物买卖法》第 11 条第 3 款："买卖契约中的某条款是条件（condition）（违反后会产生如同契约被拒绝履行时的权利），还是担保（warranty）（违反后产生损害赔偿请求权但无权拒绝受领货物并将契约视为被拒绝履行），需要依个案中的契约解释而定；某条款即便在契约中被称为担保，也可能属于条件。"

〔43〕 参见脚注 17。

〔44〕 Benjamin's/*Nolan*(Fn. 40), Rn. 10-033（强调符系原文所加）。

〔45〕 Benjamin's/*Nolan*(Fn. 40), Rn. 10-015 f., 10-024-026.

(二)《戴雪论冲突法》

阿尔伯特·费恩·戴雪(*Albert Venn Dicey*)于1896年首次出版了名为《关于法律冲突的英国法汇编》(A Digest of the Law of England with the Referance tot he Conflict of Laws)〔46〕一书,其第15版已更名为《戴雪、莫里斯和柯林斯论冲突法》。* 8位编者中,有7位是大学教授,1位是退休的上议院贵族法官(Law Lord)。此书完全可通过电子方式获取。在第一版的序言中,戴雪将自己的路径描述为:〔47〕

“在下述内容中,英国法院所承认的国际私法原则会被视作英国法的一个分支来处理:这些原则是以系统编排的规则与例外的形式展示出来的,每一个规则与例外在必要时都会通过评论与例证的方式得到阐明。”

如该书第一版的标题所示,从序言中也可看出,这些规则与例外是从英国法院的裁判中抽象提取出来的。〔48〕 有些问题在戴雪的时代就已经得到了制定法规则的注意;此后,这一发展又明显加快。戴雪在脚注中标注了资料来源。他也对二手文献进行了处理,甚至包括外语的原文文献,这一点在参考文献目录和脚注中都有所体现。〔49〕

故而,戴雪本身就是解释与案例研究所指涉的主要文本的作者,从这个角度看,他的著作完全可以被称为初始意义的评注。戴雪在导言中解释说,这种对资料的阐述方式旨在将(主要是欧陆的)纯理论方法与(主要是英国的)实证方法的优点结合起来。〔50〕 相较于其他同时代的、甚至如今的作品,戴雪的评注对其所评论的判决的依附性更低。

最新的一版分为7个部分,共37章。后续作者保留了作品初版中的上述本质特征。对于数量逐渐繁多的制定法与(欧洲)条例的处理亦是如此:作者把它们

---

〔46〕 1908年第2版可以在网上获取 <https://archive.org/details/cu3192402 1666445/page/n1>。

〔47〕 *Dicey*, Digest (Fn. 46), vii.

〔48〕 *Dicey*, Digest (Fn. 46), 64:“它们本质上是对判决的一般化,且结合了法官意见以及斯托里(Storey)、韦斯特莱克(Westlake)、萨维尼(Savigny)等公认的重要权威法学家提出的冲突法教义。”(经核对Dicey原文,前述“Storey”实为“Story”,此处系作者笔误。——译者注)

〔49〕 *Dicey*, Digest (Fn. 46), xv.

〔50〕 *Dicey*, Digest (Fn. 46), 16-23.

* 国内已引进该书第14版原版,见劳伦斯·柯林斯爵士主编:《戴雪、莫里斯和柯林斯论冲突法(上、下卷)》,商务印书馆2012年版;另有第10版中译本J. H. C. 莫里斯主编:《戴西和莫里斯论冲突法(上、中、下)》,李双元等译,中国大百科全书出版社1998年版。——译者注

也转化为“规则”，有时数个来自不同制定法的规定会被结合成为一条规则，但会尽可能地保留原本的措辞。此著作（仅）在这一意义上偏离了评注的初始定义。

（三）对公司法（Gesellschaftsrecht）* 的解释著作：帕尔默（*Palmer's*）、戈尔·布朗（*Gore Brown*）、巴克利（*Buckley*）、林德利和班克斯（*Lindley & Banks*）

立法者对 2006 年《公司法》（Companies Act）（CA 2006）[51] 的描述是：

“法案旨在改革公司法和重述关于公司的大部分法规；制定关于公司或其他商业组织形式的其他规定；制定有关取消董事资格、商号、审计师与精算师的规定；修订 2002 年《企业法》（Enterprise）的第九部分；以及为了其他相关的目的。”

这一立法规划听起来并不令人意外。但是从该法 47 个部分的编排顺序来看，立法者似乎缺少一个清晰的计划。第 5 部分“公司的名称”与第 41 部分“商号”相关［原本是单独的 1985 年《商号法》（Business Names Act）］，但这两个部分却分处法律的首尾两端。在关于成员权之行使的第 9 部分和关于会议与决议的第 13 部分中间，第 10 部分是对公司董事的规定，第 11 部分为股东代位诉讼（*derivative action*，第 260 条及以下），第 12 部分是公司秘书（*secretary*）。与之相关的用以保护股东的不公平损害呈请（*unfair prejudice petition*，第 994 条及以下）却莫名其妙地被放在了第 30 部分，而补充性的法院在特定案件中给予救济的权力（*power of the court to garant relief in certain cases*）位于第 37 部分末尾一个隐蔽处（第 1157 条）。这样的例子可谓数不胜数。

2006 年《公司法》以 1300 条之巨（经过修订后接近 1400 条）是英国立法者制定的最长制定法。该法有如此的长度，部分是由于其调整的问题之复杂（账目公布、公司登记、公司重组与并购），或者是因为它在一部法律中同时处理了德国的有限责任公司（GmbH）和股份公司（AG）的问题。

换句话说，《公司法》的冗长篇幅在很大程度上或可归咎于立法者对细节的偏执［其原因见本文第五部分（二）］，从繁复的程序性规定中即可管中窥豹。对于相关联的事项，程序性规定之间通常会有差别，尽管差别很小。但如果立法者对

---

〔51〕 <http://www.legislation.gov.uk/ukpga/2006/46/body/2019-11-13>.

* Gesellschaftsrecht 系指关于私法上为特定目的而通过法律行为设立的组织体以及合作契约关系的法律，所涉及的法律组织形式众多。此处标题采大陆通行的“公司法”译法，但作者论述的对象除公司外，亦包括中国语境中的合伙。Karsten Schmidt, Gesellschaftsrecht, 4. Aufl., 2002, S. 4; Carsten Schäfer, Gesellschaftsrecht, 5. Aufl., 2018, § 2 Rn. 1；胡晓静、杨代雄译：《德国商事公司法》，法律出版社 2013 年版，第 14 页（胡晓静译者前言）。——译者注

设立“总则”的技术、甚至同一部法律不同章节之间可交叉援引或相互榫接都不了解，或者至少是不常用，那么，条文的重复和前后矛盾也就在所难免。

比如，该法第437条第3款规定了适用于整部法律的“决算会议(Bilanzversammlung)”概念：“在本法中，上市公司的‘决算会议’是指公司的全体会议，公司的年度决算与报告在该会议上提交(或应该提交)。”然而事实证明，这一概念只适用于三个规范群(第489条至491条；第515条、第519条、第523条；第527条、第529条、第531条)。同样，该法中还包含了一些规范，这些规范都有着自己的定义，即第424条第6款[52]、第439条第6款[53]和第439A条第8款[54]。这些概念变体之间的差别并不明显，事实上也没有必要做这样的区分。不过，司法实务似乎并未受制于制定法的混乱局面：和这些概念以及程序性规定相关的判决都少得不值一提。可以预见的是，公司法的学术文献会尝试推动制定法的体系化。

1.《帕尔默公司法》

《帕尔默公司法》(Palmer's Company Law)以煌煌四卷本反映的是截至2019年7月的法律状况。[55] 新增订的内容会被插入到现存文本，并且标注年月。该著作可以通过电子方式完整获取。其主编与14位作者中的大部分都是高校教师。

整部著作的导言对(起初是英格兰的，现在是英国的)公司法历史作了概述。但是，不论是在导言还是后续对较大章节或各个主题的介绍之中，作者都没有尝试去揭示它们之间的相关性，或是构建它们共同的上位原则。各章没有按照2006年《公司法》的体例顺序排列，而是将分散在该法中的主题集中在一起，比如关于成员、成员登记册、会议决议的作出等规定。作者按照这种方式基于2006年《公司法》来编排章节，在这些章节中间，还会插入一些2006年《公司法》之外相关立法的内容，插入章节的编排模式也与前述方式相同。

2006年《公司法》关于董事职责的一章列举了董事的各项职责，列举方式是一个条文对应一项职责。《帕尔默公司法》的作者在解释条文时恪守了这一次序。但是解释的出发点并不是制定法原文。作者有时也会贴近原文，比如对第171条的解释开头就是对该条文的转述：

---

〔52〕“本条中的‘相关决算会议’系指应提交相关决算或报告的公司决算会议。”

〔53〕“本条中——‘决算会议’系指公司的全体会议，公司一会计年度的决算应提交给该会议；……”

〔54〕“本条中——(a)‘决算会议’系指公司的全体会议，公司一会计年度的决算应提交给该会议；……”

〔55〕*G. Morse* (Hg.), Palmer's Company Law; Stand: Juli 2019. 但是电子版本没有提供具体章节的作者信息。

“第 171 条要求董事(a)行为符合公司章程(此处‘章程’采第 257 条的定义,较第 17 条的定义更宽泛);(b)行使权力符合授权目的。”〔56〕

但是在随后对核心条文第 172 条的解释之中,法律原文就没有再出现了。作者首先对该条文的意义(2006 年《公司法》中较为重要且有争议性的规定之一〔57〕)和规定内容〔58〕作了一般性的评价,然后解释“2006 年《公司法》第 172 条的关键原理”。〔59〕参考文献只能通过点击正文或脚注中的超链接来获取。解释之中,有对制定法内容的转述,还提示了该条文与周边条文和分散在该法中的其他规定之间的关联,也对各个问题涉及的判决情况作了概述。但批判性的讨论极少,完全没有提出任何替代性的建议,也没有援引二手文献。

2.《戈尔·布朗论公司》

《戈尔·布朗论公司》(Gore-Brown on Companies)是活页的,每年更新多次。〔60〕作者大部分是实务界人士,包括一位退休的上议院贵族法官(Law Lord)米利特勋爵(*Lord Millet*)。该著作的电子版可从网上获取。

《戈尔·布朗论公司》以不同的事实作为观察角度,将 2006 年《公司法》的 47 个部分涵盖在该书的 10 章内容之中(比如公司和商号是在第一章的同一节中处理的,和其他已经提及的分散的资料编排在了一起),此外,该著作还添加了 4 部分相关的内容(税收、财务困难、清算、国际公司法)。

在上述 10 章内容中,《戈尔·布朗论公司》没有遵循 2006 年《公司法》的条文顺序,而是采取了主题群的模式处理所有的制定法。即便某个主题是从特定的条文出发的——条文号也出现在了标题之中,比如“公司章程作为可强制执行的合同:第 33 条”或“公司章程的修改:第 21 条”——法律的原文也并没有出现,而是由作者对其进行概括或转述,并且在脚注中注明制定法出处。对判决的摘录则保留了逐字引用的方式。

《戈尔·布朗论公司》在一个关键的段落就解释性内容与相关制定法规范应

〔56〕 Palmer's Company Law (Fn. 55), Rn. 8.2501. 原文为:“公司董事必须——(a)行为符合公司章程;(b)行使权力符合授权目的。”

〔57〕 Palmer's Company Law (Fn. 55), Rn. 8.2601.

〔58〕 Palmer's Company Law (Fn. 55), Rn. 8.2602:“……拒绝‘多元化的路径(pluralist approach)’,接受法律委员会(Law Commisions)和公司法审议(CLR)[Company Law Review]建议的‘开明的股东价值(enlightened shareholder value)’。”

〔59〕 Palmer's Company Law (Fn. 55), Rn. 8.2603-8.2619.

〔60〕 *P. J. Millett* (*Lord Millett*)/(*A. Alcock*)/*M. Todd* (Hg.), Gore-Browne on Companies, 45. Aufl., Stand: Dezember 2019. 电子版中也没有个别章节的作者信息。

该如何编排的问题做出了回应:〔61〕

“下文对董事的一般职责的解释,采取了 2006 年《公司法》中的顺序,但它至少是没有反映出传统上描述董事职责的进路顺序的,后者会首先处理善意行事的核心信义义务,然后再处理其他义务或者核心义务的适用。”

换言之,需要说明的是,决定解释架构的并不是判例法,而是制定法。尽管解释所处理的资料始终都是司法裁判。对二手文献的指引只会偶然出现而且非常简单,即便是在高校教师撰写的部分中亦是如此。某些很有学术争议的问题情况也是这样,比如“揭开公司面纱”〔62〕、首次被制定法规定的“董事职责”〔63〕。

该著作在有些地方也会展开讨论,不过有时候看起来像是对着空气打拳。对于 2006 年《公司法》的某个莫名其妙到了声名狼藉的(而且可能是多余的)条款,作者写道:〔64〕

“纵使 2006 年《公司法》的表述有所改变,对先前案例的依赖也依然可能会延续下去,必须承认,判例法仍然处于一种混乱的状态。显然在某些情况下法院会允许成员(member)以成员身份来起诉,以强制执行某项公司章程所赋予的非股东(non-shareholder)权利。……不过,要由此推出每个股东(shareholder)都能够通过法院声明(declaration)或禁制令(injunction)的方式强制执行公司章程中的所有内容,还有很长的一段路。有许多论据反对这种一刀切的提议。……”

如果读者想要寻找任何提示,是谁提交了这 “大胆的建议”,终究会是徒劳;在唯一的脚注中,只有一个支持作者观点的判决。〔65〕

3.《巴克利论公司法》

《巴克利论公司法》(Buckley on the Companies Acts)于 1872 年首次出版,作者

〔61〕 Gore-Browne on Companies (Fn. 60), Rn. IV. 15. [8A].

〔62〕 Gore-Browne on Companies (Fn. 60), Rn. II. 7. [1] ff.

〔63〕 Gore-Browne on Companies (Fn. 60), Rn. IV. 15. [1] ff.

〔64〕 Gore-Browne on Companies (Fn. 60), Rn. II. 6. [5].

〔65〕 Gore-Browne on Companies (Fn. 60), Rn. IV. 15. [11C]的讨论更加清晰,但思想性上差一些:“来源于 *Maschonaland* 案的不对董事作竞业禁止的一般性规则已经受到了批评。[脚注 4:尤见于 Davies and Worthington, *Gower's Principles of Modern Company Law*, 10th edn, para 16-100.]在 *Plus Group Ltd v. Pyke* 案中,上诉法院采纳了这种批评意见,上诉法院法官布鲁克(Brooke)和乔纳森·帕克(Jonathan Parker)认为,如果从事竞业行为的董事已经被完全排除于公司业务之外,并且完全没有利用公司的财产或秘密信息,就没有必要处理该问题。”仅通过转述该判决,*Davies* 与 *Worthington* 对《戈尔·布朗论公司》的反对意见就得到了处理。

是后来成为上诉法院法官的出庭律师巴克利(Buckley LJ)。现今版本[66]的22名作者中,有超过四分之一是高校教师;参与其中的实务界人士涵盖了3位法官。该著作每年更新2次,可通过电子方式完整获取。

《巴克利论公司法》共分为导言和35个分部(*divisions*),其中只有26个分部涉及2006年《公司法》。剩余的内容处理公司法领域的其他附属性法律(Nebengesetze)。以上26个分部(*divisions*)的标题都与2006年《公司法》的部分(Parts)相对应。很多分部会把多个在事实上相关联的部分放在其中一个部分的标题项下。各分部的顺序与制定法保持一致,但有一个例外:第25分部的标题是公司章程(*Aticles of Association*)。该标题也出现在2006年《公司法》的第3部分第2章,以及《巴克利论公司法》的第1分部(设立)第3部分第2章。第25分部还涉及2008年英国经济与财政部长公布的示范章程(*Model Articels*),根据2006年《公司法》第20条,该示范章程适用于所有在设立或登记时没有为自己量身打造章程的三类公司。

在其他方面,《巴克利论公司法》保留了制定法的结构。《巴克利论公司法》的分部只是标题,标题项下,整部公司法都以原貌出现。在所有解释的开头都有制定法的原文;随后是对1985年《公司法》的旧规定和新法生效的提示(2006年《公司法》截至2009年才逐步完全生效;有些法律修订到现在还没有被经济部长宣布生效——这得到了国会的授权)。首先是概念定义,紧接着是一般性的解释,然后才是每条规定的各款与各构成要件——因此,《巴克利论公司法》在形式上符合欧陆的评注模式。

差别在于评注的内容。《巴克利论公司法》中没有二手文献,当然也就完全没有对争议问题的讨论。这些问题也很难被找到,只要它们不是围绕着某个特定的规定的话。乍看起来,"揭开公司面纱"可能会位于对有限责任公司和非有限责任公司的规定(2006年《公司法》第3条)或公司设立的后果(2006年《公司法》第16条)之中。但与之相反的是,它出人意料被规定在2006年《公司法》第15条,该条涉及公司注册官出具的公司注册证明。[67]《巴克利论公司法》在此处只对重要判决进行了简明的概述。没有进行解释。留给读者的,仅仅是比喻的大杂烩,与上文提到的关于履行障碍的情况相同。在适用于个案时,这些比喻会让读者一筹莫展。

解释是由司法裁判所决定的。没有判决时,评注就仅限于对制定法的重新表述或者单纯的交叉援引。作者不予置评。因此读者不会被提示,决算会议的定义

---

〔66〕 *Dame Mary Arden/D. Prentice/D. Richards*, Buckley on the Companies Acts, 15. Aufl., Stand: Dezember 2019. 电子版中亦无具体章节的作者信息。

〔67〕 Buckley on the Companies Acts (Fn. 66), s. 15 Rn. 713.

值得注意（见上文）。第 540 条第 1 款对“股份（*share*，Aktie oder Gesellschaftsanteil）”的空洞定义亦是如此——“公司法中的‘股份（share）’，就公司而言，系指公司股份资本（share capital）中的股份（share）”（不然还能是什么？）——作者对此径直接受：“这几款重述了 1985 年《公司法》对‘股份’的定义。”〔68〕

4.《林德利、班克斯论合伙》

关于人合公司（Personengesellschaften）的法律，英国法中的合伙（*partnership*）对应的是德国的无限公司（OHG），有限合伙（*limited partnership*）则对应德国的两合公司（Kommenditgesellschaft）。* 德国民法中的合伙（GbR）在英国法中没有直接的对应物。在 2006 年《公司法》以后，这方面的文献相比关于法人的文献就更少了。唯一一部全面且著名的著作是《林德利、班克斯论合伙》（Lindley & Banks on Partnership）。该书首次出版于 1860 年，甚至比 1890 年《合伙法》（Partnership Act）的出现还要早。第一位作者纳撒尼尔·林德利（*Nathaniel Lindley*）原先是一位出庭律师，后来成为法官，并且升任至上议院（House of Lords）。现在的作者罗德里克·艾恩森·班克斯（*Roderick I' Anson Banks*）也是一位出庭律师。该著作定期更新印刷版。〔69〕可通过电子方式完整获取。

《林德利、班克斯论合伙》遵循了 1890 年《合伙法》（Partnership Act）的章节分类：合伙的本质与设立——外部关系——内部关系——解散。但是在这些章节的内部，《林德利、班克斯论合伙》是按照主题对法律规定进行编排的，并不是按照相关规定在制定法中的顺序。规定的原文只会偶尔在正文中出现。条文号通常会位于脚注之中；1890 年《合伙法》则在附录中全文印出。

合伙内部关系的核心条款是 1890 年《合伙法》的第 24 条。《林德利、班克斯论合伙》将该法条的 9 款分成了数个要点，但它们都没有将法条原文作为解释的出发点。反之，这些规定（第 1 款：利益分配与损害分担；第 2 款：费用偿还；第 5 款：合伙事务管理等）是在许多问题项下出现的，《林德利、班克斯论合伙》认为这些问题必须在合伙协议之中得到规定。不过作者顾及了 1890 年《合伙法》中所有的任意性或有管制需要的规范。这提高了此书始终被称赞的实用价值。不过，制定法的面目就完全退居其次了。

书中的解释内容也以实务需求为导向。作者只对司法裁判进行加工。在作

〔68〕 Buckley on the Companies Acts（Fn. 66），s. 540 Rn. 7.

〔69〕 *Roderick l' Anson Banks*, Lindley & Banks on Partnership, 20. Aufl., Stand: Juli 2019.

* 此处“无限公司（OHG）”与两合公司（Kommenditgesellschaft）系采通行译法，但二者实际上均无法人资格，与我国法语境下的“公司”不同。无限公司中，没有股东对公司债权人承担有限责任，无特别规定时适用《德国民法典》中关于合伙（Gesellschaft）的规定；两合公司中一个或数个股东仅对公司债权人承担有限责任，而其余股东承担无限责任。——译者注

者与司法裁判的关系上,林德利与班克斯更多地将自己定位为报告人。即便真的有批评,也以最大程度的克制提出,比如:“尽管副大法官(Vice-Chancellor)* 的决定理应得到最大尊重,但当前编者认为,其法律基础殊值怀疑,应该在一定程度上予以谨慎对待。”〔70〕

(四)关于破产法的著作:
多伊尔、凯伊(Doyle & Keay)、托蒂、莫斯和西加尔(Totty, Moss & Segal)

1. 多伊尔、凯伊:《破产立法:注释与评论》

在关于破产法的两本主要的解释性书籍中,也出现了上述两种模式。《破产立法:注释与评论》(Insolvency Legislation: Annotation and Commentary)的 8 位作者里,有 2 位教授,1 位法官和 5 位出庭律师。主编是出庭律师路易斯·多伊尔(*Louis Doyle*)和安德鲁·凯伊(*Andrew Keay*)教授。该书截至 2019 年 10 月出到了第 8 版,〔71〕可通过电子方式完整获取。其以 1986 年《破产法》为中心,辅之以其他英国制定法和欧盟破产条例。

与《巴克利论公司法》相同,《破产立法:注释与评论》一书也严格遵照了制定法的结构和原文。后者也全面地对判例法进行了处理,对制定法的解释相较于《巴克利论公司法》更加细致透彻。只有对一个核心问题的解释遇有掣肘,即浮动抵押(*floating charge*)形式下的信贷担保(Kreditsicherheit)。这一担保手段在其他法秩序中没有完全一致的对应物。此外,抵押(*charge*)在英国的法秩序中引发了大量的物权法(更准确地说:财产法)和破产法的问题,它们成了从 20 世纪 70 年代到 21 世纪初学术争鸣的热门话题。直到 *Spectrum Plus* 判决〔72〕,这些根本性的问题才有了令人满意的答案。

在破产法的背景下,将某种担保归入浮动抵押是至关重要的,比如对 1986 年《破产法》第 40 条第 2 款中享有优先受偿权的债权人来说就是如此。2002 年以后,受浮动抵押担保的债权人就没有办法再通过将浮动抵押转为固定抵押(*fixed*

---

〔70〕 Lindley & Banks/*I' Anson Banks*(Fn. 69), Rn. 10-29. 附带的脚注 154 指出:“在 *Re White* [2001] Ch. 393 at [11] and [22]的记录中,上诉法院法官查德伟科(Chadwick LJ)似乎假定除名权已经移转,尽管这一点是否经过了辩论是有疑问的。”这一判决认可了其他判决的立场[*Walters v. Bingham* (1988) 1 FTLR 260, 268, Browne-Wilkinson VC],但《林德利、班克斯论合伙》只愿意有条件地接受这一论断。然而他们抱怨的是,双方当事人的代理人没有更好地为第二位(撰写判决意见的)法官提供建议。

〔71〕 *L. Doyle/A. Keay* (Hg.), Insolvency Legislation: Annotation and Commentary, 8. Aufl., Stand: Oktober 2019.

〔72〕 *Re Spectrum Plus Ltd.* [2005] 2 AC 680.

* 副大法官(Vice-Chancellor)负责高等法院衡平分庭(the Chancery Division of the High Court)业务的组织与管理。2005 年英国司法改革以后,该岗位改称为 The Chancellor of the High Court。——译者注

charge)来绕过这些优先权了。制定法通过修改措辞"(浮动抵押系指)在设立之时为浮动的抵押(which, as created, was a floating charge)"让转换不再奏效:一旦成为浮动抵押,就永远是浮动抵押。

作者对这一关联作出了解释,但是并没有解释基础性的"浮动抵押"概念。他们只注意到:"此款草案所采取的方法也被应用于第175条第2款(b)和第251条,后两条文也应得到参考。"在对第251条的定义性规范进行解释时,作者给出的信息也没有让概念更加清晰:

> "浮动抵押——见 *SAW* (*SW*) 2010 *Ltd v Wilson*[2015] EWHC 4069 (Ch),该判决中,法院认为,由被诉称适格的抵押权人所任命的公司管理人是合法的,如果该抵押权人的确对公司财产享有浮动抵押的话。"

但是这一判决只确认了制定法已经规定了的内容,并没有对关键概念"浮动抵押"作出解释。这里顺带一提,《破产立法》一书中经常有二手文献的指引,但是几乎不作评论,也完全没有讨论。

2. 托蒂、莫斯和西加尔:《破产》

托蒂、莫斯和西加尔(*Totty*, *Moss* & *Segal*)[《破产》(Insolvency)]的路径不同。[73] 作者以不同的事实为角度,重新整理了1986年《破产法》和其他的破产法规定。在解释中出现制定法时,对法律的引用也只是概述式或者转述式的。即便是制定法出现在某章节的开头,也不是原文,而是作者自己更为流畅的表述。如果有助于理解,作者也会将其他规定的内容整合到表述之中。对法律的解释完全来自司法裁判。没有对二手文献的指引,没有对司法裁判的批评,也没有作者提供的可选建议。

五、英国法的法源

以上英国解释性著作的特征,都或多或少地反映了英国法的整体特征,首先也是最重要的,是英国对法源(Rechtsquellen)的理解。英国法本质上有两种法源:制定法和法官法。制定法自10世纪起,由大不列颠岛上众多王国的本地立法组成。诺曼入侵和1066年后各王国统一以后,本地立法被统一的英国中央立法所取代。1973年到2000年之间,欧洲(经济)共同体和欧盟的法律也影响了英国法的部分领域。这一影响在未来会如何发展,取决于英国和欧盟之间的脱欧协定,

---

〔73〕 *P. Totty/G. Moss/N. Segal*, Insolvency, Loseblatt, Stand: November 2019.

以及随后需要达成的互惠经济关系协定。

(一)法官法

法官法包括两个部分,普通法(common law)和衡平法(equity)。普通法起源于中世纪王室法庭(curia regis)法官的司法裁判。尚在中世纪时,普通法就已经在诉讼程式(forms of action)的适用之下暴露出了僵化的一面。衡平法,大法官的衡平裁判,通过补充性或选择性的法律救济为普通法提供了纠偏的手段。直到1875年普通法和衡平法都分属不同的法律部门。现在所有的法院都可以适用这两类法律,不过它们在内容上还是相互独立的。〔74〕

法官法具有外在的统一性和历史上的延续性,其原因在于上级法院的判决理由[ratio(nes) decidendi]对于须对相似情况作出裁判的下级法院具有拘束力(*precedent*)。此外,上诉法院(Court of Appeal)还受自己先前裁判的拘束。即便是上级法院也会尽量不偏离高等法院(High Court)作出的那些已经存在很久且已经为法律共同体所接纳的判决。〔75〕 遵循先例这套体系萌芽于近代早期,但直到19世纪才有了如今的雏形。〔76〕

在两种法官法中,相较于法秩序的体系化,对个案正义的追求都处于中心地位。

"普通法涉及法官在逐个案件的基础之上发展法律,并形成法律规则,法官与其说是参照某个或者某组包罗万象的原则,不如说是参考经验和在特定案件事实

〔74〕 关于继续区分普通法与衡平法的利弊的概述与评价,见 *A. Burrows*, We Do This at Common Law but That in Equity, Oxford Journal of Legal Studies 22 (2002), 1-16, 多处。

〔75〕 *W. Holdsworth*, The Early History of Equity, Michigan LR 13 (1914-1915), 293301, 293:"连续性是普通法的历史的一个典型特征。"

〔76〕 *P. Birks*, The Academic and the Practitioner, Legal Studies 18 (1998), 397-414, 401:"19世纪废除诉讼程式是对一种信念的回应,即,过时的脚手架终已成为理性的障碍物。废除法律与衡平在制度上的分离,也以同样的信念为基础。这些勇敢的改革认为法律可以由理性加以组织并固定下来,但事实是,如果没有这些外在的脚手架,理性就无法为此做好准备。人们通过加强先例的教义争取到了时间。严格地遵守过去的习惯做法让事物保持稳定。"

背景下评估出来的正义的要求,尽管他们也要参照旧案法官所形成的法律。"〔77〕

强调个案正义而非探寻其上位原则,提高了科学透彻地把握法律的难度。如果个案的情况是重要的,如果实践经验和对正义的敏感性是最具决定性的,那么法律就是自发(spontan)产生的,尽管并不是不受指引地产生。如此一来,至关重要的就是"在场",就是对案件情况的直接印象。

这使得由学界事后进行的理性化遇有限制。在每一个新案件中,都必须重新考虑标准的可适用性。故而,最关键的不是对某个既有的文本作出最有说服力、最公正、最有益的解释,毋宁是回答那个始终如一的新问题——当前的案件情况(法律争议的事实背景)所显示出的全部特征是否与上次(或者之前的一系列先例)的特定解决方案相适应?〔78〕 这就是"与判决理由相适应"的含义。如果相适应(即再次出现该理由),则最新的法律争议必须按照上次的方式处理;如果不相适应,则就必须对既有的解决方案作出适当的调整或者寻找一个全新的方案。〔79〕

所以,英国法并没有把某个既有的原则分解为数个涵摄力较强的裁判指导原则,毋宁是,在寻找判决理由时,所上升到的抽象化程度要止步于能使事实材料进

〔77〕 *D. Neuberger* (*Lord Neuberger of Abbotsbury*, *Master of the Rolls*), Judges and professors – Ships passing in the night? 在马克斯-普朗克外国私法与国际私法研究所的演讲,Hamburg, 9. 7. 2012, online: <https://www. judiciary. uk/wp-content/uploads/JCO/Documents/Speeches/mr-speech-hamburg-lecture-09072012. pdf>, 18 f., Rn. 35; 更简洁的论述,*G. Carney*, Comparative Approaches to Statutory Interpretation in Civil Law and Common Law Jurisdictions, Statute LR 36 (2015), 46-58, 4:"苏格兰最高民事法院的库珀法官(Lord Justice Cooper)曾评论说:'欧陆法的法官无声地问自己,"我们这次应该怎么做?"而他们的英国同仁们则大声地问,"我们过去是怎么做的?"'",相似的观点已经出现在 *Blackstone*, Commentaries (Fn. 5), 54:"法律与法官的意见并不总是可以互换的术语,或者相同的东西,因为有时会出现法官误解法律的情况。不过,总的来说,我们可以视为一般规则的是,'法院的裁决证明了普通法是什么',就像在欧陆法中,君主曾经决定的东西被用作对未来的指引。"

〔78〕 *P. Sales* (*Sales LJ*), The common law: context and method, LQR 135 (2019), 47-66, 59:"由于下级法院在面对同一问题时必须遵循上级法院的裁判,所以重要的是,识别上级法院真正的判决理由是什么。" *P. S. Atiyah*, Pragmatism and Theory in English Law, 1987, 68 f.:"对先例的强调作为英国法的特征,要求将案件事实作为最重要的东西来处理。某个案件是否'相关'、是否可以与之前的先例相区别,必须取决于对事实的精细检查。基于这一原因(当然也有其他的原因)我们发现,现代法律极为强调特定案件的事实。"

〔79〕 *J. Reid* (*Lord Reid*), The Judge as Law Maker, Journal of the Society of Public Teachers of Law 12 (1972), 22-29, 24:"案件的事实如此多样,以至于如果我们认为只有实际的裁判才有拘束力,我们就永远也不会实现我们的目标。因此我们宣称,不仅实际的裁判,而且判决的理由(ratio decidendi)也有拘束力,并且期望这么做可以促进确定性的实现。但幸运的是,法官也是人类。如果法官不赞同某个既有的裁判或理由,因为它会在该待判案件里导致不公正或不合理的后果,他们就会进行区分。但这也是麻烦的肇端,你开始得到一个由区别和相符构成的令人费解的迷宫,这摧毁了确定性,因为任何一个为新案件提供建议的人都没有办法预测案件的走向。" *D. Lloyd*, Codifying English Law, Current Legal Problems 2 (1949), 155-171, 167 已经警告了"案例法倾向于将对事实的区分转变为法律的精细改良的危险"。

行相互比较的边界。[80] 更进一步的一般化并不必要,因为这样的尝试只会诱人产生将逻辑性(体系化)置于公正性之上的企图。此外,所谓的一般性原则在下一个案件中可能会以一种完全不同的方式出现。[81] 赖特勋爵(*Lord Wright*)曾经(批判性)地将这形容为绝不远离安全海岸的水手。[82]

法学家仅需要成为一名旁观者。他或她必须把自己的工作限制在收集之前的裁判并使之能够被理解上。这是通过把尽可能多的案例整合到尽可能少的判决理由(*rationes decidendi*)之中来实现的。如果某个判决没有通过这种方法来归类,就大而化之地宣称法官是"根据事实"来裁判的,[83]这当然不会有错,毕竟裁判的出发点永远都是引发法律争议的案件事实;同时这也不意味着法学家已经颓然放弃了对一个宏阔的、完整的全景图即一个体系的构建。[84] 如果(而且因为)体系只能以个案正义为代价,(那么)体系的存在就是不必要的。[85] 英国的法律人通常将这种路径描述为"实用主义"。[86]

这就解释了《哈斯伯理英国法》和《奇蒂论契约》为何强调事实背景[87],并逐

---

〔80〕 *Sales*, Context (fn. 78), 55:"当事人划定他们争议的范围并呈现出他们认为的与争议之裁决相关的材料。法官并不会对可能影响立法机构为特定问题制定恰当法律的所有事实进行漫无目的的调查。法律是从当事人相互对抗的论证中产生的,它差不多是特定争议的副产品。据此,法院的造法功能,即便真的存在,也被设定在最有限的范围内。它试图抽取出一个在某种意义上既判案件中固有的原则,然后将其适用到自己所面临的新事实情况之中。因此,法院对法律作出的调整通常应该是渐进的。"

〔81〕 *A. Rodger* (*Lord Rodger of Earlsferry*), Judges and Academics in the United Kingdom, University of Queensland LJ 29 (2010), 29-41, 32:"法官通常是谨慎的,他们逐案展开工作:提前于案例法的发展作出广泛的陈述既不明智也没有用处。法官们都清楚地知道,即便是在案例法发展多年以后所作出的陈述,也可能被证明是不可信的。"

〔82〕 *Lord Wright*, Study (fn. 27), 186 :"难道从一个案子到另一个案子还不够吗,就像古代的地中海水手一样,沿着海岸从一个点到另一个点,避免体系或科学的无边大海的危险?"

〔83〕 或者该裁判会被指为错误:*M. Flohr*, Judges and University Lawyers in England, RabelsZ 77 (2013), 322-344, 335;这当然需要比一般法官更多的勇气,也与作者在第341-343页(尤其是脚注83)中令人印象深刻(且贴切)的相反观点的例子不相符。

〔84〕 参见下文脚注135中伯克斯(Birks)的计划,通过《英国私法》绘制出一幅全景图。

〔85〕 对此的批判性意见 *Atiyah*, Pragmatism (Fn. 78), 128:"我们都清楚如今将一个案例认作'只适用于其特殊事实'而排除出考虑是多么常见,但是,如果按照字面解释理解,这是一个没有意义的公式,它说明,急需对先例的教义进行根本性的反思。"

〔86〕 *Atiyah*, Pragmatism (fn. 78), 3f. 对此的论述:"英国法律人不仅有着实用主义的倾向、某种程度上对理论性的方法抱有敌意,而且极其以此偏好为荣。……英国人传统上就偏爱'蒙混过关(muddling through)',并且至今以此为傲。麦克米伦勋爵(Lord Macmillan)……提出,英国的天才'总是对理论和原则有着强烈的厌恶和不信任。'"

〔87〕 *Lord Wright*, Study (Fn. 27), 186:"在英国,由裁判产生原则,而非由原则产生裁判(也即在欧陆的法秩序中)。"在同样的意义上 *Atiyah*, Pragmatism (Fn. 78), 29 f. 与德国对比指出:"比如,在现代的德国法之中,高级法院的裁判经常会引用案例;但与英国的方式并不相同。例如,对案例事实的细节分析要少得多,因为所寻找的并不是先例(precedent),只是例证(examples)。"

字复述各位法官用以大致描述自己对正义的直觉的那些隐喻。对此,法官本人也是至关重要的。支撑起体系的,是法官对公正的解决方案的可靠直觉,以及让自己在裁判中的决策尽可能被之后的法官准确理解的能力。但如果将不同的表达方式凝结为一个包罗万象的,因而也越来越抽象继而也就越来越不直观的表达公式,〔88〕恐怕只会有害于此。

深入思考作为学术的固有使命尽管并不是多余的,〔89〕但具有决定性的(或曰足以支撑判决的)是在判决作出的那一刻,法律得到了怎样的理解和遵行。只有法官能够对此有所作为。〔90〕 法学家的贡献是微小的,法学家之间的交流更不足道。因此,《哈斯伯理英国法》和《奇蒂论契约》的作者才如此湮没不彰。只有在边缘处,作者的观点才会受人待见。作者对其他法学家观点的看法就更是如此了。

(二)立法者的(次要)角色

1. 英国法中的单行法与(几乎完全)缺失的法典化

尽管国王从 11、12 和 13 世纪就已经在平民与贵族代议组织越来越多地参与下制定法律,但直到 20 世纪,法官法都在英国的法源中占据首要地位。推动立法的,常常是司法裁判的发展方向引发了议会的不满,或者法官特别要求立法者对有争议性的或者复杂的问题作出回答。〔91〕 因此大量的单行法只有几个条文。

相关法案数不胜数,试举 1945 年《法律改革法(与有过失)》[Law Reform (Contributory Negligence)]为例〔92〕。立法者通过该法的 4 个条文有针对性地放弃

---

〔88〕 相似看法见 *Atiyah*, Pragmatism (Fn. 78), 27 f. :"在应对这一问题(对一般化的需求和个案的需求的协调)时,英国法和法律人如今偏向于个案、具体的东西、先例,而非原则。……普通法的方法论很可能对这一路径有促进作用。比如,很难想象一个法国的法律人会同意霍姆斯(Holmes)的名言:'一般性的命题无从决定具体案件(general propositions do not decide concrete cases)'。即便是敏锐地论及原则在法律中的重要性的戈夫勋爵(Lord Goff),也坚持认为,在任何学术与实践的冲突之中,都必须尊重后者,因为'实用主义必须成为座右铭'。"

〔89〕 *Atiyah*, Pragmatism (Fn. 78), 37:"许多法律研究仅仅致力于阅读理解法律,并对法律以更加方便和易懂的方式进行重述。因此,英国的法律教科书或者标准执业者手册的目的,并不被认为是一种具有显著创造性的活动。其他人——当然尤其是法官——形成了法律;学者们只是阅读法律以了解信息,然后尝试将法律还原为某种形式或秩序。"

〔90〕 *Atiyah*, Pragmatism (Fn. 78), 129, 警告称,这种方法"容易退化为完全的'一事一议(ad hockery)'——一种决疑论的方法,它最终会排挤掉对严密的法律分析和思考的需求,代之以简单的感觉与情绪。"

〔91〕 参见 *P. Sales* (*Sales LJ*), Judges And Legislature: Values Into Law, Cambridge LJ 71 (2012), 287-296, 第 287 页:"简单的描述是,立法机关制定法律,取代或者补充既有的制定法或者普通法,而法官解释和适用这些法律";第 292 页:"法官与议会协作,他们将自己识别出来的议会的意图贯彻到特定案件的结果之中,对此,议会在立法时可能没有直接地考虑到。法官在适用过程中来完善议会颁行的法律。"

〔92〕 <http://www.legislation.gov.uk/ukpga/Geo6/8-9/28/contents>.

了普通法上的规则,根据该规则,即便是受害者对其所遭受的损害负有极为轻微的过失(与有过失),也会导致其损害赔偿请求权被完全排除,而不论其对损害的与有过失多么微小。这一规则拒绝赋予遭受事故的产业工人以针对其雇主的赔偿请求权,即便是在19世纪和20世纪初最为严酷、最易发生事故的工作条件下。共同雇佣(common employment)理论作为另外一个"制动器"(Hemmschuh),则被1948年仅有3个条文的《法律改革法(人身伤害)》[Law Reform(Personal Injuries) Act]〔93〕排除适用。

这两部制定法都是艾德礼(*Attlee*)首相领导的工党政府在战后推行的社会改革的一部分。它们同样是些逐项干预的措施,并未展现出构建体系的雄心。侵权法,如同契约法的大部分内容(见上文关于履行障碍法的论述),仍然是法官法结合少量制定法的产物。此外,同一法律领域中不同的制定法有时也会为了条理清晰起见被合并为新的制定法,比如内容丰富的1894年《商船法》(Merchant Shipping Act)〔94〕。1979年《货物买卖法》(Sale of Goods Act)区别于其1893年的前身的,也在于它只是一种简单的法律合并(见上文)。上诉法院法官奇蒂(*Chitty LJ*)如此描述这些制定法:"此类法律的一般目的是以完整的形式将该主题的制定法整体呈现出来,废止之前的制定法。"〔95〕

临近19世纪末时甚至还有过一次短暂且内容有限的法典化运动。〔96〕它产生了1882年《汇票法》(Bills of Exchange Act)〔97〕、1890年《合伙法》(Partnerships Act)〔98〕、1893年《货物买卖法》(Sale of Goods Act)〔99〕和1906年《海上保险法》(Marine Insurance Act)〔100〕。此后重要的法典化包括2006年《公司法》(Companies Act)〔101〕和2015年《消费者权益法》(Consumer Rights Act)〔102〕,尽管它们并没有自称为法典化。

在英国人看来,法典化的目的在于:"对一个特定主题的主要法律规则作出有序而且有权威性的陈述,不论这些法律规则位于制定法还是普通法之中。"〔103〕这

〔93〕 <http://www.legislation.gov.uk/ukkpga/Geo6/11-12/41/contents>.

〔94〕 <http://www.legislation.gov.uk/ukkpga/Vict/57-58/60/contents/enacted>.

〔95〕 *Conservators of the River Thames v. Smeed, Dean & Co*[1897] 2 QB 334, 346 (Chitty LJ).

〔96〕 关于在那之前的发展,见*Lloyd*, Codification (Fn. 79), 155-158; *A. Tettenborn*, Codifying Contracts—An Idea Whose Time has Come?, Current Legal Problems 67 (2014), 273-295, 274 f.。

〔97〕 <http://www.legislation.gov.uk/ukkpga/Vict/45-46/61>.

〔98〕 <http://www.legislation.gov.uk/ukkpga/Vict/53-54/39/contents>.

〔99〕 <http://www.legislation.gov.uk/ukkpga/1893/71/contents/enacted>.

〔100〕 <http://www.legislation.gov.uk/ukkpga/Edw7/6/41/contents>.

〔101〕 <http://www.legislation.gov.uk/ukkpga/2006/46/contents>.

〔102〕 <http://www.legislation.gov.uk/ukkpga/2015/15/contents/enacted>.

〔103〕 Halsbury's Laws of England (Fn. 14), Bd. 96, hg. v. D. Greenberg, 2018, Rn. 239.

与其说是回答问题,毋宁说是提出了问题:新的制定法与此前的判例法是一种什么样的关系?未来的判例法应该有怎样的地位,尤其是应该有怎样的独立生命?一方面,当时有观点认为:

“这种制定法的目的必然在于,对于它明确处理的任何问题,都应该通过解释其所使用的语言来查明法律,而非像以前一样,通过在海量的权威判决中漫游来发现法律是什么,并借助对先前裁判极为详尽仔细的审查而将法律抽取出来。”〔104〕

另一方面,由此产生了“法典的老化”问题,如果法典打算(妄想)把法律状态冻结起来的话。在这种情况下,法典必然会不可避免地被后来的经济与社会发展所超越。这似乎要求判例法要继续拥有其独立的生命。法官虽然不能无视法典,但为了确保其公正性与合目的性,法官必须能够超越法典。〔105〕

对这些问题的典型处理方式是2006年《公司法》的第179条第3款和第4款:根据第3款,法定的董事职责取代普通法和衡平法中的规则;所以,诉讼必须依据2006年《公司法》的某个条文,而非之前法律中的某项义务。同时,第4款要求法官对新法的解释必须顾及作为新法基础的、当前与未来对普通法和衡平法基本原则的解释,因为:

〔104〕 然而赫舍尔勋爵(Lord Herschell)在*Bank of England* v. *Vagliano Bros*[1891] AC 107, 144 f.中进一步说:“当然我远没有作出断言,绝不可能求诸之前的法律状况来帮助解释法典中的规定。比如,如果某个规定的含义是有疑义的,那么诉诸之前的法律状况就完全合法。又或者,如果发现法典中的某个词在以前已经有了专业术语的含义,或者其用法与常见含义不同,……那么,有理由在法典中也对它们作相同的解释。”关于“损害的间接性(remoteness of damages)”的规则就是一个例子,1893年《货物买卖法》第50条第2款、第51条第2款、第53条第2款,1979年《货物买卖法》第50条第2款。该规则来源于*Hadley v. Baxendale*(1854) 9 Ex 341, 354 (*Alderson B*)判决。并不是两部《货物买卖法》的规定,而是该1854年的判决决定了该领域在20世纪和21世纪的法律发展,详见Benjamin's/*Dawson*(Fn. 38), Rn. 16-045.

〔105〕 *Ashington Piggeries Ltd v. Christopher Hill Ltd.*[1972] AC 441, 501 f. (*Lord Diplock*):“由于1893年《货物买卖法》中规则的来源,该法所接受的分类是参照相对简单的买卖契约类型中的允诺(promises)而形成的,它们在19世纪很常见,并因此成为1893年之前司法裁判的对象。尽管表达这些规则的语言对于简单的契约类型来说是恰当的,但如今,它必须被适用于在复杂得多的合同中作出的允诺,这些契约没有办法被简单地划归到某个单一的契约类型之中,后者似乎主要是由法典特定的一条或一款来加以构想的。……各位法官,因为我相信契约的英国普通法基本原则(包括在1893年《货物买卖法》中已经法典化的那部分)是让双方当事人关于其相互允诺的共同目的按照我刚才描述的意义生效,所以我倾向于在处理每个上诉案件时,都首先按照交易中的常识与善意去考虑买方和卖方之间的交易行为,然后再去审查当事人所依据的法典中的特定条款。”

“尽管董事的义务是以独特的方式发展起来的,经常表现为更为一般性的原则。但第4款的意图在于,使法院有权继续考虑适用于此类其他信义关系(fiduciary relationship)中的普通法和衡平法原则的发展。这样做的益处是,将使得法定义务与适用于其他地方的法律中的相关发展保持一致。”〔106〕

故而,永远都有必要“参考大量案例”,〔107〕或者更文雅地表达为:“制定法既依赖普通法,又是普通法发展的来源。”〔108〕

因此,法典编纂的设想还是被放弃了,尽管赫舍尔勋爵(*Lord Herschell*)在19世纪末还曾对此起心动念。〔109〕 20世纪尽管又出现了法典化的声音,要么是整个私法,〔110〕要么至少是像契约法这样的个别核心领域,〔111〕要么是就从商法中筛选

〔106〕 *Lord Goldsmith* [*Solicitor-General*], in: House of Lords Hansard, Bd. 678, Sp. GC243-245, 244 [Grand Committee] (6 Feb 2006), online: <https://publications. par liament. uk/pa/ld200506/ldhansrd/vo060206/text/60206-26. htm>.

〔107〕 *The Solicitor-General* [*Lord Goldsmith*], in: House of Commons Standing Committee Debates (HC Comm D), Sp. 531-537, 532 (6 July 2006), online: <https://publications. parliament. uk/pa/cm200506/cmstand/d/st060706/pm/60706s08. htm>.

〔108〕 *A. Burrows*, The relationship between common law and statute in the law of obligations, LQR 128 (2012), 232-259, 233,所以“人们不能把普通法和制定法彻底割裂,以及……试图在尚未精通普通法时就去理解绝大多数债法的制定法,是一个错误。”

〔109〕 *E. McKendrick*, English Contract Law-A Rich Past, an Uncertain Future?, Current Legal Problems 50 (1997), 25-68, 41:“对法典化的兴趣很快就消退了,直到1965年创设法律委员会,对契约法的法典化才被重新提上日程。法律委员会为这一项目认真工作了数年,并且实际上已经制定了一个法典的草案,但是苏格兰法律委员会撤销以后,项目的工作在1973年被暂停了。该项目再也没有重新启动。此后,法律委员会将其工作限于对契约法中重要性程度不等的问题进行审查。”

〔110〕 *Lloyd*, Codification (Fn. 79), 164 f., 支持法典化:“人们可否严肃地争论,在如今,哪种做法更加合适?是让我们的民法仍然要从几个世纪的大量裁判中收集起来(这些判决中有很多是相互冲突的或者在司法上只有毫厘之差),混杂着许多不同种类、零散且无计划的制定法?还是将其归纳为一个井然有序、理性且一贯的整体,形成一个新的起点?……另一方面,法典不仅是对现行法进行单纯的重述,仍将现行法中所有人为和多余的复杂与不清晰的东西纳入其中。法典应该澄清异议,而非固化它们。”但是他并不乐观:“就法典化本身,我承认我几乎察觉不到任何真正的愿望或渴望,去倾听杰里米·边沁(Jeremy Bentham)的声音。我已经指出,最近关于修订制定法的提议,是在依循英国碎片化整合的传统路线,对此,官方的态度似乎相当满意。”*Tettenborn*, Codifying (Fn. 96), 289 f. 也反对单纯的重述,因为它缺少拘束力。

〔111〕 *Tettenborn*, Codifying (Fn. 96), 278:“英国法法典化的需求来源于它的五个问题。可以将它们总结为交流的问题、不确定性的问题、不明确性的问题、反规则以及不做说明的假定”,他在文章的其余部分对此作了解释。他认为,契约法法典化的建议“符合‘轻法典化(condification-lite)’的传统,英国法已经在有限的例子中适应了这一传统,比如1979年《货物买卖法》或1906年《海上保险法》”。这样做的动力也在于,担心如今状态的英国法可能失去其国际重要性。

出来的问题进行单独立法,[112]但它们大多都仅限于调整范围狭窄的孤立式制定法。有时会针对数量众多的单行法进行清理,在某些情况下,还会针对一个特定问题就相关的判例法进行总结,然后将其纳入既有的制定法之中。1979 年《货物买卖法》就是通过这种方式从其 1893 年的前身中脱胎而成。有此先例之后,对新法的修订也就起而效之了。

所以,总体上仍然可以说,"成文法总被认为是碎片化的……成文法的主要目的……在于修改和改革不成文法……在英国,不成文法被视为常态,而成文法是例外"。[113] 尤其是在制定单行法时,立法者会避开根本性的革新问题,因为:

> "英国人真正的特点在于,不喜欢中断和重新开始。我们一点也不反对在实践中以新的东西替代旧的。但是总的来说,我们倾向于,或者以不损及同一性的方式修改既有的东西,或者在旧的东西旁边建立新的,让旧的依傍自己的生存能力存续或者消失。"[114]

相应地,直到今天也有两种不同的观点经常在"制定法 vs. 普通法"的问题上相左:一种观点认为普通法与传统的紧密联系是社会进步道路上的障碍,人民代

---

[112] *R. M. Goode*, Removing the obstacles to commercial law reform, LQR 123 (2007), 602-617, 605 ff., 他也担心英国法的国际声誉:"即便我们的商法与时俱进且质量一流,它也不具有能够被移植到其他的司法管辖范围的形式。你无法输出一个由成千上万的案例和彼此间关联性很糟糕的制定法所组成的大杂烩"(607)。相反,*McKendrick*, Past (Fn. 109), 57 强调积极的一面:"英国契约法已经对国际贸易施加了巨大的影响。只需要看一下法律报告就会知道,有些重要的契约案件中,除了诉讼当事人的契约受英国法管辖这一事实,诉讼当事人与英国全无关联。"

[113] *F. Lawson*, The Rational Strength of English Law, 1951, 17 f. 在新近文献中持有相似观点的是 *J. Beatson* (*Beatson LJ*), The role of statute in the development of common law doctrine, LQR 117 (2001), 247-272, 247:"然而,普通法体系中制定法的重要性不应该被忽视,因为几乎普通法的每个分支现在都在很大程度上受到了制定法的影响。但是制定法不是'法典'。尤其是,法典代表了大陆法体系的'默认'原则,而普通法原则是普通法系的'默认'规则。所以制定法在普通法系统中不被视为原则的来源,原则是由判例法断断续续的发展所铸就的。"更简洁的表述 *F. Lawson*, Has The Common Law A Future?, Cambridge LJ 56 (1997), 291-314, 301:"在心理上,如果不是统计上,制定法对许多法律人来说依然是例外而非原则。"

[114] *Lawson*, Strength (Fn. 113), 20 f. 更具批判性的观点,见 *F. Pollock*, The Genius of the Common Law, 1912, 34:"按照英国公共事务的常见做法,改革是零碎[逐一]地被引入的,没有任何固定的计划,所以,在它们缓解了最急迫的不满时,也会引发新的问题,几乎次次都是如此";以及 *Atiyah*, Pragmatism (Fn. 78),第 34 页:"如果法律和制度以英国的方式有机地发展,篡改各种看似无用且过时的小部分就是危险的。对此的证据是,系统作为一个整体在有效地运转着,即便我们无法说清它为什么有效运转,以及不同的小部分可能服务于怎样的理性目的",以及第 125 页:"在法律中,像在其他地方一样,也终会迎来这样的时刻,旧的结构已经过于摇摇欲坠以至于无法进一步修补,它们必须被拆除,必须从头开始设计新的建筑。但这的确需要对整个设计的理性基础进行恰如其分的研究,从而使新的建筑能被竖立在令人满意的地基之上。恐怕这种情况的发生在我们的法律体系中是极为罕见的。"

议机构应该通过立法实现社会的进步;[115]另一种观点则将这种与传统的紧密关系视为一种堡垒,可以对抗仓促、思虑不周、被意识形态裹挟的立法。[116]

2. 对法学的影响

体系性立法的普遍缺乏和民法集中法典化的完全缺失也影响了法学。大量具体而微的制定法,其任务只是修正司法裁判中错误的发展方向,出此范围即成强弩之末。[117] 制定法技术呈现的是一种把构成要件和法律后果详尽规定到最微小的细枝末节的结果。[118] 这一方面是为了防止借助解释新制定法的假象去维持不为人所乐见的司法裁判(但并不必然成功,或者根本无法完全成功,见上文),另一方面,这种尽可能少的干预也证实了法官及其创造在普通法中不可或缺的地位。

---

〔115〕 *J. A. G. Griffith*, The Politics of the Judiciary, 5. Aufl., 1997, 从这个角度研究了不同法律领域(尤其是劳动法、社会法和刑法)中的大量判决。

〔116〕 所以,对于劳动法 *A. Bogg*, Common Law and Statute in the Law of Employment, Current Legal Problems 69 (2016), 67-113, 69:"对普通法规范主义者来说,普通法象征着政治共同体的公共理性,共同体的规范通过普通法法院中渐进式的历史发展得到改善。制定法代表一种低质量的立法技术,它经常反映某个团体的阶层利益,比如工会(trade union),尤其是在扩大民主选举权以后。相反,功能主义者则认为普通法代表了一种高度倒退的、反民主的、对进步的社会与经济变革的阻碍。持久的政治变革是通过政府权力的部署,以委托立法(primary legislation)和壮大行政国家的形式来实现的。"

〔117〕 *Beatson*, Statute (Fn. 113), 252:"现在似乎看起来很清楚,刑法和私法的制定法改革都不太可能通过法典化来完成,但会借助制定法来修正特定的缺陷。这一被某位起草人称为立法显微手术的过程,会让法律更加成为普通法和制定法的混合物。但人们不应该为此担心。因为,就像 Zimmermann 所说,'即便是最精心设定的制定法规则,作目的论解释,也不必然与在适用上更具有一般性、更高层级的原则体系相协调'。"

〔118〕 对英国制定法表述的抱怨并不是新出现的。早在 1909 年 *Dicey*, Blackstone (Fn. 2), 298 就已经注意到:"产生于议会起草人的技巧或诡计之下的议会法案,以及为满足党争需求进行的法律修改,直白地说,就是以文明世界里能看到的最蹩脚的英文写成的文件。"《法律改革法(与有过失)》[Law Reform (Contributory Negligence)]第 2 条可以作为一个例子[由于篇幅限制,诚如迷宫一般的 2015 年《消费者权益法》第 19 条和第 20 条未能在此原文列出,见上文第三部分(三)]:

"关于劳工与雇主的规定。

(1)若在 1925-1943 年《劳工赔偿法》(Workmen's Compensation Acts)规定的起诉时限之内,独立于该法,就伤害或疾病引起损害赔偿提起诉讼,请求该法所规定的赔偿,且在诉讼中确定——

(a)该损害可独立于该法,在适用本法前条第 1 款之减少(损害赔偿)规定的前提下获得赔偿;以及

(b)雇主根据 1925-1943 年《劳工赔偿法》负有赔偿义务;

1925 年《劳工赔偿法》第 29 条第 2 款(授权法官在驳回独立于该法的损害赔偿诉请时,根据该法确定和判给损害赔偿)应在所有方面适用,如同该诉讼已被驳回,而且,若原告选择根据该第 2 款确定和判给损害赔偿,则不应在前述诉讼中获得损害赔偿。若案件根据某依据 1925-1943 年《劳工补偿法》或 1940 年《劳工补偿与补助(棉尘病)法》[Workmen's Compensation and Benefit (Byssinosis) Act]批准或制定的方案可获得损害赔偿,而该方案适用 1925 年《劳工赔偿法》第 29 条或含有任何类似规定,则本款应经必要地调整而适用。

(2)……"

因此,法学学术在此游刃的空间非常有限。继续存在的法官法(在清除了其错误的发展轨迹之后)保留了它的特征,而且也恰好符合立法者的本意。上文已经表明,对于法官法进行学术上的分析处理,在英国法中相比其他法秩序有更多的限制。

另一方面,改革法的视野也仅限于剔除出立法者有意设置在司法裁判中的这条唯一的支线。因为要从司法裁判中进一步抽取出一般性的教义,看起来自始就没有多少希望。[119] 随着时间的推移,也会出现关于改革法的判决。但就其本质而言,这些判决都仅限于小心翼翼地去试探继续存续的普通法会将其边界扩展到何处,以及改革法为普通法的后续发展会设置怎样的限制。[120]

改革法自有其特有的内容,即创造新的、更公平合理的规则去填补已经出现的法律漏洞。[121] 在解释改革法时,普通法的熟悉方法会反复出场。立法者在其中表达其形成意志(Gestaltungswillen)的谨言慎语,使得法官有理由将制定法条文本身作为一种判决理由(*ratio decidendi*),或者从中发展出新的、具体的理由(*rationes*)。这种发展可能受到那些(有时也难免迂腐的)系列定义的限制。这些定义在其涵摄范围之内,发挥着与普通法中那些坚如磐石的既定理由(*rationes*)相类

---

〔119〕 *Beatson*, Statute (Fn. 113), 307:"制定法的规定已经……被视为对普通法领域的孤立个别的入侵,这并不被认为是在表达一种可以从中分析出某项原则的政策。"同样,*Atiyah*, Pragmatism (Fn. 78), 31:"立法起草详尽且晦涩的风格使得法院几乎不可能从立法中抽取出原则,将立法视为与普通法生长在一起的嫁接物,并将法律作为一个整体来发展。"

〔120〕 *Burrows*, Relationship (Fn. 108), 236:"人们应该知道,在何种程度上之前存在的普通法已经被制定法排除,又在何种范围内继续存在。这最终是一个对特定制定法的解释问题,但也会出现一般性的问题",关于"以制定法为基础的普通法"与"纯粹的普通法"之间的区别,见 4.(240-244),当然有一个限制,"与可以适用类比推理的普通法的发展不同,对制定法的类推解释理不应再被视为恰当。对制定法文本的广义解释是一回事,但将文本延伸到尽管相似但不能被其涵盖的其他情况,就完全是另一回事(242)。"

〔121〕 这方面的一个例子是 1967 年《错误陈述法》(Misrepresentation Act),online:<http://www.legislation.gov.uk/ukpga/1967/7>,该法部分取消了关于契约缔结之前或缔结之时的错误陈述的规则(功能上与德国的错误法相当),代之以新的规定;*Atiyah*, Pragmatism (Fn. 78), 124,谈及:"当前涉及契约中错误陈述的法律令人难以置信的复杂性,先是衡平法补充了普通法,平心而论,这套规则的组合已经足够复杂了,然后 1967 年《错误陈述法》又堆在了它们上面。"关于改革法与继续存在的普通法之间关系的不同可能性的详尽论述,见 *Burrows*, Relationship (Fn. 108), 236-240,根本性的论述已经可见于 *R. Pound*, Common Law and Legislation, Harvard LR 21 (1908), 383-407。

似的作用。[122]

受欧盟法和英国人权法立法[《1998年人权法》(Human Rights Act 1998)]的影响，目的论解释和类比推理的方法近期也开始被应用于英国的制定法和普通法。[123] 因此，制定法的立法背景和上下语境又重新聚焦了人们的目光。在*Pepper v. Hart*[124] 一案的裁判要旨中，亦对此有所回应，即，能够说明制定法目的的材料，比如立法咨询记录、立法理由书等，也是可采信的认识来源。[125] 只要法院以可靠的方法、有原则地吸收新的事实情况和社会发展状况，就完成了立法者默示的委托。[126]

然而，这两种发展路径在2016年"英国脱欧"公投之前都受到了政治上的攻击，公投之后受到的攻击更是变本加厉。因此，解释方法的持续性是不确定的。在本文所梳理的出版物中，学界都没有使用这些解释方法(当然这也可能与本文涉及的法律领域有关)。

缺乏一部中心法典也深刻影响了英国的法学，并且延缓了上义意义中评注文献的出现时间。典型的情况是，一部法典的各个部分并不是没有关联地并列在一起，而是以多种方式相互交织。司法裁判逐案向前推进，但是并不是所有的案件都让人有动机去深入思考法典各部分之间的相互关系。这些关系是逐渐进入到法官的视野之中的。同样，制定法中的漏洞也是随着时间的推移才能被看清。

在这一过程中，学术的使命在于揭示法典内部更为深刻的关联和可能的漏洞，并给未来案件的司法裁判提供方向指引。对此，人们可能会想起冯·图尔

[122] *P. Sales* (*Sales LJ*), Modern Statutory Interpretation, Statute LR 38 (2017), 125-132, 128对此的描述是："制定法是被传递到法律价值与期待的现有且高度发展的框架之中的法律指示。现有的法律、推理的模式和已经建立起来的小范围价值体系提供了诠释制定法的语境。一接收到制定法文本，律师和法官就会尝试将其编制到法律的组织结构之中去。制定法可能表现为一种对既有做法的根本性背离，在这一情况下，既有的法律依然能够提供背景环境，来评估议会究竟打算作出何等程度的根本性改变。"*Burrows*, Relationship (Fn. 108), 242强调，"不论人们对普通法与制定法解释之间的相似性与差异性的程度有何种看法，应认为，先例的规则的确以同样的方式适用于以制定法为基础的普通法，一如其适用于纯粹的普通法"，所以"人们可以有力地主张，用普通法来解释制定法是绝对应该受到鼓励的，这不仅是因为它有助于加强普通法与制定法之间的一致性，还因为普通法是被精心造就的，可以既有原则性又注重实践地发挥作用"。关于解释方法在英国的发展的法比较，见*R. Zimmermann*, Statuta sunt stricte observanda? Statutes and the Common Law: a Continental Perspective, Cambridge LJ 56 (1997), 315-328, 多处，尤其是第326-328页。

[123] *Beatson*, Statute (Fn. 113), 251 f., 例子见IV (a), 252-256, 以及(e), 260-263; 更进一步的例子见*Burrows*, Relationship (Fn. 108), unter 6., 248-258。

[124] [1993] AC 593 (HL); 关于其产生*R. Buxton*, How the common law gets made: Hedley Byrne and other cautionary tales, LQR 125 (2009), 60-78, 68-73.

[125] *Sales*, Interpretation (Fn. 122), 128 f., und *Beatson*, Statute (Fn. 113), 312.

[126] *Burrows*, Relationship (Fn. 108), 246.

(*von Tuhr*)[127]仅就新颁行的、在法官法方面还并不发达的《德国民法典》总则展开的广博论述,或者温德沙伊德(Windscheid)的《潘德克顿法教科书》(Lehrbuch des Pandektenrechts)第8版对新法典的阐释。[128]

在英国法中,尽管各制定法之间也会出现这些问题,但是,它们甚少相互协调,对自身内容上的体系化也很少重视。像《法国民法典》和《德国民法典》在制定法内部所展现的那种多层次性,在大部分条文数量少、单条内容长、条文间相互断裂的英国制定法中难觅踪迹。不过,如果要在司法实践中去探测制定法的调整范围、发现其漏洞并探寻其在普通法中发展的可能性,英国的法官及其司法裁判因循传统做法所担负的关键性角色是毋庸置疑的。[129]

体系化在英国法中的缺失有其深层的根源。在英国法前800年的发展过程中——即在1873/1875年维多利亚司法改革以前——诉讼程式(forms of action)的体系决定着案件能否诉诸法院。梅特兰(Maitland)对此的解释是:

> "不同的诉讼程式之间的差别在实践中极为重要——'一种诉讼程式'意味着一种特定的初始令状(original process)、一种特定的中间令状(mesne process,在现代英语中为main process)、一种特定的终局令状(final process)、一种特定的诉状(pleading)模式、特定的审理(trial)模式、特定的判决(judgement)模式。但继而在相当大的程度上——**在某特定诉讼程式中施行的实体法已经独立于在其他诉讼程式中实施的法律发展起来**。每一种程序上的分类(pigeonhole)都包含着其特有的实体法规则,**我们用从一个分类中发现的东西去论证可能在另一个分类中发现的东西时,要非常谨慎**,每种分类都有着自己的先例(precedents)。"[130]

---

[127] *A. v. Tuhr*, Der Allgemeine Teil des Deutschen Bürgerlichen Rechts, 1910-1918.

[128] *B. Windscheid/T. Kipp*, Lehrbuch des Pandektenrechts, 8. Aufl., 1900-1901.

[129] *Burrows*, Relationship (Fn. 108), 247:"认为议会在通过一项制定法时已经积极地决定,不应该遵行普通法在没有该制定法时会合法地发展出来的内容,只是一种虚构而已。最实际的是,认为议会对普通法的发展没有看法,更不用说是否定性的看法了。如果议会留下了漏洞,那可能是出于疏忽,或者是感觉法院能够处理后续的发展,又或者仅仅是体现出议会在当时认为什么问题应该优先处理。探寻某种议会的意图是走上了歧路,真正的问题是由法院来决定的,即,法院为未来所计划的某种发展是否会以削弱制定法的方式而与其相矛盾,或者使制定法难以施行。"

[130] *F. W. Maitland*, Equity. 以及:The Forms of Action at Common law. Two Courses of Lectures, hg. v. A. Chaytor und W. Whittaker, 1929, 298(强调符非原文所加)。更近期的,上诉法院法官迪普洛克(Diplock LJ)将"诉因(cause of action)"定义为"仅仅是一种事实情况,该事实情况的存在使得一个人有权从法院处获得针对另一个人的救济";诉讼程式的取消也"并不会对诉因产生影响;因此,对律师和立法者来说很方便的是,继续使用不同'诉讼程式'的名称来描述让一个人有权从法院处获得对另一个人的救济的事实情况的不同种类,适于特定事实情况类型的救济之前就是借助'诉讼程式'获得的":*Letang v. Cooper*[1965] 1 QB 232, 242 f.。

因此,在英国法中没有全景图,〔131〕某些人甚至将此视为英国法的优点。〔132〕绘制一幅这样的全景图,一张英国法的"地图"〔133〕,是彼得·伯克斯(*Peter Birks*)在他的《英国私法》(Englisch Private Law)之中所关切的。〔134〕在该书中,盖尤斯(*Gaius*)的人、物、诉讼制度三分,被拓展为五分,加上了(关于法源的)导言和对物在财产法和债法上的细分,还有更加详细的分类,以及偶尔为方便起见所作的妥协(比如,在买卖契约而非物法中处理所有权移转,将保证与物上担保一起放在物法中处理)。伯克斯的构想遭到了罗马法学者杰弗里·塞缪尔(*Geoffrey Samuel*)的尖锐批评。〔135〕除了《英国私法》中的划分是一种建议而非规定以外,塞缪尔令人遗憾地没有敢于自己提出一个替代的方案。

另一个问题是,伯克斯通过该书为英国法绘制了多大的"全景图"?《英国私法》被证明是一部内容丰富且极具实用性的教科书合集(近1400页),其涵盖的22部简明教科书的每一位作者都是其所处领域的重要代表人物。该书外在形式的紧密关联从其概述式的两章内容即可见一斑——"财产:一般原则(Property: General Principles)"和"契约:总则(Contract: In General)"。在更仔细地观察之下,前者处理的是信托法和不动产法,关于契约法的后者更像是一个对该部分所有后续章节的导言。〔136〕但即便如此,各特别章节还是既没有参引概述章节,它们之间也没有相互参引。

这一现象的原因也在于英国法学院系的教学工作体制。即便是民法学者也

〔131〕 *P. S. Atiyah*, Common Law and Statute Law, Modern LR 48 (1985), 1-28, 第1页:"所有的法律人当然都知道,普通法和制定法的大部分都是个烂摊子,但到底是有一个烂摊子还是两个?"但在第3页中作者又慷慨地表示:"法律的确是一张无缝的网,一个由相互联系的普通法和制定法规则组成的大网",以及第5页:"如今法律是相互依存的普通法和制定法所组成的混合物,经常很难说,特定的判决是由制定法还是普通判例法决定的。"

〔132〕 *Tettenborn*, Codifying (Fn. 96), 290:"可以说,英国的契约法和商法在智性上更优,因为法官经常能够直奔事实,无需将自己的推理归入到合意、违约、免责条款等一般性的重要理论之中。"

〔133〕 在布莱克斯通的《英国法释义》之中已经出现了这一比喻,见本文脚注10。

〔134〕 *P. Birks*, English Private Law, 1. Aufl., 2000; 目前为3. Aufl., 2013 hg. *v. A. Burrows*. 关于所谓"分类学家"的学术背景与相关环境,见 *Flohr*, *Richter*(Fn. 83), 332-335。

〔135〕 *G. Samuel*, English Private Law: Old and New Thinking in the Taxonomy Debate, Oxford Journal of Legal Studies 24 (2004), 335-362, 第347页对其批评的总结:"伯克斯当然有权利把盖尤斯的结构作为一张地图,但这存在着现实的危险,它可能最后会像伦敦地铁路线图一样。它或许是最有用而巧妙的东西,但是和经验事实毫无关系",以及第361页:"盖尤斯对法律的认识论来说仍然有极大的重要性,伯克斯认为放弃学习盖尤斯是很令人惋惜的这一观点也应该得到完全的支持。需要惋惜的是那些一意孤行、智识上专制的怀旧计划。普通法的传统对欧洲法律的一般知识已经作出了很大贡献,因为它能够对盖尤斯的结构提供另一种图景,与在民法学家的心目中固化的图景不同。在普通法的图景中,对物关系与对人关系能够以在欧陆法中无法想象的方式混合在一起。"

〔136〕 作者为尤安·麦肯德里克(Ewan Makendrick),内容上是本文之前已经观察过的其在《奇蒂论契约》中所写部分的简短版本。

不会同时研究和教授契约法、不当得利法、侵权法、动产法和不动产法,充其量只涉猎其中的两三个领域,如果还研究民法的附属领域,或者同时教授公法或刑法,在前述领域中的选择面就会更小。[137] 上文中提到的诉讼程式传统和后续影响,导致各民法法律人从不会(即便会,也只是作为第二选择)以民法学者来自居,而是首先将自己界定为契约法、侵权法、信托法等领域的学者。同时,学术或行政的基础配套措施近乎完全缺失,迫使学者们只能专注于有限的主题,因为学者个人在其整个学术生涯中还要担当其科研和教学工作的"房屋管理员(Hausmeister)"*。

此外,法秩序的整体发展也不均衡,不同的法领域成为法律争议对象的时间和频率亦不相同。有些法领域可能在相当一段时间里都无法获得任何关注,而其他法领域却在同一时期迅速发展。欧陆的评注作品使得所有领域都会定期经受考察——尤其在新版本面世的时候。发生作者更替时肯定也会如此,这不仅因为欧陆的法学家通常有着表达"新东西"的抱负,还由于哪怕只是在其专注的领域找到了比此前更易于理解的方式去阐述,他们也要快速将其转化成铅字。纵然没有制定法修改或新的裁判作出,他们也依然会有新的思考。

在英国法中,由于缺乏法典化,活跃的法律领域并不会拉着"打瞌睡"的领域一起往前走。在某个法律领域中"什么也没有发生"的时间越长,再作思考的理由也就越少。这也表现在杂志发表的实际情况中:论文应该尽可能地"合乎时势",亦即由新的发展动向来带动研究的风向。[138] 德国刊登基础性论文的"档案(Archiv)"类期刊在英国没有(不再有)对应物,即便是最古老的大型学术期刊《法律评论季刊》(Law Quarterly Review)也一直借助其判决评释投身于时事性。凡此种种可以解释《哈斯伯理英国法》《奇蒂论契约》等上文中观察的著作里为何会缺少交叉引用、概览性的阐述和其他的体系化思考。

六、英国的法律人培养与法学文献的发展

广义的法学文献始于中世纪盛期的《年鉴》(year books),它是一种为学习与教学之用的私人笔记的大杂烩,包含诉讼程式、对个案的论证以及关于法庭活动的轶事。[139] 这个时期有三部教科书脱颖而出:12 世纪的格兰维尔(Glanvill),13

---

[137] 从牛津大学法学院成员的研究领域也可以看出这一点,见<www. law. ox. ac. uk/people/academic>。

[138] 此为《牛津法律研究杂志》(Oxford Journal of Legal Studies)刊发稿件的选稿标准之一。(作者为《牛津法律研究杂志》的三位编辑之一。)

[139] 详见 *T. Ellis Lewis*, The History of Judicial Precedent (Teil 1), LQR 46 (1930), 207-224, 215-224。

* Hausmeister 指受雇对较大型的建筑物进行维护、清扫并维持秩序者。——译者注

世纪的布雷克顿(Bracton)和15世纪的利特尔顿(Littleton)。布雷克顿是他们中的佼佼者,其成就直到15世纪才被布莱克斯通所超越。[140]

关于案例的报告从近代早期开始便更为体系化,也更为可靠。因此,个案判决作为法的知识来源的比重也上升了。此时的典型文献形式(直到18世纪依然如此)是《摘要》(abridgment),它是一种判决摘要,按照案件事实类型的字母顺序划分结构,在条目中通常按照时间顺序排列[《哈斯伯理英国法》的外部结构与其遥相呼应,见本文第三部分(一)]。

伴随着启蒙运动,人们也更为努力地把杂乱繁多的司法裁判归纳为可以指导裁判的原则,并将法律作为一个有序的整体、一个体系来理解。这一阶段的杰出著作是布莱克斯通的《英国法释义》,对此上文已有论述。除此之外,主要面向法院实务需求的非体系性文献仍然占据统治地位。

如上所述,布莱克斯通从1758年起是牛津大学的第一位英国法教师。[141] 直到19世纪的最后四分之一世纪,牛津大学才有了法学院。(如今仍然只有一半新获批的事务律师(solicitors)和出庭律师(barristers)的大学专业是法学;[142] 另一半则是在其他专业毕业以后又修读了一年的转专业课程(conversion course)。[143] 从

---

〔140〕 参见 *Dicey*, Blackstone (Fn. 2), 295 引用的梅特兰(Maitland)的名言;关于这些以及更早的教科书,见 *Ellis Lewis*, Precedent (Fn. 139), 209-215。

〔141〕 *Dicey*, Blackstone (Fn. 2), 301:“任何人都可以在大学里学习英国法的想法,对于英国世界来说是个新事物,而且,我们可能可以肯定,它被广大英国法律人视为异端邪说。”

〔142〕 关于事务律师,见 *The Law Society*, Trends in the solicitors' profession Annual Statistics Report 2018-August 2019, 30, online: <https://www. lawsociety. org. uk/support-services/research-trends/annual-statistics-report-2018>:“尽管只有少数法学毕业生会选择成为事务律师,但近年来这一渠道也占了新批准执业者的一半左右。”对于出庭律师,出庭律师标准委员会(Bar Standard Board)的数据没有按照所学专业进行细分,见<https://www. barstandardsboard. org. uk/news-publications/research-and-statistics/bsb-research-reports/regular-research-pub lications. html>;但商业性的职业介绍机构 TARGETjobs 向申请人保证,“大多数出庭律师办公室的招聘是平衡的,法学和非法学背景的大概各占50%”,<https://targetjobs. co. uk/career-sectors/law-barristers/298550-howto-become-a-barrister-without-a-law-degree>。

〔143〕 *Birks*, Academic (Fn. 76), 403 f. 对此的报告:“这一态度主要出现在实务人士之中……法学教育没有真正的重要性,它只是法律人必须经历的东西,就像海军候补军官必须站在桅杆前面一样。我可以生动地回忆起在一次为六年级中学生举办的会议上,会上既有出庭律师标准委员会的代表,也有事务律师协会(Law Society)的代表,他们发言的核心都是:法学院完全是浪费时间,我们更喜欢那些在大学里学其他专业的人,你们应该避开法学院,并把通过一年的转专业课程来进入实务作为目标,在你们已经做了某些更有价值的事情以后。”伯克斯(Birks)本人的判断(同上):“我们通过为非法学的大学毕业生提供的一年转专业课程沦为了欧洲的笑柄。”相反的观点 *E. Roskill* (*Lord Roskill*), Law Lords, Reactionaries or Reformers?, Current Legal Problems 37 (1984), 247258, 247:“我从来没有接受过任何法学学术训练,因此可能必然的结果是,半个世纪以来,不论作为律师还是法官,我都试图看到法律在实用意义上而非智识完美性意义上的发展。”

这一时期开始，大学教授才经常且大量撰写英国法教材。[144] 其中像波洛克（*Pollock*）[145] 与安森（*Anson*）[146] 的民法教材，以及戴雪（*Dicey*）[147] 的公法与国际私法教材［见上文第四部分（二）］，不仅甫一问世便赢得了声望与影响力，[148] 而且这种声望与影响力泽被后世，绵延至它们当前的最新版本。[149] 从 1878 年起，《法律评论季刊》（Law Quarterly Review）开始刊登篇幅更长、学术要求更高的论文，其中也包括罗马法和比较法的文章。但是，直到 20 世纪，大部分的法律学术文献还都产生于高校之外。

在 19 世纪和 20 世纪，由于实证主义的滥觞和民族主义的崛起，司法裁判作为法学学术文献的出发点，其地位得到日益强化。在维多利亚时代（1835-1901），庞大的英帝国得到了最大规模的扩张，并迎来其作为世界最大经济强国的鼎盛时期。型塑了英国法秩序的法官法连同那些杰出的法官先贤，在英国人的自我认知中已经成为其文化基因的一部分，而大不列颠在世界范围内的优越性似乎就建立在这些文化基因之上。也正因此，出版社才以退休大法官的名义出版《哈斯伯理英国法》的新作［见上文第三部分（一）］。

直到 20 世纪末及以后，绝大部分教科书都仅限于以“主题-时间”的顺序对案

---

[144] *Dicey*, Blackstone (Fn. 2), 303 f.：“在为实务人士提供的法律书籍中，在 1850 年当然也存在——正如会永远存在——大量价值高低不等或者完全没有价值的论著。在理应为理解力强的读者提供指引的教科书中，统摄各法律部门的基本原则很少，或者根本没有杰出的功绩……优秀教科书的缺位或许是因为大学没有参与到法律教育之中。”

[145] *F. Pollock*, Principles of Contract, 1. Aufl., London, 1876; ders., The Law of Torts: A Treatise on the Pricinples of Obligations Arising from Civil Wrongs in the Common Law, 1. Aufl., London, 1886.

[146] *W. R. Anson*, Principles of the English Law of Contract and of Agency in Its Relation to Contract, 1. Aufl., Oxford, 1879.

[147] *A. V. Dicey*, Introduction to the Study of the Law of the Constitution, 1. Aufl., London, 1885, 现在可见：The Oxford Edition of Dicey, hg. v. J. W. F. Allison, Bd. 1: The Law of the Constitution, 2013.

[148] *Dicey*, Blackstone (Fn. 2), 306：“波洛克教授的《契约的原则》（Principles of Contract）通过应用从外国作者和英国权威精心研究中收集到的观点，解决了那些困扰学生和精通法律的律师的问题。安森的《契约法》（Law of Contract）不仅为英国的法科生，也为美国的法科生提供了最好的法律指南之一。”走得更远的是 *Atiyah*, Pragmatism (Fn. 78), 173，不过其目标是重新作出评价：“在最低限度上，就我而言，两位学术大师（波洛克与安森）因创造一般契约法而应获得的赞美，与整个 19 世纪的法官加在一起一样多。”同样 *Birks*, Academic (Fn. 76), 399：“合同由威廉·安森爵士（William Anson），弗雷德里克·波洛克爵士（sir Frederick Pollock），杰弗里·切希尔教授（Professor Geoffrey Cheshire）主导，最近，由冈特·特雷特尔爵士（sir Guenter Treitel）主导，毫无疑问，他是全世界在这个问题上最伟大的权威。”（那些尽管受过法学教育但从未听过特雷特尔的名字的人，可以安慰自己，自己属于另外一个世界。）

[149] 比如，*J. Beatson/A, Burrows/J. Cartwright*, Anson’s Law of Contract, 30. Aufl., 2016。

件进行复述,也就是自然而然的结果了。[150] 不过,个别划时代的体系性全面论述也是存在的,比如罗伊·古德(*Roy Goode*)的《商法》(Commercial Law)。[151] 20 世纪末,尽管博士学位对高校职业来说并不是强制性的,但事实上也不可或缺,这对专著文献的繁荣起到了显著的推动作用。

这一发展的加速也源于科研评估框架[Research Assessment Exercise,现为研究卓越框架(Reasearch Excellence Framework)]中的发表要求,其自 1997 年起,每 7 年对全国范围内所有各级高校教师的研究成果进行评估。与最高评级相关联的研究经费竞争,也导致了高校教师学术工作的核心领域(至少是传统方法)发生了贬值。最高评分——"具有国际地位"和"国际领先"——通常都授予了跨学科的"法律与……"的研究,而不是对判例法进行传统分析的"黑体字法(black letter law)*",后者日益被讥讽为闭塞的、仅具有地区性的研究。不过,获得最高评分的这些学术文献对法官群体的帮助并不大。[152]

七、高校与法学文献的影响

从上文可见,英国法的核心在于法官法,而法官法在很大程度上是脱离法学教师的参与而产生的:"至少在理论上,在普通法的形成过程中并没有学术的输入——它是由法官建立起来的。"[153] 换种说法便是:"很大程度上是因为判例有权威性而作者没有"。[154] 直到布莱克斯通的出现,甚至在之后的一百年中,即将成

---

[150] 对此,*Atiyah*, Pragmatism (Fn. 78), 7:"我从一个哈佛法学院的教授那儿听说(他自己不是律师),之所以没有颁给律师的诺贝尔奖,是因为普通法的律师不尊重原创思想。这位教授称,在先例体制中,你可以通过证明此前从来没有其他人想到过你对手的观点,来摧毁这一观点。这无疑是夸大其词了,但他绝对有道理。"

[151] *R. M. Goode*, Commercial Law, 1982; 现在可见 *E. McKendrick*, Goode on Commercial Law, 5. Aufl., 2016. 对此 *Birks*, Academic (Fn. 76), 399:"没有任何一个遇到一般商法问题的实务人士会否认,他们会首先求助于罗伊·古德教授。"

[152] *Lord Rodger*, Judges (Fn. 81), 34. 对于美国法学中此类文献的若干非常直观的例子,见 *R. Zimmermann*, Savigny's legacy: legal history, comparative law, and the emergence of a European legal science, LQR 112 (1996), 576-605, 583 f. (略去脚注):"法律评论中充斥着这样的文章,它们关于新的或不同的意见,关于法律与故事讲述,关于内在于我们异化的环境之中的未异化的相关性,关于财产法作为阳具的隐喻。"青年学者必须从事范式转换的业务,以确保终身职位。他们往往甚至不打算与法律实践建立知识联系。对于英国的"法学逐渐远离实践"见 *Flohr*, Richter (Fn. 83), 339-341. 在他看来,"如果在英联邦的年轻高校法律人之中目前可以察觉到一种乐观的情绪",那么这一印象就英国的作者而言,很大程度上来自于对原创性的强烈主张(以及偶尔能真的达到这一要求的出版物),科研评估和研究杰出框架的评价机制迫使他们这么做。

[153] *Neuberger*, Jugdes (Fn. 77), 19 Rn. 37.

[154] *W. W. Buckland/A. D. McNair/F. H. Lawson*, Roman Law and Common Law, 2. Aufl., 1952, 11.

* 指"公认的(或通行的)法律规则"。

为法律人的英国人都不是在大学里学习法律(英国国教改革之后大学里依然只教授罗马法),而是通过法院旁听和接受已执业的实务人士的指导来进行学习。[155]这一现状影响了司法裁判,其在司法中留下的深刻烙印反过来又影响了学术研究和法学教育。

如前所述,对普通法而言,关键的不是体系化或者概念上的完备性,而是为个案寻得公正解决方案。具有典型性的是哈斯伯理法官(《哈斯伯理英国法》的命名者)的论述:[156]

"每一项裁判都必须被视为适用于特定事实……一项判例只对它实际判决的对象具有权威性。[157] 我完全不认为它可以被援引为一个似乎从逻辑上得出的命题。这种推理形式假定法律必然是逻辑的法典,但每个法律人都肯定清楚,法律并不总是逻辑的。"

若干年后麦克米伦勋爵(*Lord Macmillan*)基于同样的精神作出了更为明确的判断:[158]

"各位法官在本院的任务是对特定当事人之间的案件作出裁判,各位没有将英国法律予以理性化的使命。这片诱人但危险的土地最好还是留给别人去耕作吧。在本案中,检查为上诉人的利益所提出的某些一般性原则是必要的,因为据说一贯性(consistency)要求这些原则也应该被适用于待判案件。基于法律一贯性的论证很容易产生误导,因为普通法是适于处理复杂多样的人类生活的实用法典,正如美国大法官霍姆斯(*OW Holmes*)已经提醒我们的那样,'法律的生命不在于逻辑,而在于经验。'就我个人而言,我很满意地说,我认为从案例或教科书中援引不出什么权威论断,来从逻辑上或其他方面去证明各位法官使上诉人的抗辩生效具有正当性。"

---

〔155〕 *Holdsworth*, Blackstone (Fn. 3), 263, 这样描述布莱克斯通自己的教育:"布莱克斯通将他从书籍和参与庭审中学到的关于英国法的准确知识和他从大学中学到的关于英国历史、政治理论与罗马法的知识结合在一起。"关于布莱克斯通以前的法律教育的详细论述:*W. S. Holdsworth*, Educational System of the English Inns of Court, Canadian Law Times 41 (1921), 359-367 (Teil 1), 446-460 (Teil 2); *T. Plucknett*, The Place of the Legal Professions in the History of English Law, LQR 48 (1932), 328-340, 332.

〔156〕 *Quinn v. Leathem*[1901] 1 AC 495 (HL) 506 (*Lord Halsbury LC*)。

〔157〕 但这不能说明什么,正如 *Lord Wright*, Study (Fn. 27), 193 所强调的:"一个裁判只对它实际判决的东西有权威,而同样的事实很少会重复出现。一般来说,尽管并非总是如此,案件之间会存在足够多的差异来证明,一个坚定且思想自由的法官将待判案件与被认为有拘束力而援引的前案相区分是正当的,如果他认为正义要求他这么做的话。"

〔158〕 *Read v. Lyons*[1947] AC 156 (HL), 175.

这一摸索前行、直觉导向的观点一直延续至今。比如,一份刑法判决认为:"在严格的逻辑上,这个观点是不正当的。但这一观点被英国的普通法接受了,它建立在常识和经验之上,而非基于严格的逻辑。"〔159〕因此,关于普通法的概念基础,有观点正确地指出:〔160〕

"总的来说,它们所呈现的一般化(generalisations)是相当有限的,只限于实务人士和法官在任何特定的时刻所需要的程度。因为学术界的法律人的影响力很小,所以几乎不存在进行更为广泛的一般化的倾向,去涵盖实践所需的小范围的一般化。这种知识分子的懒散的后果之一——如果确实是这样的话〔161〕——就是导致了相当多的未竟之事。相当部分的法律……只是按照字母顺序得到整理。"

上文在分析判决理由(*ratio decidendi*)时所显示出的情形,在此处又得到了反映。这也解释了为何直到如今大型学术著作仍然倾向于按照字母顺序而非按照事实的不同方面来进行结构划分。

这一做法也使得法学更难以对英国法进行体系化,并将其归纳为原则。它也妨碍了法学内部的讨论。各位法学学者就仿佛车轮的辐条一般,都看向轮毂:将辐条们联系在一起的轮缘,却并不在视线之内。

法学家之间的交流也乏善可陈。在英国法的领域中,就像上文讨论过的,履行障碍的法律后果所受到的制定法影响很小,法学家必须像所有其他参与法律生活的人一样忍受法官法,就像他必须接受某制定法一样。他们可以批评某个先例是不适当的,〔162〕但是法学家关于法政策上的适当性的观点,和任何其他人的观点

---

〔159〕 *Director of Public Prosecutions v. Majewski*[1977] AC 443, 482 (*Lord Salmon*). 关于这一流布到了法学文献中的态度,*Atiyah*, Pragmatism (Fn. 78), 6 指出:"除了对理论与实践或实用主义的一般性对比,我们发现法律文献还不断提到逻辑与经验的对比,并提到演绎或先验的思考和归纳或经验的推理之间的差别。"另见同上第7页(本文脚注150),以及作者在第9页及以下脚注19作为论据的 *N. MacCormick*, Legal Reasoning and Legal Theory, 1978, 40:"总体而言,英国法律人与作家倾向于近乎将不符合逻辑视为一种美德,并把这种美德自然地归因于他们的法律;'符合逻辑'是欧陆的古怪做法,有常识的英国人沉溺于此会有危险。"

〔160〕 *Lawson*, Strength (Fn. 114), 78.

〔161〕 相反,*Atiyah*, Pragmatism (Fn. 78), 80 f. 借助让法律能为陪审员及法律外行所理解的必要性来解释普通法的"实用主义"(不同于衡平法):即便在民法中,直到19世纪都有陪审员;如今在名誉损害的损害赔偿诉讼中,陪审团有时仍然会出现。

〔162〕 *S. Vogenauer*, An Empire of Light? II: Learning and Lawmaking in Germany Today, Oxford Journal of Legal Studies 26 (2006), 627-663, 655:"如果像在英国一样,司法裁判是国家法的一部分,那么法律学者就只能接受它,就像他们必须接受一部制定法一样,对裁判的批评也只能基于法政策的角度",这显然与德国的传统完全相反(658 f.)。

一样,也仅是一种私人看法。任何人都可能提出一个对特定判决的替代方案,但是这样做的作用也是有限的。案件事实很少会精确地重复出现,在新情况下,按照传统的方法永远要再去追问,上次的决定性理由、判决理由(ratio decidendi),是否也出现在了本纠纷的事实背景之中。对此,事前能做的只有抽象的推想,在具体案件中的收获很少。

因此,与法官的核心地位相映照的,是法学学术的从属角色。对于法律人,有句"能者成事,不能者成师(those who can, do; those who can't, teach)"的谚语至今仍然适用。[163] 这一轻视到如今仍体现在高校教师的收入和资源配备上。[164]与此相应,政府部门、国会、行政机关、企业、社团和私人不会寻求教授们的咨询意见,而是寻求皇家大律师(Queen's Counsels,富有经验并被授予荣誉头衔的出庭律师)的意见。直到 2005 年司法改革,法官征聘也仅限在皇家大律师的范围之内,[165] 到今天也几乎仍然是这样。2005 年以后,"侧门上车"成为可能,比如高校教师安德鲁·伯罗斯(*Andrew Burrows*,牛津)2019 年被任命到最高法院。从 19 世纪到 20 世纪后四分之一,在判决中引用尚在人世的作者甚至是不妥的。已经去世的作者如果有足够的权威,则可以被引用。这一规则的利与弊在其所谓的生效时间内经历了热烈的讨论,不过如今它已经被完全放弃了。[166]

但也有个别的法领域偏离这一模式。1950 年后,罗伯特·戈夫(*Robert Goff*)[后来的常任上诉法官奇夫利的戈夫男爵(*Baron Goff of Chieveley*)]等高校教师加

---

[163] 从这一意义上,哈罗德·拉斯基(Harold Laski)评判伦敦政经学院:"目前……这里的整个法律教学体系极其糟糕;对成为法学教授的出庭律师缺乏认可意味着,除了一两个像瓦伊那教席(布莱克斯通在牛津的教席)那样的岗位,法学教师是一群能力较低的人,他们主要进行教学,是因为他们没法在律师界获得成功",转引自 *M. DeWolfe Howe*(Hg.), Holmes-Laski Letters: The Correspondence of Mr. Justice Holmes and Harold J. Laski 1916-1935, 1953, Bd. 2, 1156。

[164] 相似的观点 *Atiyah*, Pragmatism (Fn. 78), 35:"在英国,法官与实务人士相比学者明显有着更强的重要性、更高的地位以及更重的责任。人们似乎很难意识到,事情并非必然如此,但事实上,即使在其他普通法的国家,比如美国,情况也常常有所不同。"

[165] 关于这一传统的出现,*Plucknett*, Place (Fn. 155), 332-334。

[166] *Lord Reid*, Judge (Fn. 79), 22 认为:"至少在上议院,我们对这一旧规则视而不见,即,学术作者去世之前不是权威,因为在那之后他才无法再变更自己的看法。"*Lord Rodger*, Judges (Fn. 81), 30:"我们已经到达这样一个阶段,即,已经不再残留有反对在判决中引用学术资料的制度性偏见。法官是否选择引用它们,部分取决于个人的偏好,更重要地,也取决于他们是否认为可用的学术材料对解决当前的问题有帮助。"详尽论述,*A. Braun*, Burrying the Living? The Citation of Legal Writings in English Courts, American Journal of Comparative Law 58 (2010), 27-52; *Flohr*, Richter (Fn. 83), 326-328, 330-332, 336-338。

强了对不当得利法的研究。[167] 他们将作为契约法附属物的不当得利从籍籍无名中解放出来。[168] 而接下来面临的问题是,在几乎没有先例可循的情况下去发展一个普通法的核心领域。对于新的理论,即便是在大学里接受了法学教育的法官也并不熟悉。在此情况下,法学得以对法律发展施加前所未有的影响。[169] 同样不同寻常的是,在这一领域中甚至也有来自非普通法(Nicht-common law)的声音得到了倾听,尤其是来自德国的不当得利法。[170]

不过,基于其特殊背景,不当得利法可能依然是一个例外。在其他领域,尤其是上文观察过的履行障碍法,广博且历史悠久的判例法在英国法中所占据的核心地位,使得要在其中产生在类型和范围上皆可类比于德国法的评注文献,将变得很困难。

八、结语

普通法的本质特征从总体上阻碍了评注(Kommentare)的产生——而评注在此的定义也正是我们观察英国法的出发点——但这种阻碍并不是全面的。出于同样的原因,教科书文献也只零星地发挥过滤与体系化以及(在德国尤其是由评注来承担的)批评与讨论的功能:"学者是理论家,而英国法体系厌恶理论。"[171]

根据判决理由(rationes decidendi)作出裁判尤其深刻地影响了普通法的特征,判决理由介于(或者卡在)对个案事实的一般化和抽象的法规范之间。在此背景之下,筛选、整理、分类始终是英国文献的主要工作。这一对判例法的依赖性有时会让人产生法学没有勇气进入法官尚未率先涉足的领域的印象。即便是在法律文献的旗舰《哈斯伯理英国法》和《奇蒂论契约》中,在契约法的核心领域里也几乎没有多少自己的独立思考。

不过,若干其他领域之中呈现出了更强的多样性,体系性思维和原创性日益成为值得追求的目标。接下来的几十年必会表明,英国法在英国 2020 年 1 月 31

---

〔167〕 *R. Goff/G. Jones*, The Law of Restitution, 1. Aufl., 1966, 现为 2016 年第 9 版, 名为„Goff & Jones on the Law of Unjust Enrichment", C. Mitchell/P. Mitchell/S. Watterson 修订。(国内已引进该书第 7 版原版,见加雷斯·琼斯:《戈夫和琼斯论返还法(第 7 版)》,商务印书馆 2013 年版。——译者注)20 世纪 80 年代有 *P. Birks*, An Introduction to the Law of Restitution, 1989, 90 年代有 *A. Burrows*, The Law of Restitution, 1993,此后还有很多其他著作。

〔168〕 参见本文脚注 27。

〔169〕 *Lord Rodger*, Judges (Fn. 81), 38.

〔170〕 例如,*R. Zimmermann*, Unjustified Enrichment: The Modern Civilian Approach, Oxford Journal of Legal Studies 15 (1995), 403-429。

〔171〕 *Atiyah*, Pragmatism (Fn. 78), 42.

日脱欧以后,是会继续保持近期“欧陆”的评注倾向,还是基于对英国特色的强调而拒绝它。在英国作为欧盟成员国的期间里,里德勋爵(*Lord Reid*)的这类声音从来都不曾沉寂,经过以往四年的政治发展,它的众多支持者们的表达意愿更加强烈了:[172]

“如果我们不得不进入共同市场,必须处理欧陆的立法与裁判,我们应该做些什么?我实在是不知道。我们可能必须学习很多东西,不仅仅是欧洲的法律,更重要的是欧洲法律人的思维习惯,我怀疑它要比我们自己的思维习惯更具理论性,更轻实践。”

---

〔172〕 *Lord Reid*, Judge (Fn. 79), 28.

美国的法律“评注”:劳动分工

[美]马蒂亚斯·雷曼　张华　戴慧娴 译

目　　次

一、导言:路线图

本文所指的“评注”是一种法律文献形式,它针对特定(准)立法文本如宪法、法典或制定法,至少大致按照文本规定的顺序来提供相关信息、解释和意见。[1]

---

〔1〕 需要注意的是,在普通法传统中,“评注”一词主要与 18 世纪和 19 世纪的各种基础性专论有关,尤其是布莱克斯通(W. Blackstone)的 4 卷本《英国法释义》(1765 年至 1769 年间出版于牛津),以及他的美国同行 J. Kent 的 4 卷本《美国法律评论》(1826 年出版于纽约)。这两本书都有好几个版本。以及 Joseph Story 于 1831 年至 1845 年间出版的关于美国法律十几个领域的“评注”。一个更早的前身是 1628 年于伦敦出版的柯克(E. Coke)的《利特尔顿评注》(也被称为“英国法总论”)。

在讨论美国的“评注”时,我们将以德国式的评注作为参照。这并不是因为这种形式的法律文献在本质上优于其他形式,而是因为它是法律文献中一个特别突出的样本,直接关注对法定文本的逐条解释。

在我们寻找美国的“评注”之前,我们必须首先简要调查哪里存在何种(准)立法文本。然后,我们将探讨哪些类型的美国法律文献发挥着德国式评注的功能——其中强调三种功能:研究工具、意义解释和批判性评估。我们会发现,在美国,这3种功能是通过三种不同的文献来实现的:宪法和制定法的“注释”(annotations);对统一法律、示范法和重述的“评论”(comments);以及关于特定法律领域的“专论”(treatises)。这里最终引出的问题是:为什么在美国,基本上没有关于制定法(和类似)文本的单一的、完整的、等同于德国式评注的出版物?[2] 答案很大程度在于美国和德国法律文化之间的3个根深蒂固且密切相关的差异——关于制定法规则在法律体系中的地位、法律的基本概念以及法律研究和分析的普遍习惯。

二、美国的“成文法”:一个简短的调查

尽管美国在传统意义上被归类为普通法国家,但如今人们普遍认为(准)立法文本发挥着巨大作用。按照英美法的术语,这些文本通常被贴上“成文法”的标签,与司法判决中所载的普通法相对。在美国,这部“成文法”基本上有3种形式并且存在于3个层面。对美国法律体系足够熟悉的读者请跳过本节。

(一)三种形式的“成文法”:宪法、制定法和行政法规

与许多国家一样,美国的“成文法”基本上有3种形式:宪法、制定法和行政法规。自建国以来,成文宪法不仅是整个美利坚合众国的基础,也是每个州的基础。制定法从国家产生至今也同样发挥了非常重要的作用;如今,制定法至少大体上涵盖了绝大多数主题,因此独立存在的普通法在很大程度上已成为例外。最后,20世纪见证了行政部门制定的行政法规的爆炸性增长。正如我们将看到的,“评注”主要针对制定法,有时针对宪法,但一般不针对行政法规。

---

〔2〕 关于国际法规则的评注,如《联合国宪章》《国际法院规约》或《联合国国际货物销售合同公约》,在美国是众所周知的,尽管它们大部分是由外国学者撰写;例如,见B. Simma等人于2012年主编的《联合国宪章:评注》的第3版;A. Zimmermann于2006年主编的《国际法院规约:评注》;I. Schwenzer于2016年主编的《〈联合国国际货物销售合同公约〉(CISG)评注》的第4版。我此处不讨论这些评注,具体参见Christian Djeffal和Ralf Michaels分别撰写的关于国际公法(Völkerrecht)和跨国法(Transnationales Recht)的两章。

(二)三个层级:联邦、州、地方

由于美国法律体系呈现出明显的联邦结构,因此“成文法”也产生于3个层级。适用于全国的联邦立法的产物——尤其是国会立法和机构条例——越来越多。然而,绝大多数“成文规则”都存在于州一级,即以州宪法、法律和行政法规的形式存在。在下一层级,市政当局还主要以城市法规和条例的形式制定了大量解决地方关切的规则。大多数联邦和州法律都有这样或那样的“评注”,但纯粹针对地方事务的评注阙如。

(三)无约束力规则:统一法、示范法、重述

此外,缺乏(直接)法律效力的“成文规则”有3种重要形式。首先,有大量的统一法案,它们基本上是提交给各州以供采纳的示范法规。这一体裁最著名、也是最成功的例子是《统一商法典》。此外,还有大量为立法项目提供更一般指导的示范法,其中一些影响很大,比如《示范刑法》。最后是法律的重述,它们由(非官方)规则组成,以准制定法的风格浓缩不同主题领域的(案例)法。这些不具约束力的规则大多数也已成为“评注”的主题。

三、功能各异的三类“评注”

不言而喻,在比较不同法律体系的相关方面时,重要的不是关注标签,而是要识别那些发挥相同(或至少类似)功能的要素。因此,如果我们要寻找德国式评注的美国版本,我们必须首先定义这种体裁的目的和用途。

当然,从广义上讲,德国式的评注对需要与制定法文本打交道的律师来说是一种帮助。然而,更具体地说,它有3项主要功能。首先,它是一种提供信息和参考的研究工具,可以收集、过滤和组织与基础文本有关的数据,尤其是案例和学术文献。其次,它解释了不同的条款,例如,通过介绍立法历史和交叉引用其他条款或文本。最后,它通过将条款与更广泛的法律理论相联系,将其语境化,并经常为某些立场提供批判性的评估和权威,例如规则的正确适用或改革的需求。

如前所述,在美国,尽管有一些重叠,这3种功能大体上由3种不同类型的文献来实现。研究工具这一功能是宪法和法规的“注释”的范畴,与德国式评注非常相似,它们逐条分析文本[见下文(一)]。对文本含义的解释是“评论”的主要目的,尤其是对统一法案、示范法案和重述的解释,它们通常也逐条进行[见下文(二)]。然而,语境化和批判主要由“专论”(或“实践指南”)提供,它们通常是按

主题组织的,因此近似于“手册”(Handbuch)。[3] 让我们依次进行阐述。

(一)研究工具:宪法和制定法的“注释”

“注释”涉及许多类型的书面规则,但并不能涵盖所有类型。我们将研究(1)宪法(2)法律(3)和统一法的注释。在形式上,它们类似于德国式评注,但它们本身只具有一个主要功能:研究工具。

1. 宪法

宪法层面的主要“评注”是《美国宪法:分析和解释》(俗称《宪法注释》,简称CONAN)。值得注意的是,它既不是学者的著作,也不是商业出版商的产品。相反,它是由一家联邦政府机构,即美国国会研究局(Congressional Research Service)提供的。从1913年开始,它已经使用了1个多世纪。印刷版以独立一卷出版,新版每10年出版一次,并临时通过2年一次的补录(supplements)进行更新。如今,还有一个在线(“数字更新”)版本,可以免费公开获取。[4]

在尺寸和重量上,这部作品与德国的《帕兰特民法典评注》(Palandt)(目前的版本大约有3000页)相当,但其印刷密度要低得多,并且避免使用缩写。在布局和风格上,它更能与《慕尼黑民法典评注》相媲美。它用一个简单易懂的文本,然后加上大量的脚注,对宪法的每一条都进行了评注,通常是对每一个条款,甚至经常是对所使用的特定术语进行评论。[5] 这些解释主要集中在美国最高法院的裁决上(目前的一卷涉及其中的大约6000项),但偶尔也会参考制定法条款以及专论和法律评论文章。

总而言之,如果一位欧洲大陆的律师想要了解美国宪法条款解释的基本信息,他/她会首先查阅这套书。然而,在美国律师中,宪法注释在很大程度上是不

---

〔3〕 另一个研究工具是两本常用的“百科全书”,即《美国法大全续编》(简称“CJS”,1936年出版至今)和现已出版第2版(简称“AmJur 2d”)的《美国法释义全书》(1936年出版至今)。这两本书目前都由汤普森路透(前West出版公司)出版。它们分别由大约200卷和150卷组成,并不断更新。它们提供了数千个不同领域和法律问题的条目,并按字母顺序排列。此外,还有Westlaw出版的《美国判例汇编》(ALR,1919年出版至今)。ALR分为几个“系列”,由数百卷组成。它包含更长、更深入的文章,讨论与主要案件有关的未解决、新出现或变化的法律话题。使用这些研究工具需要一些培训,而法学院通常会为学生提供这些培训。此处不讨论这些作品,因为它们不是对书面规则的评注,而是主要旨在理解和解释判例法。

〔4〕 <https://www.govinfo.gov/collection/constitution-annotated>.

〔5〕 它还包含(非常有用的)列表,涉及所有被认定为违宪的联邦法规、州法律和条例,所有被联邦法律取代的州法和地方法律,以及所有被后来的判决推翻的最高法院判决。参见《美国宪法:分析和解释——百年纪念版》,2017年临时版,第2325-2635页。

为人知的,很少被使用,甚至很少被引用。[6] 即使对于宪法律师来说,它也不是主要资源,也不是常规参考。

州宪法没有同样的注释。取而代之的是,通常会将各个州的宪法与州的其他“成文”规则——即制定法规则——放在一起,然后再进行注释,正如下文所述。

2. 制定法

在联邦和州一级,都有包含现行制定法的综合汇编。所有这些制定法都有注释,主要是逐节注释。这些注释是非官方的,即不是由立法机构或其他政府机构出品,而是由私营企业,尤其是由两家大型法律出版公司 WestLaw[7] 和 LEXIS 出品。

联邦制定法包含在《美国法典》(USC)中。尽管其标题显得雄心勃勃,但它并不像欧洲大陆的民法典那样是一部综合的编纂物,而是一部类似《优士丁尼法典》那样的全国通用和永久性制定法的官方汇编,[8] 由隶属于立法部门的一家机构制作和维护。[9]《美国法典》是一部庞大的汇编,以印刷形式和网络在线形式出版。就印刷品而言,它由将近 100 多卷(包括许多补录)组成,占据了近 10 米的货架空间。它分为 54 个“标题”,每个标题涵盖特定的法律领域(例如,标题 15:商业和贸易;标题 21:食品和药品;标题 39:邮政服务)。标题大致按字母顺序排列,然后再细分为副标题、章节、分章等。引文指向标题和章节(例如,《谢尔曼反托拉斯法》的引文是 15 USC § § 1-38)。

WestLaw 和 LEXIS 分别发布并定期更新注释版本《美国法典注释》(USCA)(WestLaw)和《美国法典服务》(USCS)(LEXIS)。同样,这两种出版物都既有印刷版也有网络电子版。它们的注释几乎涵盖了每一部制定法的每一个条款,并且大多细分为特定的主题。撇开历史介绍不谈,它们主要提供两种信息。一个是最重要的法院判决清单,它们不仅被引用,而且被简要总结。[10] 其他类型的信息包括进一步参考的文献,如标准百科全书(《美国法释义全书》,简称 AmJur,和《美国法

[6] 在 WestLaw 和 LEXIS 数据库中进行搜索,在 1 个多世纪的时间里,在一个可能包含超过 100 万条判决的数据库中,法院判决的引用不到 70 次。换言之,司法机构几乎无视宪法注释。

[7] WestLaw 现在归汤普森路透公司所有,这是一家跨国媒体和信息公司。

[8] 未涵盖的制定法包含在《美国联邦法律大全》(United States Statutes at Large)中。

[9] 美国众议院法律修订顾问办公室。

[10] 请注意,虽然这些摘要在格式上与法国和意大利等大陆法系国家经常发表的案例“判理”(maxims)相似,但它们的使用方式却截然不同。法国或意大利(大陆法系)律师通常会将其视为补充法律规定的规则,并可能在不查阅完整裁决的情况下援引这些规则。美国(普通法系)律师永远不会用它们来代替阅读案件摘要本身,只会决定他或她应该查阅哪些判决。

大全续编》,简称 CJS)〔11〕专论、学术出版物和实践辅助工具。〔12〕 这两个注释版本的“美国法典”都非常庞大。例如,USCA 的印刷版共有约 200 卷,占用了近 15 米的货架空间,总页数超过了 10 万页(包括许多补充)。在线版本使用得更为广泛。因此,甚至是关于单一条款的注释,其中所提供的信息也可能是非常庞大的。

以类似的方式,联邦内的每个州都出版了其制定法汇编。这些汇编的名称各不相同,例如纽约州的“综合法”、密歇根州的“汇编法”、马里兰州的“法典”,或佛罗里达州的“法规”。它们的组织结构通常与《美国法典》相似,但可以像《加利福尼亚法典》一样,在某种程度上进行更合理的组织和整合。它们引用的方式是按编、章或类似名称、节或类似内容以及章节(例如,密歇根州所得税法的引用信息是〔MCL〕206. 1-713)。由于美国的立法权大多由各州掌握,这些汇编也往往相当丰富,其数量依据各州的规模和人口而有很大的变化。

同样,WestLaw 和 LEXIS 都根据各州提供了对这些汇编的注释版本(例如,“密歇根州汇编法律注释”)。它们遵循大致相同的模式,提供与联邦层面基本相同的信息,即相关判例法的摘要和对相关主题文献的引用。请注意,后者不限于涉及特定州法律的著作,还包括提供更一般概述的文本。它们还提供了对联邦法律的交叉引用。

3. 不具约束力的规则

由于在美国的法律体系中,大多数立法工作都由各州自行完成,各州法律之间一直缺乏协调,因此有统一化的需要。作为回应,全国统一州法律专员会议(NCCUSL)于 1892 年成立,今天,它通常被称为统一法委员会(ULC)。该组织有时与美国法学会(ALI)合作,起草了大约 300 份统一法,涵盖了广泛的主题。这些统一法本身没有法律效力,只有在一州通过后才具有法律效力。其中某些几乎已被普遍采用,如《统一商法典》(UCC),还有许多仅被少数几个州采用,而有些没有被任何州采用。〔13〕

与实际生效的联邦和州法律一样,这些统一法已被“注释”。自 1968 年以来,West Group(现在的汤普森路透)出品了一个名为《统一法注释》(Uniform Laws Annotated,ULA)的系列。该书共有 70 卷,共 5 万多页,〔14〕几乎涵盖了各州已通过或目前可供采用的所有统一法。在格式和内容上,注释后的统一法大致与联邦和州制定法的注释相当[见上文“(一)1 和 2”]。虽然有一些变化,但它们通常具备

〔11〕 关于这两个问题,见上文脚注 3。

〔12〕 有单独的出版物涵盖美国法律的立法历史,通常用于研究美国法规的背景和立法意图,如《美国国会信息服务(CIS)索引》和《美国国会和行政新闻法规汇编》(USSCAN)。

〔13〕 因此,它们统一州法律的程度依据主题领域的不同而有很大的差异。

〔14〕 仅《统一商法典》的注释就占了 16 卷。

五个主要元素。首先,“评论”逐节或有时逐词解释了制定法条款的预期目的。第二,“采纳州的行动”显示哪些州采纳了该法案,并进行了哪些修改。第三,“法律评论与期刊参考文献”列出了关于该主题的学术著作。第四,“图书馆参考文献”提供了对主要百科全书之一的引用,即《美国法大全续编》(CJS),以及可以找到所有司法管辖区相关判例法的“钥匙号”(key number)。最后,“案例缩略”(Notes of Decisions)包含了关于这一部分的最重要案例的简要总结。所有这些信息都会通过在每一卷后面插入的补录定期更新。

这些对联邦、州和统一法的“注释”是非常有用的研究工具。任何人想知道根据某一制定法条款做出了什么裁决或有何著述,都可以通过“注释”(Annotation)找到它。然而,这就是他们的全部作用了。除了 ULA 中的“评论”这一非常有限的例外,“注释”不解释各个条款的含义,也不提供材料的语境化或教义化,更不用说批判性评估了。换句话说,它们只是巨型的、技术先进的信息仓库,没有为法律的理性化或发展作出贡献的雄心。

(二)含义解释:关于统一法、示范法和重述的“评论”

解释(准)制定法规则的含义是针对个别条款的“评论”的主要目的。然而,也许奇怪的是,这些“评论”并非为有法律效力的立法而作,相反,它们只和无约束力的法律渊源相关。

1. 统一法

当 NCCUSL/ULC 发布统一法律时,它们会为每个条款赋予几段到几页长短不等的官方“评论”。这些评论通常解释条款的本质和目的,以及它与其他条款的相互作用(例如,通过交叉引用)。与“注释”不同,它们通常不包含对判例法或文献的引用。因此,它们作为研究辅助的用途非常有限。

2. 示范法

除了统一法之外,还有各种各样的示范法或法典。无论是在州一级还是在联邦一级,它们的主要目的不是在法律上统一州法律,而是为立法计划提供更一般的指导。其中许多是由 NCCUSL 或 ULC 起草的(例如《消费者信用示范法》),一些是美国法学会(一个重要的例子是《示范刑法》)或其他各种专业组织的产品。它们通常附有“解释性说明”,与统一法相伴的“注释”非常相似。[15]

3. 法律重述

自 1923 年成立以来,美国法学会(ALI)出品了“法律重述”。它们仅涵盖约

〔15〕 还有一些注释版本,如美国法学会 1984 年的《示范刑法典注释》。

20 个精选(传统上是普通法)主题领域,其中许多领域至关重要,如合同、侵权、财产和信托。大多数重述现在已经更新至第三代了(例如,《不当得利和返还第三次重述》,2011 年)。因其系统性的结构、单独的条款(通常称为“节”,并以“§”作为标记)以及公认的法律规则(blackletter rules),它们看起来很像大陆法系中的法典。然而,法律重述没有任何法律效力,立法机构也不打算采纳它们。它们只是为法院和其他决策者提供指导,有时是为了进行法律改革。

与统一法和示范法类似,法律重述的每一条规定都附有长度不等的官方“评论”,通常分为几个部分(标记为 a、b、c 等)。它们常试图通过呈现从真实或假设案例中得出的情景来说明一条规定应该如何发挥作用。每一条评论后面都有一个简短的“编者注释”,其中列举了相关条款所依据的最重要的法院判决。

所有这些“评论”(以及“编者注释”)的目的仅仅是向读者解释:为什么相关条款的起草者会以他们的方式重新陈述法律。再次强调,这几乎就是他们所做的全部。它们没有提及参考文献;他们的案例清单(如果有的话)并不全面;并且提供的信息在初次发布后不会更新。因此,它们对于进一步的研究几乎毫无用处。尽管有一些例外,但这些“评论”通常也不会为当前问题上的特定立场提供批判性的观点或论据。

(三)语境化和批判:专论(和实践指南)

研究人员在寻找对现有法律的语境化和批判,或寻求在法律问题上支持特定立场的权威时,必须超越“注释”和“评论”,而将目光投向一种通常被称为“专论”的体裁。

1. 性质与目的

专论是全面覆盖某一法律领域的书籍。在美国,法律专论在 19 世纪变得突出,并一直到 20 世纪中叶都广受欢迎。诚然,自那以后,美国的专论传统失去了许多昔日的荣耀,这在很大程度上是因为法律现实主义摧毁了对法律教义和法律整体一致性的大部分信念。[16] 尽管如此,在许多领域,专论仍然发挥着重要作用。虽然今天的美国律师不像 1 个世纪前的前辈那样经常查阅法律专论,但某些领域的从业人员通常熟悉涉及该领域的专论。

如今,专论的规模(从 1 卷到几十卷)、格式、风格和声誉都有很大差异。其中

---

〔16〕 参见 A. W. B. Simpson:《专论的兴衰》,《芝加哥大学法律评论》1981 年第 48 卷,1981 年版,第 632-679 页。

大多数涉及联邦法或至少全国性的统一法领域,如专利法、[17]版权法[18]或统一商法典[19],但有时也关注一个特定州的法律。[20] 此类专论主要针对实务工作者,即法官和律师,其中一些实际上被贴上了“实践指南”的标签。[21] 对于研究目的而言,这些专论过于广泛和详细,[22]它们更类似于手册,而不是教科书。

如果相关领域受立法规制,专论通常会以相关制定法为中心,例如《破产法典》、[23]《证券法》[24]或《联邦民事诉讼规则》。[25] 在此情况下,专论在内容上类似于一个“评注”。然而,在形式上,它通常是不同的:大多数时候,它不逐节“注释”或“评论”制定法;相反,大多数论文都是按主题组织的,又像一个手册,并细分为专著、分章等。

这类专论基本上实现了德国式评注所有的三个功能。首先,它们像法规的“注释”一样收集信息和参考资料;然而,由于它们通常不那么详尽,因此不一定可以完全替代“注释”。[26] 其次,像统一法、示范法和法律重述相关的“注释”一样,专论解释了制定法语言的含义;但由于它们的解释不是“官方的”,因此也不是完全等同的。最后,它们往往超越了其他两种体裁,还提供了规则的语境化,以及特定立场的批判性视角和权威。

2. 语境化与批判

“注释”如实对待法律渊源,即制定法文本、判例法以及与之相关的学术研究,而“评论”仅仅解释各个条款应有的含义。专论则通过将这些规则与其他规则,以及首要议题联系起来,从而将它们情境化。它们还批判性地评估事态:他们重新审视法院判决、指出未决问题、要求澄清、提出改革路径等。简言之,他们真正从外部角度“评论”了各自的规则。因此,它们的附加价值在于,它们通常为研究人

〔17〕 参见 R. Goldman:《Schwartz 论专利法与实践》,第 8 版,2015 版。

〔18〕 参见 M. Nimmer 和 D. Nimmer:《Nimmer 论版权》,2013 年版;W. Patry:《Patry 论版权》,2007 年版。

〔19〕 参见 J. J, White 和 R. Summers:《统一商法典》,第 6 版,2010 年版。

〔20〕 参见 D. Siegel 和 P. Connors:《纽约律师实务》,第 6 版,2018 年版。这是一部篇关于纽约州法院民事诉讼程序的“从业者专论”。

〔21〕 参见 A. Resnick 和 H. Sommer 主编:《Collier 破产实践指南》,2013 年版(持续更新)。汤普森路透出版了一本“从业者专论系列”。

〔22〕 即使是单卷本的专论通常也超过 1000 页,而且很多都是多卷的。对于研究目的而言,有过多专论作品以一种较为简略和肤浅的方式介绍了法律的各个领域

〔23〕 参见 W. Collier:《Collier 论破产》,第 16 版,2009 年版(持续更新)。

〔24〕 参见 L. Loss 和 J. Seligman:《证券监管原理》, 2 卷本,第 7 版,2018 年版。

〔25〕 例如,参见 C. A. Wright、A. Miller 和 E. Cooper:《联邦实践与程序》,逾 70 卷,1969 年版(持续更新)。

〔26〕 然而,专论较之于“注释”更多地具有过滤功能,后者以一种基本上不受约束的方式收集信息。

员提供连贯而精细的理解,以及对法律的批判性观点。〔27〕

此外,专论通常在正进行的讨论中选择立场,例如,通过与一群法院或著者站队以对抗其他法院或著者。它们讨论有冲突的观点,支持或反对某些结果。因此,专论可以为诉讼者所主张的立场和法院给出的理由提供论据。

3. 作者身份和竞争

专论提出的论点在实践中可以发挥相当大的作用。它们的影响源于两个特征,这两个特征是:明确的作者身份和竞争,它们将专论与“注释”和“评论”区分开来,使之类似于德国式的评注。

首先,“注释”的作者不详;商业企业雇佣一小群法律人士,履行收集和组织信息的基本文书(但绝不简单)职能,而这群法律人士的成员是匿名的。因此,“注释”本身并不具有权威性;它们的价值仅与它们总结和引用的来源相同。同样,“评论”也以机构的名义发表。由于这些机构声誉很高,尤其是 NCCUSL 和 ALI,而且它们的产品基于专家的广泛讨论,“评论”可能具有一定的权威性。然而,这不是作者的权威;这些作者只有内部人士(或那些想查找他们的人)知道。相比之下,文集是以作者个人的名义发表的。通常,这些作者都是各自领域公认的专家。他们经常团队合作,往往几代人都在维护一部专论,领导权从年长的学者传给年轻的学者。因此,一部专论中提出的论点和立场的权威性直接来源于对名字的认可。这种认可是基于一种几十年来所建立起来的专业、完整和可信赖的声誉。这就是为什么法官即使是通常对学术意见持谨慎态度,也经常从专论那里获得指导的原因。

第二,“注释”和“评论”不受竞争力量的影响。当然,大多数联邦和州法律的“注释”确实是由美国的两家大型法律出版公司出品的,但它们只在提供信息的格式、效率和准确性方面存在竞争,而实质上并没有竞争。“评论”是完全独特的,在每个主题上,只有一篇统一法或法律重述附有“评论”。相比之下,专论往往在实质性的基础上争夺受众和影响力。在许多法律领域,有若干篇幅或大或小的专论由不同(群体)的作者撰写,篇幅或长或短,受众或多或少,但它们可能会提供不同的论据,采取不同的立场。因此,把它们放在一起可以创造一个关于特定主题或问题的统一声音,展示关于解释和适用的各种选择。

(四)总结:形式和功能

将阐述“成文法”的美国法律文献与德国式的“评注”进行比较,可以看出两

〔27〕 然而,对现行法律的大多数批评通常是在法律评论文章中产生的。相关专论通常会考虑这些文章,并有可能吸收其中的论证。

者在形式和功能方面的异同。“注释”在形式上类似于德国风格的评注,因为它们针对每个单独的条款,但它们只发挥德国式评注的一个功能,即作为进一步研究的参考工具。“评论”在形式上也很相似,但其作用更为有限,即仅限于起草人对规则的预期含义的解释。相比之下,专论通常不参考德国式评注的格式,但它们就功能而言是最接近的等价物,因为它们做到了以下全部:为获取更多资源提供了选择性的参考,解释并合理化了规则的含义,并对法律进行了语境化和批判性的讨论。

四、为什么美国没有德国式的评注

没有一种美式体裁在形式和功能上完全等同于德国式评注,部分是由于历史原因。在美国历史的大部分时间里,全面规范一个法律领域的法典和制定法非常少,因此也几乎没有机会发展注释传统。〔28〕 但可以肯定的是,20 世纪中叶前后,当“法典”和其他综合性法律变得突出时,这种机会确实出现了。然而,在当时,评注的主要功能已经由现存的文献形式,即“注释”“评论”和专论来完成。这使得人们几乎没有动力在本已拥挤的文献领域中添加评注。

然而,美国缺乏评注有着更深层次的原因。这些原因在于美国法律文化迥异于欧洲大陆法律文化的三个相互关联的特征。对于美国律师来说,“成文规则”在法律体系中不具有核心地位,这一点有别于其在德国、法国或意大利法学家所处的法系中的情况。此外,与欧洲大陆相比,美国的法律概念远没有以规则为导向。最后,美国的法律研究和分析习惯与大陆法系传统中盛行的习惯有很大不同。〔29〕

(一)“成文规则”的不同立场

正如为《学说汇编》(Digest)撰写批判性评注(Accursian gloss)显示了该文本在中世纪法律世界中的中心地位一样,对现代法典或制定法的评注也是基于这样一种假设,即这些文本是当代法律秩序的核心。对于德国、奥地利或瑞士法学家来说,它们不仅提供了规制某一法律领域的基本规则,还反映了该领域的结构和基本政策。对于那些沉浸在以制定法为中心的传统中的人来说,围绕立法文本组

---

〔28〕 有趣的是,如果这种编纂(某种形式的)已经存在了足够长的时间,即以美国宪法的形式存在,那么“评注”确实很早就出现了,见上文“(三)1、(1)”。

〔29〕 可能的第四个原因是:美国的法律学者的影响力比大陆法传统中的要小,所以他们认为写评注没有多大意义。我觉得这个论点没有说服力,原因有二:第一,目前还不清楚专门研究实际相关领域的美国法学教授的影响力是否确实较小;毕竟,他们经常撰写专论,因此常常对法律实践产生重大影响。第二,即使法学教授在美国的影响力较小,也不清楚这是否是缺乏德式“评注”的完整等价物的原因,或者更确切地说是其影响。

织法律知识和论证显然是有意义的,也就是说,按照法典和制定法的规定顺序对其进行解释。

对于一名美国律师来说,法典和综合性制定法并不占据同样的核心地位。这种差异并非一个具有实践相关性的问题。就实践而言,制定法在美国和其在大陆法系中一样重要。〔30〕不同之处在于制定法所赋予的组织性地位。在这方面,美国律师仍然是普通法传统的继承人,而普通法传统并不是围绕着法典和制定法组织起来的。因此,在英美环境中,将法律知识主要集中在法律文本周围并不是自然而然的事。〔31〕因此,美国法律中唯一普遍存在的有组织的机制,即 West 公司的钥匙码检索系统(Key Number System),与判例法而非立法有关。〔32〕

(二)两种法律概念

对于大陆法系的律师来说,法律基本上是一套(理想化的、有逻辑地组织和整合的)实在法规则。这些规则主要是立法性的:至少自现代法典化和大众立法兴起以来,制定法本质上就是法律。〔33〕可以肯定的是,还有其他具有巨大实践重要性的法律渊源,尤其是司法判决(有时是学术上的评注)。然而,尽管这些其他渊源通常决定结果,但它们本质上是制定法的补充,即规则解释、漏洞填充或未受立法规制的领域的(次佳)规则。用“成文规则”来识别法律的做法可以从大陆法系非常重视学习规则、法典和制定法的法学教育中得以展现并永久化。〔34〕在一种主要以制定法形式识别“法律”的职业文化中,德国式评注非常有用,因为它是立

〔30〕 参见上文“二”。

〔31〕 相比之下,尤其是和欧洲同行相比,案例书对美国法律教师要来得更为自然。

〔32〕 West 公司的钥匙码检索系统是法庭意见中法律点的综合分类系统。它发明于 19 世纪末,用以促进判例法研究。它有一个由法律类别和(数百个)子类别组成的网格,每个子类别都有一个“钥匙码”。案件中的每一个法律要点都分配在相应的编号下。一旦研究人员确定了案例中某个问题的“钥匙码”,他/她就可以在该编号下查找处理同一问题的其他案例。通过这种方式,案例报告中的全部裁决可以在一个包含广泛的网格中实现交叉引用。假设一名研究人员想知道,如在无法确定是哪一个不法行为人造成了受害者的伤害的情况下,法院是否追究多个侵权行为人的法律责任(见德国民法典第二编第 830 条第 1 款第 2 句)。大多数美国律师(从他们在法学院的日子里)都会知道“萨默斯诉提斯案”(199 P. 2d 1, Cal. 1948)这一具有开创性的加州最高法院案例。查阅该案件后不难看出,该问题属于该检索系统的第 115 章(“损害赔偿”)、第九节(“证据”)、第 163 号钥匙码(“推定和举证责任”)、第(1)小节(“一般损害赔偿的证明必要性”)。在这些坐标系下[即 115.163(1)],现在可以很容易地找到解决该问题的所有其他案例;如果他们的数量太多(目前为 86 个案例),搜索范围可以缩小到某个司法辖区(联邦、州)或以其他方式继续缩小范围。此外,特殊的研究工具(所谓的文摘)在各自的钥匙码下提供简短的案例摘要,有助于识别该网格中的相关案例。整个想法都非常棒,经过一段时间的实践检验后发现,该检索系统的使用非常简单,人们一定会纳闷,为什么其他判例法激增的法律体系长久以来都不去复制它。

〔33〕 自 20 世纪以来,宪法也越来越如此。

〔34〕 当然,学生还必须在不同程度上吸收“判例法”;尽管如此,在大多数大陆法系国家的考试制度中,误解一个案例是可以原谅的,在制定法上犯错误则不然。

法文本的操作手册。

对于美国律师来说,制定法规则不是“法律”的全部。尽管具有重大的实际意义,但它们只是法律的一个要素,而不是法律的本质。主要有两个历史方面的原因:第一,即使是在 21 世纪的美国,普通法传统仍然影响深远:对于普通法律师来说,直至法院通过解释和适用的方式加以充实之前,制定法中单纯的规则意义不大;他们的司法解释总是深深植根于案件的背景,包括事实、程序态势和(明示或暗示的)政策考虑。第二个原因是美国(20 世纪早期和中期)法律现实主义的影响,它增加了大量的“规则怀疑论”:对于一个后现实主义的美国律师来说,抽象条款本质上是不可信任的“纸面规则”,因为它们能指向但不能可靠地确定实践中会发生什么。〔35〕 这取决于许多因素,这些因素超越了书面文本,可能比书面文本更重要。归根结底,真正的法律是“行动中的法律”,体现在法官如何真实地裁决争端上。〔36〕 因此,由于普通法传统和法律现实主义,美国律师对制定法规则本身的兴趣不如由它产生的判例法。这种关注也反映在法律教育模式中,并通过这种模式得以永久化:美国法学院的学生主要通过(上诉审)判决来学习包括制定法在内的法律。〔37〕 在这样一种不是首先通过书本规则,而是主要通过法院实践找寻法律的法律文化中,一本关于“黑体字条款”的全面操作手册并不那么重要,由“注释”提供的参考工具就足够了。

(三)法律研究和分析的习惯

赋予成文规则以不同的地位以及不同的法律观念很大程度上源于(两大法系)在法律研究和分析方面的不同习惯和风格。当然,对这些习惯和风格的简明描述必须极大程度地一般化,因此需要极度简化。在实践中,很大程度上取决于法律领域、问题类型、问题产生的背景、行为体的职业角色以及受众的需求。不

---

〔35〕 “因此,照我说,在法律范围内,规则起着指导作用,但它们并不控制裁决。”参见卡尔·卢埃林:《荆棘丛》,1930 年版,第 150 页。

〔36〕 用霍姆斯法官(O. W. Holmes)的名言来说,法律就是“法院实际上做的事”。参见奥利弗·霍姆斯:《法律的道路》,载《法学论文集》,1920 年版,第 173 页。一代人之后,卡尔·卢埃林(Karl Llwellyn)更宽泛地表达了同样的观点:“官员们对争端所做的就是……法律本身。”参见卡尔·卢埃林:《荆棘丛》,(参见前文脚注第 35),第 3 页。

〔37〕 即使学生必须与制定法规则打交道,至少在一年级的成长期课程中,这些规则不是学习重点,也不会进行抽象的学习。在一次考试中,弄错了制定法是可以原谅的,而误解一个主要案件则不然。

过,本质上,大西洋两岸的律师倾向于从几乎相反的角度进行法律分析。[38]

一位欧洲大陆的律师遇到法律问题时,会立即寻找可能适用的法律规则。在这样做时,他/她几乎会本能地首先求助于制定法条款。一旦确定这些条款,律师将探讨法院和学者是如何解释这些条款的。从中,他/她将试图推导出问题的解决方案。如果找不到公认的法律规则(blackletter rules),律师将试图找到其他权威,尤其是相关的法院判决。德国式评注正是为这种分析而准备的。遵循制定法文本,解释其结构,并交叉引用其条款,这极其有助于律师确定可适用的制定法规则,并确保没有任何内容被忽视。通过描述法院和学者对这些规则的解释,使律师能够了解这些规则如何适用于所提出的问题。通过揭示其他权威机构在何处以及如何填补空白,研究人员可以在缺乏相关制定法条款的情况下找到解决问题的次级规则(second-order rules)。

美国律师通常会采取不同的做法。可以肯定的是,在非常简单的案子里,例如,当他/她希望有一个明确的规则来回答这个问题时(例如,在学校区域携带枪支是否合法),他/她也可能首先寻找该规则。然而,如果这个问题需要进一步研究,他/她会首先尝试找到一个处理同样的问题,或者至少是一个密切相关的问题的案例。如果能够确定此类案件,律师将使用 West 公司的钥匙码检索系统查找更多案件(甚至可能来自其他司法管辖区),以便更全面地了解法院如何处理该问题。[39] 通过这些案件,律师也会无意中发现一些相关的制定法条款。然后,他/她可以查看这些条款,并使用“注释”,找到处理手头问题的进一步权威参考。换言之,美国律师通常不会通过制定法来裁决案件,但更常见的情况是,通过案件来发现制定法。德国式评注根本不适合这种方式。使用它需要从立法文本开始分析,甚至在“制定法时代”,[40] 这不是美国律师通常做的事情。[41]

---

〔38〕 这里需要提醒一下。大西洋两岸的律师,如果他们不熟悉问题出现的领域,最初可能会求助于提供一般概述的文献,即专论、手册,或在美国是百科全书(见前文脚注第 3)。然而,可以认为,虽然欧洲大陆的律师通常对某些整体方向很感兴趣,但他们的美国同行通常认为了解问题的广泛背景并不重要,参见 M. Reimann:《全球律师业中的欧洲优势》,载《外国私法与国际私法杂志》(RabelsZ 82),2018 年版,第 885 页至第 921 页,第 897-899 页。

〔39〕 关于 West 公司的钥匙码检索系统,参见前文脚注第 32。

〔40〕 自从 1982 年卡拉布雷西(G. Calabresi)的《制定法时代的普通法》一书出版以来,这已经成为一个常见的词组。

〔41〕 尤其是在制定法或监管规则非常详细,因而非常重要的领域,如税务或行政法的某些领域,甚至连美国律师也常常直接从制定法开始研究和分析。此外,美国的国际法律师的工作方式通常很像大陆法系的法学家。在这一领域,有许多大陆法系风格的基本规则的编纂,相关领域的专家都非常熟悉这些规则,如《联合国宪章》《维也纳条约法公约》或《国际货物销售合同公约》(CISG)。因此,就连美国国际法律师也倾向于先看这些(准制定法)文本,当他们寻求进一步信息时,很快就会转向评注。这些评注通常遵循德国模式——事实上,在许多重要的例子中,它们是由德国学者撰写或编辑的,见前文脚注第 2。

五、总结:德式评注“缺失”了吗?

一位习惯于德国式评注的律师在美国会非常想念这些评注。在美国法律中,处理宪法或制定法文本是例行公事,这通常需要解释各种条款应有的含义、这些条款如何解释和适用,以及支持或反对一种观点与另一种观点的理由。因此,提供帮助的评注让熟悉它们的律师觉得非常有用。如果它们不存在,就会觉得明显缺了点什么。

有趣的是,当我向我的美国同事展示和解释德国式评注的功能时,出于同样的理由,他们总是认为这是一个很好的想法。当我问他们为什么他们的国家不存在这种(成熟的)评注时,他们要么承认自己没有答案,要么指出制定法的有限功能和判例法的重要性。然而,这种解释是站不住脚的:在今天的美国,宪法和制定法非常重要,而像“注释”这样的评注会引导研究人员找到他/她正在寻找的案例。

有两个更好的答案可以解释为什么美国律师不会“缺失”(德国式)评注。一是,如前所述,这些评注的各种功能已经被现有的文献实现——只是不在同一名目下,或者至少在专论的情况下,通常不是以相同的模式(即逐条)。另一个答案是,美国律师根本不知道他们缺失什么。

欧洲私法中的评注

——文献形式的继受

[德]延斯·克莱因施密特 著　刘青文　章星 译

目　　次

一、主题界定:欧洲私法

任何探究欧洲私法评注文献形式的人,很快都会看到本文集两位主编笔下的一段使人"醒脑"的引文:在欧洲合同法领域,引入现代评注似乎不太靠谱,因为欧洲私法在很大程度上仍然缺乏必要的立法基础。[1]就当下而言,如果"评注的基

---

〔1〕 *N. R. Zimmermann*, in: dies. (Hg.), Commentaries on European Contract Laws, 2018, General Introduction Rn. 7: "然而,在欧洲合同法领域,这种[现代评注]的做法似乎不太靠谱,因为在很大程度上,它仍然缺乏必要的立法基础。" Ähnlich bereits *N. Jansen*, Commenting upon European Contract Law, GPR: Zeitschrift für das Privatrecht der Europäischen Union 2015, 2-10, 3.

础性、结构性标准……事关权威性文本”，那么这段引文必是令人警醒的。[2] 事实上，本文所讨论的欧洲私法——与本文集其它有关各国法律制度或法系的报告不同——并非直截了当地以一个固定的法律制度为参照。欧洲私法既不是由单一的立法者所创设，亦没有显示出各国法制所特有的连贯性、完整性或体系性。[3] 因此，首先有必要做概念澄清，这同时也是对本文研究对象的界定。

当本文提到欧洲私法时，它是和那些既定的婉转表达联系在一起的，而这些婉转表达不仅打上了不同发展方向相互牵扯的烙印，还试图描绘出欧洲私法的多维性。1993 年《欧洲私法杂志》(Zeitschrift für Europäisches Privatrecht)富有远见的创刊宣言和整整二十年后《马克斯·普朗克欧洲私法百科全书》的全方位评述，都提到了构成欧洲私法的四个相互交织的组成部分：(1) 以历史上欧洲共同法(ius commune)为基础形成的法制史；(2) 比较法，即共同法(acquis commun)；(3) 基于国际法基础的统一法；(4) 欧盟私法，即欧盟共同体法律(acquis communautaire)。[4]

其中两个部分与本文写作目的无关，可以先行排除，因为它们可以成为其他论文独立研究的对象。其中一部分涉及评注的历史基础和评注的发展，达维德·凯斯特勒-兰帕特尔(*David Kästle-Lamparter*)早先已经对此进行了全面的梳理。[5] 而另一部分涉及基于国际法的跨国统一法，拉尔夫·米夏埃尔斯(*Ralf Michaels*)在其关于跨国私法的评注文章中对此进行了阐述。[6] 地理区域是跨国私法的划界标准，对此有一套专门的法律规则进行规制。因此，特别是作为统一法

---

〔2〕 *D. Kästle-Lamparter*, Welt der Kommentare. Struktur, Funktion und Stellenwert juristischer Kommentare in Geschichte und Gegenwart, 2016, 289; ähnlich *T. Henne*, Die Entstehung des Gesetzeskommentars in Deutschland im 19. und 20. Jahrhundert, in: *D. Kästle / N. Jansen* (Hg.), Kommentare in Recht und Religion, 2014, 317-329, 320.

〔3〕 *N. Jansen*, Europäisches Privatecht, in: *J. Basedow/K. J. Hopt/R. Zimmermann* (Hg.), Handwörterbuch des Europäischen Privatrechts, 2009, 548-551, 549: 它“与其说是一个完全成熟的法律体系，不如说是一个政治和学术项目”。

〔4〕 *J. Basedow* et al., Editorial, ZEuP 1 (1993), 1-3; *J. Basedow/K. J. Hopt/R. Zimmermann*, Preface, in: dies. (Hg.), Max Planck Encyclopedia of European Private Law, 2012, v-vii, v.

〔5〕 *Kästle-Lamparter*, Welt der Kommentare (Fn. 2), 19-288; ders., Kommentarkulturen? Einführung und historische Einordnung, in diesem Band, 1-24, 5 ff.; siehe auch Henne, Entstehung des Gesetzeskommentars (Fn. 2), 323 ff.

〔6〕 *R. Michaels*, Kommentare zum transnationalen Privatrecht, in diesem Band, 395-416.

的公约,如《联合国国际货物销售合同公约》——尽管它对欧洲私法的影响显而易见,[7]但由于它是在世界范围内适用,故而不在本文研究的范围内。这也适用于一些运输法公约或海牙国际私法会议统一法律冲突的协定。

因此,在欧洲私法的上述四个组成部分中,本文涉及的仅是欧盟共同体法律与共同法。前者相对比较容易理解,它指的是由欧盟“主动创制”或(其成员国)“共同塑造”的私法,[8]并且可以作为合格的法律文本而被评注。共同法就其性质而言,理解起来则颇费周章。然而潜在的、可供评注的法律文本,也还是可以找到的。共同法是由以欧洲为重点的非立法性规则,在比较法的基础上以法律规则

〔7〕 关于《联合国国际货物销售合同公约》对欧洲合同法原则的影响,见 *CECL/Jansen/Zimmermann*(Fn. 1), General Introduction Rn. 11; *O. Lando*, CISG and Its Followers: A Proposal to Adopt Some International Principles of Contract Law, American Journal of Comparative Law 53 (2005), 379-401, 381 (“《联合国国际货物销售合同公约》对与《欧洲合同法原则》的形成、内容、履行和不履行有关的术语和规则产生了实质性影响”)。关于对消费品买卖指令的影响,见 *S. Grundmann*, in: ders./C. M. Bianca(Hg.), EU-Kaufrechts-Richtlinie. Kommentar, 2002, Einl Rn. 1 ff. (“《联合国国际货物销售合同公约》作为一个目标和起点”)。关于对国家法律制度改革的影响,例如参见 *F. Ferrari* (Hg.), The CISG and its Impact on National Legal Systems, 2008 中的文章; *U. Magnus*, Rabels Einfluss auf das CISG und die europäische Kaufrechtsentwicklung, in: *S. Lorenz/P. Kindler/A. Dutta*(Hg.), Einhundert Jahre Institut für Rechtsvergleichung an der Universität München. Kaufrecht und Kollisionsrecht von Ernst Rabel bis heute, 2018, 89-110, 108 f.; *P. Schlechtriem*, 10 Jahre CISG-Der Einfluß des UN-Kaufrechts auf die Entwicklung des deutschen und des internationalen Schuldrechts, Internationales Handelsrecht 2001, 12-18; *R. Schulze*, The New Shape of European Contract Law, Journal of European Consumer and Market Law 2015, 139-144, 139 f.。法国债法改正中的文献 Rapport au Président de la République relatif à l'ordonnance no 2016-131 du 10 février 2016 portant réforme du droit des contrats, du régime général et de la preuve des obligations gibt zwar nicht das CISG, wohl aber die davon inspirierten Texte als Einfluss an。

〔8〕 *R. Zimmermann*, Editorial, ZEuP 1 (1993), 439-441, 439; 又见,*Jansen*, Europäisches Privatrecht (Fn. 3), 550.

的形式[9]提炼出来的,[10]如《欧洲合同法原则》(PECL)[11]、《欧洲侵权行为法原则》[12]《欧洲家庭法原则》[13]以及《欧洲保险合同法原则》[14]。就其内容而言,《共同参考框架(欧洲民法典草案)》(DCFR)[15]融合了共同法和欧盟共同体法,共同法相对占了较大的比例,因此也应视为属于欧洲私法的系列法律规范。欧洲法律研究所也一直在开展关于创建非立法性文本的各种项目。[16]

上述非国家法律规则的清单中似乎少了国际统一私法协会的《国际商事合同

〔9〕 此外,涵盖欧洲私法和欧洲私法判例的努力导致了一种新类型的教科书和手册的出现,如:C. von Bar, Gemeineuropäisches Deliktsrecht, 2 Bde., 1996/1999; *ders.*, Gemeineuropäisches Sachenrecht, 2 Bde., 2015/2019; H. Beale/B. *Fauvarque-Cosson/J. Rutgers/S. Vogenauer*, Cases, Materials and Text on Contract Law, 3. Aufl., 2019; H. Kötz, Europäisches Vertragsrecht, 2. Aufl., 2015; F. Ranieri, Europäisches Obligationenrecht, 3. Aufl., 2009; P. *Schlechtriem*, Restitution und Bereicherungsausgleich in Europa, 2 Bde., 2000/2001; C. van Dam, European tort law, 2. Aufl., 2013; W. van *Gerven/J. F. Lever/P. Larouche*, Tort Law, 2000。先锋是 *H. Coing*, Europäisches Privatrecht, 2 BdE., 1985/1989, 与 *R. Zimmermann*, The Law of Obligations, 1990。

〔10〕 *Jansen*, Europäisches Privatrecht (Fn. 3), 549 f.; aktueller Überblick in *CECL/Jansen/Zimmermann*(Fn. 1), General Introduction Rn. 9 ff.; *R. Zimmermann*, Comparative Law and the Europeanization of Private Law, in: *M. Reimann/R. Zimmermann*(Hg.), The Oxford Handbook of Comparative Law, 2. Aufl., 2019, 557-598, 563 ff., 578 ff.

〔11〕 *O. Lando/H. Beale* (*Hg.*), Principles of European Contract Law. Part I, 1995; dies. (Hg.), Principles of European Contract Law. Parts I and II, 2000; *O. Lando/E. Clive/A. Prüm/R. Zimmermann* (Hg.), Principles of European Contract Law. Part III, 2003. Siehe außerdem die französische Weiterentwicklung der PECL in *Association Henri Capitant/Société de législation comparée*(Hg.), Projet de cadre commun de référence. Principes contractuels communs, 2008.

〔12〕 *European Group on Tort Law*(Hg.), Principles of European Tort Law, 2005; 更多该工作组的工作,见 <www. egtl. org>.

〔13〕 *K. Boele-Woelki et al.* (Hg.), Principles of European Family Law Regarding Divorce and Maintenance Between Former Spouses, 2004; *dies.* (Hg.), Principles of European Family Law Regarding Parental Responsibilities, 2007; *dies.* (Hg.), Principles of European Family Law Regarding Property Relations Between Spouses, 2013; *K. Boele-Woelki et al.* (Hg.), Principles of European Family Law Regarding Property, Maintenance and Succession Rights of Couples in *de facto* Unions, 2019.

〔14〕 *J. Basedow et al.* (Hg.), Principles of European Insurance Contract Law (PEICL), 2. Aufl., 2016.

〔15〕 *C. v. Bar/E. Clive*(Hg.), Principles, Definitions and Model Rules of European Private Law. Draft Common Frame of Reference (DCFR), Full Edition, 6 Bde., 2009.《欧洲法律原则》的各卷本也在《共同参考框架》内。

〔16〕 各种项目可见于 <https://www. europeanlawinstitute. eu/projects-publications>。

通则》(PICC),尤其是针对它已经出版了那么多的评注。〔17〕 对跨国私法选择相对容易处理的地理划界标准,不仅排除了有约束力的实体统一法的适用,也形成了非国家法律规则的新的适用状况和分类结果。因为地理区分同时意味着,跨国私法的区分不能再囿于被评注文本是否具有拘束力。因此,国际统一私法协会的《国际商事合同通则》和相应的评注也被排除在本文研究范围之外,因为从其起草过程和适用的范围来看,它们是面向全球的,而不仅仅是欧洲。尽管国际统一私法协会的《国际商事合同通则》与《欧洲合同法原则》(PECL)〔18〕极其相似,让人难免要时不时地将二者进行横向比较,但对《国际商事合同通则》的评注文献的分析,应在对跨国私法的贡献中居于核心地位。

对欧盟共同体法和共同法的关注也将决定本文的结构。对研究对象的这种二分法对文献的运用产生了深远的影响,诚如论者所言,欧盟私法具有"工具性、监管性"特征,而共同法作为成员国的私法则力图"与传统和解"。〔19〕 这两个说法具有不同的合理性。〔20〕 就本文的写作目的而言,这种归因的作用倒是其次的,从寻找合适的评注文本这一主导思想出发,反而是另外一种观点得到了突显,即这种二分法可以有更广泛的适用,但它与硬法和软法的区分(抑或立法文本与非立法文本的差异)并不完全呈一一对应的关系。此外,需要事先声明的是,二分法虽然能提供一个颇为实用的分析框架,但在处理具体问题的时候,却未必如此泾渭分明。因此,《欧洲统一买卖法》(CESL)〔21〕的提案将作为欧盟法律提案被归类到欧盟共同体法中,盖因这一提案的产生源于从欧盟共同体法中可推知的前期立

〔17〕 最新版本 *UNIDROIT*(Hg.), UNIDROIT Principles of International Commercial Contracts 2016, 2016(早期版本有 1994 年版, 2004 版和 2010 年版)。Kommentierungen in *E. Brödermann*, UNIDROIT Principles of International Commercial Contracts. An article-by-article commentary, 2018(也可见于: *P. Mankowski*[Hg.], Commercial Law. Article-by-Article Commentary, 2019, 462-827); *D. Morán Bovio* (Hg.), Comentario a los principios de Unidroit para los contratos del comercio internacional, 2. Aufl., 2003; *S. Vogenauer*(Hg.), Commentary on the UNIDROIT Principles of International Commercial Contracts (PICC), 2. Aufl., 2015.

〔18〕 Zu Überlappungen in Entstehung und Inhalt *M. J. Bonell*, An International Restatement of Contract Law, 3. Aufl., 2005, 335 ff.; *A. S Hartkamp*, Principles of Contract Law, in: ders. et al. (Hg.), Towards a European Civil Code, 4. Aufl., 2011, 239-250.

〔19〕 *Jansen*, Europäisches Privatrecht (Fn. 3), 550.

〔20〕 *R. Michaels*, Of Islands and the Ocean: The Two Rationalities of European Private Law, in: R. Brownsword *et al.* (Hg.), The Foundations of European Private Law, 2011, 139-158.

〔21〕 欧盟委员会 2011 年 10 月 11 日关于欧洲议会和理事会《欧洲统一买卖法》条例的提案,KOM (2011) 635 endg.。

法准备工作。〔22〕在这一点,这两部分之间的界限可能正变得模糊,特别是我们在这里将要研究的这部著作——《欧洲合同法评注》——清楚地展示了这种模糊性,因为它所赖以评注的文本不仅有欧盟共同体法,还有共同法。〔23〕

二、欧盟共同体法中的评注和对欧盟共同体法的评注

(一)将适用性作为主导性标准

1. 条例和指令

在欧盟既有法律中,可以作为评注文本的首先是与私法有关的二级法律,即条例和指令。条例和指令的主要区别在于生效方式[《欧洲联盟运作条约》(AEUV)第288条]。众所周知,条例具有普遍、直接的适用性,而指令是面向成员国颁布后,需要由各成员国在国内立法将其转化为国内法才能得以生效。那么,原则上,只有转化成内国法的转化法才有直接适用性,即便有转化错误亦"照单全收"。这种差异显然直接反映在了评注实践中。一项欧盟法案成为评注对象的可能性有多大,主要取决于其是否具有直接适用性。对条例的评注始终保持增长的势头,盖因不仅有定期新出的评注,还有现有评注不断迭代更新。迄今为止,对指令的评注尚属罕见;很大程度上,是具有直接适用性的内国法转化依据本国的评注传统而被评注。〔24〕毋庸讳言,指令也是有效的、可适用的法律。但只有欧洲法院可以直接适用这些指令,而他们在判决中却并不引用权威的观点。〔25〕国内法院通常〔26〕只在成员国转化法与指令的一致性发生冲突时才对指令产生间接的兴趣。这表明,从司法角度来看,对指令的评注及其结构性作用的需求相对较少。在学术讨论中,对指令进行释明的需求则一定存在。只要存在这样的需求,相关

---

〔22〕 *H. Schulte - Nölke*, Vor - und Entstehungsgeschichte des Vorschlags für ein Gemeinsames Europäisches Kaufrecht, in: ders. *et al.* (Hg.), Der Entwurf für ein optionales europäisches Kaufrecht, 2012, 1-20, 17.

〔23〕 Dazu unten III. 3.

〔24〕 Diese Beobachtung machen im durch europäisches Richtlinienrecht geprägten Aktienrecht auch U. Noack/D. Zetzsche, Kommentieren und Kommentare im europäisch-deutschen Wirtschaftsrecht, in: Recht im Wandel deutscher und europäischer Rechtspolitik. Festschrift 200 Jahre Carl Heymanns Verlag, 2015, 213-227, 216: "只要成员国的法律是对外的唯一权威性的法律来源,而指令具有预演的效果,那么对法律的传统解释就会一直存在"; siehe aber auch loc. cit., 222 关于最近对指令的评论倾向,毕竟在其最大的协调效果中几乎没有留下实施的空间。

〔25〕 也可见于 *Noack/Zetzsche*, Kommentieren (Fn. 24), 223。

〔26〕 关于在发布转化法之前指令的效力情况,见 *C. Hofmann*, Die Vorwirkung von Richtlinien, in: K. Riesenhuber (Hg.), Europäische Methodenlehre, 3. Aufl., 2015, 326-346, Rn. 29 ff.。

讨论都不会想到利用评注这种形式,而是通过其他方式来满足,例如通过介绍性的文章。

除了单纯比较评注的数量之外,还可以举出如下三个例子证明,适用性和“与适用相关”不仅是一般意义上的“法律评注的特征”,〔27〕而且也是欧盟法的文本是否能够成为评注文本的决定性标准。

2. 示例一:《欧洲统一买卖法》(CESL)

首先具有代表性的,是2011年10月提出的《欧洲统一买卖法》的条例提案。在提案中,欧盟委员会预备了一个针对跨境买卖合同的选择性工具:只要一个成员国的法律适用于某份买卖合同,而该合同又属于《欧洲统一买卖法》的适用范围,当事人便应当被赋予可以选择适用《欧洲统一买卖法》来替代该成员国法律的权利。但在政治层面的辩论亦如学术圈的争论一样唇枪舌剑之后,不曾想,2014年12月,委员会对该条例提案的纷争却戛然而止。〔28〕短时间内恐怕亦不会再旧案重提。

《欧洲统一买卖法》的规则并非从天而降,而是建立在欧洲合同法过去的规则体系之上——特别是《共同参考框架草案》(DCFR)和《欧洲合同法原则》(PECL)。虽然过去那些老旧的、不具备约束力的规则体系几乎无法成为评注的对象,〔29〕但在《欧洲统一买卖法》的草案出台后却有两本极具首创精神的评注相继问世,它们不约而同地选择尚在草案阶段的《欧洲统一买卖法》作为评注的对象。〔30〕针对该法草案的其他评注也蓄势待发。这些评注尽管主题相似,内容部分相同,但诱发评注的兴奋点却迥然有别,由此倒是很好地诠释了各方对该法适用性的巨大期待。一旦法案最终获得通过,这些早已占据了市场的评注便只需在再版时根据生效文本做出修订即可。但由于委员会撤回法案,那些紧扣法案的计划——包括评注出版计划〔31〕——也就偃旗息鼓了。

对尚未生效的法律草案加以评注并出版,形成的必然是对法律效力置若罔闻且终将昙花一现的文本,而且无法否认法案的未来可适用性才是决定评注能否伴法而行的动力源这一事实。任何时候,只要动脑构思和提笔撰写《欧洲统一买卖法》的评注,都应该寄望于由欧盟颁布的具有法律效力的立法文本。《欧洲统一买

〔27〕 *Kästle-Lamparter*, Welt der Kommentare (Fn. 2), 291, 336.

〔28〕 详见,*J. Basedow*, Gemeinsames Europäisches Kaufrecht-Das Ende eines Kommissionsvorschlags, ZEuP 23 (2015), 432-435。

〔29〕 详见下文,III. 1. a)。

〔30〕 *M. Schmidt-Kessel* (Hg.), Der Entwurf für ein Gemeinsames Europäisches Kaufrecht. Kommentar, 2014; *R. Schulze*(Hg.), Common European Sales Law (CESL)-Commentary, 2012.

〔31〕 关于现已失效的德文和英文独立评注的公告,见 *Kästle-Lamparter*, Welt der Kommentare (Fn. 2), 98 Fn. 645。

卖法》的任意法特征不应使其过分偏离其作为条例的法律性质,乃至于为了和一个非立法性法律文本比肩而立兀自矮化成一个“潜在的规范性参考文本”。〔32〕评注应关涉具有可适用性的国家法律(即在其获得立法机关通过后方去评注),这样的“形式化”观点应该引起重视。〔33〕无论是当事人根据《联合国国际货物销售合同公约》第6条排除对该法的适用,还是在欧洲股份公司*或者欧洲继承证书条件下对欧盟法选择工具的适用,〔34〕其所依据的法律文本的规范性和立法性特征都是毋庸置疑的。所有这些规则都可以而且必须在国家法院适用——与不具有拘束力的、非国家性的规则判然有别。〔35〕因此,《欧洲统一买卖法》基于其任意法特征,无须刻意强化所谓权威性,〔36〕而这种任意性,本就是一部法律评注应为其绘就的。

赋予当事人选择权,使评注自然而然地形成了一个特殊的附加功能:它可以为受到法律约束的主体在决定是否动用选择性工具时提供帮助。〔37〕鉴于成员国合同法的多样性和差异性,《欧洲统一买卖法》的评注在多大程度上有助于揭示其与各成员国法律体系的差别是值得怀疑的。〔38〕但这种比较至少可以有针对性地

---

〔32〕 So aber *Kästle-Lamparter*, Welt der Kommentare (Fn. 2), 98; *D. Kästle*, Juristische Kommentare-theologische Kommentare. Von der Farbe des Chamäleons, in: ders. /Jansen, Kommentare (Fn. 2), 393-450, 409; ähnlich für die zum CESL-Vorschlag entstandenen Kommentare G. Christandl, Rezension: Schmidt-Kessel, GEK, und Schulze, CESL (Fn. 30), GPR: Zeitschrift für das Privatrecht der Europäischen Union 2015, 54-55 („Stärkung der Autorität des Referenztextes“).

〔33〕 也可参阅 *N. Jansen*, The Making of Legal Authority, 2010, 94:“[立法]不包括补充性权威要素。”

〔34〕 Überblicke in *H. Fleischer*, Optionales europäisches Privatrecht („28. Modell“), RabelsZ 76 (2012), 235-252, 239 ff.; *J. Kleinschmidt*, Optionales Erbrecht: Das Europäische Nachlasszeugnis als Herausforderung an das Kollisionsrecht, RabelsZ 77 (2013), 723-785, 750; *M. Stürner*, Das Verhältnis des Gemeinsamen Europäischen Kaufrechts zum Richtlinienrecht, in: *Schulte-Nölke et al.*, Entwurf (Fn. 22), 47-84, 51 f.

〔35〕 仅见 *J. von Hein*, in: T. Rauscher (Hg.), Europäisches Zivilprozess- und Kollisionsrecht, 4. Aufl., 2016, Art. 3 Rom I-VO Rn. 49 ff.; speziell zu den kollisionsrechtlichen Grundlagen optionalen Rechts *M. Fornasier*, „28.“ versus „2. Regime“-Kollisionsrechtliche Aspekte eines optionalen europäischen Vertragsrechts, RabelsZ 76 (2012), 401-442。

〔36〕 *Kästle-Lamparter*, Welt der Kommentare (Fn. 2), 98; ders., Juristische Kommentare (Fn. 32), 409.

〔37〕 *Jansen*, Commenting (Fn. 1), 4 sieht hierin sogar das vorrangige Anliegen möglicher Nutzer eines CESL-Kommentars; Kästle-Lamparter, Welt der Kommentare (Fn. 2), 98. 然而,对于关于条例提案的评注,这一意见只在有限的程度上适用。

〔38〕 参阅 die Beobachtungen bei *Christandl*, Rezension Schmidt-Kessel und Schulze (Fn. 32), 55。就这一功能而言,答案可能在于只寻求与少数国家的法律制度进行深入比较的评注。

* 2004年底,欧盟创建的一种统一的公司形式。企业可以将欧洲各国的业务集成到这个欧洲股份公司名义下,而不用在欧洲各国都创建起公司形式。——译者注

进行,尤其是在基于《欧洲统一买卖法》的文本所编撰的评注中,该法的说服力可以得到客观地评估。[39] 在这个意义上,也可以想见,对选择性参照文本加以评注并推而广之,有助于提高其“可见度”和“实际效力”,进而影响到它在多大程度上会被实际接受。[40]

在评注问世时,《欧洲统一买卖法》在另一种意义上具有了“潜在的规范性”。因为该评注的另一个特点是,它出版于被评注的法案尚在立法讨论阶段时。[41] 换言之,它是对草案文本的评注。与其说暂时还没有法律适用者成为这部评注的受众,毋宁说评注作者们通过评注这些未生效的法条来变相参与立法(Mitgestaltung)的“司马昭之心”已经跃然纸上。[42] 一部评注,却染指尚未颁布生效的法律草案,显示了其旁逸斜出的“指导功能”。[43] 它能够也希望在立法过程中发出自己的声音,以试图影响最终(评注参照)文本的形成。[44] 但与此相对,鉴于评注文本草案的临时性,人们对其为新规则预演法律实践的功能却表示怀疑。[45]

我们可以毫不费力地达成这样的共识:对一个一望而知不具有可适用性的文本出版一部评注显然毫无意义。在立法的支持下(即欧盟委员会不再讨论该条例草案),评注的计划正逐渐减少。尽管对欧洲合同法的学术争鸣在该条例草案被撤回之后依然不绝于耳,但还不至于要选择评注这种文献形式来承载这些争鸣观点。[46]

3. 示例二:旅游法

文本的可适用性具有非常重要的意义的体现之二是旅游法。如今这已被一系列的欧洲法案所贯彻:航空、铁路、船舶和公共汽车运输中的乘客权利都在条例

---

[39] *Jansen*, Commenting (Fn. 1), 4.

[40] *Kästle-Lamparter*, Welt der Kommentare (Fn. 2), 98.

[41] Dies betont auch Christandl, Rezension Schmidt-Kessel und Schulze (Fn. 32), 54, 与国家层面的评论相比,在这方面,也可以假定有一个“稳定功能”,参见脚注 32。

[42] Kommentierungen in Schulze, CESL (Fn. 30) folgen einem einheitlichen Schema, das nach eher exegetischen Abschnitten mit einem-teils kürzer, teils länger ausgefallenen-Abschnitt „Criticism“ schließt. Siehe auch *W. Tilmann*, Rezension: Schulze, CESL (Fn. 30), ZEuP 22 (2014), 227-228.

[43] Ähnlich *Christandl*, Rezension Schmidt-Kessel und Schulze (Fn. 32), 55 (der indes vor allem eine Stabilisierungsfunktion erkennt); zum Begriff *Kästle-Lamparter*, Welt der Kommentare (Fn. 2), 321.

[44] 也可见于 *R. Schulze*, Preface, in: ders., CESL (Fn. 30), v (评注的双重目标是让法律从业者预备《欧洲统一买卖法》,并在立法过程中提出可能的改进建议); *M. Schmidt-Kessel*, Vorwort, in: ders., GEK (Fn. 30), V (was liege näher, „als das noch laufende Gesetzgebungsverfahren mit einem weiteren Impuls zu begleiten“)。

[45] So auch *Christandl*, Rezension Schmidt-Kessel und Schulze (Fn. 32), 54.

[46] 欧洲私法的其他文献形式见下文“三、4”。

中作了规定。[47] 一项已经被修订的指令用于协调《包价旅游法》。[48]然而,虽然现在出现了较多的关于航空乘客权利条例的评注——有的被包含在更大的评注著作中,有的则作为独立著作[49]——但《包价旅游指令》几乎没有受到任何评注的青睐。相反,关于《德国民法典》第651a条及以下条款的评注数不胜数——欧盟指令正是凭借该条款转化到德国的国家法律中——它们大部分栖身于《德国民法典》的评注中,少部分以独立著作的面目示人。[50] 一本权威的旅游法手册,[51]不仅一方面要包含对《德国民法典》中关于包价旅游合同的条款(《德国民法典》第651a条及以下)和《航空旅客权利条例》的详细评注,而且另一方面,对《包价旅游指令》的评注,也须恰到好处,不偏不倚。

4. 示例三:如何在一部合集中处理条例和指令?

什么样的实用手册适合《旅游法》?对此可以参考一下其他实用手册。比较有代表性的是马丁·格鲍尔(*Martin Gebauer*)和托马斯·维德曼(*Thomas Wiedmann*)合著的《欧洲影响下的民法》一书。[52] 这本书揭示了条例和指令的私法特征。在涉及指令法的部分,指令文本被完整地印在书上,然后是对指令及其转化情况的简要介绍,接着再根据指令以文章的形式阐述转化法的相关规范。这些文章虽然都是注释性的,但与评注的关注点并无太大差别——它们只是缺乏评注的

---

〔47〕 Verordnung (EG) Nr. 261/2004 des Europäischen Parlaments und des Rates vom 11. 2. 2004 über eine gemeinsame Regelung für Ausgleichs - und Unterstützungsleistungen für Fluggäste im Fall der Nichtbeförderung und bei Annullierung oder großer Verspätung von Flügen und zur Aufhebung der Verordnung (EWG) Nr. 295/91, ABl. 2004 L 46/1; Verordnung (EG) Nr. 1371/2007 des Europäischen Parlaments und des Rates vom 23. 10. 2007 über die Rechte und Pflichten der Fahrgäste im Eisenbahnverkehr, ABl. 2007 L 315/14; Verordnung (EU) Nr. 1177/2010 des Europäischen Parlaments und des Rates vom 24. 11. 2010 über die Fahrgastrechte im See- und Binnenschiffsverkehr und zur Änderung der Verordnung (EG) Nr. 2006/2004, ABl. 2010 L 334/1; Verordnung (EU) Nr. 181/2011 des Europäischen Parlaments und des Rates vom 16. 2. 2011 über die Fahrgastrechte im Kraftomnibusverkehr und zur Änderung der Verordnung (EG) Nr. 2006/2004, ABl. 2011 L 55/1.

〔48〕 Richtlinie (EU) 2015/2302 des Europäischen Parlaments und des Rates vom 25. 11. 2015 über Pauschalreisen und verbundene Reiseleistungen, zur Änderung der Verordnung (EG) Nr. 2006/2004 und der Richtlinie 2011/83/EU des Europäischen Parlaments und des Rates sowie zur Aufhebung der Richtlinie 90/314/EWG des Rates, ABl. 2015 L 326/1.

〔49〕 整合的评注可以在 BeckOK Online-Kommentaren 中找到(R. Schmid [Hg.], BeckOK Fluggastrechte-Verordnung, 13. Edition, Stand: 1. 1. 2020) und BeckOGK (J. D. Harke [Hg.], beck-online. Großkommentar Fluggastrechte-VO, 2020); als eigenständiges Werk *A. Staudinger/S. Keiler*(Hg.), Fluggastrechte-Verordnung, 2016. Gedruckt erschienen ist auch *R. Schmid*(Hg.), Fluggastrechte-Verordnung, 2018。

〔50〕 *E. Pick*, *Reiserecht*, 1995; K. Tonner, Der Reisevertrag, 5. Aufl., 2007.

〔51〕 *E. Führlich/A. Staudinger*, Reiserecht, 8. Aufl., 2019.

〔52〕 *M. Gebauer/T. Wiedmann*(Hg.), Zivilrecht unter europäischem Einfluss, 2. Aufl.,2010.

外在形式。相比之下,条例倒是得到了逐条评注;在以黑体字印刷的被评注法条的条文之下,那些注释性的文字以评注的风格依次展开。从形式上看,这是一种混合型的解决方案,显而易见,其目的是为了方便法律适用者使用这些规范。[53]

5. 研究结果和变化趋势

上述示例证明了以适用性作为指导标准的假设。同时,它们确认了欧盟共同体法领域的“法律评注范式”。[54]诚然,必须指出,最近出现了某种明显的变化:目前,在题为“国际商法和欧洲商法”的系列[由赖纳·舒尔策(*Reiner Schulze*)和马蒂亚斯·雷曼(*Matthias Lehmann*)编辑]中出现了较多的英文评注,这些评注通常不局限于单一文本,而是对标复合主题下的多个文本。在这些文本中,总是能够看到指令的踪影。例如已经预告的关于“欧盟数字法”的评注,它将包含对新的数字内容指令、消费者权利指令、电子商务指令和可移植性条例的解释。[55]另一个例子是关于“商法”的评注,它将《联合国国际货物销售合同公约》、国际统一私法协会《国际商事合同通则》和《商业代理指令》的评注融于一册。[56]评注出现这种变化的原因,或许只能做如下推测:英文评注所面向的欧洲范围内的读者,其对指令的关注远在国家转化法之上?还是类似于上文对《欧洲统一买卖法》的探讨,这里还会为国家转化法单独准备一部评注?[57]我们稍后会讨论这个问题。

(二)条例

1. 示例:冲突法

在对欧盟条例进行评注所涉及的众多法律领域中,[58]冲突法是绕不开的一个领域。仅就这一领域,下文还会详细探讨。关于冲突法的欧盟条例,它们作为被评注文本的形式各不相同。首先,评注的出版样式就多种多样:既有装订成册

---

[53] Ähnlich die Beobachtungen von *Noack/Zetzsche*, Kommentieren (Fn. 24), 216 f., zum Aktienrecht:在一篇统一的评注著作中,一方面解释了 SE-Verordnung,另一方面解释了基于 SE-Richtlinie 的国家转化法。

[54] Formulierung von *Kästle*, Juristische Kommentare (Fn. 32), 407, wo dies Paradigma freilich gerade in Zweifel gezogen wird.

[55] *R. Schule/D. Staudenmayer*(Hg.), EU Digital Law. Article-by-Article Commentary, angekündigt für 2020. Staudenmayer 作为欧盟委员会司法和消费者总局合同法部门的领导,参与创建了一些评注文本。Zu diesem Phänomen auch *Kästle-Lamparter*, Welt der Kommentare (Fn. 2), 98, dessen (zum CESL geäußerte) Vermutung der Intention, die „autoritätsstabilisierende Wirkung von Kommentaren [···] bewusst als Mittel zur, Recht-Fertigung‘“ einzusetzen, hier freilich nicht verfängt: Eine Richtlinie ist geltendes Recht.

[56] *Mankowski*, Commercial Law (Fn. 17).

[57] Dagegen spricht, dass zu anderen Richtlinien, die in der Reihe kommentiert werden, bereits Umsetzungsgesetze vorliegen.

[58] 除了上文“二、1、(3)”提到的《航空旅客权利条例》之外,还可以参考《通用数据保护条例》或《SE 条例》作为进一步的例子。

的著作,也有活页集;既有印刷的纸本,也有纯电子评注。[59]

然而,最重要的是,这些评注作品的类型是多样化的。一些评注被整合到了(多卷本的)民法评注中。而对《德国民法典》的评注,传统上包括对《德国民法典施行法》中的冲突法的评注。随着欧洲层面的立法对成员国国际私法的不断替代或叠加,欧洲冲突法规范受到了这些新兴评注的持续关注。[60] 因此,被评注文本直接被替换;[61]另一方面,《德国民法典》的评注中对冲突法的评注内容被保留下来,尽管所评注的规范不再源于与《德国民法典》相同的规范制定者。在一些关于《德国民法典》的评注中,这种变化意味着,在专门评注实体法的著作中,也会对《欧盟继承条例》(EuErb-VO)的程序法部分进行同等标准的评注。[62]

部分冲突法的评注,存在于其被评注的文本根据主题被划归某个具体的法律领域(如继承法)的著作中——这些特定领域来自不同的规范制定主体,有时候它们的实体法特征、冲突法特征或程序法特征变得无关紧要。[63]最终倒是欧洲层面的立法,使那些专注于评注一个或多个冲突法条例的著作获得了世人的关注。

2. 评注文献的欧洲化?

表面上的观察可能会得到这样一个印象:似乎这些评注大多都是用德语撰写,而且初始编辑和作者也都来自德语区。实际上,这一看法与事实还是存在一些细微的出入。

---

〔59〕 只在线上出版的 *C. Budzikiewicz/M. - P. Weller/W. Wurmnest* (Hg.), beck - online. Großkommentar, Rom I-VO; Rom II-VO; Rom III-VO; EuErbVO; EU-UnterhaltsVO, 2020; *M. Herberger* et al. (Hg.), juris Praxiskommentar BGB, Bd. 6: Internationales Privatrecht und UN-Kaufrecht, hg. v. M. Würdinger, 9. Aufl., 2020。

〔60〕 任何《德国民法典》评注都可以在这里作为示例提及,例如 *F. J. Säcker et al.* (Hg.), Münchener Kommentar zum BGB, Bde. 11-12, 7. Aufl., 2018; *G. Brudermüller et al.*, Palandt. Bürgerliches Gesetzbuch, 79. Aufl., 2020。

〔61〕 见,如 den völlig geräuschlosen Austausch von *K. Thorn*, in: Palandt (Fn. 60), 68. Aufl., 2009, Art. 27 ff. EGBGB durch *K. Thorn*, in: Palandt (Fn. 60), 69. Aufl., 2010, Art. 1 ff. Rom I-VO. Die alte Kommentierung der Art. 27 ff. EGBGB wurde für Altfälle in das Palandt-Archiv übernommen, 见<https://rsw. beck. de/buecher/palandt/palhome/auf gehobenes-recht>。

〔62〕 因此,例如在慕尼黑评注中(脚注 60); freilich war das Internationale Nachlassverfahrensrecht auch vor der EuErbVO bereits mit abgedeckt, dann aber innerhalb der Kommentierung zu Art. 25 EGBGB a. F., siehe *A. Dutta*, in: Münchener Kommentar zum BGB, 6. Aufl., 2015, Art. 25 EGBGB Rn. 307-360. Das Vorgehen des Palandt (Fn. 60) ist insoweit präziser, wenn auch weniger übersichtlich: 欧洲继承条例的法律冲突规则在知识产权的背景下,以及在由《德国民法典施行法》形成的国际继承法的体系地位上得到解释,欧洲继承证书的实质性规则在《德国民法典》的继承证书的体系背景下得到解释。

〔63〕 参见:im Erbrecht *L. Kroiß/C. -H. Horn/D. Solomon*(Hg.), Nachfolgerecht. Erbrechtliche Spezialgesetze, 2. Auflage, 2019; *A. Dutta/J. Weber*(Hg.), Internationales Erbrecht, 2016; im Vertragsrecht z. B. *F. Ferrari et al.*, Internationales Vertragsrecht, 3. Aufl., 2018; allgemein *Kästle-Lamparter*, Welt der Kommentare (Fn. 2), 296。

首先，德语法学者已经开始用英语撰写和出版评注。〔64〕这些评注通常不是从德语版本的评注翻译而来，而是直接用英语撰写的。

其次，欧盟冲突法条例的评注也有其他语言的版本，由其他语言地区的作者和国际作者团队撰写。这里只举几个例子，让大家对评注的多样性有一个印象。在法国出版的关于《罗马第三条例》(Rom III-VO)的评注——因为作者的缘故——是以英语或法语撰写的。〔65〕意大利系列丛书《新民事立法评注》(Le nuove leggicivili commentate)中，对《罗马第三条例》也进行了评注。〔66〕第一部关于《欧盟继承条例》的评注是由比利时和瑞士的两位作者用法语撰写的；〔67〕一个国际化作者团队用德语、英语和法语出版了关于《欧盟继承条例》的评注；〔68〕现在还有更多关于《欧盟继承条例》的国际化评注。〔69〕这些著作中的每一部究竟会用何种语言文字出版发行，都引起了特别的关注。

值得注意的是，在此背景下，冲突法的英语权威著作对不断推进的欧洲化的反应。这部著作编排素材的方式和评注如出一辙：〔70〕传统上，它以重述的方式，用稍大的印刷字体来表述冲突法的相关学说，然后对其进行解释。需要强调的是，这些学说出自作者，而非立法者。然而，如果冲突法的一个子领域是欧盟条例的调整对象，其规范就取代了私人学说；因此，解释的时候就把欧盟条例作为参照文本。这和评注可以说是殊途同归了。〔71〕

有趣的是由此得到的观察，从评注类型和语言的多样性和多元化中——它们

---

〔64〕 参见：z. B. *G. -P. Calliess*(Hg.), Rome Regulations, 2. Aufl., 2015; *P. Huber*(Hg.), Rome II Regulation, 2011; *U. Magnus/P. Mankowski*(Hg.), European Commentaries on Private International Law, 4 Bde., 2016-2019。

〔65〕 *S. Corneloup*(Hg.), Droit européen du divorce, 2013; 又见 *dies.* (Hg.), The Rome III Regulation. A Commentary on the Law Applicable to Divorce and Legal Separation, 2020.

〔66〕 *P. Franzina et al.*, Regolamento UE n. 1259/2010 del Consiglio del 20. 12. 2010 relativo all'attuazione di una cooperazione rafforzata nel settore della legge applicabile al divorzio e alla separazione personale, Le nuove leggi commentate 34 (2011), 1435-1547.

〔67〕 *A. Bonomi/P. Wautelet*, Le droit européen des successions, 2013 (inzwischen 2. Aufl., 2016).

〔68〕 *U. Bergquist et al.*, EU Regulation on Succession and Wills. Commentary, 2015 (auch erschienen als „Commentaire du règlement européen sur les successions“ und als „EU-Erbrechtsverordnung“).

〔69〕 *A. -L, Calvo Caravaca/A. Davi/H. -P. Mansel* (Hg.), The EU Succession Regulation. A Commentary, 2016; *H. P. Pamboukis*(Hg.), EU Succession Regulation No 650/2012. A Commentary, 2017 (aus Griechenland); *M. Zalucki* (Hg.), Unijne rozporzadzenie spadkowe nr 650/2012. Komentarz, 2. Aufl., 2018 (aus Polen).

〔70〕 *L. Collins*(Hg.), Dicey, Morris and Collins on the Conflict of Laws, 2 Bde., 15. Aufl., 2012; näher *G. -P. Calliess*, Kommentar und Dogmatik im Recht. Funktionswandel im Angesicht von Europäisierung und Globalisierung, in: Kästle/Jansen, Kommentare (Fn. 2), 381-392, 386 f.; *Jansen*, Making Legal Authority (Fn. 33), 128 ff.

〔71〕 Selbe Beobachtung bei *Calliess*, Kommentar und Dogmatik (Fn. 70), 390.

超越了评注理念和不同来源的著述之间的界限——对于现有评注和后续评注,无论是结构、风格还是内容上显然都不存在任何重大差异。[72] 这是否表明了德语区“评注文化”“输出”的意图?[73] 事实上,正是用英语以及在欧洲私法中占据主导地位的语言所撰写的评注,使那些本国的法律制度对评注这种文献形式所知甚少亦不会运用的法学家对评注有了更多的了解。至于说到那些作者,要判断他们是在输出“评注文化”,还是仅仅是用他们所熟悉的评注的文献形式来传递他们的观点,却并非易事。[74] 评注可能成为促进整个欧洲学术讨论的媒介。[75] 人们对有关冲突法的这种讨论还可能会进一步深化和扩大,并不会感到大惊小怪,因为有关冲突法的材料都具有跨国性的特点。

单一评注在多大程度上会实际参与到整个欧洲范围内的学术讨论,特别是对欧洲范围内的文献和判例如何进行学术处理,并指出各国在适用方面的差异,这与其说是一个“国际化”的问题,毋宁说是用德语并主要为德国图书市场撰写评注时所需要面对的个性化问题。尽管评注的对象关乎整个欧洲,但这些评注在不同程度上提到了其他法律体系的声音;问题也或多或少地从德国的角度进行阐述。仍以《欧洲继承条例》为例说明这种现象:关于这一条例的出版物,在德国早已汗牛充栋,一些学术上的争端也正是由德国作者而起。[76] 这些出版物也吸引了“国际”评注的眼球。评注的语言虽然确实很重要,因为正是借助语言思想才得以传输,而一些构想——比如内含于继承法中的——却难以通过另一种语言再现。但是,参与欧洲范围内的学术讨论,语言并不是决定性的标准;很大程度上作者的意图才是关键性的。[77] 原则上,评注的形式适合文献资料汇编,并且由于其容易获取,也有助于促进欧洲范围内的学术讨论。基于此,对具有直接适用性的条例文本,评注可助其实现教义化。

---

〔72〕 Selbe Beobachtung bei *Calliess*, Kommentar und Dogmatik (Fn. 70), 390; *Kästle-Lamparter*, Welt der Kommentare (Fn. 2), 96.

〔73〕 So *Calliess*, Kommentar und Dogmatik (Fn. 70), 390; ähnlich *Noack/Zetzsche*, Kommentieren (Fn. 24), 226.

〔74〕 对“输出”的怀疑也可参见:*Kästle-Lamparter*, Welt der Kommentare (Fn. 2), 95 f.。还有出版方面的考虑,在评注的帮助下“开放国际图书市场”。Calliess, Kommentar und Dogmatik (Fn. 70), 390 nimmt an, dass aufgrund der „Europäisierung des Rechtsdiskurses“ die „ohnehin zu beobachtende Pluralisierung auf dem Markt der Kommentare sich fortsetzen“ werde.

〔75〕 *Kästle-Lamparter*, Welt der Kommentare (Fn. 2), 95.

〔76〕 Vgl. nur den Überblick in *A. Dutta*, Die europäische Erbrechtsverordnung vor ihrem Anwendungsbeginn: Zehn ausgewählte Streitstandsminiaturen, IPRax: Praxis des internationalen Privat- und Verfahrensrechts 2015, 32-39.

〔77〕 Für diese Intention kann die Sprachwahl dann aber mit *Kästle-Lamparter*, Welt der Kommentare (Fn. 2), 95 als „Indiz“ gewertet werden; siehe z. B. *A.-L. Calvo Caravaca/A. Davi/H.-P. Mansel*, Foreword and Acknowledgements, in: dies., EU Succession Regulation (Fn. 69), xiii.

3. 在被评注文本适用前进行评注

最近一段时间，只要看看评注的功能，就会发现一种令人瞩目的趋势，即在条例开始适用之前就对其进行评注——《欧洲继承条例》于2012年8月17日生效，三年之后就得到了评注。〔78〕而此时，对被评注文本的适用情况还无法进行汇编整理；特别是还不可能“编制”出已经发布的案例。〔79〕很大程度上，只能借助已经出版的著述所展示的体系化和对该条例立法史的发掘，为条例的未来适用者提供如何适用的帮助。在此基础上，不仅要对条例进行解释、说明和批评，还要对其可能的适用前景进行预测。评注比散落在各个期刊的相关论文更一目了然。因此，评注可以凭借其权威性和容易被接纳的特点，预先拟制有关条例学术争鸣的格局。

现在产生了关于欧洲继承条例的第一个司法案例，从中不难解读出其预先操纵的功能。在评注中为了该条例的适用所做的那些准备工作，只要其引述源自何种文献清晰可辩，那么不论是在提交给欧洲法院的决定书里，还是在总检察长的总结陈词中，评注中的观点都被他们充满感激之情地接纳了。无疑，恰在这里，显示了语言的重要性。这可以通过马恩科普夫(Mahnkopf)一案加以说明，该案涉及《德国民法典》第1371条第1款的限定，因此也是一项德国规定。〔80〕虽然提交给柏林高等法院的诉状只引用了关于《欧洲继承条例》的德语版评注，〔81〕但波兰的总检察长在其意见书中提到了关于该条例的法语和英语评注。〔82〕

(三)指令

如所周知，对指令的评注非常少见。对指令的批评性解释倒是常常出现在作品合集或学术专著里。〔83〕评注通常是在指令生效后不久出版——至少根据传统的情况是如此——伴随着指令转化为国内立法生效而出版，并且那种循环滚动更

〔78〕 Zum Anwendungsbeginn lagen umfangreiche Kommentierungen von *Bonomi/Wautelet*, Droit européen des successions (Fn. 67) sowie im Münchener Kommentar zum BGB (Fn. 60) (6. Aufl., 2015), im jurisPK-BGB (Fn. 59) (7. Aufl., 2014) und im Beck-OGK (Fn. 59) (Stand: 1.6.2014) vor. Eine Kommentierung des Verordnungsvorschlags (vgl. oben II. 1. b) findet sich in *Rauscher*, Europäisches Zivilprozess- und Kollisionsrecht (Fn. 35), Bd. 4, 3. Aufl., 2010.

〔79〕 Zum Begriff *Kästle-Lamparter*, Welt der Kommentar (Fn. 2), 299.

〔80〕 EuGH, 1.3.2018, Rs. C-558/16 (*Mahnkopf*).

〔81〕 KG, Zeitschrift für Erbrecht und Vermögensnachfolge 2017, 209-211.

〔82〕 GA *Szpunar*, Schlussanträge v. 13.12.2017, Rs. C-558/16 (*Mahnkopf*). Zitiert werden *Bonomi/Wautelet*, Droit européen des successions (Fn. 67) in Fn. 6 und 31 und *Pamboukis*, EU Succession Regulation (Fn. 69) in Fn. 33.

〔83〕 Exemplarisch verwiesen sei auf das bereits oben erwähnte Werk von *Gebauer/Wiedmann*, Zivilrecht unter europäischem Einfluss (Fn. 52) sowie auf die Lehrbücher von *B. Heiderhoff*, Europäisches Privatrecht, 4. Aufl., 2016; *K. Riesenhuber*, EU-Vertragsrecht, 2013.

新的新版本评注尚未登场。[84] 在“国际商法和欧洲商法”[85]系列中新出版的或者预告即出的评注会在多大程度上带来新的改变,且让我们拭目以待。

由于欧盟的立法通常不具有直接适用性,所以常常是将国内的转化法作为评注的文本。[86] 最典型的做法是将这类评注纳入国内法的评注作品中。因为欧盟条例,一个欧洲层面的评注传统可能正在形成,但另一方面,未转化的指令法却在国内法的评注实践中被一体化地评注了。诚然,由于这些指令法的欧盟法背景,其在解释方法上具有特殊性,如解释要求符合指令或在解释有疑问的情况下必须提交给欧洲法院。对国内从指令转化的法律规范进行评注有可能忽视欧盟法的背景,也有可能使一个欧盟指令规范在众多国家的适用中出现分歧。这给现有的评注带来了额外的挑战,例如,在将消费者保护指令纳入《德国民法典》以及在关于《德国民法典》的现有评注中对这一问题的处理中就可以看出这一点。[87] 通常欧盟背景会在在先的边码中提到,部分还会进行更详细的解释。在任何情况下,更全面的评注都会在必要时推动符合指令的解释,甚至对转化后的国内法是否符合指令以及其在适用上的实际情形提出质疑。[88] 在这方面,指令不仅影响国内法,也影响国内法评注的编撰。[89]

欧盟指令被转化到《德国民法典》中以后,对转化法所做的评注主要参考对象仍然是国内法律。通常情况下,外国文献,尤其是非德语文献,几乎都不会援引,用外国判例的知识来对标指令中的规定,更是少之又少。“在欧洲私法中引入法律比较”的请求[90]显然仅指欧盟法层面。在比较各成员国不同做法的基础上创设一个统一适用的机会,有助于法律适用者克服语言障碍和获取外国判例法的实际准入困难,但这种机会远远未被善加利用。因此,无论如何,评注只能在和谐立法的基础上,有条件地消除国内不同观点对法律适用的分歧。[91] 对转化法的立法

---

〔84〕 见 z. B. *Grundmann/Bianca*, EU-Kaufrechts-Richtlinie (Fn. 7), auf Deutsch, Englisch und Französisch erschienen; *J. Schmidt-Salzer*, Kommentar EG-Richtlinie Produkthaftung, 1986。

〔85〕 参见脚注 55 及以下的例子。

〔86〕 参见脚注 24 对应的原文。

〔87〕 作为《慕尼黑民法典评论》的主编之一,对此很有帮助,见: *F. J. Säcker*, Münchener Kommentar zum BGB, in: D. Willoweit (Hg.), Rechtswissenschaft und Rechtsliteratur im 20. Jahrhundert, 2007, 405-417, 414 ff.; *Noack/Zetzsche*, Kommentieren (Fn. 24), 216。另外所有关于评注的概括性陈述总是包括例外和偏差的可能性。

〔88〕 例如 *F. Faust*, in: BeckOK-BGB, 53. Edition, 1. 2. 2020, § 437 Rn. 18 ff., § 439 Rn. 27, § 441 Rn. 30 ff., § 476 Rn. 4。

〔89〕 又见 *Noack/Zetzsche*, Kommentieren (Fn. 24), 223 ff. zum Wandel der Kommentarfunktionen im europäischen Wirtschaftsrecht。

〔90〕 *Säcker*, Münchener Kommentar (Fn. 87), 410.

〔91〕 另一个方面是引用了法规的不同语言版本,见 *Noack/Zetzsche*, Kommentieren (Fn. 24), 224。

和司法实践做比较法上的分析，由于评注者肩负着别样的使命，其能量无法完全释放，因此需要借助其他的形式来补拙。〔92〕 在评注撰写的过程中，要对所有材料进行筛选、归类和评估，但唯独不涉及纯粹的资料收集。宏迪乌斯（Hondius）呼吁推出一个“欧洲的帕兰特评注（European Palandt）”，通过比较的方式将各个成员国迄今为止各自为战的法解释活动汇集在一起，〔93〕但至今几乎无人响应。国际商事法院在当前的成立是否会强化对跨国评注的需求，以及这是否会给“欧洲帕兰特评注”的基本理念带来新的助力，还有待观察。

三、在现代共同法中的评注和对现代共同法的评注

（一）评注形式的进一步缺失

1. 非立法规则作为评注文本

虽然在欧盟共同体法中很容易找到潜在的具有法律效力的被评注文本，但在现代共同法中极目望去，却找不到这样的文本。诚然，被评注文本是否具有法律效力并不是评注概念的先决条件，评注只是需要“参照权威性的法律文本”，这是评注活动安身立命之所在并能进行“持续性解释”的根源。〔94〕 权威性也可以为非立法性文本所属；〔95〕这样的文本也可以超越“法律评注的经典范式”而成为评注的基准点。〔96〕 因此，现代共同法中的文本虽然不是一般性的比较法知识，但可以

---

〔92〕 参见：*H. Schulte-Nölke/C. Twigg-Flesner/M. Ebers*（Hg.），EC Consumer Law Compendium. The Consumer Acquis and its transposition in the Member States，2008；als Beispiel aus der Aufsatzliteratur *H.-P. Mansel*，Kaufrechtsreform in Europa und die Dogmatik des deutschen Leistungsstörungsrechts：Kaufrecht in Europa nach der Umsetzung der Verbrauchsgüterkauf-Richtlinie，AcP 204（2004），396-456。

〔93〕 *E. Hondius*，Towards a European Palandt，European Review of Private Law 2011，483-488，484 f.；dazu *Kästle-Lamparter*，Welt der Kommentare（Fn. 2），96，329. Hondius 是否关心以评注的形式实现他的关切，是相当值得怀疑的。在荷兰的一份出版物（Ars Aequi 2011，738-746）中，他呼吁“Naar een Europese Asser-serie”，因此需要一本手册。Zur Asser-Reihe siehe *J. Jansen*，Der Blaue Engel und die Grüne Reihe：Die Rolle des Kommentars in der niederländischen privatrechtlichen Publikationskultur，in diesem Band，87-106，97，98f.

〔94〕 对这些概念的理解见 *Kästle-Lamparter*，Welt der Kommentare（Fn. 2），289，336；见上脚注 2 对应原文。

〔95〕 *Jansen*，Making Legal Authority（Fn. 33），76 f.；也可见 *C. v. Bar*，Rezension：Jansen/Zimmermann，CECL（Fn. 1），AcP 219（2019），593-596，593，der von „überwiegend freilich rein literarischen“ Quellen spricht.

〔96〕 *Calliess*，Kommentar und Dogmatik（Fn. 70），382 f.；*Kästle-Lamparter*，Welt der Kommentare（Fn. 2），289；*N. Jansen*，Rezension：Vogenauer/Kleinheisterkamp（Hg.），Commentary on the UNIDROIT Principles of International Commercial Contracts（PICC），2009，JZ 2009，1008-1009，1008.

是尚存疑问的以规则形式表述的欧洲私法的非立法规则,从这些规则中产生的、后来又被放弃的《欧洲统一买卖法》草案所夹带的双重立场前文已经有所论及。[97]

2. 对非立法性的成套规则进行评注的需求

如果因为《欧洲统一买卖法》的双重立场而将其排除在评注的考虑范围之外,那么很显然,迄今为止,欧洲私法的非立法性规则只在极其有限的范围内会被评注。不是《欧洲合同法原则》和《共同参考框架草案》的规则本身被评注,而是在任何情况下,与其具有相同性质的其他非立法文本都会被评注。[98] 与这些欧洲文本形成鲜明对比的是国际统一私法协会的《国际商事合同通则》,该通则至少有三种评注,其中两种已经出到第二版。[99]

为什么国际统一私法协会的《国际商事合同通则》与《欧洲合同法原则》不同,被认为"值得评注"?[100] 这不能用文本的权威性不同来解释。它们都没有被赋予国家的强制适用性,但享有"准法律权威"的威望。[101] 仅凭此点,它们便同属学术争鸣不可或缺的一部分,也是国家立法者在近期推动民事法律改革的灵感之源。[102] 但很显然,所有这一切都尚不足以成就一部评注的诞生。关键性的标准,我们不得不多次强调,还是文本的适用性特征。所有的文本都不是根据《罗马法公约 I》(Rom I-VO)第 3 条第 1 款作为可适用的法律而被选择适用。[103] 但它们作为可适用的法律在仲裁程序中备选[试比较基于《联合国国际贸易法委员员会示范法》(UNCITRAL-Modellgesetz)第 28 条第 1 款制定的《德国民事诉讼法》第 1051

---

〔97〕 见上文"二、(一)、2"。

〔98〕 关于《欧洲合同法评注》的审议情况,见下文"三、3";关于 PECL 与国内法有关的作品,见下文"三、4、(3)"。

〔99〕 见脚注 17;旨在考虑《慕尼黑民法典评注》中的欧洲法规 *Säcker*, Münchener Kommentar (Fn. 87), 416:"在评注中解释避免了导致各国法制背离欧洲私法秩序不断发展的原则。"当然,评注的参考对象仍然是《德国民法典》;各项规则通常在评注的开头提到。

〔100〕 *Kästle-Lamparter*, Welt der Kommentare (Fn. 2), 336.

〔101〕 *Jansen*, Europäisches Privatrecht (Fn. 3), 550 f. („Autoritätspluralismus"); ders., Making Legal Authority (Fn. 33), 59 ff.

〔102〕 *Jansen*, Making Legal Authority (Fn. 33), 63; R. Michaels, in: Vogenauer, PICC (Fn. 17), Preamble I Rn. 143 ff.; S. Vogenauer, Die UNIDROIT Grundregeln der internationalen Handelsverträge 2010, ZEuP 21 (2013), 7-42, 14;法国见脚注 7。

〔103〕 *Rauscher/v. Hein*(Fn. 35), Art. 3 Rom I-VO Rn. 49 ff. m. w. N.;关于非立法规则的适用性和有效性的详细信息,例如 *C. -W. Canaris*, Die Stellung der „UNIDROIT Principles" und der „Principles of European Contract Law" im System der Rechtsquellen, in: *J. Basedow*(Hg.), Europäische Vertragsrechtsvereinheitlichung und deutsches Recht, 2000, 5-31; *R. Michaels*, Privatautonomie und Privatkodifikation, RabelsZ 62 (1998), 580-626。

条第1款]。[104]然而,国际统一私法协会的《国际商事合同通则》,却在表述供法律选择适用的示范条款时,非常强烈地呼吁要在仲裁程序中获得完全适用。[105] 这也许可以解释为什么要专门对这套非立法性规则出版评注的动机。[106] 因为恰在此处,对于一部评注来说典型的理论联系实际的功能[107]得以实现。

在相互给予和接受的意义上,追求适用性的意愿和评注活动最终是在交互影响中成就彼此。当文本作为可选择适用的法律问世时,不仅提高了法律的供给性,而且使其广为人知,进而在实践中产生要对其加以评注的需求。[108] 而评注的供给同时又提高了对这些规则加以适用的需求。[109]

---

[104] *J. Münch*, in: Münchener Kommentar zur ZPO, 5. Aufl., 2017, § 1051 Rn. 59; P. Schlosser, in: *Stein/Jonas*, ZPO, hg. v. R. Bork und H. Roth, 23. Aufl., 2014, § 1051 Rn. 13; *M. Scherer*, in: Vogenauer, PICC (Fn. 17), Preamble II Rn. 4.

[105] *M. J. Bonell*, UNIDROIT Principles 2004-The New Edition of the Principles of International Commercial Contracts adopted by the International Institute for the Unification of Private Law, Uniform Law Review 2004, 5-40, 6:"最终真正重要的是,有关文件不是一纸空文,而是在实践中得到适用。"; *ders.*, The law Governing International Commercial Contracts and the Actual Role of the UNIDROIT Principles, Uniform LR 2018, 15-41; *ders.*, Restatement (Fn. 18), 174 ff.; *Hartkamp*, Principles (Fn. 18), 258 f.; *J. Kleinheisterkamp*, UNIDROIT Principles of International Commercial Contracts, in: HWB-EuP (Fn. 3), 1547-1551, 1548; *O. Lando*, My life as a lawyer, ZEuP 10 (2002), 508-522, 521; *Vogenauer/Michaels*(Fn. 102), Preamble I Rn. 7, 52 ff. (zu den Musterklauseln); *Vogenauer/Scherer*(Fn. 104), Preamble II Rn. 9; *P. Sirena*, Die Rolle wissenschaftlicher Entwürfe im europäischen Privatrecht, ZEuP 26 (2018), 838-861, 853; *S. Vogenauer*, in: ders., PICC (Fn. 17), Introduction Rn. 48; ders., UNIDROIT Grundregeln (Fn. 102), 13 ff. Damit korrespondierend spielen die UNIDROIT PICC etwa in Veröffentlichungen zur Schiedsgerichtsbarkeit der ICC eine deutlich größere Rolle als andere nicht-legislative Regelwerke, 参见: *Y. Derains/E. A. Schwartz*, A Guide to the ICC Rules of Arbitration, 2005, 235 ff.; *J. Fry/S. Greenberg/F. Mazza*, The Secretariat's Guide to ICC Arbitration, 2012, Rn. 3-761; sowie die Beiträge in ICC International Court of Arbitration Bulletin 2002, Special Supplement: UNIDROIT Principles of International Commercial Contracts. Reflections on their Use in International Arbitration. Siehe demgegenüber die Zwecke der PECL zusammenfassend Zimmermann, Comparative Law (Fn. 10), 581.

[106] 相同的观点 bei *Jansen*, Making Legal Authority (Fn. 33), 75. Diese Differenzierung fehlt bei Calliess, Kommentar (Fn. 70), 391 und *Kästle-Lamparter*, Welt der Kommentare (Fn. 2), 96 f., die die Kommentare zu den UNIDROIT PICC letztlich pars pro toto für alle nichtlegislativen Regelwerke darstellen。

[107] Dazu *Henne*, Entstehung des Gesetzeskommentars (Fn. 2), 321; *Kästle-Lamparter*, Welt der Kommentare (Fn. 2), 302.

[108] *A. Baumann*, Rezension: Brödermann, Unidroit Principles (Fn. 17), Zeitschrift für Schiedsverfahren 2019, 147-148, 147; 又见 Jansen, Making Legal Authority (Fn. 33), 75 f. (eine Kommentierung verschaffe den UNIDROIT PICC Autorität).

[109] *O. Lando*, Rezension: *Vogenauer/Kleinheisterkamp*(Hg.), Commentary on the Unidroit Principles of International Commercial Contracts (PICC), 2009, Common Market LR 47 (2010), 952-953, 953 (der Kommentar „will promote the use of the PICC"); 同样 Jansen, Making Legal Authority (Fn. 33), 75 f.; *ders.*, Rezension: Vogenauer/Kleinheisterkamp (Fn. 96), 1009; *Kästle-Lamparter*, Welt der Kommentare (Fn. 2), 97 f.

3. 撰写非立法性规则评注的资源

且先不问是否有必要对非立法性规则进行评注,首当其冲的一个问题是,如若对其撰写评注,可供利用的资源到底有哪些?经典法律评注的主要任务之一,可能是为了解释法条和完成对其续造,而对已经发布的司法判例进行整理、筛选和解构,进而最终促进法律规范的教义化。[110] 然而,由于缺乏广泛的——首先是有约束力的——适用性,几乎没有关于非立法性规则的司法判例。[111] 对于这些非立法性规则来说,任何情况下都可以援引国内(或者欧盟)与其对应的立法性规则所涉及的司法判例。因此,体现在评注中的资料来源往往是转手的。

评注援引文献的目的,是为了直接解释法律规范,必要时对其提出批评,并服务于其在比较法上的分类(特别是对于面临法律抉择,需要作出重大决定的当事人来说尤其重要)以及阐明其在历史比较方面的背景,因此,评注的内容首先要足够丰富。国际统一私法协会《国际商事合同通则》的评注被描述为以"一套注释性和比较性的教义学知识"对文本中的规则做了补充,并就其在实践中的运用提出了建议。[112]

其次,评注可以成为一种媒介,使法律规范形成史上那些无人问津的史料得到发掘和利用。例如,国际统一私法协会《国际商事合同通则》的筹备报告、草案和磋商记录虽然自始都是公开的,但基本上杂乱无章,至少在工作的早期阶段,任何时候想要获取其中的某些材料都会令人十分抓狂,无从下手。后来,这些材料按时间顺序整理好后发布到了网上,可供人随时查阅。[113] 而评注则可以从中发掘出真正的宝藏,用这些材料对个别法律规范进行体系化的补充解释,从而使在

---

[110] Skeptisch zur Selektionsfunktion im Zeitalter juristischer Datenbanken *Noack/Zetzsche*, Kommentieren (Fn. 24), 222.

[111] 国际统一私法协会《国际商事合同通则》已经在仲裁程序中援引甚至适用, dazu *Vogenauer/ders.* (Fn. 105), Introduction Rn. 48 sowie die Nachweise in der von UNIDROIT unterhaltenen Unilex-Datenbank, die diese Schiedssprüche sammelt (<www. unilex. info/instrument/principles>); PECL 或 DCFR 在国家法院诉讼中作为解释的辅助手段被引用的频率要低得多, zu Beispielen *D. Busch*, The Principles of European Contract Law before the Supreme Court of the Netherlands-On the Influence of the PECL in Dutch Legal Practice, ZEuP 16 (2008), 549-562; *C. Vendrell Cervantes*, The Application of the Principles of European Contract Law by Spanish Courts, ZEuP 16 (2008), 534-548; 进一步的证据见 *Jansen*, Making Legal Authority (Fn. 33), 75; *Sirena*, Wissenschaftliche Entwürfe (Fn. 105), 852 f. 在后一种借助"软法"进行说理的例子中,对于评注来说,法律规范与判例之间这种典型的抽象和具象之间的关系(dazu *Kästle-Lamparter*, Welt der Kommentare [Fn. 2], 310)并不真正适合。*Kästle-Lamparter*, *loc. cit.*, 97 正确指出, 在关于国际统一私法协会《国际商事合同通则》的评注中,"在某种程度上通过虚构的效力来解决"这一问题; ähnlich *Jansen*, Rezension Vogenauer/Kleinheisterkamp (Fn. 96), 1008。

[112] *Jansen*, Making Legal Authority (Fn. 33), 75; 又见 *Kästle-Lamparter*, Welt der Kommentare (Fn. 2), 97 (评注的目的是完善个别规则,其"比较语境化……而是一种补充").

[113] <https://www. unidroit. org/unidroit-principles-2016/preparatory-work>.

未来适用发生疑问时从立法源头解释出“立法者本意”成为可能。《欧洲合同法原则》的类似工作仍未完成,特别是兰道委员会(Lando-Kommission)有别于国际统一私法协会的做法,没有公开其立法草案和会议纪要。如果想了解个别规则是如何形成的,只能依靠来自各个项目参与者的零散报告。〔114〕 虽然国际统一私法协会《国际商事合同通则》和《欧洲合同法原则》之间的这种差异可能不会明显地损害《欧洲合同法原则》在欧洲法学者中的威严和权威,〔115〕但对《欧洲合同法原则》中法律规则的形成史进行梳理仍然是比较法研究和学科发展史中必不可少的内容。另外,关于《共同参考框架草案》和其他几套法律规则,已有批评说,公开渠道几乎检索不到准备工作的蛛丝马迹。〔116〕

(二)“官方注释”作为评注?

就非立法性规则撰写著作的作者,最有可能通过所谓的“官方注释”向读者兜售其观点。这些解释性文本会在每一条立法规则出台时伴随左右。但无论是其核心思想还是文字表述都会在评注中被“公认的法律规则”(blackletter rule)* 所摒弃,尽管他们自身也援用这一规则。〔117〕很显然,美国的法律重述是运用“公认的法律规则”的典范。〔118〕同时,“官方注释”似乎延续了参考文本评注的传统,即由立法者自己发表评注。〔119〕 与这些评注的作者一样,“官方注释”的作者自己最清楚——同时也是“真实的”——一条规则背后的意图和意义是什么。因此可以说,“官方注释”利用了评注的外部形式。

---

〔114〕 参见:*O. Lando*, Principles of European Contract Law. An Alternative or a Precursor of European Legislation, RabelsZ 56 (1992), 261-273, 267 ff.; *ders.*, My life (Fn. 105), 519 ff.; O. Remien, Ansätze für ein Europäisches Vertragsrecht, Zeitschrift für vergleichende Rechtswissenschaft 87 (1988), 105-122, 117 ff.; *R. Zimmermann*, Die „Principles of European Contract Law“, Teil III, ZEuP 11 (2003), 707-713, 708 ff.; *ders.*, Die „Principles of European Contract Law“, Teile I und II, ZEuP 8 (2000), 391-393, 391 f.。

〔115〕 *Jansen*, Making Legal Authority (Fn. 33), 103 (siehe aber auch 135).

〔116〕 参阅:*W. Doralt*, Strukturelle Schwächen in der Europäisierung des Privatrechts, RabelsZ 75 (2011), 260-285, 270 f., 280, 284; *CECL/Jansen/Zimmermann*(Fn. 1), General Introduction Rn. 25. 因此,也有人批评说,在《共同参考框架草案》的工作期间,无法就草案进行真正的公开讨论,*Jansen*, Making Legal Authority (Fn. 33), 103; siehe zur Arbeitsweise *C. v. Bar/H. Schulte-Nölke*, Gemeinsamer Referenzrahmen für ein europäisches Schuld- und Sachenrecht, Zeitschrift für Rechtspolitik 2005, 165-168。

〔117〕 Zu dieser Technik *Jansen*, Making Legal Authority (Fn. 33), 106, 121 ff.

〔118〕 *Lando/Beale*, PECL (Fn. 11), xxvi; *R. Zimmermann*, Konturen eines europäischen Vertragsrechts, JZ 1995, 477-491, 478.

〔119〕 Dazu *Kästle-Lamparter*, Welt der Kommentare (Fn. 2), 306; siehe auch Remien, Europäisches Vertragsrecht (Fn. 114), 120.

* 黑体字法,指英美法系中一种公认的法律规则,不受合理争议的制约。——译者注

然而,它们充其量只是部分地实现了法律评注的功能,[120] 因此,它们不能替代"真正的"评注。通过解释条文,"官方注释"起到(简明[121] 的)帮助理解的作用;在这里,解释规则往往遵循人们熟悉的事实构成要件(特征)和法律后果的模式。术语注释和举例释义都是服务于学术讨论的体系化。与"外部"评注相比,穿插的图表具有使解释的客体具体化的效果,因为它们是作为事实陈述而被制作的,在空间上与文本的其他部分分开。然而,它们的具体化程度很低,甚至没有达到评注中通常所需的案例类型化水平。[122]

"官方注释"在多大程度上有助于权威性的形成——正如在"外部"评注中可以看到的那样[123]——似乎很值得怀疑。规则的传播及其权威性的确立,一个关键性因素可能是,它们以规则的形式呈现,使其易于被援引。[124] 但"官方注释"只在较低的程度与此吻合。因此毫不奇怪,即使在比较法的讨论中,"官方注释"也只充当了无足轻重的角色。[125] 甚至兰道委员会对《欧洲合同法原则》的翻译也仅限于规则,而没有涵盖"官方注释"。[126] 在"官方注释"中,有关立法史或者相关学说的档案性资料(包括其筛选过程)因为缺少论证过程是被完全排除在外的,而

---

〔120〕 Allgemein zu den Kommentarfunktionen, auf die im Folgenden Bezug genommen wird, *Kästle-Lamparter*, Welt der Kommentare (Fn. 2), 311 ff.; siehe auch *Henne*, Entstehung des Gesetzeskommentars (Fn. 2), 318 ff.; *Noack/Zetzsche*, Kommentieren (Fn. 24), 215.

〔121〕 Siehe aber *M. Hesselink*, The Principles of European Contract Law: Some Choices Made By The Lando Commission, in: ders./G. de Vries (Hg.), Principles of European Contract Law. Preadviezen uitgebracht voor de vereniging voor Burgerlijk Recht, 2001, 5-95, hier zitiert nach <http://ssrn.com/abstract=1098869>, 9 („extensive and highly informative") und 12 ("《欧洲合同法原则》的大部分实质性价值在于评论")。

〔122〕 类型化案例更有可能留给"官方注释"的文本; hierzu noch *Jansen*, Rezension Vogenauer/Kleinheisterkamp (Fn. 96), 1009。

〔123〕 *Jansen*, Making Legal Authority (Fn. 33), 75 f.; *Kästle-Lamparter*, Welt der Kommentare (Fn. 2), 327 f.; 见脚注 108 及以下。

〔124〕 *Jansen*, Making Legal Authority (Fn. 33), 106 ff.; 这也是其作者的明确意图, *Lando/Beale*, PECL (Fn. 11), xxvi。

〔125〕 对适用国际统一私法协会的《国际商事合同通则》的相同看法见 bei *Jansen*, Making Legal Authority (Fn. 33), 106。

〔126〕 后来翻译成德文(*C. v. Bar/R. Zimmermann*, Grundregeln des Europäischen Vertragsrechts, Teile 1 und 2, 2002, und Teil III, 2005)以及法文(*G. Rouhette/I. de Lamberterie/D. Tallon/C. Witz*, Principes du droit européen du contrat, 2003; I. de Lamberterie/G. Rouhette /D. Tallon, Les principes du droit européen du contrat, 1997)包括了"官方注释"。规则和"官方注释"之间的进一步区别是:(i)"官方注释"的最终完成留给"编辑组",以及(ii)只有"公认的法律规则",而不能未经事先授权复制"官方注释",见 *Lando/Beale*, PECL (Fn. 11), iv,xv。

“官方注释”很大程度上可以将这种权威性的影响放大。[127] 然而,这种效果的反面是,通过赞成抑或反对一条规则所做权衡和讨论而形成的教义学知识和批评性论述都将不再发生。[128] 这些规则也与现有的比较法文献没有太多关联。与此同时,评注所应具备的显著特征也付之阙如。因此,“官方注释”不应被归类为评注的文献形式。

(三)《欧洲合同法评注》

1. 结构特征:参照文本的多元性

对于应在欧洲私法规则体系中找到的具体规定,从教义学、比较法上的归类以及学术批评等方面所做的综合考虑,促成了一个能够填补其法律漏洞的评注项目的产生。2018 年出版的《欧洲合同法评注》[129] 推出了多个参照文本,并附注了同样致力于一体化解释的评注文本,这些评注内容横跨整页宽边印刷,下方则设专栏放置主题与被评注内容有关联的其他新旧文本,以及那些评注作者所阐释的、粗体印刷的综合评注内容——它们是在用历史的、批评的、比较的方法分析文本的基础上,依据“最适当原则”所形成的文本。[130]

此种方法源于如下认识:今天的欧洲合同法是由大量相互关联的且和解释学有亲缘关系的“不同层次的文本”所构建,它们的出处、约束力和权威性各不相同,而这些文本层次之间的差异及其原因却尚未得到全面的和批判性的研究。[131] 评

---

[127] 详见:*Jansen*, Making Legal Authority (Fn. 33), 106 ff. ; *ders.* , Rezension Vogenauer/Kleinheisterkamp (Fn. 96), 1008. 与国际统一私法协会的《国际商事合同通则》[dazu Bonell, Restatement (Fn. 18), 68]不同,《欧洲合同法原则》和《共同参考框架草案》虽然在由“官方注释”所阐释的这部分文本,选择性地说明了其相对于国内法律制度的特征(所谓“注释”),但在这个有限的范围内,“注释”完全显示了——类似于评注的,对于法律规则的实施大受欢迎的——对知识进行筛选和归档的一种追求。然而,如果不是评注本质所要求,基于赞成或反对一种解决方案的考虑,自发地对知识进行权衡、分类,这并不会无缘无故地发生。虽然国内法的解决方案大多根据方案内容本身来归类和总结,但相对于纯粹的资料收集,这么一味地罗列这些知识没有比较法上的价值。参见:*Remien*, Europäisches Vertragsrecht (Fn. 114), 120 f. 。

[128] *Canaris*, Stellung (Fn. 103), 15 f. ; *CECL/Jansen/Zimmermann* (Fn. 1), General Introduction Rn. 25; *A. Metzger*, Extra legem, intra ius. Allgemeine Rechtsgrundsätze im europäischen Privatrecht, 2009, 249; *Vogenauer/ders.* (Fn. 105), Introduction Rn. 23 („a missed opportunity“); *Zimmermann*, Comparative Law (Fn. 10), 590. Ausnahmen bilden die Acquis Principles (*Research Group on the Existing EC Private Law* [Hg.], Principles of the Existing EC Contract Law [Acquis Principles]. Contract II, 2009) und die Principes contractuels communs (oben Fn. 11).

[129] *Jansen/Zimmermann*, CECL (Fn. 1). Ich habe als Bearbeiter an diesem Projekt mitgewirkt.

[130] CECL/*Lansen/Zimmermann* (Fn. 1), General Introduction Rn. 33.

[131] CECL/*Jansen/Zimmermann* (Fn. 1), General Introduction Rn. 24. Allgemein zum Ansatz der Textstufenforschung im europäischen Vertragsrecht *R. Zimmermann*, Textstufen in der modernen Entwicklung des europäischen Privatrechts, Europäische Zeitschrift für Wirtschaftsrecht 2009, 319-323.

注主编通常选择《欧洲合同法原则》作为主要被评注的文本;然而当《欧洲合同法原则》欠缺相应的条款时——例如关于买卖合同、联立服务、消费者撤回权或经营者的信息披露义务等——其他文本便替代成为主要的评注参照文本:对于信息义务,替代条款来自欧洲合同法既有原则[132]和消费者权利指令;对于买卖合同,替代规则来自《共同参考框架草案》[133]《欧洲统一买卖法》《联合国国际货物销售合同公约》和《消费品买卖指令》。这些替代性的补充文本,可以是欧洲的,也可以是跨国的,并且分别来源于不具有约束力的非立法性规则、具有约束力的统一实体法以及欧盟的法案。

这种方法考虑到了这样一个事实,即无论其来源和法律性质如何,不同层次的文本都是相互关联的。仅举一例,不论《消费品买卖指令》还是《欧洲统一买卖法》,都能看到它们和《联合国国际货物销售合同公约》有着清晰的联系。[134]甚至在被评注的参照文本中,最终在评注内容本身,《欧洲合同法评注》也在共同法和欧盟共同体法之间建立了一种联系。[135] 这么做的目的,在于超越本文所选择的这种结构。虽然这本《欧洲合同法评注》尚要讨论,《欧洲合同法原则》作为现代共同法的规则,构成了主要的被评注文本,并且还提供了"秩序框架",[136]但我们要感谢这种讨论,因为这本评注的结构恰恰遵循了《欧洲合同法原则》的纲要,而这在体系上是一个恰到好处的补充。[137]

为这种文本的相互交织和联系而选择评注的外部形式,看起来似乎很独特:援引多个参照文本的评注作品,通常都会选择连贯评注的做法,除非被评注的文本和整体的文本是被隔离开的,除非被评注文本在体系上相联系的那些规则不过是被人为地拼合在一起,它们仍需与其他规则隔绝开来才能获得解释。[138] 评注的主编在解释它们何以选择评注这种形式时,其理由都是希望通过这种方式创造出一种愿景,比教科书更能揭示出那些规则的细微差别和在实践中的作用。[139]因

---

[132] 脚注 128。

[133] In einem Fall (Art 18:204) sogar der Interim Outline Edition des DCFR.

[134] 参阅脚注 7。

[135] *M Stürner*, Rezension: Lansen/Zimmermann, CECL (Fn. 1), GPR: Zeitschrift für das Privatrecht der Europäischen Union 2018, 301-303, 302.

[136] *N. Jansen/R. Zimmermann*, Im Labyrinth der Regelwerke, ZEuP 25 (2017), 761-764, 764.

[137] Zur Begründung dieser Entscheidung CECL/*Jansen/R. Zimmermann*(Fn. 1), General Introduction Rn. 33, 35.

[138] 迄今为止出版的四部著作选择了后一个方式,这些著作将《欧洲合同法原则》与各国法制联系起来,dazu unten III. 4. c);在适用法律领域,关于 EuErbVO 和德国《国际继承程序法》的评注交织在一起,另见 *R. Hüßteg/H. -P. Mansel* (Hg.), Bürgerliches Gesetzbuch. BGB, Bd. 6: Rom-Verordnungen, 3. Aufl., 2019。

[139] CECL/*Jansen/Zimmermann* (Fn. 1), General Introduction Rn. 32.

此,评注主编和评注撰写人的出身如果是来自德语法学讨论圈,当然就会使事先已经在这一圈层里存在的评注形式接受起来更加容易。事实上,除了上述参照多个被评注文本之外,《欧洲合同法评注》在历史比较的目标上与《德国民法典》的经典评注也存在着明显的差异。[140]

2. 目标设置和评注功能

让我们从思考评注的外部结构转向它的内容和功能吧。事实上,《欧洲合同法评注》不仅如上所述将参照文本相互联系和比较,而且还首先将“官方注释”中所缺失的归类放入历史比较的背景中进行。这样一来,这部著作就可以用一种理想的典型方式与之前纳入观察范围并在现代共同法中描述的评注来源相关联。在此,评注的典型教义化并不是[141]在适用的基础上发生的,而是通过对现有知识的批判性体系化,并和独立的学术讨论相勾连才发生的。[142] 因此评注形式回应了欧洲法教义学的特殊任务。[143]

尽管有这些特殊性,但典型的评注功能还是需要加以确证的。[144] 评注需服务于必要的、有意识的、选择性的汇编材料。鉴于需要加工处理的材料非常之多,评注也以特殊的量化方式完成了对这些材料的筛选和归类的任务。[145] 对重新组合在一起的材料该如何表述和解释,体现了评注的形成功能,即便作者们打算放弃对现有规则做进一步的补充。[146] 因此,建设性的批评可以进一步展开,而且不仅是针对被评注的文本,还可以针对国内法或欧盟法所提供的解决方案。这部评注以它独有的方式,在欧洲合同法逐渐合并的过程中发挥了稳定的作用。评注主编想通过这部著作“全面而平衡地描述我们今天所处的位置”,并提出“关于我们

---

[140] Vgl. zu dieser bewussten Abgrenzung CECL/*Jansen/Zimmermann* (Fn. 1), General Introduction Rn. 31.

[141] 至少不是主要并且作为实际目标。只要存在欧洲法院或各国法院的相关判例法,也可以在作品中考虑到这一点。

[142] Dazu *Jansen*, Commenting (Fn. 1), 3; 又见 *A. Flessner*, Rezension: *Jansen/Zimmermann*, CECL (Fn. 1), ZEuP 27 (2019), 432-436; *J. Schmidt*, Rezension: *Jansen/Zimmermann*, CECL (Fn. 1), Zeitschrift für vergleichende Rechtswissenschaft 118 (2019), 484-486, 484.

[143] 详见 CECL/ *Jansen/Zimmermann* (Fn. 1), General Introduction Rn. 6; Jansen, Commenting (Fn. 1), 9。

[144] Zu den Aufgaben dieses Kommentars *Jansen*, Commenting (Fn. 1), 4; zur Zielsetzung der Herausgeber CECL/*Jansen/Zimmermann*(Fn. 1), General Introduction Rn. 32.

[145] Dazu CECL/ *Jansen/Zimmermann*(Fn. 1), General Introduction Rn. 36.

[146] CECL/*Jansen/Zimmermann* (Fn. 1), General Introduction Rn. 34; insoweit kritisch v. Bar, Rezension Jansen/Zimmermann (Fn. 95), 594; siehe auch *Stürner*, Rezension Jansen/Zimmermann (Fn. 135), 302.

未来可能想去往何方的建议”。[147] 这种稳定的作用基于规则的外部秩序框架,会持续发挥影响,因此可以想见,相比实用手册或者教科书所带来的影响及其迄今所提供的可能性,毫无疑问,它以更强烈的方式影响了评注的结构。[148] 这部评注所利用的这项技术,也是围绕欧洲合同法迄今所讨论的一个焦点话题,即基于规则形式的展示。[149]

(四)欧洲私法中的文献形式

对这部评注的最后一项观察让我们提出最后一个问题:如果《欧洲合同法评注》是欧洲私法中一种新的文献形式,并且共同法中根本就不存在评注,那么我们不禁要问,哪些文献形式可以替代评注?除了期刊文章之外,哪些文本类型孕育并见证了欧洲私法的发展?在欧洲私法这样一个日新月异的领域,这个问题很难得到一般性的回答。然而,对于合同法来说,《欧洲合同法评注》对现存知识的选择性汇编可能是富有成效的。他们列出的“主要引用著作”基于对合同法的援引,对迄今优选的文献形式也给出了指引,概述如下。

1. 文集

最常见的系收录了十七篇代表性论文的文集,虽然它们的篇幅长短各异,但都是围绕同一主题展开论述——通常是由国际作者团队执笔,面对的目标群体也是国际化的——每篇论文都从不同的视角观照同一主题。[150] 它们不是聚焦于同一个被评注的参照文本,而只是关注同样的内容或讨论同样的问题。参考对象是法律领域本身,这些文章都参与了讨论。

可以认为,这种文献形式特别适合处于变化中的法律领域。相比之下,一定程度的固化似乎是评注产生的前提条件。任何情况下,评注都会由于其稳定功能而导致不得已的固化效果。此外,这种文集的作者在数量上远多于评注的作者,能够提供更开阔的视野。因为在文集中的每一篇文章都承担了资料汇编、过滤筛选和归类整理的功能。然而,这些任务完全可以按照作者个人的标准来完成,他

---

[147] CECL/*Jansen/Zimmermann* (Fn. 1), General Introduction Rn. 38; zustimmend Flessner, Rezension Jansen/Zimmermann (Fn. 142), 436; J. Schmidt, Rezension Jansen/Zimmermann (Fn. 142), 484 f.

[148] Dazu noch unten III. 4. b; siehe auch *F. M. Wilke*, Rezension Jansen/Zimmermann, CECL (Fn. 1), RabelsZ 84 (2020), 148-152, 150 f.

[149] 参阅 *Jansen*, Making Legal Authority (Fn. 33), 108。

[150] 在这种文集类型中,入选的论文无论从哪方面来说都是完全不同的,如:*Hartkamp et al.*, Towards a European Civil Code, (Fn. 18); *M. Reimann/R. Zimmermann*(Hg.), The Oxford Handbook of Comparative Law, 2006 (jetzt: 2. Aufl., 2019); *C. Wendehorst/B. Zöchling-Jud*(Hg.), Am Vorabend eines Gemeinsamen Europäischen Kaufrechts, 2012. -Jeder wird problemlos weitere Sammelbände ergänzen können wie z. B. die Bände der Reihe des Common Core-Projekts, dazu, M. Bussani/U. Mattei (Hg.), The Common Core of European Private Law, 2002。

们的主观感受力因而可以得到更个人化的展现，而不必像评注那样需要做多方权衡。对于一个发展中的法律领域来说，不受牵绊的不同观点相互并存，有风险但也是机遇。

因此，对这种文献形式的选择与研究对象本身的变动不居和丰富多样是分不开的。关于共同欧洲的学术讨论，汇聚在文集中显然比在评注的僵化形式里更容易展开。评注总是有一些结论性和概括性的内容，《欧洲合同法评注》本身也不例外，它们明确提到了合并的内容，并致力于综合的表述。〔151〕 由马丁·施密特-凯瑟尔（*Martin Schmidt-Kessel*）主编的欧洲统一买卖法的评注也支持了这一看法，在该评注之前，出版了预备性的文集。〔152〕

2. 实用手册和教科书

第二个相对较强的类型组是由实用手册和教科书、论文集和教科书组合而成。它们大多数情况下是由一个作者独立完成的，有的时候是由群体作者共同完成。在这一组的十五部著作中，有九部以欧洲为重点，其余六部则关注世界范围内的比较法研究。〔153〕 对于百家争鸣的学术讨论，文集显然比这种类型更占优势。其整齐划一的外部形式，更接近于评注。像评注一样，它使知识变得易懂而实用，〔154〕又像评注一样，它可以促进知识的体系化和教义学化。〔155〕

值得注意的是，《欧洲合同法评注》的主编们非常理解编撰欧洲合同法教科书的做法，〔156〕同时认为一个法律领域"可以纳入一个固定的体系"是编撰体系化教科书的先决条件。〔157〕 由于"欧洲法目前正处在日新月异的和开放式的发展阶段"，"根据逐条排列的规范加以评注"比笼而统之的描述更适合展现其面貌。〔158〕没有必要只是为了展示那些立法材料而去追求这些法条的内部体系化，更不应该因此而束缚住被评注文本的外部体系化构建。当然，在每一条评注的内部还是有必要追求严格的体系化的，其要求也远比专著可能达到的体系化标准要高。

3. 评注

评注构成了第三大类，尽管在排除了纯粹的国内评注之后，所剩的评注并不

---

〔151〕 这部评注的主编自己谈到了"欧洲的一堆合同法碎片"，*Jansen/Zimmermann*, Labyrinth der Regelwerke (Fn. 136), 762。

〔152〕 *M. Schmidt-Kessel* (Hg.), Ein einheitliches europäisches Kaufrecht? Eine Analyse des Vorschlags der Kommission, 2012.

〔153〕 见脚注9的例子。

〔154〕 *Zimmermann*, Comparative Law (Fn. 10), 567 ff.

〔155〕 *Zimmermann*, Comparative Law (Fn. 10), 569 f.

〔156〕 *Jansen*, Commenting (Fn. 1), 4.

〔157〕 *Jansen/Zimmermann*, Labyrinth der Regelwerke (Fn. 136), 764.

〔158〕 *Jansen/Zimmermann*, Labyrinth der Regelwerke (Fn. 136), 764.

多。有两种评注和《欧洲统一买卖法》有关,另外两种涉及《联合国国际货物销售合同公约》,还有一种针对国际统一私法协会的《国际商事合同通则》。在这一类型中,有四卷值得特别注意,每一卷都以评注的结构、参照一个国家的法律体系(荷兰、意大利和德国,最后一卷还参照了《共同参考框架草案》)对《欧洲合同法原则》进行了研究。[159] 这些卷本确实表现出评注的特点,即使在双重(有时是三重)参照文本中存在一定的困难,即先后解释《欧洲合同法原则》的一个条款和相应的各国规定,并简要比较它们后作出取舍。[160]

这些卷册的目的是使《欧洲合同法原则》和各国法律易于理解。在某种程度上,对国家法律的解释是达到目的的手段:如果你是一个德国法学者,想知道关于《德国民法典》的一些情况,你自然会在其他评注中寻找答案。对《欧洲合同法原则》的解释也更像是一个过渡阶段。准确地说这种方法旨在将欧洲的发展与各国传统联系起来。[161] 因此,它们主要是作为一种批评和法的续造的手段;它们着眼于欧洲合同法的进一步发展以及国家法律如何从《欧洲合同法原则》中受益。

4. 百科全书

最后,有四本百科全书值得一提,它们以特意选择的形式收集、过滤和整理知识。[162] 它们与评注的共同点是深思熟虑地选择了一种特定的格式,使知识能够被获取。然而它们缺乏对被引用的文本的参考,这在按照字母顺序排序的《马克斯·普朗克欧洲私法百科全书》中尤为明显。但它们甚至比评注更有助于描摹一种现状,并从中揭示出未来发展的方向。

在此得到确认的还包括:对于评注这种形式来说,重要的不仅是它具有汇编或者整理知识这些特定的功能,而且是"通过援引基础性文本这样具体的和特别的方式来做到的。"[163]

---

[159] *L. Antoniolli/A. Veneziano*(Hg.), The Principles of European Contract Law and Italian Law, 2005; *D. Busch et al.* (Hg.), The Principles of European Contract Law and Dutch Law. A Commentary, 2 Bde., 2002/2006; *S. Leible/M. Lehmann*(Hg.), European Contract Law and German Law, 2014.

[160] *Jansen*, Making Legal Authority (Fn. 33), 62, 把这些作品作为例子来说明,《欧洲合同法原则》"是一个新的欧洲法律学者的参考文本,而且被视为文本权威"。

[161] Etwas anders *Zimmermann*, Comparative Law (Fn. 10), 581 f.:通过选择超国家的参考框架,这些著作为外国法学者了解各国法律提供了便利。

[162] Max Planck Encyclopedia of European Private Law (Fn. 4); *S. N. Katz*(Hg.), The Oxford International Encyclopedia of Legal History, 6 Bde., 2009; *J. M. Smits*(Hg.), Elgar Encyclopedia of Comparative Law, 2. Aufl., 2012; sowie die vielen Bände von *R. David et al.* (Hg.) International Encyclopedia of Comparative Law.

[163] *Kästle-Lamparter*, Welt der Kommentare (Fn. 2), 312.

四、总结

回顾本文所描绘的全景图，开篇所担忧的幻灭感是不是有所减轻了？取而代之的是评注的文献形式也可被应用于欧洲私法这样清晰的认知。这里所描绘的画面揭示了差异化和特殊性，对整个评注形式也是重要的收获。一个反复提及的观察是作为指导性标准的适用性特征，根据这一特征，不仅解释了条例和指令之间的显著区别，而且对于非立法性规则来说，评注的缺席也恰是因为其适用性的阙如。

此外，需要强调的是在不同著作中都能观察到的指导功能，在文本适用之前或者在欧盟指令转化成国内法的同时，这种功能在评注文本的时候都能得到特别的彰显。在非立法规则领域，指导和合并的意图自然不是针对法律适用者，而是针对（比较法的）学术讨论，也可能是针对一个规则的制定者。特别是在缺乏适用性要素的情况下，与传统的面向国家法律制度的评注不同，这些评注会追求其他的或者额外的目标。

与传统的评注相比，这些评注的另一个特别之处在于对所处理材料的来源要加以说明。就非立法性规则而言，首先是佐证其产生历史的材料，尤其是来自学术讨论中的那些比较法知识。而对于立法性规则来说，至少是潜在的那些司法判例和学术著作——相比法律制度本身更应纳入援引和讨论的范围——理想化的论述或许可以借助专著得到不同程度的实现。

最后，应再次举出欧洲冲突法的例子。评注形式在这一领域的推广和所呈现的多面性使我们有理由相信，国际学术界已经做好了准备，如何去超越国内法对评注这种文献形式的偏好，从而使法律评注这种文献形式的优点在整体上能够充分发挥出来。

跨国私法的评注：国家法模式去国家化的边界

[德]拉尔夫·米夏埃尔斯 著　戴湘荣 译　刘青文 校

目　次

一、引言

现代法律评注是一项源自德国的文化成就。通过逐条、逐个要件地对法律文本进行学术加工,评注这种文献形式主要存在于德语国家——德国、奥地利、瑞士——其次是荷兰等周边邻国,较少见于普通法法系。带有德国烙印的评注是德国法律文化的一个特色,同时也是民族认同的一种表达。这种表达借由学术对法律的一种特殊附注而被深刻塑造,并因此使得学术加工和法律适用之间的分工成为可能。

然而,凯斯特勒-兰帕特尔(*Kästle-Lamparter*)在他的书中谨慎地指出:这种民族传统滥觞于民族国家产生之前。〔1〕 从今人的视角观之,民族国家诞生之前的评注文献所参照的文本可被视作具有跨国性——这首先当然是指《民法大全》(*Corpus iuris*),但也包括《格拉提安教令集》(*Decretum Gratiani*)。《民法大全》是一部不具有拘束力的法律文本,作为"成文理性"(ratio scripta)的产物,其恰恰也是通过以下方式在中世纪获得了跨越国家的效力和重要意义,即该法律可以超越国家被评注,进而能与现今发生关联。而今当法律不断更具跨国性的时候,这可能意味着法律评注的德国烙印正在变得过时(尽管在德国国内,民法典评注的爆炸性增长使得这种可能性并不会真的发生)。但是现如今的跨国化趋势是否会使得法律评注回归本源?本文将试图附带探讨这一问题。在对跨国私法的概念进行界定以及对现有的跨国私法评注进行(难免是不完整的)盘点和分类之后,本文将继续追问凯斯特勒-兰帕特尔和扬森(*Jansen*)在之前的著述中〔2〕已经有所回答的一系列问题。本文的结论是,对跨国私法的评注并不意味着回到过去;但是这些评注提供了许多希望并非完全没有价值的见解。

二、跨国私法

跨国私法的概念是模糊和含混的;它在完全不同的意义上被使用。〔3〕 这并不令人感到惊讶。跨国(私)法不外乎是(私法)法律思想领域一种范式的转变,从国家法转向一种包含国家并且超越国家的法律。因此,今天的法律不是非国家的法律,而是跨越国家的法律,这种法律并不忽视或无视国家及其边界,而是超越它们。〔4〕 在这种范式转变之中,国家法律本身也获得了定位,现在被理解为跨国的法律(或其中的一部分)。〔5〕

---

〔1〕 *D. Kästle-Lamparter*, Welt der Kommentare, 2016.

〔2〕 *N. Jansen*, Kommentare in Recht und Religion: Einführung, in: D. Kästle/N. Jansen (Hg.), Kommentare in Recht und Religion, 2014, 1-14, 3 f. 关于德国法的相关问题收录于 Kästle-Lampater, Welt der Kommentare (Fn. 1)。

〔3〕 Siehe nur *P. Zumbansen* (Hg.), Oxford Handbook of Transnational Law, im Erscheinen.

〔4〕 Siehe *R. Michaels*, The Mirage of Non-State Governance, Utah LR 2010, 31-45.

〔5〕 *R. Michaels*, State Law as a Transnational Legal Order, UC Irvine Journal of International, Transnational, and Comparative Law 1 (2016), 141-160.

如此宽泛的、无所不包的跨国私法的概念对于本文关于跨国私法评注的讨论来说是没有意义的。从整体上研究私法的跨国化趋势与评注形式之间的关系可能是饶有趣味的——在多大程度上国家法的评注也可以接受跨国私法,这正是25年前巴泽多(*Basedow*)基于欧共体法律的蓬勃发展而对《帕兰特民法典评注》(*Palandt*)所提出的拷问,〔6〕即在多大程度上国家法的评注失去或者改变了其原有的意义,如此等等。也许本文的研究结果可以促成进一步的思考或至少使其变得容易。但本文的主题并非是从整体上研究私法的跨国化趋势,而只是处理那些不属于国家法类型的私法——并且这种私法也不是欧共体法律,因为那会涉及特殊的问题。

国家私法的特点是什么,与这里提到的跨国私法该如何区分?作为评注中被处理对象的国家法有三个特性与本文主题相关。第一,它涉及以法律规则的样态出现的形式上的法律。在法律不以规则形式呈现的地方,狭义的评注是不可能出现的——为此,正如在教科书中将英国私法成文化一样,未以规则形式呈现的判例法只有首先被转化成规则,随后才有可能被评注。〔7〕第二,这些具有拘束力的被评注的法律规则,传统上属于国家法类型,它们迎合了19世纪和20世纪私法国家化的浪潮:被评注的有诸如(德国)民法典、(瑞士)债务法等。第三,评注涉及传统上具有拘束力的法律:对评注的需求首先就在于,受法律约束者和法律适用者必须理解他们所要遵守或者适用的法律。

本文意义上的跨国私法符合第一个标准,亦即这里涉及到的是对法律规则的评注。卡利斯(*Calliess*)建议,在跨国私法的框架内,也应包括对不成文法律的评注。〔8〕这将使得法典评注和其他学术加工形式之间的区分变得困难,〔9〕而且这也是没有必要的,因为对于评注撰写来说,当跨国私法以规则的形式呈现,但又不是具有拘束力的法律或者法典时,它们会令人兴味盎然。未以规则形式呈现的跨国私法,如(短暂的)"商人习惯法"(*lex mercatoria*)或者(经常被误读的)"伊斯兰教法"(*Schari'a*),则会在更宽泛的意义上被评注。但是在这里所假定的(对规则的)评注形式中,跨国私法只有以规则形式出现时——诸如《国际商事合同通

---

〔6〕 *J. Basedow*, Euro-Zitrone für den Palandt, ZeuP 1 (1993), 456;关于必要的"适应能力"也可参见*Kästle-Lamparter*, Welt der Kommentare (Fn. 1), 95 f.;最新的发展趋势同上注,296. 一般地可参见*G.-P. Calliess*, Kommentar und Dogmatik im Recht, in Kästle/Jansen, Kommentare in Recht und Religion (Fn. 2), 381-392。

〔7〕 Siehe dazu *N. Jansen*, The Making of Legal Authority, 2010, 128ff.

〔8〕 *Calliess*, Kommentar und Dogmatik in Recht (Fn. 6), 381-392, 381.

〔9〕 So auch *Kästle-Lamparter*, Welt der Kommentare (Fn. 1), 10.

则》[10]或者是以《古兰经》和《圣经》的形式[11]——评注才是可能的。

跨国私法与国家私法在第二个标准上有所不同:它是指跨越国界或者是希望跨越国界适用的法律。[12] 这不仅包括国家间的、超国家的也包括非国家的法律。除此之外,还有另一种类型的私法应该作为跨国私法来同等对待,即外国私法。显而易见,外国私法也是一国的国家私法,其跨国性来源于其适用。例如,很长一段时间以来,英国公司法也经常适用于德国境内的公司。其跨国的属性也可以来自评注自身,即通过跨国的法律视野来增加跨国性的因素。

关于第三个标准——拘束力——也必须加以区分。跨国私法可能是具有拘束力的,如《国际货物销售合同公约》。[13] 这种法律从本质上不同于一国内具有拘束力的法律,因为它必须融合不同的法律文化,而不能依托统一的法律规制框架(恰如这种框架可为《法国民法典》和《德国民法典》的编纂所用,而两部法典任何时候都必须把日耳曼和罗马的法律传统融合在一起,这种规制框架在欧盟内部也隐约可见)。此外,跨国私法的执行也通常需要国家机构;这里很大程度上缺少一个最高法院,诸如德国联邦最高法院或者法国最高法院(Cour de cassation)——其既能够使得法律得到统一的解释又能够进行一般性的法律续造。如同下文即将阐释的那样,所有这些都会对评注产生影响。

然而,这种跨国私法往往没有拘束力。这种不具有拘束力一方面是指区域性的(如《欧洲合同法原则》以及其他区域性文件)或者全球性的(如《国际商事合同通则》)民间法典(Privatkodifikation)[14]。另一方面是指跨国性的标准,这些标准——通常以一般交易条款的方式被订入合同——已经得到广泛执行,以至于相较于当事人合意,其一定程度上已经变得客观化;例如《国际贸易术语解释通则》(*Incoterms*)或者《国际掉期与衍生工具协会主协议》(*ISDA Master Agreement*)[15]。

---

〔10〕 见下文“三(二)”部分。

〔11〕 宗教法可以被理解为跨国法律(*R. Michaels*, Religiöse Rechte und postsäkulare Rechtsvergleichung, in *R. Zimmermann*[Hg.], Zukunftsperspektiven der Rechtsvergleichung, 2016, 39-101, 56 f. m. w. N.)并且也属于本文的讨论范围。但是由于在法律和宗教共同作用的情形下会出现独具特性的问题,而且此类问题业已在其他地方被广泛讨论过(*Kästle/Jansen*, Kommentare in Recht und Religion[Fn. 2]),故而本文不再赘述。

〔12〕 Dazu *J. Basedow*, Internationales Einheitsrecht im Zeitalter der Globalisierung, RabelsZ 81 (2017), 1-31.

〔13〕 欧洲私法也具有跨国性,但这里并没有同等对待。Siehe dazu den Beitrag von *J. Kleinschidt*, Kommentare im europäischen Privatrecht: Rezeption einer Literaturform, in diesem Band, 361-393.

〔14〕 对此概念可参见:*R. Michaels*, Privatautonomie und Privatkodifikation-Zu Anwendbarkeit und Geltung allgemeiner Vertragsrechtsprinzipien, RabelsZ 62 (1998), 580-626; 新近的相似概念可参见:I. S. Jarass, Privates Einheitsrecht, 2019, 8 ff.。

〔15〕 *B. K. Jomadar*, The ISDA Master Agreement-The Rise and Fall of a Major Financial Instrument, 2007, <http://ssrn.com/abstract=1326520>.

三、评注的素材

要获得前文定义中的跨国私法评注的概况并非易事。尽管如此,还是应该尝试一下。这里的目的不是要巨细靡遗,而是要探究不同类型的特点。

(一)对有拘束力的跨国私法的评注

第一种需要探究的跨国私法类型是国际统一私法。首当其冲的是《联合国国际货物销售合同公约》,该公约以多种语言被评注过。[16] 此外,《国际公路货物运输合同公约》(*CMR*)也经常被评注。[17] 其他文本的评注文献则相对较少。

此类文本的一个特点在于,往往存在一个职权机构甚或是法律制定者本人的准官方评注。只要这类评注在立法起草阶段或者与法律文本一起产生,如立法委秘书处对(当时还处于草案阶段的)《联合国国际货物销售合同公约》的评注,[18] 那么它就在一定程度上以不具拘束力的形式事先确定了准立法者的意旨。[19] 准官方评注的功能有时也由内容广泛的序言或解释性的报告来实现。[20] 所有这些都是为了杜绝其后出现其他评注:评注也许不能被完全杜绝,但法律制定者希望借此至少尽可能地降低被误读的风险。有一些评注源自法律文本的作者本身,如针对《国际贸易术语解释通则》的评注。[21] 而且,这种现象并不仅仅存在于跨国私法;有时,立法者也对自己的法律进行评注(如荷兰司法部对《债务法》所做的评注)。[22] 或者,更进一步地,法学家评注由其本人起草的法律文本,例如雷内·达维德(*René David*)就曾经评注过他自己所起草的《埃塞俄比亚债务法》。[23]

---

〔16〕 *Staudinger/Magnus*, Wiener UN - Kaufrecht (CISG), Neubearbeitung 2018, XI f. listet über dreißig Kommentare.

〔17〕 Siehe die Liste von Kommentaren und Handbüchern bei K. -H. Thume (Hg.), Kommentar zur CMR, 3. Aufl., 2013, 1257 ff.

〔18〕 指《国际货物销售合同公约评注》。由立法委秘书处撰写,载于:Official Records (A/CONF. 97/19), 14-66, online:http://www.uncitral.org/pdf/english/texts/sales/cisg/a-conf-97-19-ocred-e.pdf。

〔19〕 与评注常常相类似的关于《公约》解释性的文献 vgl. K. *Linhart*, Internationales Einheisrecht und einheitliche Auslegung, 2005, 219 f. 。

〔20〕 *U. P. Gruber*, Methoden des internationalen Einheitsrechts, 2004, 178 f; Linhart, Internationales Einheitsrecht (Fn. 19), 212 f., 219 f. und passim.

〔21〕 International Chamber of Commerce, Commentary on UCP 600: Article-by-article analysis by the UCP 600 Drafting Group, 2007; *M. F. Sturley et al.*, Rotterdam Rules, 2010, vii. Vgl. *Auch F. Eisemann*, Die Incoterms heute und morgen, 1976-Eisemann war Ehrenpräsiden der ICC.

〔22〕 The Netherlands Civil Code Book 6-The Law of Obligations-Draft Text and Commentary (ed. By the Netherlands Ministry of Justice).

〔23〕 *R. David*, Commentary on Contracts in Ethopia, 1973.

法律制定者执着于通过评注将其所制定的文本的含义确定下来,其原因在于,在跨国私法领域,由于制度方面的原因,如果立法者嗣后想为了澄清含义而试图对文本作出修改将是十分困难的。如果嗣后出现了这样的文本,如 CISG 咨询委员会的观点汇编,〔24〕那么这显然是企图通过创造出问题聚焦点的方式,在一定程度上统一在特定问题上出现的不同司法判决,尽管这种做法是没有拘束力的。这样一来,立法解释委员会、最高法院和学术性评注的功能就结合起来了。

(二)对民间法典的评注

对于不具有拘束力的跨国私法尤其是民间法典的评注,必须单独来看。在此无须探寻立法者的意旨,因为此处不存在真正意义上的立法者。〔25〕 有不具拘束力的法律文本,就有同样不具有拘束力的评注,这使得法律文本和评注之间的联系更加紧密,因而值得特别关注。

与评注国际条约相比,对民间法典的评注会更显然地成为民间法典的一部分。被大多数民间法典奉为国家级典范的美国法重述(US-amerikanischen Restatements)即其范例。美国法重述不仅附加所谓的“评论”(comments)对规则进行解释,也添加了“报告人注释”(reporter's notes)来提供佐证资料以及解释重述中的规则在多大程度上与现行法相符合。因此,负责重述工作的美国法学会在讨论中经常会涉及这样一个问题,即所提炼出的结论究竟属于规则还是属于评论;对这一问题的判断取决于结论的具体内容。在《欧洲合同法原则》中也可以找到类似的评论和注释的模式(不过,与美国法重述不同,《欧洲合同法原则》中的注释不是按照主题,而是按照法律体系来安排)。〔26〕 另外,《国际商事合同通则》只包含评论,并没有比较法的注释。〔27〕 评论在此应该属于法律框架的组成部分。〔28〕

对民间法典的学术性评注是一个让人更加惊讶的事实。这方面最全面的著

---

〔24〕 *I. Schwenzer*(Hg.), The CISG Advisory Council Opinions, 2017; zur Institution auch etwa *J. D. Karton/L. de Germiny*, Has the CISG Advisory Council Come of Age?, Berkeley Journal of International Law 27 (2007), 448-495.

〔25〕 *Jansen*, Making Legal Authoruty (Fn. 7), 6 f., 用非立法机关制定的法典代替民间法典。

〔26〕 *O. Lando*, Principles of European Contract Law: An Alternative to or a Precursor of European Legislation?, RabelsZ 56 (1992), 261-273, 267.

〔27〕 *S. Vogenauer*, Intoduction, in: *ders.* (Hg.), Commentary on the UNIDROIT Principles of International Commercial Contracts, 2. Aufl., 2015, Rn. 32. Kritisch deshalb etwa Vogenauer, loc. cit., Rn. 23; *R. Michaels*, Preamble I, loc. cit., Rn. 4; *R. Zimmermann*, Comparative Foundations of a European Law of Set-Off and Prescription, 2002, 13; *J. Basedow*, Uniform Law Conventions and the UNIDROIT Principles of International Commercial Contracts, Uniform LR 2000, 129, 130 f.

〔28〕 *M. J. Bonell*, Transnational Commercial Contract Law: An International Restatement of Contract Law, 3. Aufl., 2005, 62.

作当属由福格瑙尔(*Vogenauer*)和克莱因海斯特坎普(*Kleinheisterkamp*)编撰的评注(从第2版开始作者只有福格瑙尔),它用超过1500页的篇幅对《国际商事合同通则》进行了逐条评注,其中既有阐释性的注解,也有比较法上的延展。[29] 其他针对《国际商事合同通则》的简短评注本质上都是在向这部评注看齐。[30] 在这里,不具有拘束力的法律完全被当作具有拘束力一样对待。在其他将民间法典与各自国家法律进行比较的评注当中,[31] 可以看到通过被国家法所吸收继而实现跨国性法律文本"落地"的需求。

(三)对标准术语的评注

最重要的跨国私法不是民间法典,而是标准术语。针对其中的一些标准术语,例如《国际贸易术语解释通则》,已经产生了大量的评注。[32] 《国际掉期与衍生工具协会主协议》也已经得到了评注。[33] 此类评注(也常常针对一国国内标准术语)主要是为了满足实际需求;它们大多由实务工作者撰写,通常较少考量学术性的要求。因为处理的都是些实务问题,因而体系化要求往往退居其次。例如,《国际贸易术语解释通则》基本上由各种各样表述上部分相同的、但内容上又是分配不同合同义务的框架性条款组成。[34] 由此在不同术语条款之间产生的重复现象有时也会在评注之中简单地重复。[35]

(四)对外国私法的评注

最后,关于外国私法的评注是一个特色,它不仅仅是从母国把评注翻译过来这么简单。在这里,不仅要求外国法能被国内的使用者所看懂(例如通过翻译),还要通过评注进行解释。二者之间的界限是变动不居的。例如,早期一位中国法

---

〔29〕 *Vogenauer*, Commentary on the UNIDROIT Principles (Fn. 27). Vgl. zur Einordnung in die Gattung der Kommentarliteratur insbesondere die Besprechung der ersten Auflage 2005 (hg. von Vogenauer und J. Kleinheisterkamp) durch N. Jansen, JZ 2009, 1008 f.

〔30〕 *R. B. Bobei*, Concise Commentary on the UNIDROIT Principles of International Commercial Contracts 2016, 2017; E.. J. Brödermann, UNIDROIT Principles of International Commercial Contracts, 2018; auch in *P. Mankowski*(Hg.), Commercial Law, 2019, 462-827.

〔31〕 Etwa *D. Busch et al.*, The Principles of European Contract Law and Dutch Law, 2002; *D. Busch et al*., The Principles of European Contract Law (Part III) and Dutch Law, 2006.

〔32〕 Siehe die Liste bei *B. Piltz/J. Bredow*, Incoterms, 2016, XXI f.

〔33〕 Field Fisher Waterhouse, Commentary on the ISDA Master Agreement, 2008.

〔34〕 Siehe etwa *J. Bredow/B. Seiffert*, Incoterms 2000, 2000, 12 f.

〔35〕 *Piltz/Bredow*, Incoterms (Fn. 32), Vorwort.

学家(后来成为司法部长)在旅美期间将《德国民法典》翻译为英文,〔36〕译文当中包括了一些以脚注形式出现的相当简短和一般性的评注(一位评论家曾就其内容提出尖锐的批评)。〔37〕同一时期针对《日本民法典》也出现了类似的英文评注。〔38〕撰写于 1927 年至 1939 年之间的《当代民法》(*Die Zivilgesetze der Gegenwart*)系列的评注内容更为广泛,其中还包含了(有意识地简化的)比较法的提示。〔39〕《西班牙民法典》德文版当中的评注,不仅更加简短,不包含比较法内容,而且还援引了西班牙法院的判决。〔40〕评注的作者有的来自被评注法典的母国,但更多的来自翻译文本的目标国——但有时,意大利的法学家也会用英语对格鲁吉亚的法典进行评注。〔41〕

对《英国公司法》的评注更多是出于实际考虑。〔42〕这种做法的背景是,自从欧洲法院针对 Centros 案作出判决以来,英国法律在德国也常常被选作制定公司章程的依据。同样的情形还有针对《收购守则》(*Takeover Codes*)的外国评注。〔43〕特别有趣的还有新近针对《德国民法典》的大量英文评注。〔44〕这些评注一方面是为既不懂德语也不了解德国法的使用者筹划的,因此它强调功能性以及比较法的内容;〔45〕另一方面,编者们也强调,他们的产品在形式和内容上都完全像德国的评注一样,因此也是德国法律文化的一种输出("德国造的法律")。〔46〕

---

〔36〕 The German Civil Code. 翻译并附有历史介绍和附录 by C. H. Wang(王宠惠), 1907. Vgl. dazu M. Dittmann, Das Bürgerliche Gesetzbuch aus Sicht des Common Law, 2001, 190–195. Allgemein zum Autor O. Spiermann, Judge Wang Chung-hui at the Permanent Court of International Justice, Chinese Journal of International Law 5 (2006), 115–128; Yu, Wei-xiung, Wang Chung-hui yu Jindai Zhungguo [Wang Chung-hui und das moderne China], 1987.

〔37〕 *E. J. Schuster*, A Chinese Commentary on the German Civil Code, Journal of the Society of Comparative Legislation 8 (1907), 247–249, 248 f.

〔38〕 *J. E. De Becker*, Commentary on the Commercial Code of Japan, 3 Bde., 1913. De Becker 在横滨当过律师并且在当时很不寻常地娶了一个日本女人。

〔39〕 Vgl. *R. -U. Kunze*, Ernst Rabel und das Kaiser-Wilhelm-Institut für ausländisches und internationales Privatrecht, 1926–1945, 2004, 153–155.

〔40〕 *W. Sohst*, Das spanische Bürgerliche Gesetzbuch, 6. Aufl., 2019.

〔41〕 *A Borroni*(Hg.), Commentary on the Labour Code of Georgia, 2014.

〔42〕 *A. Schall*(Hg.), Companies Act, 2014. Auf Anmerkungen beschränkt ist die Kommentierung in *K. Degenhardt*(Hg.), Companies Act 2006, 2010.

〔43〕 *G. Apfelbacher et al.*, German Takeover Law: A Commentary, 2002; *G. Nyström et al.*, The Swedish Takeover Code-An Annotated Commentary, 2017 [hier wird in der Tat die Dreiteilung des US Restatement in Rule-comment-note (oben III. 2) repliziert].

〔44〕 *G. Dannemann/R. Schulze*(Hg.), German Civil Code-Bürgerliches Gesetzbuch (BGB), Bd. 1: Books 1–3, 2020.

〔45〕 *G. Dannemann/R. Schulze*, Introduction, in: dies., German Civil Code (Fn. 44), Rn. 63.

〔46〕 *Dannemann/Schulze*, Introduction (Fn. 45), Rn. 64.

四、评注和被评注文本

在跨国私法之中,评注和被评注的法律文本之间有着特殊的关系。第一个特殊性在于,跨国私法往往存在多种语言版本。大多数评注忽略了这一点并且将评注建立在翻译过来的文本之上,但是当语言问题凸显时,评注中也会将所参照的语言版本指出来。有时,会在所有法律规范的英文原文之后一齐将译文刊登出来。〔47〕

此外还有一个问题,应该如何划定被评注文本的范围?就其属性来说,被评注文本通常不仅限于规则:除此之外,还有序言,有时也有全面的解释性报告,部分情况下甚至(如《国际商事合同通则》一样)还自带评注和注解。所有这些通常都被解释为是具有拘束力的。但评注文献只是部分地对上述内容加以评注。序言经常被评注——在其发挥重要作用的地方甚至会被全面地评注。比如,在福格瑙尔对《国际商事合同通则》的评注当中,对序言的两篇评注共计占到119页,而针对大多数具体条文的评注却只有寥寥数页。〔48〕解释性报告和内部自带的评注通常只在评注具体条文时被评注——当然,规则的制定者本身常常不登出这些内部自带的评注。

有时候,传统的评注形式并不适合跨国私法的结构。上文已经提及了《国际贸易术语解释通则》中的冗余内容。〔49〕有时,评注会脱离体系性,从结构来看更像一本教科书。〔50〕仲裁法的评注中也有类似的情况,评注将不同制度的规则通过索引汇编起来,一起进行评注。总的来说,相比于德国法,跨国私法中的评注和被评注文本的关系更加松散,这一部分原因是跨国私法的拘束力比较低,另一部分原因是外国学者并非成长于德国的评注文化中。

五、语言上的和制度上的关联

如果说评注将立法者(对其权威文本进行评注)、判例(司法实践对于评注至关重要)以及学术界(对现行法进行体系化,提出解释意见,往往也承担起评注的

---

〔47〕 So etwa-*J. Ramberg/J. Herre*, Internationella köplagen (CISG)-En kommentar, 4. Aufl., 2016.

〔48〕 *Michaels*, Preamble I (Fn. 27), 31-109 (79 Seiten); *M. Scherer*, Preamble II, in: Vogenauer, Commentary on the UNIDROIT Principles, (Fn. 27), 110-149 (40 Seiten). Länger als acht Seiten sind sonst nur drei Kommentierungen: Art. 1. 6 (Interpretation and supplementation) mit 24 Seiten; Art. 1. 7 (Good Faith and fair dealing) mit 21 Seiten; Art. 2. 1. 6 (Mode of acceptance) mit 15 Seiten.

〔49〕 见上文"三(三)"部分。

〔50〕 *Ramberg/Herre*, Internationella köplagen (CISG) (Fn. 47).

责任)联系在一起,那么在跨国私法中,这三个层面都会有其特殊性。

跨国私法之中不存在立法者。即使是有拘束力的跨国私法,如《联合国国际货物销售合同公约》,也不是由立法者所颁布的,而是以国际条约的形式订立的。国际法借由这种统一法的形式确定下来,对于学术研究具有特殊的意义。〔51〕在标准术语的问题上也是如此。不具有法律拘束力的民间法典,其本身就是法学学术的产物;然而,学术界内部对准立法者和评注者的区分有助于民间法典获得合法性。

判例中同样会出现特殊的问题。举例来说,已经实施的跨国私法,如《联合国国际货物销售合同公约》,其相关判例被发布到不同的法律制度当中会有何反响?——此时评注的任务不仅仅是像收集跨国私法的重要法律文本那样收集判例,〔52〕还要将其融入评注的体系之中。在一些评注中,也可能为外国法源提供入口。〔53〕另一些评注只引用国内法,并用它来处理跨国法问题,就好像跨国法是国内法的一部分,这往往是由于无论作者还是目标读者都是律师的缘故。〔54〕有时,为弥补由此产生的缺憾,某一外国法判例会在其国别报告中被集中论述。〔55〕但真正的跨国性是无法通过这种方式实现的。对外国法的评注,如大多数评注一样,仅局限于以被评注的法律为依据作出的判决,因此在这方面的帮助有限:如果有人需要阅读德语版的西班牙民法典评注,那么他通常无法阅读西班牙的判例原文。如果有更多的法律材料能被翻译成目标语言(如果存在这些材料的话),那么这将是极有帮助的;当然,这是一种极高的要求。

其他特殊性来自,跨国私法将多种法律体系和多种语言结合在了一起。后者将导致,一些评注——经常未经大规模的修改——以多种语言形式出版,例如比安卡(*Bianca*)和博内尔(*Bonell*)编写的《联合国国际货物销售合同公约》评注有意大利语版和英语版,施莱希特里姆(*Schlechtriem*)和施文策尔(*Schwenzer*)编写的评注甚至有五种不同的语言版本(德语、英语、西班牙语、葡萄牙语、土耳其语),对于没有法律拘束力的《国际贸易术语解释通则》也是如此,艾泽曼(*Eisemann*)的评注

---

〔51〕 然而,在关于统一法律的统一解释的大量文献中,往往缺乏对学术体系化作用的评估;他们的贡献往往被局限在编写比较法判例报告上。Kurz immerhin *J. A. Bischoff*, Auslegung des internationalen Einheitsrechts, in: *J. Basedow/K. J. Hopt/R. Zimmermann* (Hg.), Handwörterbuch des Europäischen Privatrechts, 2009, 126-130.

〔52〕 Siehe etwa die Ermittlungen zu einzelnen Texten bei Linhart, Internationales Ein- heitsrecht (Fn. 19).

〔53〕 *Schlechtriem/Schwenzer* zum CISG; Vogenauer zu den PICC.

〔54〕 Etwa R. Herber/H. Piper, CMR, 1996(在此可以找到关于选定的欧洲国家国内法的简短报告的方法)。例如对德语法源更大的限制参见 *W. Witz/H. -C. Salger/M. Lorenz*, Internationales Einheitliches Kaufrecht, 2. Aufl., 2016 (作者是德国律师)。

〔55〕 So in *Thume*, Kommentar zur CMR (Fn. 17), 995 ff.

有德语、法语、西班牙语三种版本。[56] 这使得评注不仅可以面向更多的读者,而且理所当然在风格上、有时甚至在内容上都可能呈现出(未必总是有用的)特殊性。

与国家法评注可以建立在统一的法律文化基础之上不同,跨国私法的评注必须克服不同国家之间在法律文化上的差异,还要将跨国的和各自国家的法律结合起来。恰恰是因为在跨国法律文本当中缺少可供使用的并非源于特定法律文化的中立法律概念,所以评注者必须对这些概念进行额外的解释,而在国家法的评注中,这项工作对于那些在本国受过专业训练的法学家来说,并非必要。

在不具拘束力的跨国私法当中,评注和被评注的法律文本之间的关系则更加不同寻常。因为这里缺乏一种在国家法当中很常见的角色分工,也即在制度上拥有立法权的立法者和学术界中的评注者之间的分工。在跨国私法中,创制法律和撰写评注都是学术性的活动,有时候参与进来的甚至是同一批人。如果发现一些不具有拘束力的法律也有自己的评注,那么这并不令人感到惊讶。[57] 也许更令人惊讶的是,会有其他人来评注诸如《国际商事合同通则》之类不具有拘束力的法律文本。原则上来说,这涉及一种关于学术的学术。当然,也存在范例——在《学说汇纂》的评注者(Digestenkommentatoren)当中,法学家会对其他法学家的文本进行评注——这种现象的合理性在于,在被评注文本的创作和后来的评注之间已经间隔了相当长的时间。这种做法在本质上意味着,评注把这些不具有拘束力的法律文本当作比它实际上拘束力更强的法律来对待。

在跨国私法当中,(当然)不存在对评注的禁止。[58] 对此类禁止的担忧,即评注可能会削弱文本自身的权威性以及改变其含义——对此担忧,从优士丁尼到拿破仑皆有迹可循[59]——在跨国私法中以一种特殊的方式存在着,因为法律的继受和评注都是在典型的国家法的语境下进行的。在这方面,基于统一法的特点所要求的自主解释[60]部分释放了试图通过禁令消隐的评注功能:评注并没有被禁止,但带有国家立场的评注至少会变得十分困难。另一方面,跨国法律的制定者所关心的与其说是他的法律是否会被错误解释,毋宁是这些法律会不会被忽略。

---

〔56〕 *F. Eisemann*, Die Incoterms-Zur Klauselpraxis des internationalen Warenhandels-Allgemeine Einführung und Kommentar, 1976; ders., Usages de la vente commerciale internationale-Incoterms, 1. Aufl., 1972 (3. Aufl., 1988); *ders.*, Incoterms-Los usos de la venta comercial internacional, 2. Aufl., 1985.

〔57〕 见上文"三(二)"部分。

〔58〕 见上文"三(一)"部分。

〔59〕 *H. -J. Becker*, Kommentier- und Auslegungsverbote, in: *A. Erler et al.* (Hg.), Handwörterbuch zur deutschen Rechtsgeschichte, 1. Aufl., Bd. 2, 1978, 963-974; *S. Vogenauer*, Die Auslegung von Gesetzen in England und auf dem Kontinent, Bd. 1, 2001, 581 ff.

〔60〕 *Basedow*, Internationales Einheitsrecht im Zeitalter der Globalisierung (Fn. 12), 20 f.

而在这方面评注往往是有用的:可以说评注不仅没有削弱反而强化了不具拘束力的法律的重要性。〔61〕《国际商事合同通则》的主要发起人米夏埃尔·约阿希姆·博内尔(*Michael Joachim Bonell*)起初对关于《通则》的大型评注持相当的保留看法——也因为这些评注对于《通则》文本总是带有一定的批判性。〔62〕但现在,他对于这类学术加工可谓乐见其成。

尽管如此,人们还是不难发现,在法律继受中,被评注的文本和评注仍然保持着分隔的状态。在实践中,《国际商事合同通则》虽然一方面被拿来当作被评注的文本,但另一方面,评注所提供的解释——如果有过的话——却很少被遵照。〔63〕因此,在人们看来,《国际商事合同通则》的评注尽管被许多人奉为比较法纲要,但对解释《通则》本身作用有限。官方评注(*comments*)亦如此,也几乎没有发挥什么作用。

六、形式和媒介

在评注的形式上,与国家法评注相比,跨国私法评注的特殊性很少。然而,这种总体上的相似性本身就很特别。带有德国烙印的现代评注本质上源于法典编纂所带来的适用性需求。〔64〕将这种评注的形式适用于具有拘束力的统一法,如《联合国国际货物销售合同公约》,是没有问题的,因为《联合国国际货物销售合同公约》本身在形式和功能上就带有欧洲法典的传统。这在一定程度上当然也适用于重述作品,如美国法重述、《欧洲合同法原则》《国际商事合同通则》。〔65〕由于缺乏法律效力,这些民间法典并不是真正意义上的法典——更确切地说,它们只是借用了法典的形式,并因此从立法制定的法典当中沾染上一点合法性。因此,民间法典的效力不仅来自法典的质量,而且从本质上来自于它们的形式。〔66〕这种通过形式获得的合法性借由评注而得到扩展:当《国际商事合同通则》的评注

〔61〕 *Ebenso Calliess*, Kommentar und Dogmatik (Fn. 6), 391.

〔62〕 *M. J. Bonell*, Bespr. von Vogenauer/Kleinheisterkamp (Fn. 29), Uniform LR 13 (2009), 415-417, 416 f. 有点奇怪的是,准立法文本的作者自己评论了对该文本的评注。

〔63〕 *Michaels*, Preamble I (Fn. 27), Rn. 108 ff.

〔64〕 Dazu *T. Henne*, Die Entstehung des Gesetzeskommentars in Deutschland im 19. Und 20. Jahrhundert, in:*Kästle/Jansen*, Kommentare in Recht und Religion (Fn. 2), 317-329, 323-329;*Kästle-Lamparter*, Welt der Kommentare (Fn. 1), 209 ff.

〔65〕 *N. M. Crystal*, Codification and the Rise of the Restatement Movement, Washington LR 54 (1979), 239-273;*Jansen*, Making Legal Authority (Fn. 7).

〔66〕 *Jansen*, Making Legal Authority (Fn. 7).

“如同对待有拘束力的合同法一样”〔67〕对待这部不具有拘束力的法律文本时,评注使得它更接近于有拘束力的法律。〔68〕 换句话说:如果说法律之所以能成为法律,是因为法学家把它当作法律一样对待的话,那么通过评注把民间法典当作法律对待,就是在一步步“创造法律”。〔69〕

因此,被评注文本以及评注的合法性均来自从形式上展示出的区分。这也适用于具有拘束力的法律。值得注意的是,丹内曼(*Dannemann*)和舒尔策(*Schulze*)在他们对《德国民法典》的最新评注是以联邦司法部发布在网络上的《德国民法典》的译文为蓝本的,尽管译文(不同于德语文本)本身并不是官方的或有拘束力的,并且他们在评注中也零星地对译文进行了批评和改进。〔70〕 但显而易见,相比让一个操外语者通过自己翻译尽可能准确地去理解《德国民法典》的法条这种需要,确信评注者对其据以评注的法条已如其所是地将它们和评注严格区分开来,后者显得更为重要。

七、功能

在许多方面,跨国私法评注具有和国家私法评注相同的功能。无论如何强调跨国私法评注本身的特殊性,上述事实都是不容被掩盖的。此外,不同类型的跨国私法之间当然也会存在着巨大差异。

(一)释义书(Erläuterungsbuch)

评注的第一个功能就是释义书的功能。〔71〕 关于此点,相较于国家私法评注,跨国私法评注在两个方面有所不同。

一方面,尤其是在不具有拘束力的法律中,释义并不那么重要,因为这里的文本只是一种参考,而不具有拘束力。在这里并不存在必须探寻的立法者本意。例如,《国际商事合同通则》在实践中通常被作为参考的依据或者立法的模板。〔72〕

---

〔67〕 *S. Vogenauer/J. Kleinheisterkamp*, Commentary on the UNIDROIT Principles of International Commercial Contracts (PICC), 2009, viii. ; wiederabgedruckt in Vogenauer (Fn. 27), x.

〔68〕 *Jansen*, Bespr. von Vogenauer/Kleinheisterkamp (Fn. 29), 1008-1009, 1009; Kästle-Lamparter, Welt der Kommentare (Fn. 1), 97 f.

〔69〕 *Jansen*, Making Legal Authority (Fn. 7), 75 f. ; *Calliess*, Kommentar und Dogmatik (Fn. 6), 291 f. ; *Kästle-Lamparter*, Welt der Kommentare (Fn. 1), 98.

〔70〕 *Dannemann/Schulze*, Introduction (Fn. 45), Rn. 65.

〔71〕 *Kästle-Lamparter*, Welt der Kommentare (Fn. 1), 312.

〔72〕 *R. Michaels*, The UNIDROIT Principles as Global Background Law, Uniform LR 19 (2014), 643-668, 654 f, 656 f.

但对它的解释在实践中几乎完全不重要。评注显然不用于此目的。

另一方面,在涉及解释时(特别是在有拘束力的私法中),释义的功能会更加重要。国家私法评注可以预设评注的使用者已经受到该国法律文化的影响并且系统学习过被评注法律,但对于跨国私法来说,这种情况却不常见。评注必须向使用者解释那些不属于他们国家的法律;除此之外,在某些情况下,评注还必须将文本置于比较法的视野当中。因此,有时候跨国私法会和国家法进行比较。〔73〕(这尤其发生在对外国法律的评注中。)〔74〕有时候这种比较是暗含的(却让你由此意识到作者的国家背景或者该作者所预设的读者的国家背景)。

只要文本涉及比较法的准备工作,那么就有必要对其进行比较法解释。如果没有哪一种语言是主要语言,那么通常情况下评注当中就会出现不同的语言,特别是在处理有歧义的问题时。如果在评注某些条款时,相对于与具体规则无关的、而属于一般教科书式的引言,评注描述的总是例外情形,那么有这样的释义需要就不足为奇了。

(二)知识存储器和知识过滤器

评注也发挥了作为知识存储器和过滤器的功能——决定何种知识可以被保存,何种知识应该被遗忘。在跨国私法中,这一功能有特殊的意义。一方面,由于许多被评注文本的跨国背景,其对于使用者来说既不具体也不直观。比如,《联合国国际货物销售合同公约》中缺乏对利息数额的规定,这使得即便不带成见的观察者也会感到惊讶。大多数的评注都提到了订立条约的各方在谈判过程中的分歧。针对这些分歧,有些评注没有给出理由,〔75〕有些把重点放在了伊斯兰国家的反对意见上,〔76〕有些还提到了西方国家间不同的政治主张,〔77〕而有些则列举了

〔73〕 *D. K. Srivastava/G. Minkang*, Tort Law in China-Commentary on the Tort Law of the People's Republic of China with Insights from the Common Law, 2013; siehe auch etwa *Witz/Salger/Lorenz*, Kaufrecht (Fn. 54), V, siehe etwa Art. 21 Rn. 1 (Vergleich mit § 150 BGB).

〔74〕 在此方面特别参考 *E. Braun*(Hg.), German Insolvency Code, 2. Aufl., 2019:在引言之后还有更多简短的国别报告,包括词汇表、相关法律文本、对特定条文评注之后尽可能统一的标题:根据《破产法》第 19 条("启动破产程序的要求");第 55 条("破产财产和债权人分类");第 79 条("破产管理人和债权人机构");第 128 条("履行");第 147 条("破产中的避免");第 168 条("实现");第 173 条("有权单独满足的资产");第 186 条("接受索赔");第 269 条("破产计划");第 269i 条("集团破产法");第 285 条("自我管理");第 312-314 条(已废除)("消费者破产");第 334 条("死者遗产");第 358 条("国际破产法")。

〔75〕 *Witz/Salger/Lorenz/Witz*, Kaufrecht (Fn. 54), Art. 78 Rn. 1; *Herber/Czerwenka*, CMR (Fn. 54), Art. 78 Rn. 6; Staudinger/Magnus (Fn. 16), Art. 78 Rn. 12; *K. H. Neumayer/C. Ming*, Convention de Vienne sur les contrats de vente internationale de marchandises-Commentaire, 1993, Art. 78 Rn. 2.

〔76〕 *G. Reinhart*, UN-Kaufrecht, 1991, Art. 78 Rn. 4.

〔77〕 *Schlechtriem/Schwenzer/Bacher*(Fn. 53), Art. 78 Rn. 2.

大量的理由。[78] 从《联合国国际货物销售合同公约》形成的历史来看,伊斯兰国家在这其中产生了重大影响(如果有的话,这些国家全部拒绝关于利息的规定)的说法并不确切;[79] 少部分评注显然在这里是进行了添油加醋的创作。

评注作为知识过滤器所具有的相反功能,在此也同时得到体现。尤为重要的是过滤掉某些规定的国家背景,以利于对相关条款进行自主解释。《国际商事合同通则》的作者有意识地完全放弃了其比较法的背景信息,正是为了防止在理解相关条款时又回溯到国家法法源中去。[80] 这种做法是否真的有用,可能会受到质疑;那些持否定态度的人希望,评注能够回到作为跨国私法起源的国家法中去,当然也要与国家法相区别。[81]

(三)知识组织、知识构成、批评

跨国私法的评注在知识的组织和构成方面承担着特别的任务。由于评注在形式上借鉴了德国法系的经验,这使得评注在解读被评注文本时与德国法有着天然的亲缘性。来自普通法法域的评注却是另一番景象:一般来说,评注中的体系并不那么严谨,[82] 有些评注大部分由制度的生成史构成;有时不按条款而按章节对文本进行评注。[83] 总而言之,它们与其说是独立的学术评注,毋宁是获取被视为第一手资料(文献资料、判例)的通道,这反映了对于法律和教义学的不同理解。类似的情况还出现在评注内部的秩序上:德国法的评注者会将评注的内容体系化,而普通法的评注者往往只是罗列出具体的要点。[84]

最后,类似的区别也体现在评注者表达观点的意愿上。相比于国家法,在不具拘束力的或者是外国的法律评注当中,获取法律是首要任务,其次才是形成观点。因此,面向实务工作者的评注数量尤其多。如果评注中表达了观点,那么这

---

〔78〕 *Bianca/Bonell*, Art. 78 Rn. 1.4.

〔79〕 详细的讨论参见 *A. F. Zoccolillo*, Jr., Determination of the Interest Rate under the 1980 United Nations Convention on Contracts for the International Sale of Goods: General Principles vs. National Law, Vindobona Journal of International Commercial Law and Arbitration 1 (1997), 3-43。此外,当冲突法涉及禁止利息的法律时,主流观点并没有将利率设定为零,而是指借贷成本为零;*Staudinger/Magnus*(Fn. 16), Art. 78 Rn. 17。

〔80〕 *M. J. Bonell*(Fn. 28) 49.

〔81〕 *Vogenauer*, Introduction (Fn. 27), Rn. 23; Michaels, Preamble I (Fn. 27), Rn. 4.

〔82〕 Zum Beispiel *Y. Baatz et al.*, The Rotterdam Rules: A Practical Annotation 2009, siehe z. B. die Kommentierung zu Art. 6.1.

〔83〕 *M. F. Sturley et al.*, The Rotterdam Rules (Fn. 21). 在德国,有时也会单独对整个章节进行评注,如《德国民法典历史评注》。

〔84〕 Vergleiche etwa die Inhaltsverzeichnisse von Vogenauer/Vogenauer (Fn. 27), Art. 1.6 einerseits, Vogenauer/Anderson (Fn. 27), Art. 2.1.6, insb. unter III., andererseits.

些观点在跨国私法中可能会相当有影响力,因为立法者几乎没有修正的余地。对被评注文本的批评之所以非常有价值,是因为就国际条约而言,批评可能阻碍它在缔约国内的批准通过;就不具有拘束力的法律而言,批评可能削弱某一条款的说服力。相反,对《联合国国际货物销售合同公约》的评注倒是一项完完全全纯获利益的工作,因为它消除了实践中形成的该公约一方面不够明确,另一方面过于偏袒买方的成见。

(四)具体化、媒介功能、安定性

跨国私法评注最重要的功能是对文本内容的具体化。对于源于某种特定法律传统的国家法典,在具体化时可以借鉴这种传统;经验表明,即便法律文本中存在禁止性规定,亦不能阻止这种借鉴的发生。[85] 不同的法典在此问题上当然会有所不同。但在跨国私法当中却反其道而行之,恰恰要与这种传统相脱离。因此,具体化的任务在这里尤其重要,它对评注可能产生的潜在作用也因此不容小觑。[86] 在《联合国国际货物销售合同公约》中,这一点已经在评注文献当中以令人印象深刻的方式应验了。而对于缺乏充足判例的其他法律文本,评注人要想在规避再次深陷国家主义泥潭的风险的同时完成文本内容的具体化任务,可谓举步维艰。

因此,在跨国私法当中,具体化不仅意味着对被评注文本的解释,还意味着与文本必须在其中适用的特定的国家背景建立联系。此外,还有必要建立与国家法(特别是其中的程序法)之间的联系。这部分是通过与国家法之间的比较,部分是通过对必要的特殊性进行解释来实现的。总之,跨国私法的评注必须建立起更长的桥梁:通向异域法律文化,也通向外国法。

有些跨国法律本身是不生效力的(不具拘束力的法律),有些跨国法律也并非理所当然地会被司法实践所应用(有拘束力的法律)或者被敬畏(外国法律)。因此,评注往往还具有一个重要的功能,就是使得被评注的法律文本具有适用上的吸引力,这是一种巩固法律文本权威性的极端形式。[87] 反之,在评注中对跨国私法文本的批评也可谓恰逢其时,因为不经选择它们通常是不会被自动适用的;这里的批评对立法者影响较小,而对于法律使用者影响较大。最后,在国际条约难

---

〔85〕 Siehe nur zum BGB HKK/*Zimmermann*, Bd. 1, 2003, Einleitung 1, Rn. 13 ff.; zum französischen Code Civil M. Ascheri, A Turning Point in the Civil-Law Tradition: From ius commune to Code Napoléon, Tulane LR. 70 (1996), 1041-1051.

〔86〕 更进一步的观点可参见 *Jansen*, Bespr. von Vogenauer/Kleinheisterkamp (Fn. 29), 1008 f.:《国际商事合同通则》只有通过评注所提供的教义化阐释才能够变成可以实际适用的法。

〔87〕 Vgl. *Kästle-Lamparter*, Welt der Kommentare (Fn. 1), 327.

以通过立法形式修改的情况下,其更新功能(Erneuerungsfunktion)就显得尤为重要——而这恰恰是一种能在评注中精准实现的教义学作业的功能。[88] 然而,有时候尽管当时的订立理由已经不复存在,[89]后来者还是会对这些条约内容作壁上观,例如上述《联合国国际货物销售合同公约》中的利息问题,即使在公约通过时便意识到了法律漏洞,大多数法律适用者还是会拒绝对其进行法律续造。这背后的原因或许是,相比于往往被视作具有时代性并因此可修改的法律重述,国际条约被不自觉地视为离学术性更远并因此也更容易被修改。

(五)法律的创制

最后一个功能可能只存在于跨国法中。相较于国家法,跨国私法更容易被司法实践所忽视。长期以来,《联合国国际货物销售合同公约》就是如此,其经常被当事人双方选择排除适用,即使有适用该公约义务的情况下,也经常被法院所忽视。《国际商事合同通则》更是如此,尽管有大量的学术出版物,但在实践中仍然不被法院适用,仲裁庭显然也极少适用。[90] 这就造成了一个恶性循环:因为没有什么判例,所以当事人就会规避法律的适用,于是导致更没有判例产生。就《联合国国际货物销售合同公约》而言,一段时间以来已经建立起了相当程度的法律确定性,这当然离不开评注的贡献。

这造就了跨国私法评注的一项特殊功能,即通道功能(Zugangsfunktion)。因此,有的评注很大程度上仅仅是一个获取法律素材的通道,而(不同于国家法)不仅仅是在乎法律文本的新颖性。[91] 另外,还有广告功能。评注者会宣传被评注文本的重要性(并且也间接地为他所撰写的评注做宣传)。[92] 第三点是合法化功能。评注使得被评注文本获得合法性:评注通过将被评注文本当作生效法律一样对待,使得该文本成为潜在的生效法律。在这方面卡利斯(*Calliess*)是正确的:特

[88] Zum Beispiel U. *P. Gruber*, Methoden des internationalen Einheitsrechts (Fn. 20).

[89] 对于第 7.4.9 条 UNIROIT 原则的适用,证明参见 *C. Brunner/B. Gottlieb*(Hg.)/M. Feit, Commentary on the UN Sales Law (CISG), 2019, Art. 78 Rn. 12 m. w. N., Rn. 11 Fn. 2876;由于缺乏统一的标准而更加谨慎 Schlechtriem-Schwenzer/K. Bacher (Fn. 53), Art. 78 Rn. 28。

[90] Siehe *R. Michaels*, Global Background Law (Fn. 72).

[91] *H. M. Holtzmann/J. E. Neuhaus*, A Guide to the UNCITRAL Model Law On International Commercial Arbitration-Legislative History and Commentary, 1989;*H. M. Holtzmann et al.* (Hg.), A Guide to the 2006 Amendments to the UNCITRAL Model Law on International Commercial Arbitration-Legislative History and Commentary, 2015; weitgehende Beschränkung auf Materialien als Referenz auch in P. Binder, International Commercial Arbitration and Conciliation in UNCITRAL Model Law Jurisdictions, 3. Aufl., 2010.

[92] Siehe etwa *Brödermann*, UNIDROIT Principles (Fn. 30), zur Empfehlung der PICC.

别是跨国私法的评注不仅服务于被评注文本,其本身也创制法律。〔93〕

八、评注作为被评注的文本?

扬森(*Nils Jansen*)和凯斯特勒-兰帕特尔(*Kästle-Lamparter*)所概括的评注的最后一个功能是权威性的参考资料:“评注事实上成为法源。”〔94〕对于《学说汇纂》来说——其距后来的法典继受时代已经有几个世纪之久——《法令注释》(*Glossa Ordinaria*)就担负着法源的作用;〔95〕作为在德国法系内被高度评价的学术产品,《德国民法典》的评注同样也部分地扮演着类似的角色——这尤其发生在某个评注具有独特地位的情况下。〔96〕

在跨国私法中,这种作用要小得多。虽然有些评注在一定程度上也具有很大的影响力,但相较于一国法典,对以国际条约形式存在的有拘束力的跨国私法,指望通过评注这样的学术加工方式来赋予其权威地位,显然会遭遇更大的阻力。另一方面,就不具有拘束力的私法而言,无论是民间法典还是标准术语,法律的效力都是基于私人自治,亦即当事人的意志,即便这种意志通常只是假定的,也难以被评注中的解释所取代。

就不具有拘束力的跨国私法评注而言,其权威性尤其来自其他方面。当被评注文本本身不具有拘束力时,那么评注的重要性可能会被消解,从而成为一部独立的比较法纲要,例如福格瑙尔对《国际商事合同通则》的评注就是如此。这类评注的权威性就来自于其作为学术著作的特殊形式。

九、结论:国家性与跨国性

最后可以说些什么呢?跨国私法的评注是很常见的。尽管被评注文本之间以及评注之间都存在着差异,但相比于国家法典评注,在跨国私法评注当中可以发现很多特殊性。这些特殊性说明了很多现实问题,不仅涉及作为跨国现象的评注的现况,也涉及跨国私法的发展现状。反过来,它也显示出在德国法系为人所

---

〔93〕 *Calliess*, Kommentar und Dogmatik (Fn. 6), 392; Kästle-Lamparter, Welt der Kommentare (Fn. 1), 98.

〔94〕 *Kästle-Lamparter*, Welt der Kommentare (Fn. 1), 333.

〔95〕 Vgl. *S. Lepsius*, Auflösung und Neubildung von Doktrinen nach der Glosse-Die Dogmatik des Mittelalters, in: *G. Essen/N. Jansen*(Hg.), Dogmatisierungsprozesse in Recht und Religion, 2010, 55-94, 75 f.

〔96〕 关于《帕兰特民法典评注》的重要意义可参见 *Kästle-Lamparter*, Welt der Kommentare (Fn. 1), 334; zur Bedeutung von Azo im Mittelalter („Chi non ha Azzo, non vada al palazzo“) *E. Landsberg*, Ueber die Entstehung der Regel Quicquid non agnoscit glossa, nec agnoscit forum, Diss. Bonn, 1879.

熟知的评注在多大程度上是一种特别的德国现象,它是在德国法律文化中发展起来的,对立法、司法和学术都起到了特别的作用,因而不能轻易地直接嫁接到跨国法律领域。

尽管评注还是迈入了跨国私法的领域,但这并不意味着评注完全实现了跨国化。总的来说,评注很大程度上仍然是(即使并不只是)一种出口到德国之外的德国现象。〔97〕 大多数跨国私法的评注都是用德语撰写或者从德语翻译而来,或者更倾向于选用德国法系的作者来撰写。另一方面,对外国法的评注也大多是德语评注或者对德国法的评注。德国的这种优先地位直到最近才有所淡化。

然而,在"后国家时代",跨国私法评注是否会重新恢复"前国家"时代的中世纪的跨国评注的传统?恐怕不会。在中世纪,被评注文本——如《学说汇纂》——被普遍接受:教义学必须与它们相关联才能发展。而如今的跨国私法不再是这样:有拘束力的法律被认为是一种偶然现象,没有拘束力的民间法典终归也只是暂时的。如今,跨国私法评注所扮演的主要角色也更为低调,即在一个被认为是混乱的全球化的法律现实世界之中建立或至少假装建立秩序。在这方面,就像中世纪或者 20 世纪初的评注一样,跨国私法评注也是时代的产物。

---

〔97〕 *Kästle-Lamparter*, Welt der Kommentare (Fn. 1), 96.

私法评注之国际比较

——传播、差异及亲缘

[德]莱因哈德·齐默尔曼 著　张乐乐　王晓韵　金健 译　刘青文 校

目　次

一、评注概论:历史与功能

法学文献以其形式丰富多样而著称:专著和期刊论文,教科书、实用手册和百科全书,评注和祝寿文集,案例评析、书评、文集、法规汇编乃至培训材料……[1]对20世纪和21世纪的德国法学来说,评注是一种尤其特殊的出版物。就民法典而言,在过去的五十年,源源不断有新的评注加入已有的、持续更新的民法典评注行列中:单卷本、两卷本、多卷本、系列卷本["施陶丁格"民法典评注(Staudinger Kommentar)[2]在其网络的基本版本中,当前已达114卷,合约73000页],涵盖了面向实务的评注、迷你型评注、学生评注、纯电子版评注、兼有电子版的评注或传统的书本式评注,可谓没有什么类型是不存在的,而且每种类型还有多个版本。但许多学者(和对学术感兴趣的实务界人士)只要反复和同样的文献材料打交道,

---

[1] 对于德国来说存在共性,见:*D. Willoweit*, Juristische Literatur des 20. Jahrhunderts, in: *ders.* (Hg.), Rechtswissenschaft und Rechtsliteratur im 20. Jahrhundert, 2007, 3-61.

[2] 它是两部最早的《德国民法典》大型评注之一,1889至1903年慕尼黑首版时仅由区区六卷本组成。

就难免会生发出这样的疑问:耗费的精力和所获取的知识是否成正比?〔3〕法律评注原则上对于实务界和学术界的法律人来说都极其有帮助,按照绝大多数生活在德国的法律人的观点,它甚至是不可或缺的。年复一年不断迭代更新的“帕兰特评注”(Palandt)简直就是德国民法文化的旗舰。〔4〕

毫无疑问,法律评注不仅存在于德国,而且在其他欧洲国家甚至欧洲之外的法律秩序中,也有其踪迹。而本书想探讨的主题也正是:各国法律体系的评注文化有何异同?它们在各国显现了怎样的发展趋势,以及应当如何对其加以解释?一国或其他国家的评注文化是否发挥着超越国界的影响?而在一个法律和法学通过跨国的法学文献日益全球化的世界,我们又当如何自处?这种现象在评注上也存在吗?若存在,其特点是什么?我们观察的核心点是民法,因为这里汇聚了来自单一学科的最多作者。我们的出发点是达维德·凯斯特勒-兰帕特尔(*David Kästle-Lamparter*)于2016年出版的专著《评注的世界:法律评注在历史与当代的结构、功能与价值》。这部著作记述了法律评注在德国的兴盛过程,却无一不和当下相关联,因此,通过历史观照当下的比较研究方法贯穿了全书。

每一种文本,只要其在结构上依附于另外一个文本并对其做出连续性的注释,凯斯特勒-兰帕特尔便都将这种文本定义为评注。〔5〕这一定义也与本书对评注的理解相契合。在此需要考虑的不仅是具备现代特征的法律评注,很大程度上,作为被评注的参照文本,“非立法性法典编纂”、〔6〕法律汇编、法律记载或有关法学著述的著作,都应考虑在内,只要它们被认为具有权威性。这个意义上的评注,只要追溯罗马私法便知道,它们在欧洲的法律传统中一直就存在。在古典时期的罗马法学,对马苏里乌斯·萨比努斯(*Massurius Sabinus*)和昆塔斯·穆修斯·斯卡沃拉(*Quintus Mucius Scaevola*)的民法著作、执政官的诏书或者像十二铜表法这样的单项法律所做的评注,都扮演着极其重要的角色。〔7〕

罗马法的第二次勃兴肇始于中世纪盛期的《优士丁尼法典》注释。从由注释

---

〔3〕参见:*R. Zimmermann*, Juristische Bücher des Jahres: Eine Leseempfehlung, Neue Juristische Wochenschrift 2011, 3557-3563, 3557 f.

〔4〕当前最新版是2020年第79版。十位评注人中,只有一位是高校教师,他负责知识产权法评注,然而知识产权法并不规定在《民法典》中。而《民法典》的评注工作则由九位实务界人士分担,分别由六位法官或退休法官、三位公证员组成。众所周知,德国法学是教授法学,但是在这样一个国家,德国民法最富影响力的书籍却不是由教授所著。

〔5〕*D. Kästle-Lamparter*, Welt der Kommentare: Struktur, Funktion und Stellenwert juristischer Kommentare in Geschichte und Gegenwart, 2016, 9.

〔6〕概念参见:*N. Jansen*, The Making of Legal Authority: Non-legislative Codifications in Historical and Comparative Perspective, 2010。

〔7〕*W. Waldstein/J. M. Rainer*, Römische Rechtsgeschichte, 11. Aufl., 2014, 223 f.; Kästle-Lamparter, Welt der Kommentare (Fn. 5), 20-24.

者汇编的注释资料,到阿库修斯(*Accursius*)的《法令注释》(Glossa ordinaria),都在演绎着这里所说的评注定义,并最终由释义法学家(Glossatoren)完成了对法律评注的新发现。〔8〕沿着释义法学家的足迹成长起来的后世法学流派,伴随其文献类型的迭代与更替而流变,直至今日被称为“评注法学家”(Kommenntatoren)。〔9〕因此,在被评注文本的行间或者页边所写下的零星注释,一路发展壮大成了对被评注文本持续解释的独立评注——即便摆脱参考文本亦可独立成书。

评注的形式和西班牙的晚期经院哲学一样,打上了法学人文主义的烙印。〔10〕在罗马法复兴时期也产生了一些重要的评注作品,例如约翰·布伦内曼(*Johann Brunnenmann*)的《五十本潘德克顿著作的评注》(Commentarius in quinquaginta libros pandectarum)(1670)、萨缪尔·施特里克(*Samuel Stryk*)开创了新纪元的《潘德克顿的现代使用示例》*(Specimen usus moderni Pandectarum)(1690-1712)以及对罗马-荷兰法有特别影响的约翰内斯·弗特(*Johannes Voet*)的《学说汇纂注释》**(Commentarius ad pandectas)(1698/1704年)。比较上述三人的著作,可以发现一种发展趋势,即评注不再以文摘(Digesten)中的个别法律为导向,而是紧扣标题下的制度。评注对于参照文本的依赖逐渐淡化。罗马法复兴时期如同对罗马法评注的繁荣时期一样,是由克里斯蒂安·弗里德里希·格吕克(*Christian Friedrich Glück*)的《黑尔费尔德潘德克顿精释:献给我的听众的一部评注》(Ausführliche Erläuterung der Pandekten nach Hellfeld: ein Commentar für meine Zuhörer)(1790年)划上句号的。在他死后,由克里斯蒂安·弗里德里希·米伦布鲁赫(*Christian Friedrich Mühlenbruch*)和其他后继者以一部长达63卷的皇皇巨著续写了这个伟大时代的荣光,虽然迄今只剩下断简残篇。〔11〕

被评注的当然不仅是文摘,还有各项法律制度和法典。阿诺德·维尼修斯

---

〔8〕分析的相关标题见 *Kästle-Lamparter*, Welt der Kommentare (Fn. 5), 105-181.

〔9〕Vgl. z. B. *P. Koschaker*, Europa und das römische Recht, 4. Aufl., 1966, 87-105. F. Wieacker, Privatrechtsgeschichte der Neuzeit, 2. Aufl., 1967, 80-96, spricht von „Konsiliatoren“. 受到萨维尼的轻蔑,“后释义法学家”的说法一度流传。

〔10〕欧洲共同法(*ius commune*)的历史性概览参见:*Kästle-Lamparter*, Welt der Kommentare (Fn. 5), 19-57; zum kanonischen Recht und zu germanistischen Rechtsquellen (mit dem Beispiel des Decretum Gratiani und des Sachsenspiegels als Referenztexten) vgl. 181-205.

〔11〕Glück 及其作品参见:*A. Hirata*, Die Vollendung des usus modernus pandectarum: Christian Friedrich von Glück (1755-1831), ZRG (rom.) 123 (2006), 330-342。

* 也有译作《学说汇纂现代实用实例》。与当时许多同名作品一样,它也是一部论文集汇编。施特里克本人完成了作品的最初几卷,在他死后其子和学生(伯默和卢多维奇)以原有的结构继续完成了该作品的第3卷和第4卷。该作品依照《优士丁尼法典》中《学说汇纂》的篇章顺序汇编,其论述对象不是纯粹的罗马法,而是经日耳曼(和自然)法改造后的罗马法的“现代”“实用”。——校者注

** 弗特正是借助该作品使罗马法与当代法相结合,在论述中还时不时地加入司法实践中的案例。这本注释至今还在南非用于对当地正在适用的罗马-荷兰法的解释。——校者注

(*Arnold Vinnius*)的《法学阶梯理论与实践注释》(In quatuor libros Institutionum Imperialium Commentarius) (1642/1655 年)是传播最广、影响最大的罗马法新私法史论著之一。[12] 此外,也出版了对其他作者的代表性著作的评注。早在罗马时期就已如此,彭波尼乌斯(*Pomponius*)对昆塔斯·穆修斯·斯卡沃拉斯(*Quintus Mucius Scaevolas*)的民法著作进行了评注,乌尔比安也对马苏里乌斯·萨宾努斯的民法著作进行了评注。西班牙晚期的经院哲学家亦是如此,他们对托马斯·冯·阿奎因的《神学大全》(Summa Theologica)进行了评注。[13] 18 世纪时,以胡果·格劳秀斯(*Hugo Grotius*)(《战争与和平法》)和萨穆埃尔·普芬道夫(*Samuel Pufendorf*)(《自然法和万民法》)的权威著作为代表的理性法得到传播和讨论。[14] 在荷兰北部,《荷兰法导论》(Inleiding tot de Hollandsche Rechtsgeleertheyd)(1631)在胡果·格劳秀斯的黄金时代被反复评注。[15] 这是第一本全面介绍罗马-荷兰法真实的立法史料的法律手册——以"罗马-荷兰法"之名为世人所熟知的这块法域,实际上是欧洲共同法(ius commune)的一个"变种"。[16] 狄奥尼修斯·戈德弗里德斯·范·德·克塞尔(*Dionysius Godefridus van der Keessel*)在他写于18 世纪末的《以胡果·格劳秀斯的荷兰法导论为主题的时兴法学讲座》(Praelectiones iuris hodierni ad Hugonis Grotii Introductio ad Iurisprudentiam Hollandicam)一书中,称其"几乎和法律具备同等权威"。[17] 18 世纪国际上最负盛名的德国法学家之一约翰·戈特利布·海内丘斯(*Johann Gottlieb Heineccius*)(时任西弗里西亚-弗兰内克大学教授)于 1726 年出版了由他评注的维尼修斯新版学说评注,[18] 堪称"针对评

---

〔12〕 Dazu *R. Zimmermann*, Arnold Vinnius-Leben, Umfeld, Werk und Wirkung, in: A. Vinnius, Institutionenkommentar-Schuldrecht, Text und Übersetzung, hg. v. K. Wille, 2005, xi-xxvii.

〔13〕 Dazu *N. Jansen*, Methoden, Institutionen, Texte, ZRG (germ.) 128 (2011), 1-71, 45.

〔14〕 论据见:*Jansen*, Methoden (Fn. 13), 45 f.。

〔15〕 更进一步的陈述参见:*R. Zimmermann*, Römisch-holländisches Recht-ein Überblick, in:*R. Feenstra/R. Zimmermann*(Hg.), Das römisch-holländische Recht: Fortschritte des Zivilrechts im 17. und 18. Jahrhundert. 1992, 9-59, 30 f.。

〔16〕 概览参见:*R. Zimmermann*, Römisch-holländisches Recht, in:*J. Basedow/K. J. Hopt/R. Zimmermann*(Hg.), Handwörterbuch des Europäischen Privatrechts (HWBEuP), 2009, 1314-1318. Zu dessen Fortwirkung bis heute vgl. noch unten XIII. 1.。

〔17〕 „[…] cuius tanta est in foro auctoritas, ut fere legis vel consuetudinis in scripturam redactae instar esse videatur."范·德·克塞尔的 Praelectiones 首先在 1961 至 1967 年以五卷本的形式出版,也翻译成了南非荷兰语。格劳秀斯的《导论》作为参考文本虽然其内容没有一同印出来,但仍得到了持续性的解释。范·德·克塞尔生前只出版了他的„Theses selectae juris Hollandici et Zelandici, ad supplendam Hugonis Grotii Introductionem ad jurisprudentiam Hollandicam" (1800)。

〔18〕 此版本基于 A. Vinnius 的德文译本 Institutionenkommentar (Fn. 12),因此也包含海内丘斯的评注。

注的评注”之趣味案例(也有人称之为“超级评注”)。[19]

对于历史法学派来说,评注不再是合适的文献形式。取而代之的是伯恩哈德·温德沙伊德(*Bernhard Windscheid*)堪称学术巅峰的三卷本《学说汇纂》(Pandektenrecht),[20]它是一部具有系统性架构的教科书,虽然仍旧是以罗马法为指向,但是不再侧重于汇纂的法律制度和学说,而是侧重于潘德克顿体系。[21] 理性法的代表先前不仅从体系上,而且从内容上试图从罗马法的史料库中找到法学的方向,其结果是,由他们所撰写的学术著作在结构上也不再依附于权威性的参照文本。借助于理性法,很大程度上是那些被重新厘定的概念和原则构成了法学新的出发点。[22]

评注可以实现的功能在凯斯特勒-兰帕特尔[23]看来,是阐释之书、知识储备器、知识过滤器、知识组织者、架构知识者、法学精密仪器制作人、搭桥者、[24]稳定器、批判者和创新者。一些功能还相互交织(评注通过对某一条文的阐释,产生了新的知识;通过对知识的过滤,使得法律本身更加稳固;它协助法律创新,也对既有法律加以批评),且并不是所有功能都能在同一部评注中得到相同的体现。刚才提到的最后一项生产性功能,它们或者出现在常见的评注中,或者有些评注根本无力达到,都不足为奇。此外,现代法律评注的一项任务在于,既要和应用相关,又要发挥理论指导作用,如此才能将知识与实践二者相结合。[25]

---

〔19〕 Während Heineccius nur hin und wieder eigene Kommentare einstreut, wendet Peter Müller dieses Verfahren in sehr viel größerem Stil im Hinblick auf eines der berühmtesten Werke des deutschen Usus modernus an, G. A. Struves Syntagma iurisprudentiae secundum ordinem pandectarum, 3. Aufl., Frankfurt a. M. 1738, Nachdruck 2016. Müller 的补充说明(additiones)逐点遵循了 Struve 的解释,而且通常比它更长。

〔20〕 *B. Windscheid*, Lehrbuch des Pandektenrechts, 7. Aufl., Frankfurt a. M. 1891, danach fortgeführt von T. Kipp bis zur 9. Aufl., 1906.

〔21〕 Dazu *J. P. Schmidt*, Pandektensystem, in: HWBEuP (Fn. 16), 1132-1136.

〔22〕 Dazu *Kästle-Lamparter*, Welt der Kommentare (Fn. 5), 49-57. C. Wolff 的 „Ius Naturae“ (8 Bde., Frankfurt a. M. u. a., 1740-1748) 是理性法学的一部重要著作,但却在一定程度上保留了评注风格。

〔23〕 *Kästle-Lamparter*, Welt der Kommentare (Fn. 5), 311-332.

〔24〕 Dazu auch *H. Mohnhaupt*, Zum Verhältnis zwischen Kodifikation und Rechtsprechung am Beispiel von Kommentaren und Rechtsprechungssammlungen zum ABGB, in: H. Mohnhaupt (Hg.), 200 Jahre ABGB (1811-2011), 2012, 121-157, 132: “[评注]试图使法典中紧密联系的规范性知识适应这个社会性世界的新要求,以在历史时期和文化边界之间架起桥梁。”

〔25〕 Vgl. *Kästle-Lamparter*, Welt der Kommentare (Fn. 5), 282-285, 301-303.

二、德国民法典评注

法律评注文献在德国的第二次繁荣和私法的法典化是分不开的。[26] 早在19世纪,一些法典化的地方法便已初见繁荣的端倪,例如在巴登,[27] 在奥地利,[28] 甚至在普鲁士。即便普鲁士的一般邦法一开始被学术界严重忽视,[29] 但是在1852年至1856年间,由尼斯(*Neiße*)的法院院长克里斯蒂安·弗里德里希·科赫(*Christian Friedrich Koch*)所作的四卷本《注解式评注》(Kommentar in Anmerkungen)的问世受到了学术界的瞩目。同样,在帝国层面,刑法和商法领域[30] 也经历了这样的变化[赫尔曼·施陶布(*Hermann Staub*)对普通德国商法典的评注堪称杰作,甚至足以成为开宗立派的典范——首版于1893年,1900年时已出至第六、第七版,迄今已壮大成为皇皇十五卷的商法典大评注且未来不可限量],[31] 直到世纪之交《民法典》评注开始成长为一部引领私法讨论的主导性媒介。[32]

由戈特利布·普朗克(*Gottlieb Planck*)和尤利乌斯·冯·施陶丁格(*Julius von Staudinger*)主编的大部头评注乃《民法典》评注的开山之作。[33] 普朗克主编的评注(1879至1902年)为七卷本(第1、第2版),而施陶丁格主编的评注(1898至

---

〔26〕 关于德国法律评注的繁荣,更进一步的分析参见:*Kästle-Lamparter*, Welt der Kommentare (Fn. 5), 209-288。

〔27〕 关于巴登参见:*J. N. F. Brauer*, Erläuterungen über den Code Napoléon und die Großherzoglich Badische bürgerliche Gesetzgebung, 6 Bde., Karlsruhe, 1809-1819;*M. Hachenburg*, Das Badische Landrecht unter Berücksichtigung des Rheinischen Rechts annotiert nach der Rechtsprechung der Deutschen Gerichte, Mannheim, 1887; 关于法国法适用地区的一般观点参见:*K. H. Neumeyer*, Die wissenschaftliche Behandlung des kodifizierten französischen Zivilrechts bis zur Dritten Republik, in: *H. Conig/W. Wilhelm*(Hg.), Wissenschaft und Kodifikation des Privatrechts im 19. Jahrhundert, Bd. 1, 1974, 173-195。

〔28〕 Dazu unten III.

〔29〕 *Wieacker*, Privatrechtsgeschichte (Fn. 9), 334.

〔30〕 *Kästle-Lamparter*, Welt der Kommentare (Fn. 5), 70 f.

〔31〕 Staub是柏林的一名律师,参见 *T. Henne/R. Schröder/J. Thiessen*(Hg.), Anwalt-Kommentator-„Entdecker“: Festschrift für Hermann Staub zum 150. Geburtstag, 2006; Kästle-Lamparter, Welt der Kommentare (Fn. 5), 224-230。

〔32〕 参见本书中尼尔斯·扬森的文章《评注的勃兴与教科书的式微——对20世纪德国法学文献形式的15项观察》。

〔33〕 Dazu *Kästle-Lamparter*, Welt der Kommentare (Fn. 5), 246-255.

1903 年)则是六卷本。[34] 有别于 19 世纪(当时基本上都是在已法典化的领域),[35]私法研究和法学教育的核心援引领域,此时已不再是同时代的罗马法体系,而是代之以德国民法典和由国家颁行的成文法。1896 年,由教授群体参与的埃森纳赫会议(Eisenacher Konferenz)通过了一项具有重大意义的决议。[36] 1910 年,《帝国法院委员会民法典评注》(Reichsgerichtsrätekommentar zum BGB)首次出版,它的标题已经体现了同名项目"帝国法院判决的特殊考量"的内容。1921 年由汉斯·特奥多尔·索格尔(*Hans Theodor Soergel*)主编的评注"在援引全部判例和法学学说的前提下"出版。这两部评注都在时间的长河中逐渐发展成为大型评注。

阿道夫·鲍姆巴赫(*Adolf Baumbach*)的"口袋评注"在 20 世纪的二三十年代推动了评注事业的长足发展,从 1933 年起,就被冠以"利布曼(Liebmann)小评注"之名,在奥托·利布曼(*Otto Liebmann*)出版社被贝克出版社(C. H. Beck)收购之后,它又更名为"贝克小评注"。[37] 帕兰特评注[38] 2020 年第 79 版包括索引已达 3245 页,尽管它版面拥挤,术语缩写声名狼藉,[39]但多少年过去了它依然故我。[40] 因此,该社自 1979 年以来以首版主编奥特马·尧尔尼希(*Othmar Jauernig*)之名出版了一部更为简明的释义书。[41] 随着同一时期开始发行的慕尼黑民法典评注(1978-1983 年第 1 版共七卷)的问世,民法典评注步入了病态增生的时代,它不仅主导热门话题,还让一种文献类型提供有关判例和学说著述的概

[34] 普朗克是一名法官和政治家。如今他最著名的身份是德国民法典第一草案委员会家庭法的主编和第二草案委员会的总顾问;他因此"是众多德国民法典创始人中最有影响力的那一位":*G. Kleinheyer/J. Schröder*(Hg.), Deutsche und Europäische Juristen aus neun Jahrhunderten, 6. Aufl., 2017, 545. Staudinger 是巴伐利亚的法官和部级官员。

[35] *Koschaker*, Europa (Fn. 9), 292.

[36] *E. Friedberg*, Die künftige Gestaltung des deutschen Rechtsstudiums nach den Beschlüssen der Eisenacher Konferenz, Leipzig, 1896.

[37] Dazu näher *Kästle-Lamparter*, Welt der Kommentare (Fn. 5), 73-75.

[38] 见前注 4。

[39] *Dazu J. Basedow*, Euro-Zitrone für den Palandt, ZEuP 1 (1993), 656 f.

[40] 迄今为止提到的所有评注(Staub、Planck、Staudinger、Reichsgerichtsrätekommentar、Baumbach、Soergel、Palandt)都不是由教授创立和/或主编的;Baumbach 是法官,Soergel 是巴伐利亚枢密官(Hofrat)。奥托-帕兰特(Otto Palandt)是帝国司法局的主席,今天最著名的民法典评注是以他的名字命名的(但他并没有参与过评注)。关于这一点以及 Otto Palandt 的作用,最新参见 *M. Würfel*, Das Reichjustizprüfungsamt, 2019. 作者们也都主要是实践者:"简单地说,撰写评注是实践者的事,教授更喜欢写系统的教科书":*Kästle- Lamparter*, Welt der Kommentare (Fn. 5), 240; vgl. auch bereits Willoweit, Juristische Literatur (Fn. 1), 58 f.。

[41] 尧尔尼希(Jauernig)是海德堡大学的教授。所有参与撰写"尧尔尼希评注"的作者都是大学教师;这可能是由于该著作也是为正在接受教育的法律人准备的。Allgemein Willoweit, Juristische Literatur (Fn. 1), 59:"直到 20 世纪下半叶,我们才看到,法律系学生对法律条文解释方面的创作兴趣不断增加"。

览，只是这“概览”日渐庞杂乃至已看不清全貌。在诸多的德国评注中，“民法典历史性批判评注”占据着一个特殊的地位，〔42〕它清晰地描述了法律所处的传统关系以及上百年的经验与之产生的联系，既体现了历史性的比较，又反映了当今潮流。一般说来，这里被评注的，不是单个的条款，而是规范的集合。它还试图打造一部针对一系列法律的、具有更强的社会科学特性的“可选性评注”，而民法典只是其中一部。政治上，它代表了一种左派的主流立场，而在主流观点看来，它忽视了合乎实践的法学释义书的核心要义。〔43〕

法律评注日益壮大的同时，大型教科书却日渐式微。〔44〕一度曾经洛阳纸贵的著作如今也变得难以为继。当代的法律人会在帕兰特评注中，而不是温德沙伊德和基普（*Kipp*）的著作中寻找法学风向标。在尼尔斯·扬森看来，深藏在这一变化背后的，是法律体系和法律科学之间日趋加大的分野及其在法律概念中的反映。一方面，披上判例法的外衣却又可以被多层级体系肢解的当代法学，它们在多大程度上会被在形式上与其关联最紧密的法体系所描摹和塑造，不免令人生疑；但另一方面，今日已无人怀疑，司法裁判已经取代了法律科学在法律续造中的主体地位。〔45〕

三、奥地利普通民法典评注

德意志帝国议会通过了民法典，并于1896年夏颁布，这对普朗克和施陶丁格评注的撰写和出版具有发令枪般的象征意义。而此时，在奥地利针对1811年普通民法典（ABGB）的评注已经有相当长的一段历史。最早于1811至1813年出版的四卷本评注出自“最关键的立法人物”〔46〕弗兰茨·冯·蔡勒（*Franz von Zeiller*）之手。〔47〕就像普朗克作为德国民法典之父之一那样，弗兰茨·冯·蔡勒注定要忠实地传达立法者的目标，如其所言：

---

〔42〕 Herausgegeben von *M. Schmoeckel/J. Rückert/R. Zimmermann*: Bd. I, 2003, Bde. II/1 und II/2, 2007, Bde. III/1 und III/2, 2013, Bd. IV, 2018.

〔43〕 Vgl. etwa Alternativkommentare: Anspruch und Kritik (1987); dazu *Kästle-Lamparter*, Welt der Kommentare (Fn. 5), 88-90.

〔44〕 Dazu *Jansen*, Deutschland (Fn. 32), 42-44.

〔45〕 *Jansen*, Deutschland (Fn. 32), 43.

〔46〕 *Wieacker*, Privatrechtsgeschichte (Fn. 9), 336.

〔47〕 *F. v. Zeiller*, Commentar über das allgemeine bürgerliche Gesetzbuch für die gesamten Deutschen Erbländer der Oesterreichischen Monarchie, 4 Bde., Wien, 1811-1813. Dazu *Wieacker*, Privatrechtsgeschichte (Fn. 9), 336: „Zeiller ist auch der bedeutendste Kommentator seines eigenen Werkes geworden"; *Mohnhaupt*, Kodifikation und Rechtsprechung (Fn. 24), 136, 也参见冯·蔡勒作品中的其他两部《奥地利普通民法典评注》。

“立法者的目标既是多元的,又要控制在合理的限度:发展成文法,通过合理阐释实现具体法条的正义性,并通过更详细的说明使其适用更为便捷。”[48]

海因茨·莫恩豪普特(*Heinz Mohnhaupt*)在对19世纪奥地利普通民法典评注文献的观察中,基于对“永久拓宽被评注的法律渊源的基础”的思考,[49]对其作了类型区分:初始阶段,呈现的是冯·蔡勒、弗朗茨·克萨韦尔·尼普尔(*Franz Xaver Nippel*)[50]及约瑟夫·维尼瓦特(*Joseph Winiwarter*)[51]等人的诠释性评注;之后是依据新发布的判例对奥地利普通民法典所做的诠释,[52]尤其是由约瑟夫·翁格尔(*Joseph Unger*)所倡导的奥地利法学革新,[53]“将奥地利各地的特别法又与共同法联系了起来”[在这个意义上首推路德维希·里特·冯·基希施泰

〔48〕 *v. Zeiller*, Commentar (Fn. 47), vii f.; vgl. auch Mohnhaupt, Kodifikation und Rechtsprechung (Fn. 24), 136: nach von Zeiller habe ein „guter Commentar“ Text, Erklärungen, Gründe und Anwendungsregeln zu enthalten.

〔49〕 *Mohnhaupt*, Kodifikation und Rechtsprechung (Fn. 24), 141.

〔50〕 *F. X. J. F. Nippel*, Erläuterung des allgemeinen bürgerlichen Gesetzbuches für die gesammten deutschen Länder der österreichischen Monarchie, mit besonderer Berücksichtigung des practischen Bedürfnisses, 9 Bde., Grätz, 1830-1839. 在第一卷第六节中,Nippel 写道,在他的工作中,他追求的“更多是对真理和切实利益的促进和传播,而不是原创性”。*L. Pfaff/F. Hoffmann*, Commentar zum österreichischen allgemeinen bürgerlichen Gesetzbuch, 2 Bde., Wien, 1877-1887, Bd. I/1, 62 指责“冗长的陈述”——Zeiller 重复了整整四卷,“善意的[......]但对版权经济方面的判断是天真的”。

〔51〕 *J. Winiwarter*, Das Oesterreichische bürgerliche Recht, systematisch dargestellt und erläutert, 5 Bde., Wien, 1831-1838, 他的著作被称作评注(„Commentar“)(Bd. 1, v), 也被称作教科书或手册(Bd. 1, vii). 事实上,虽然奥地利普通民法典的文本被“逐字收录”,但其章节并未反映民法典的结构。维尼华特(Winiwarter)自己指出(Vol. 1, viii),他允许自己偶尔偏离法典的顺序。*Pfaff/Hoffmann*, Commentar I/1 (fn. 50), 62 认为 Winiwarter 的表述很精明,但他的敏锐“经常变成钻牛角尖和自相矛盾”。Nippel 是法官,Winiwart 是大学教师。

〔52〕 *A. Riehl*, Das allgemeine bürgerliche Gesetzbuch erläutert durch die Spruchpraxis des k. k. obersten Gerichtshofes bis 1879 sammt ausführlichen Citaten aller einschlägigen Gesetzesstellen, 2 Bde., Wien, 1879. Riehl war Advokat.

〔53〕 翁格尔是19世纪下半叶奥地利最具影响力的法学家,他关注的是按照德国历史学派的思路将奥地利法学潘德克顿体系化。(用他自己的话说:“[......]把德国科学的丰富源泉引向奥地利法学的休耕地”:*J. Unger*, System des österreichischen allgemeinen Privatrechts I: Allgemeiner Teil, 1.-4. Abteilung, Leipzig, 1856, vi). 关于这一点,以及图恩-海恩斯坦(Thun-Hohenstein)伯爵的学制改革(也致力于摆脱自然法并将奥地利融入德国普通法),参见:*R. Zimmermann*, „In der Schule von Ludwig Mitteis“: Ernst Rabels rechtshistorische Ursprünge, RabelsZ 65 (2001), 1-38, 5-9。

特（*Ludwig Ritter von Kirchstetter*）[54]、利奥波德·普法夫（*Leopold Pfaff*）和弗兰茨·霍夫曼（*Franz Hofmann*）的著作[55]］。19 世纪末，奥地利普通民法典的自主性（臆想的抑或事实上的）最终受到了影响，[56] 因为这部法典系“根据当下的立法状况、司法裁判和文献”进行评释——恰如 1892 年由莫里兹·冯·施图本劳赫（*Moritz von Stubenrauch*）主编的第 6 版评注副标题所示。[57] “施图本劳赫对奥地利普通民法典的评注之所以不仅实用，而且广受欢迎，原因在于它尽可能直观地完整呈现了理论和实务在当时的发展状况，一如其在对具体法条的评注中所描述的那样。”[58] 约瑟夫·翁格尔早先也已肯认过这一点。[59]

现代评注的类型便是这么产生的，当时对德国法的发展来说具有决定性的意义。对文献和司法裁判“尽可能进行全盘考虑”，绝非“简单的材料垒砌”，而是要求“对材料进行智力加工”。[60] 所以当今的奥地利评注呈现的是微型的德国式景观，也就不足为奇了。由阿提拉·费尼维斯（*Attila Fenyves*）、费迪南德·克施纳（*Ferdinand Kerschner*）和安德烈亚斯·冯基尔奇（*Andreas Vonkilch*）三人合著的奥地利民法典大型评注，是对 1931 至 1935 年海因里希·克朗（*Heinrich Klang*）所撰

---

〔54〕 Commentar zum Oesterreichischen Allgemeinen bürgerlichen Gesetzbuche mit vorzüglicher Berücksichtigung des gemeinen deutschen Privatsrechts, Leipzig/Wien, 1868. 这段引文见于这部作品的序言，基希斯泰特（Kirchstetter）在序言中也表达了他的信念，即奥地利普通民法典和普鲁士一般邦法（preußische Allgemeine Landrecht）一样，是“经过修正的共同法”。Kirchstetter（一名律师）提到了 Unger 和他的“体系”（并将他的作品与 Koch 对普鲁士邦法的评注和 Carl Georg Wächter 的《符滕堡私法手册》归为一列）。

〔55〕 *Pfaff/Hofmann*, Commentar（Fn. 50）. 这部著作仍然是残缺的。两个自称“强烈反对纯粹注释方法”的作者（Bd. I/1, iii），致力于将注释和体系联系起来；无论如何，评注的形式都不应该成为系统调查产生结果的阻碍（例如 Unger 以及 Pfaff 自己的调查）。Pfaff 和 Hofmann 除了依靠新材料、文献，实践和立法，也是自 von Zeiller 以来首次依靠奥地利普通民法典的官方材料——此外，*Pfaff/Hofmann*, Commentar I/1（Fn. 50），xii，最初想省略法律文本，（因为他们认为）“反正每个律师都会有法律条文在手边”。然而，他们“在多个方面遭到了反对”。

〔56〕 *Mohnhaupt*, Kodifikation und Rechtsprechung（Fn. 24）, 147.

〔57〕 *M. v. Stubenrauch*, Das allgemeine bürgerliche Gesetzbuch sammt den dazu erflossenen Nachtrags-Verordnungen [···], mit Rücksicht auf das practische Bedürfniß, 3 Bde., Wien, 1853-1858. 施图本劳赫是伦贝格和维也纳的教授。

〔58〕 *M. V. Schuster/K. Schreiber*, in der Vorrede zur 8. Auflage, 1902, des Commentars zum österreichischen allgemeinen bürgerlichen Gesetzbuche von weiland Dr. Moritz von Stubenrauch, Bd. 1, 1902, iv. *Pfaff/Hofmann*, Commentar I/1（Fn. 50），64 也称赞“文献的广泛使用和法院的裁决”。

〔59〕 见施图本劳赫评注第 4 至 6 版的前言，脚注 57，印刷于第 8 版，1902 至 1903 年，iii。

〔60〕 *E. Strohal*, Vorwort zur 4. Auflage von Planck's Kommentar zum Bürgerlichen Gesetzbuch, Bd. 1, 1914, viii. Strohal 是一位奥地利法学家，先是在格拉茨（Graz）担任教授，从 1895 年起在莱比锡担任教授。他对奥地利和德国法律的发展都有重要影响。

的著名四卷本评注的延续,[61]而由迈克尔·施维曼(*Michael Schwimann*)推出的大评注则被誉为“奥地利民法典的实务评注”。[62] 此外,奥地利普通民法典还有一部小评注(自 2005 年以来)[63]和一部“口袋评注”(自 2010 年以来)[64]。1983 至 1984 年则由彼得·鲁梅尔(*Peter Rummel*)出版了一部中型的两卷本评注。[65] 安德烈亚斯·克莱特卡(*Andreas Kletecka*)和马丁·绍尔(*Martin Schauer*)所著的评注算得上是中等规模,尽管是单卷本,但是以网上评注的形式设计。[66] 对于一个只有五所国立法学院的国家来说,[67]已经算是不小的规模。

瑞士评注的传统同样要追溯到第一部德国民法典评注产生之前。[68] 在瑞士民法典和债法典颁行之前,这个国家最重要的私法法典(也是 19 世纪最重要的法典之一)是 1853 至 1856 年的苏黎世州私法典。作为主编的约翰·卡斯帕·布伦奇利(*Johann Caspar Bluntschli*)将该法典的释义书编为四卷,[69]与弗兰茨·冯·蔡勒对奥地利民法典评注的编撰如出一辙。[70] 当这部法典于 1887 年修订时,评注的修订版主编阿尔伯特·施奈德(*Albert Schneider*)仍坚持以布伦奇利评注为基础出版一部“一般意义上可理解的”诠释著作。[71]

---

〔61〕 *H. Klang*(Hg.), Kommentar zum allgemeinen bürgerlichen Gesetzbuch, 4 Bde., 1931–1935; heute (Hg.), Großkommentar zum ABGB-Klang, 3. Aufl., 自 2000 年开始出版,分为 30 卷。

〔62〕 *M. Schwimann* (Hg.), Praxiskommentar zum allgemeinen bürgerlichen Gesetzbuch, Bde. 1–5, 1987–1990; die 4. Aufl. hg. v. G. Kodek in 10 Bänden, 2011–2017.

〔63〕 *H. Koziol/P. Bydlinski/R. Bollenberger* (Hg.), Kurzkommentar zum ABGB, 2005; 6. Aufl., 2020.

〔64〕 M. Schwimann (Hg.), ABGB Taschenkommentar, 2010; 4. Aufl. hg. v. M. Schwimann und M. Neumayr 2017.

〔65〕 *P. Rummel*(Hg.), Kommentar zum Allgemeinen Bürgerlichen Gesetzbuch, 2 Bde., 1983/1984; 4. Aufl. hg. v. P. Rummel und M. Lukas, 2014. 海因里希·克朗(Heinrich Klang)是一名法官和大学教师,奥地利普通民法典现代评注的主编几乎无一例外都是大学教师[不过,科德克(Kodek)和诺伊梅尔(Neumayr)是杰出的法官]。就修订者而言,奥地利的评注也主要是学术界的产物;对此首先要提到的就是克朗(Klang)和鲁梅尔(Rummel)创立的评注。与之相反,Koziol/Bydlinski/Bollenberger 的作者是一些实务者。

〔66〕 ABGB-ON Kommentar zum Allgemeinen bürgerlichen Gesetzbuch, 2010 (4300 页和将近 60 位作者).

〔67〕 除了维也纳(Wien)、格拉茨(Graz)、萨尔茨堡(Salzburg)、林茨(Linz)和因斯布鲁克(Innsbruck)之外,维也纳经济大学(Wirtschaftsuniversität Wien)和一所私立大学(也在维也纳)也提供法学教育。

〔68〕 这方面的概览见下文四(二)。

〔69〕 *J. C. Blutschli*, Privatrechtliches Gesetzbuch für den Kanton Zürich, mit Erläuterungen herausgegeben, 4 Bde., 2. Aufl., Zürich, 1854–1856.

〔70〕 Oben Fn. 47.

〔71〕 *A. Schneider*, Privatrechtliches Gesetzbuch für den Kanton Zürich, Zürich, 1888. (Besonders hingewiesen wird auf „zahlreiche Figuren in Holzschnitt zum Erbrecht“.)

四、法国民法典评注

（一）法国民法典

和奥地利普通民法典一样，《法国民法典》也是文艺复兴的产物，强调理性思考和合适的适用范围，因此需要有一部评注来“弘扬法典的丰富性”。〔72〕 事实上，19世纪就因多卷本评注的兴盛而呈现了一个评注文献繁花似锦的时代，克劳德·艾蒂安·德尔文库尔（*Claude Étienne Delvincourt*）、〔73〕查尔斯·博纳旺德·玛丽·图利耶（*Charles Bonaventure Marie Toullier*）、〔74〕亚历山大·迪朗东（*Alexandre Duranton*）、〔75〕雷蒙德-西奥多·特霍隆（*Raymond-Théodore Troplong*）〔76〕和查尔斯·德莫隆布（*Charles Demolombe*）〔77〕等人及其著作均位列其中。

这些著作是所谓的“注释法学派”〔78〕的产物，向来声名不佳。一种说法是，在这个“没有成果的实证主义阶段”，人们“满足于对法律文本的语法解释和逻辑解释，而完全忽视了判例”。〔79〕 在德尔文库尔和图利耶出版其著作时，尚无多少可供利用的判例和文献；人们必须首先熟悉《法国民法典》的规范及其含义，以及它们和整个法典体系的关联。此外，人们还认为，《法国民法典》的主要立法目的是

---

〔72〕 Oben Fn. 48.

〔73〕 *C. E. Delvincourt*, Institutes de droit civil français, 3 Bde., Paris, 1808; in späteren Auflagen umbenannt in „Cours de Code Napoléon“ bzw. „Cours de Code civil“.

〔74〕 *C. B. M. Toullier*, Le droit civil français, suivant l'ordre du Code, 8 Bde., Paris, 1811-1818.

〔75〕 *A. Duranton*, Cours de droit français suivant le Code civil, 笔者手头只有：die 3. Aufl., 21 Bde., Paris, 1834-1837.

〔76〕 *R.-T. Troplong*, Droit civil expliqué suivant l'ordre des articles du Code, 23 Bde., Paris, 1834-1855.

〔77〕 *C. Demolombe*, Cours de Code Napoléon, 31 Bde., Paris, 1845-1887. 尽管范围广泛，但是Demolombe讨论了《法国民法典》将近三分之二的内容——这里提到的大部分作者（Delvincourt, Toullier, Duranton, Demolombe）均为高校教师。

〔78〕 *J.-L. Halpérin*, Histoire du droit privé français depuis 1804, 2. Aufl., 2012, 37-75.

〔79〕 *K. Zweigert/H. Kötz*, Einführung in die Rechtsvergleichung, 3. Aufl., 1996, 95; Kästle-Lamparter, Welt der Kommentare (Fn. 5), 71. 在注释法学派之后的时期里人们接受了这种看法，尤其是当人们谈到法律评注能够“远离低级词汇训诂的肮脏角落”时。但是对于注释法学派的广泛认知至关重要，例如，*A. Bürge*, Das französische Privatrecht i im 19. Jahrhundert, 2. Aufl., 1995, 2 und passim, z. B. 272 („Mythos“) vgl. auch *P. Rémy*, Le rôle de l'exégèse dans l'enseignement du droit au XIXème siècle, Annales d'histoire des Facultés de droit et de la science juridique 2, 1985, 91-105 und die Nachweise bei Halpérin, Histoire du droit (Fn. 78), 73。在这里，类似的修正主义观点似乎正在形成，就像对19世纪德国的概念法学和潘德克顿学派（Begriffsjurisprudenz und Pandektistik）一样。

统一法制而非创制新法,[80]因此旧法和罗马法仍然是解释这部新的制定法和填补其法律漏洞的最合适的工具。最重要的是,在罗马法学家的著作中,可以找到可靠的指南和无懈可击的裁决规则。[81] 随着时间的推移,围绕着《法国民法典》涌现了越来越多的文献资料,需要在评注该法典时进行学术加工,因此,供应评注的论证材料库和引用实践也悄然发生了变化——特霍隆和德莫隆布的评注中充满了对相关判例的指引;[82]但对罗马法和欧洲共同法(ius commune)作者的援引仍然是有价值的。[83] 即使是考究每个细节并且充塞范例的阐述也不会显得毫无创造性或者过于吹毛求疵;但对于现代读者来说,华丽的修辞[84]和几乎毫无节制的繁琐论证是极其特殊和罕见的。事实上,这些评注与拉普朗克(*à la Planck*)、施陶丁格乃至施图本劳赫和普法夫/霍夫曼的评注鲜有共同之处。[85]

此外,评注和著作(traité)之间的界限有时也会变得模糊。特霍隆的评注不仅严格按照《法国民法典》条款的顺序进行,而且总是紧跟着被评注的条款的原文开始评注;然而在其他著作中,并不是依据单个条款,而是按照相关主题的章节加以评注,[86]因此往往不会把条款原文印刷出来。[87]而在譬如德莫隆布所著的这一类评注中,要辨清其究竟属于上述哪种类型却并非易事。其阐述虽然遵循了《法国民法典》的体系,但是对于诸如手写遗嘱的论述,却从大纲概要(Sommaire)开始展开,铺陈了至少八十三个要点,然后才是与此相关的《法国民法典》第970条的

---

[80] 对此从今天的视角来看 *J. Gordley*, Myths of the French Civil Code, American Journal of Comparative Law 2 (1994), 459-505。

[81] *Toullier*, Le droit civil I (Fn. 74), 3. Aufl., 1820, 94 (no. 149). H. Kooiker bezeichnet deshalb die Kommentatoren des Code civil der ersten Jahrzehnte nach Inkrafttreten des Code civil als „école romaniste“: Lex Scripta Abrogata: De derde renaissance van het Romeinse recht, Teil I, 1996, 196-253 (sehr interessant zu Toullier 203-211).

[82] 特霍隆的在脚注里,德莫隆布的则在文本中。

[83] 同样在 *Kooiker*, Lex Scripta Abrogata (Fn. 81), 254-289, 中也指出,这些注释法学派或者法条注释法学派(„École classique“ oder „École de l'exégèse“)的作者因为接受了《法国民法典》基础之上的法源的封闭性而陷入自相矛盾。只有在理论上,而不是在实际执行中,特霍隆和德莫隆布的作品才可以归入莫恩豪普特(Mohnhaupt)提到的第一种评注类型。Kodifikation und Rechtsprechung (Fn. 24)提到评注种类的划分,它试图“自主地”(autonom)理解法典编纂。

[84] 德莫隆布在他的阐述中运用了很多加强语气的表达,比如 „Bien plus!“, „Eh bien!“, „Non, certainement!“, „Comment!“ 或者直接扔出一连串问题[„Quelle est, au juste, la conséquence qu'il faut en deduire? Le législateur exige-t-il seulement que le testateur ait pu lire? Exige-t-il, au contraire, que le testateur ait lu?“(zu Art. 978 Code civil, der sich mit dem „mystischen“ Testament befasst)].

[85] *J.-S. Borghetti*, Legal Commentaries in France: Will Mammoths Come Back to Life?, in diesem Band, 45-60.

[86] *Borghetti*, France (Fn. 85), 49 f.

[87] 一些早期的评注已经是这样了,比如 *Toullier*; vgl. etwa Le droit civil français V (Fn. 74), 3. Aufl., 1821, 268, 289, 369 zum eigenhändigen, öffentlichen und mystischen Testament。

条文本身。[88]《拿破仑法典教程》(Cours de Code Napoléon)第 21 卷就是根据其每个章节前的这些大纲概要连续编排而成的。此外,并不是每一个以大纲概要开始的章节都只是用以讨论《法国民法典》的一个具体条文[例如,公证遗嘱就是在三个不同的章节中讨论的,总共涉及 135 页(的内容)和 164 个要点];[89]反之,也不是每个具体条文都有与之相对应的章节。

随着德莫隆布的出现,《法国民法典》的评注时代也随之落幕。一种从德国潘德克顿法学获取了灵感的体系化教义学方法取代了按照法律条文顺序进行的"注疏式"解释。实用手册(Handbuch,traité)作为更合适的出版形式登场了,[90]但其结构往往与《法国民法典》的体系相去甚远。

由海德堡大学教授卡尔·萨洛莫·察哈里埃(*Karl Salomo Zachariae*)[自 1842 年起称为"冯·林根塔尔(*von Lingenthal*)"]撰写,[91]并由查尔斯·奥布里(*Charles Aubry*)和查尔斯-弗雷德里克·劳(*Charles-Frédéric Rau*)翻译成法文[1839-1846 年,自 1869-1879 年第 4 版起,更名为《民法教程——根据察哈里埃的方法》(Cour de droit civil, d'après la méthode de Zachariae)[92]]的《法国民法手册》(Handbuch des französischen Civilrechts),对这场转变具有非常重大的意义。此后整个 20 世纪都没有关于法国民法的评注,[93]这从德国的角度来观察是完全不可思议的。博尔盖蒂(*Borghetti*)认为产生这一现象的原因在于:一方面,《法国民法典》不论在体系结构上还是内容上都存在缺陷;另一方面,判例法对法国法的发展具有极其重要的意义。[94] 但是奥地利普通民法典也存在着完全类似的缺陷,而且像德国民法典一样,在时间的长河中逐渐被判例法所覆盖——对于德国法上的这种现象,道森(*Dawson*)曾称之为是一场判例法革命。[95] 不过,德国和奥地利的最高法院在判决书中都会进行详尽的说理,对德语法律文化来说,这是对

---

[88] *C. Demolombe*, Traité des donations entre-vifs et de testaments, Bd. 4, Paris, 1884 (= Cours de Code Napoléon, Bd. 21), 54-57.

[89] *Demolombe*, Traité des donations (Fn. 88), 171-306, nn. 163-327.

[90] *Borghetti*, France (Fn. 85), 50-52.

[91] 最新的是 *C. Baldus*, Der Prophet im fremden Land? Zum 250. Geburtstag von Karl Salomo Zachariae, ZEuP 27 (2019), 724-741。

[92] *Halpérin*, Histoire du droit (Fn. 78), 57 („Aubry et Rau apportèrent une ‚véritable révolution' dans la méthode d'exposition du droit civil").

[93] *Borghetti*, France (Fn. 85), 52.

[94] *Borghetti*, France (Fn. 85), 52-59.

[95] *J. P. Dawson*, The Oracles of the Law, 1968, 432-502.

理论联系实际的一种个性化反映,[96]因为教授们向来都被视为法律的塑造者和策划者。而鉴于法国法院简约而神秘的裁判文书风格,[97]法国的法律人首先受到的学术训练是,如何给法院的判决书(commentaires d'arrêt)撰写评注,并借此来理解和解释这些判决。[98]

法国法学学者长期关注对判例的研究,与此形成鲜明对照的却是,法院对学术文献的长期漠视,因此,以司法实践和法学学术相互融合为基础并且促进这种共同体发展的文献类型并非现实所亟须。此外,奥地利评注文化在20世纪之所以不同于法国得到了持续发展,是因为它作为德国的东南方邻国,受到了德国法教义学和德国"法律风格"的极大影响;而法国作为德国的西部邻国,则自第一次世界大战以来,都在尽可能地回避来自德国的影响。[99]

当然,这并不意味着法律评注所担负的职能在法国不重要。只不过法国民法学者使用的不是帕兰特评注,而是《法国民法典》的汴释版本,其中每个条款都附注了相关的判例,并且还按章节罗列了参考书目。[100]此外,人们还可以运用现代系统化的教科书文献——它们极大地延后了奥布里(*Aubry*)和劳(*Rau*)之后多卷本法国民法手册(Baudry/Lacantinerie, Planiol/Ripert , Ghestin及其他)的问世时间——以及法律百科全书,特别是《民法大全》(Jurisclasseur civil)和《达洛茨索引》(Répertoire Dalloz)(一种在德国和奥地利不常见的法律出版物类型)。法国还有一个特点是对私法领域的重要判决加以汇总。[101]

直到最近,自2016年法国对债法的大部分内容进行改革以来,法国才再次出版法律评注,并试图在固有法律秩序下探求新的法律条文之含义。[102]它首先似乎是法律注释学的复兴,至于是否也是迈向与德国类似的评注文化的第一步,尚难断言;正如博尔盖蒂所总结的那样,最终还是要取决于法国的教授们今后在多

[96] 对此的比较法研讨会 „Dialog zwischen Rechtswissenschaft und Rechtsprechung": R. Zimmermann, Wider die „verderbliche Einseitigkeit": Einführung in das Symposium, RabelsZ 77 (2013), 300-387, 300-308。

[97] 对此的比较法视角,见:*Zweiger/Kötz*, Rechtsvergleichung (Fn. 79), 121。

[98] *J. -S. Borghetti*, Legal Methodology and the Role of Professors in France, in: J. Basedow/H. Fleischer/R. Zimmermann (Hg.), Legislators, Judges, and Professors, 2016, 209-222, 212-217.

[99] Borghetti, France (Fn. 85), 52 f. 也提到了这一点。

[100] Vgl. z. B. den Code civil von Dalloz, 119. Aufl., 2020.

[101] *H. Capitant/F. Terré/Y. Lequette/F. Chénédé*, Les grands arrêts de la jurisprudence civile, 2 Bde., 13. Aufl., 2015.

[102] *F. Terré*, La réforme du droit des obligatioins, 2016; *O. Deshayes/T. Genicon/Y. -M. Laithier*, Réforme du droit des contrats, du régime général et de la preuve des obligatons: Commentaire article par article, 2. Aufl., 2018; *G. Chantepie/M. Latina*, Commentaire théorique et pratique dans l'ordre du Code civil, 2. Aufl., 2018.

大程度上将直接进行法律条文的评注视为己任，而不仅仅是对法院在判词中的说理进行评注。[103] 法国法院是否准备改变其传统的判决风格，以及在多大程度上改变，也有可能会对此产生一定影响；但无论如何，改革已经初露曙光。[104]

（二）附录：瑞士民法典和瑞士债法典

法国法学家的灵感来源之一可能是对瑞士两部大型民事法典的法语版评注：关于债法和民法典的《罗曼评注》（Commentaire Romand）于2003年最先出版了债法两卷本中的第一卷。[105] 这是一部德国式的评注，不仅介绍了判例和文献的现状，还在关键处进行批判性反思。它以自1992年开始在同一家出版社出版的《巴塞尔瑞士私法评注》（Basler Kommentar zum Schweizerischen Privatrecht）为范本，[106]最初的计划甚至只是将其翻译成法语。但和《巴塞尔评注》一样，《罗曼评注》已经成为联邦法院判例中经常引用的经典著作。它的成功与其说是拜瑞士私法缺乏评注文献所赐，毋宁说是因为德语法律文献（包括且尤其是评注）在这个多语种国家占据了主导地位。瑞士人口中约有三分之二的人讲德语，还有不到三分之一的人讲法语。使用德语的瑞士作者（和法官）往往只满足于引用德语文献；相反，（如果）使用法语的作者（或法官）不了解关于瑞士法律的德语文献，恐将寸步难行。[107] 《罗曼评注》将一种在瑞士德语区非常成功的法律文献形式成功嫁接到了受法语支配的环境中，但这样做也在一定程度上加深了瑞士法律文化已有的裂痕。

上述《巴塞尔评注》的出版是对以下事实的反映：两部历史悠久的多卷本（德语）[108]大型评注——《苏黎世评注》和《伯尔尼评注》，根据现行法在"适用中"得

---

[103] *Borghetti*, France (Fn. 85), 60.

[104] Vgl. etwa *D. Mazeaud*, Motivez! Motivez!, La Semaine Juridique, Édition générale 2016, 893; dagegen P. Malaurie, Pour: la Cour de cassation, son élégance, sa clarité et sa sobriété. Contre: le judge-made law à la manière européenne, La Semaine Juridique, Édition Générale 2016, 546.

[105] 今天的 Code des Obligations I, 2. Aufl., 2012; Code des Obligations II, 2. Aufl., 2017; Code Civil I, 2010; Code Civil II, 2016。我感谢 Pascal Pichonnaz 提供的背景资料和对瑞士评注文化的评价。*P. Tercier/C. Roten*, La recherche et la rédaction juridiques, 7. Aufl., 2016, Rn. 1083–1108 也提供了很好的概要。

[106] Bei *Helbing Lichtenhahn*: heute Obligationenrecht I, 7. Aufl., 2020; Obligationenrecht II, 5. Aufl., 2016; Zivilgesetzbuch I, 6. Aufl., 2018; Zivilgesetzbuch II, 6. Aufl., 2019.

[107] Vgl. etwa *M. Devinat/P. Pichonnaz*, L' égalité des langues officielles devant les cours supremes: regards croisés sur le droit canadien et le droit Suisse, Zeitschrift für Schweizerisches Recht 136 (2017) I, 271–287, 281 f. 这里的陈述涉及法官；然而，从轶事上看，人们也经常能听到期刊编辑说德语作者不考虑法语文献。

[108] 只有法律条文是由三种官方语言呈现的。

到的最新、某种程度上也是最快的反馈,已无法满足法律实践和法律教学的需求。[109] 这两部大型评注的第一版可以追溯到瑞士民法典诞生之初,[110] 而且显然受到了作为标杆的德国法律评注的感召。2007 年发行的“评注手册”不仅评注了债法和民法,还评注了其他在实践中具有重要意义的单行法,且全文印刷了所有被评注的法条原文。[111] 它以 3672 页的超薄印刷纸和超常的纸张开本,完全背离了“手册”之名的根本要义,事实上并不方便携带;最新的第三版(2016 年)则演变成了十卷的小开本,包括三卷民法和五卷债法,另有其他更小的针对私法特别领域的评注。[112] 自 2005 年以来,斯坦普夫利出版社(Stämpfli)出版了一系列“亲属法评注”,其标识是“FamKomm/CommFam”。在迄今为止出版的各卷中,还有一卷是法语的。[113] 总的来说,瑞士——特别是瑞士的德语区——在评注方面几近完美——鉴于只有六个德语系(相比之下,有四个法语系),我们甚至可以说:有点大喜过望了! 但是不管怎样,在瑞士也有人担心教授们终日忙于评注而无暇撰写专

---

〔109〕 关于现有各卷的完整概述,请参见 Schulthess 出版社(“Zürcher Kommentar zum Schweizerischen Zivilrecht”)和 Stämpfli 出版社(“Berner Kommentar zum Schweizerischen Privatrecht”)的主页。关于这两部在瑞士私法中几乎具有象征意义的评注,详见 *Tercier/Roten*, La recherche (Fn. 105), Rn. 1093-1100. 他们指出,这两部评注的内容都随着时间的推移而变得极其烦冗(《苏黎世评注》从最初的 6 卷(2016 年)增加到 70 卷;《伯尔尼评注》甚至超过了 100 卷。对此读者很难找到方向;《伯尔尼评注》在 2016 年已经开始了第 6 版,但却没有一个版本是完整的,甚至其第 1 版都缺少对于债法第 852 到 926 条的评注。正如 *Tercier/Roten*(Rn. 1100)轻描淡写地指出的那样,„Dans ces conditions, il n'est pas toujours aisé de savoir quelle est la dernière version parue d'un volume et de quelle édition il s'agit“(“在这种情况下,要知道一卷的最后一个版本是什么,它是什么版本,并非易事。”)。有时甚至放弃了评注的形式; 比如 Berner Kommentar, Bd. VI, 2. Abteilung, 1. Teilbd., 1. Unterteilbd., 2007; 根据 H. Giger 的解释,它的主题是消费信贷。前言中提到了一种调整特殊(法律)关系的方法,这指的是对整个主题的系统阐述。

〔110〕 两部评注起初都以《瑞士民法典评注》(„Kommentar zum Schweizerischen Zivilgesetzbuch“)为题,一部由 Max Gmür (伯尔尼的教授)在 1909 年编撰,一部由 A. Egger, Arnold Escher, H. Oser, Alex Reichel 和 C. Wieland[他们一个是苏黎世的大学教师,一个是巴塞尔的大学教师,一个是弗里堡(Fribourg)的大学教师,还有一个是联邦法官]在 1911 年编撰。标题更改(参见前面的脚注)的原因是,私法下的其他法律,当然首先是债法(Obligationenrecht),也被纳入评注中。

〔111〕 Handkommentar zum Schweizer Privatrecht, 2007, mit neun Herausgebern.

〔112〕 Vgl. z. B. *D. Abt/T. Weibel*(Hg.), Praxiskommentar Erbrecht, 4. Aufl., 2019.

〔113〕 *A. Leuba et al.* (Hg.), Protection de l' adulte, 2013. Auf Deutsch z. B. *A. Büchler*(Hg.), Eingetragene Partnerschaft, 2006.

著和其他基础性著作。[114] 而按照法国模式运作的瑞士法语区，为讲法语的法律人只发行了一部民法典和债法的“注释书”。[115]

(三)比利时民法典

比利时的情形和法国类似，也有些许可算作注释法学派的著作，其中弗朗索瓦·洛朗(*François Laurent*)的三十三卷本著作就是一座丰碑。[116] 只是后来评注文化一度中断，且至今没有任何起色；[117] 与法国一样，比利时民法典只有学术上要求不高的释义文本，并附上相关案例和参考文献作为对法条原文的说明(和简要的归纳)。[118] 比利时私法的新法典[119] 能否(如同法国一般)带来变化，尚需假以时日才能见分晓。

五、意大利民法典评注

法律评注在意大利的发展，走过了一条不同于上述所有国家的道路。如同我们在前文叙述中所习见的，不得不先来说说法国和德国的影响。由于1865年的《意大利民法典》在很大程度上是《法国民法典》在意大利的翻版，因此，意大利的

---

[114] Vgl. *P. Pichonnaz*, Droit des obligations-Partie Générale: Revue des publications-Literaturspiegel 2006-2009, Zeitschrift für Schweizerisches Recht 129 (2010), 95-124, 123 f. 典型的是，一部瑞士法律导论指出：“在瑞士，人们认为法律学者最重要的作品是‘评注’[...]和论文”，J. Voyame, Introduction, in: *F. Dessemontrt/T. Ansay*(Hg.), Introduction to Swiss Law, 3. Aufl., 2004, 8。在 Tercier/Roten 的书中，La recherche (Fn. 105), Rn. 983-1263 把评注文献放在了„La doctrine suisse“这一章节最重要的位置。瑞士的大型评注大多由教授撰写；巴塞尔评注(Basler Kommentar)、罗曼评注(„Commentaire Romand“)和评注手册(Handkommentar)则由教授和从业人员共同撰写(即使主编几乎全是教授)。

[115] *A. Braconi/B. Carron*(Hg.), CC & CO annoté, 10. Aufl., 2016.

[116] *F. Laurent*, Principes de droit civil français, 33 Bde., Brüssel, 1869-1879. Laurent 是根特(Gent)的教授。关于他和他最近的作品 D. Heirbaut, Weg met De Page? Leve Laurent? Een pleidooi voor een andere kijk op de recente geschiedenis van het Belgische privaatrecht, Tijdschrift voor Privaatrecht 55 (2017), 267-318. Laurent 的 Cours élémentaire de droit civil, 4 Bde., Paris, 1878 也是如此。另一部当代作品是 V. Thiry, Cours de droit civil, annoté au point de vue de la doctrine et de la jurisprudence belges et françaises, 4 Bde., Paris/Liége, 1892/1893. 之后是 G. Beltjens, Encyclopédie du Code civil, annoté d'après les principes juridiques, la doctrine des auteurs belges et français reproduite ou analysée, les décisions de tribunaux et des cours de Belgique et de France, 6 Bde., 3. Aufl., 1905-1907. 这部作品虽然被称为百科全书，但与其他作品相比，它更强调民法典的文本(也有对法条的印刷)，而其他作品在外观上类似于手册(“traité”)。

[117] *Dirk Heirbaut*, Gent 友好的提示。

[118] Vgl. etwa *M. Dambre/S. Stijins/G. Verschelden*, Burgerlijk Wetboek geanoteerd, 2019.

[119] Dazu *D. Heirbaut*, The Sleeping Beauty Awakens: Belgium's New Law of Inheritance as a First Step in the Greatest Recent Recodification Program in Western Europe, ZEuP 26 (2018), 391-415.

法学奉法国法为圭臬也就不足为奇了。在1865年之前,就有许多法国法文献被翻译成意大利语,这种状况甚至持续到《意大利民法典》颁布之后,由此使意大利也接受了注释法学,进而也吸纳了法国的评注文化。[120] 例如,德尔文库尔和图利耶、德莫隆布和洛朗等人的评注被翻译成意大利文,于是意大利也出现了法律评注,并被归属于文本法学派(*Scuola dell'essegesi*)(*Cattaneo/Borda*、*Borsari*、*Delvitto*、*Vignali/Scalamandrè* 等人的评注也位列其中)。[121] 从19世纪80年代起,意大利经历了一个与法国类似的转折时期:人们开始对德国的历史法学派和潘德克顿法学产生兴趣,诸如萨维尼的《当代罗马法体系》,卡尔·路德维希·恩茨(*Karl Ludwig Arndts*)和伯恩哈德·温德沙伊德的潘德克顿法学教科书等都被翻译成了意大利语;而评注的类型,由于尚粘连着已经幸运地被意大利法学消化的注释法学派的缺陷,只能退居幕后了。

然而,与法国不同,评注并没有在意大利消失。原因在于它与德国法学的持续联系并由此保有对现代德国特色评注的认识。因此,意大利人在酝酿1942年的意大利民法典时,参考了德国的评注,[122] 并在1943年开始发行由安东尼奥·夏洛亚(*Antonio Scialoja*)和朱塞佩·布兰卡(*Giuseppe Branca*)主编的意大利大型评注(italienischer Großkommentar)。[123] 不过,评注文献在意大利的繁荣倒没有紧跟意大利新民法典生效的步伐,而是迟至20世纪70年代,才逐步兴盛。显然,正如弗兰西斯科·保罗·帕蒂(*Francesco Paolo Patti*)所言,[124] 评注在意大利不仅被视为能够确保理论与实践之间发生有效联系的最佳文献形式,而且,它还通过将法典之外日益增多的私法单行法也一并纳入其范围,来消解暗流涌动的"解法典化"(decodificazione)现象所潜在的危机。

在意大利,现今存在着两个名副其实的评注怪物(Kommentarungetüme):夏洛亚/布兰卡(*Scialoja/Branca*)主编的评注(首先由 *Francesco Galgano* 续写,现在由 *Giorgio De Nova* 续写)和1987年新增的皮耶罗·施莱辛格(*Piero Schlesinger*)[125] 的著作(由 *Francesco Busnelli* 续写);二者都有一百多卷,其中包括一些专著,而且二者至今都还没有完成,每年都有个别卷的版本新鲜出炉并流入市场。此外,自1991年和2009年以来,还出现了另外两部由保罗·岑顿(*Paolo Cendon*)和恩里

[120] 更进一步的细节参考 *F. P. Patti*, Kommentare zum italienischen Zivilgesetzbuch: Geschichte, Struktur und Funktion, in diesem Band, 61-86。

[121] 更进一步的细节参考 *Patti*, Italien (Fn. 120), 63-66。

[122] *Patti*, Italien (Fn. 120), 68.

[123] Commentario del codice civile, seit 1940.

[124] *Patti*, Italien (Fn. 120), 69.

[125] Il Codice civile: Commentario, seit 1970.

科·加布利耶利(*Enrico Gabrielli*)主编的大型评注。[126] 它们都没有那么庞杂,并且在融贯性和出版形式方面遵循更严格的准则。而以先锋姿态站在这个准则另一端的,却是从帕兰特民法典评注中获取了灵感的、并被冠以简明评注的强/特拉布奇(Cian/Trabucchi)评注(它还有一部与其配套的、专门为律师考试准备的并且仅限于介绍判例的"孪生书"),[127] 此后又出现了其他简明评注,例如彼得罗·雷西尼奥(*Pietro Rescigno*)的两卷本评注以及盖伊·阿尔帕(*Guido Alpa*)和文森佐·马里康达(*Vincenzo Mariconda*)的三卷本评注。[128] 而乔瓦尼·佩林杰里(*Giovanni Perlingieri*)的九卷本评注,今天只能算篇幅中等。[129]

相比学者们投身于同样品类繁多的法学百科全书和学说汇纂的写作时的争先恐后,汗牛充栋的意大利法律评注,其背后是比德国更为庞大的学者群体的集体劳作,[130] 这不能不令人惊叹。百科全书和学说汇纂这两种类型的文献都可以追溯到注释法学派的危机时期,并且长期以来对意大利法学文献产生了不可磨灭的影响。在19世纪80年代,《意大利法学百科全书》(Enciclopedia giuridica italiana)和《意大利学说汇纂》(Il digesto italiano)都开始发行,其中一部有五十卷但尚未完成,另一部有四十九卷,以"糖及其替代品"(Zucchero e i suoi succedanei)为最后一个索引词目为全书划上句号,在1921年完成。[131] 此后又出现了大量的多卷本百科全书,例如《新意大利文摘》(Nuovo digesto italiano)(1937-1940)、《最新意大利文摘》(Novissimo digesto italiano)(1957-1975)、《私立学科文摘》(Digesto delle disciplice privatistiche)(自1988年)和《摩洛哥法律百科全书》(Enciclopedia giuridica Treccani)(自1991年)。在这些著名的以多卷本形式对民法进行了系统性阐述的著作中(trattati,实用手册或大型教科书),首先需要提及的是马斯默·比安卡(*Massimo Bianca*)撰写的《民法》(Diritto Civile)和皮埃托·雷西格诺(*Pietro*

---

[126] *P. Cendon*(Hg.), Commentario al codice civile, 7 Bde., 1991, 26 Bde., 2008-2010;*E. Gabrielli*(Hg.), Commentario del codice civile, 34 Bde., 2009-2015.

[127] *G. Cian/A. Trabucchi*(Hg.), Commentario breve al codice civile, 1981; heute 13. Aufl., 2018. Der Zwilling erscheint als „Complemento giurisprudenziale: edizione per prove concorsali ed esami".

[128] *P. Rescigno*(Hg.), Codice civile, 2 Bde., heute 10. Aufl., 2018; G. Alpa/V. Mariconda (Hg.), Codice civile commentato, 3 Bde., heute 3. Aufl., 2013.

[129] *G. Perlingieri*(Hg.), Codice civile annotato con la dottrina e la giurisprudenza, 9 Bde., heute 3. Aufl., 2010.

[130] 意大利20世纪提到的评注都是由大学教师编撰的,但他们也几乎都是成功的律师。其修订者也几乎都是大学教师(他们通常也是执业律师);但施莱辛格评注(Kommentar von Schlesinger)(的编撰)也有法官和公证人的贡献。

[131] Il digesto italiano, Turin, 1884-1921.

Rescigno)撰写的《私法论》(Trattato di diritto privato)。[132] 此外,当然还有较为简明的教科书(manuali),以及像法国一样的附有案例注解的意大利民法典文本。

总的来说,在意大利,评注的学术价值似乎并没有得到特别的重视;[133] 不管怎样,一个年轻的作者只有通过撰写专著才能获得学术声誉。但当某一特定领域内公认的专家被委托撰写譬如夏洛亚/布兰卡(Scialoja/Branca)中的一卷时,情况却会有所不同——同样作为学术出版物,评注与专著之间的界限却在此刻显示出了相当的灵活性。与德国不同的是,意大利在法院判决中不会引用评注的内容(就像对待一般的法律文献那样)。这在一定程度上使评注的媒介功能(Vermittlerfunktion)少了用武之地;而在相反的情况下,即评注引用和利用判例时,这种功能却得到了突显。不过,当学说汇纂和百科全书这些传统的文献形式不再能够很好地适应市场的需求,且明显处于衰落中时,评注在意大利法学中,仍不失为较为成功的法律共同体的交流媒介。

六、荷兰民法典评注

在荷兰和西班牙私法的发展过程中,远在其他国家——尤其是德国对其产生影响之前,法国法的影响便已根深蒂固。1838 年的《荷兰民法典》在很大程度上是步《法国民法典》的后尘,因此其第一批释义学著作也深受法国法和注疏学方法的影响。[134] 其中最重要的是格哈德斯·迪菲斯(*Gerhardus Diephuis*)的《民法典框定下的荷兰民法》(Het Nederlandsch burgerlijk regt naar de volgorde van het Burgerlijk Wetboek),其标题已经显示出图利耶(*Touiller*)的灵感:"遵循民法典的民法。"(Le droit civil suivant lorde du Code)[135] 迪菲斯在方法上开启了向受历史法学派启发的系统化阐述方法的过渡,而摒弃了他在《荷兰民法》(Het Nederlandsch Burgerlijk Regt)手册[136] 中基于法律规范的顺序进行阐述的做法。19 世纪另外两位重要的荷兰私法学家奥普祖默(*C. W. Opzoomer*)和兰德(*N. K. F. Land*),其著作以法律条文的顺序为导向(与迪菲斯的著作不同,这些条款通常也被印刷出

---

〔132〕 *M. Bianca*, Diritto civile, 7 Bde.(它们中的一些是第 1 版,其他的第 2、3、5 或 6 版), 1993-2017; *P. Rescigno*(Hg.), Trattato di diritto privato, 2. Aufl., 22 Bde., seit 1995.

〔133〕 Dazu und zum Folgenden *Patti*, Italien (Fn. 120), 81-84.

〔134〕 *J. Jansen*, Der Blaue Engel und die Grüne Reihe: Die Rolle des Kommentars in der niederländischen privatrechtlichen Publikationskultur, in diesem Band, 87-106. 从 1820 年(当时《法国民法典》仍直接适用)到 19 世纪下半叶的荷兰文献概述,参考 *Kooiker*, Lex Scripta Abrogata (Fn. 81), 408-436. 就法律渊源来说,它区分了 Groninger 学派和 Leidener 学派。

〔135〕 8 Bde., Groningen, 1844-1855.

〔136〕 13 Bde., Groningen, 1869-1890. Diephuis war Professor in Groningen.

来)，但也兼顾全书的体系性。[137] 阿德里安·皮特洛(*Adriaan Pitlo*)的著作包括五个部分，自1946年起以《荷兰民法典》(Het Nederlands Burgerlijk Wetboek)为名出版，在20世纪被视为评注。[138] 但杰勒·扬森(*Jelle Jansen*)将其归类为教科书。[139] 然而，皮特洛尽可能地遵循法条顺序，并将每个案例中涉及的条款序号以粗体字印刷在页边。荷兰法标准手册系列和阿塞尔(*C. Asser*)的《荷兰民法适用讲义》也具有某些类似评注的特点。

新的荷兰民法典，其核心部分于1992年生效，对此实际上(只)有两部评注，[140]而且它们都出自沃特斯·克鲁沃出版社(Wolters Kluwer)(阿塞尔系列也在此出版)。绿色系列(Groene Serie)起源于多卷活页集(三卷本，例如，侵权法)，但现在只在网上发行。[141] 涉及荷兰民法典各部分的《条文和评注》"(Tekst en Commentaar)[在荷兰被称为"蓝天使"，出版商以"最亲爱的，最常用的"(Meest geliefd. Meest gebruikt)这两句话为广告语]更符合简明评注的类型。[142]这个由莱顿大学汉斯·纽文休斯(*Hans Nieuwenhuis*)教授始创的评注系列，显然受到了德国《尧尔尼希评注》(*Jauernig*-Kommentar)的启发。[143] 与法国一样，荷兰也有民法典的注释版；自2007年以来，它被冠以"复制法"(Lexplicatie)之名只在网上发行。[144]

七、西班牙民法典评注

(一)西班牙民法典

1889年的《西班牙民法典》诞生之时，西班牙对本国法律进行学术评注的传

---

[137] *C. W. Opzoomer*, Het Burgerlijke Wetboek, verklaard, 16 Teile, Amsterdam, 1874-1911; *N. K. W. Land*, Verklaring van het Burgerlijk Wetboek, 5 Teile, Haarlem, 1889-1894. Opzoomer und Land waren Professoren in Utrecht bzw. Groningen.

[138] Vgl. das Vorwort von A Pitlo in: *ders.* /*G. Meijling*, HetPersonenrecht naar het Nederlands Burgerlijk Wetboek, 2. Aufl., 1950.

[139] *J. Jansen*, Niederlande (Fn. 134), 97.

[140] 第三部评注，2010年发行了第1版，2020年发行了第2版，但根据*J. Jansen*, Niederlande (Fn. 134), 102 f. 的陈述，它们目前尚未在实践中和学术界得到普遍接受。

[141] 绿色系列(Die Groene Serie)如今有14部分；例如继承法部分是由T. J. Mellema-Kranenburg主编的。在出版商的主页上，该作品被描述为"[g]ezaghebbend artikelsgewijs commentaar"(权威逐条评论)。

[142] 关于继承法参见*W. D. Kolkman*/*B. E. Reinhartz*/*L. C. A. Verstappen*/*I. J. F. A. van Vijfeijken*, Tekst & Commentaar: Erfrecht civiel en fiscaal, 7. Aufl., 2018。

[143] Dazu *J. Jansen*, Niederlande (Fn. 134), 102.

[144] *J. Jansen*, Niederlande (Fn. 134), 92 (Fn. 18).

统已年深月久,特别是谢特·帕蒂达斯(*Siete Partidas*)、莱耶斯(*Leyes de Toro*)和努埃沃·勒科皮拉齐奥(*Nueva Recopilación*)的著作影响深远。[145] 尽管如此,《西班牙民法典》第一波评注的作者却是沐浴着法国法的光辉(主要是图利耶、迪朗东、德莫隆布和其他作者的著作)成长起来的。鉴于法国法对《西班牙民法典》所产生的深刻影响,在财产法领域联想到法国法也就是不言而喻的了。19 世纪末和 20 世纪初的西班牙评注,其中包括何塞·玛丽亚·曼雷萨·纳瓦罗(*José María Manresa Navarro*)的十二卷本和昆图斯·穆希斯·斯卡沃拉(*Quintus Mucius Scaevola*)的二十五卷本,[146] 都可以被视为注释法学派的后期成果。

之后出现了一段时间的萧条,布鲁诺·罗德里格斯-罗萨多(*Bruno Rodríguez-Rosado*)将此归咎于西班牙的法学家们对重新编纂一部西班牙私法法典抱着不切实际的幻想。[147] 直到 1974 年的改革彻底断绝了法学家们再编新法的念想,才又迎来评注出版的春天;其中就有自 1978 年以来由曼努埃尔·阿尔巴拉德霍(*Manuel Albaladejo*)主编的三十八卷本评注[148] 和大量简明评注——其中一部是由司法部在西班牙民法典诞生一百周年之际推出的,还有两部强调判例在评注中的作用。[149] 2011 年,一部全新的四卷本评注发行,随后在 2016 年推出了第二版。[150] 2013 年,罗德里戈·贝尔科维茨·罗德里格斯-卡诺(*Rodrigo Bercovitz Rodríguez-Cano*)的九卷本评注出版发行。[151] 在所有这些评注中,尤其是最后提及的两部,从中可以明显感受到德国评注文化的影响[152]——正如德国法学从整体上塑造了 20 世纪下半叶的西班牙法学那样。[153] 因此,基于西班牙的民法典编纂而生长起来的法律评注可谓枝繁叶茂。如果布鲁诺·罗德里格斯-罗萨多尽管如此仍不认

---

[145] 参见 *B. Rodríguez-Rosado*, Juristische Kommentare in Spanien, mit besonderer Berücksichtigung des Zivilrechts: Erfolg und Misserfolg eines Modells, in diesem Band, 107-121. Auch J. Stagl, Juristische Kommentare in Lateinamerika: Behagen und Unbehagen in der Kodifikation, 在本卷第 123-149 页中,提到了近代西班牙的评注传统,特别强调了 Gregorio López 对《七章律》(Siete Partidas)的评注(López 本人称之为讽刺性评语)。

[146] 自 1889 年来出版的各种版本, *J. M. Manresa Navarro*, Comentarios al Código civil español, 12 Bde., Madrid, 1890-1907; Quintus Mucius Scaevola, Código civil comentado y concordado extensamente, 25 Bde., Madrid。曼雷萨·纳瓦罗(Manresa Navarro)是一名法官,在笔名昆图斯-穆西斯-斯卡沃拉(Quintus Mucius Scaevola)背后显然是两名律师。

[147] *Rodríguez-Rosado*, Spanien(Fn. 145), 112.

[148] Comentarios al Código civil y compilaciones forales, 1978-2002.

[149] Vgl. die Angaben bei *Rodríguez-Rosado*, Spanien(Fn. 145), 113 f.

[150] *A. Cañizares Laso/J. Orduña Moreno/P. de Pablo Contreras/R. Valpuesta Fernández*, Código civil comentado.

[151] *R. Bercovitz Rodríguez-Cano*(Hg.), Comentarios al Código, 2013.

[152] *Rodríguez-Rosado*, Spanien (Fn. 145), 117 f.

[153] 类似的可以参考 *C. Eckl*, Treu und Glauben im spanischen Vertragsrecht, 2007。

同这是一个典型的成功范例,那也只是因为评注在西班牙的重要性远远低于德国,并因此再版次数较少的缘故。对此,一方面可归咎于理论(以及具有强烈理论导向的法学教育)与普遍不科学的实践之间的明显脱节;另一方面,民法学说不以西班牙民法典的结构为依归,而以潘德克顿体系为导向,同样难辞其咎。[154]

(二)葡萄牙民法典

葡萄牙的评注文化欠发达,这与西班牙形成了较大的反差。[155] 葡萄牙曾对1966年的民法典出版过一部多卷本的法律评注,由这部法典的两位起草人编撰,只是这么多年过去了,这部评注显然已经过时了,并且不会再重印。[156] 几年前,里斯本天主教法学院(Católica Lisbon School of Law)开始编撰一部新的评注,但至今尚未完成。[157] 除此之外,只有一部一卷本的实务评注(Praktikerkommentar)[158]和另一部在学术上乏善可陈的两卷本评注。[159]

八、小结

通览欧陆各国评注文化发达史,很难不将它们进行相互比较。除了法国的评注之外,首先是那些被归类为注释法学派的评注(比利时、意大利、荷兰、西班牙)产生了显著的影响。之后,德国评注文化的影响力也辐射到了欧洲的许多国家(瑞士、意大利、荷兰、西班牙)。但法国和比利时是两个显著的例外,因为在20世纪出现的第二波评注浪潮竟然没有在它们那里泛起一丝涟漪。在第一次和第二次评注浪潮之间反复出现了一个明显的波谷(意大利、荷兰、西班牙),而这显然和历史法学派的影响有关。

评注的策划和出版并不拘泥于形式:有的印出了法条原文,有的没有,还有的把所评注的法律条文的序号印在页边;有的使用复杂的缩略语来缩短篇幅,有的则全文铺展,汪洋恣肆;有的逐条评注,有的则以章节为单元;有的按法律条文顺序编排,有的则按事实(Sachgesichtspunkt)架构;有的聚焦于法律文义的注释,有

[154] *Rodríguez-Rosado*, Spanien (Fn. 145), 120. 20世纪的西班牙评注主要是教授评注。

[155] 感谢Fernando Oliveira e Sá, Lissabon的提示。

[156] *F. A. Pires de Lima/J. de M. Antunes Varela*, Código civil anotado, 6 Bde. (seit 1967);部分内容停留在了第1版,其他卷则延续到了第2版或第4版。在颁布葡萄牙民法典时,安图内斯-瓦雷拉(Antunes Varela)是当时的司法部长,皮雷斯-德-利马(Pires de Lima)是起草委员会成员。

[157] Comentário ao Código civil, Parte Geral, 2014, Direito das Obrigações, das Obrigações em Geral, 2019. 已宣布在2020年再出版两卷。

[158] *A. Neto*, Código civil anotado, 20. Aufl., 2018.

[159] *A. M. Correia Rodrigues Prata* (Hg.), Código civil anotado, 2 Bde., 2. Aufl., 2019.

的则侧重于解析判例，更确切地说是将对判例的解析和对文献的引用结合起来，相辅相成；其中也有的还会有意淡化其与教科书、实用手册或学术专著之间的界限。有的评注主要是针对教育培训或法律实践，而有的评注则致力于促进学术讨论的深入展开；有单卷本的评注，也有两卷本和多卷本的评注；有的评注是未竟稿，或者说留有开放的空间，偶尔或定期增补，也有的评注则只打算记录特定时期对法律的理解，不会进行更新。在一些国家，还出现了线上评注，如德国的贝克在线（beckonline）、民法大评注（Großkommentar zum Zivilrecht）等。大部分传统的纸质版评注都有线上版；〔160〕但反过来，线上评注却只是偶尔会出纸质版。〔161〕当然还有一些评注只有纸质版，比如德国的帕兰特民法典评注，以及意大利的“强/特拉布奇民法典评注”和“施莱辛格民法典评注”（Schlesinger）等。在荷兰，“绿色系列”只在线上发行，而“蓝天使”则以纸本书的形式呈现（并且主要以纸本书的形式使用），附带也会在线上发行。线上评注在国际上的可行性目前还很难判断；中期来看，还是会发行纸质版本，但很有可能是以“按需印刷”（print on demand）的方式。贝克出版社宣传其线上评注的每个条文都是三个月更新一次；但对于较小的司法管辖区（如奥地利、瑞士），这样的更新频率是不切实际的。

按照奥地利-德国（和瑞士）的模式编撰的评注是符合这一标准的，它印刷法律条文本身，并以这样或那样的形式（特别是加粗字体）加以强调，但它没有局限于法律文本本身，而是将判例和法学学说融合进了评注，而且这不是单纯的“材料收集”，而是在任何情况下都遵循加工材料时的独立性和撰写评注时的体系化要求。诚然，不同的法律评注，其重要性也不尽相同，一如对不同法律评注的学术评价也是仁智互见：在西班牙、葡萄牙或荷兰，法律评注的学术地位并不是特别高，在意大利也没有得到很高的社会评价，但在德国、奥地利和瑞士，它却是法学学术交流的核心媒介。为了适应时代的快节奏，现代法律评注不再是由一个人独立撰写，而是由几个、多个甚至是团队作者共同编撰。〔162〕

---

〔160〕 例如德国的慕尼黑评注和施陶丁格评注。在奥地利、瑞士和西班牙，几乎所有民法典评注都有实体书和线上版本；波兰也是如此（vgl. unten X. 1. und den Beitrag von W. Dajczak, Juristische Kommentare in Polen: Ausländische Standards und die Suche nach einem eigenen Stil, in diesem Band, 175-202.）但意大利的情况与此不同。

〔161〕 BeckOK-BGB 也是如此；最新发行的印刷版为 *H. G. Bamberger/H. Roth/W. Hau/R. Poseck* (Hg.), Kommentar zum Bürgerlichen Gesetzbuch, 4. Aufl., 2019. ABGB-ON（Fn. 66）也有印刷版。

〔162〕 “出自一人之手”的评注，如早期的关于奥地利民法典的评注（Zeiller, Nippel, Winiwarter 以及 Kirchstetter 和 Pfaff/Hofmann 等撰写的评注）或者关于《法国民法典》的评注（注释法学派的评注），如今几乎已经销声匿迹。Jauernig 的简明评注由五个人编撰，Koziol/Bydlinski/Bollenberger 的评注甚至由不下二十一人编撰。Staudinger 的评注者名单中有近两百个名字；因此，Staudinger 与奥地利、瑞士、意大利和西班牙的大型评注一样，是一项艰巨的伟业。和 C. H. Beck 的评注一样，其线上评注也超过了这个规模。据宣传，该书四百多名作者通过相当于五万页纸的篇幅，对所有重要的民法条文进行了评注。

在法国和比利时，评注这种文献形式随着注释法学派的落幕而消亡了；直到最近一个时期才依稀可见再次复苏的迹象。比较而言，评注文化在荷兰和葡萄牙还欠发达，相反，在德国和意大利却如日中天，在西班牙和（考虑到该国或部分州面积较小）奥地利以及瑞士德语区则呈现了日趋繁荣的景象。在德国，直到20世纪下半叶末期，撰写评注仍主要是法律实务工作者的事情，而今天，许多对学术感兴趣的实务工作者也加入到了撰写评注的作者队伍。[163] 但与此相对，在奥地利，教授撰写评注的现象有更为悠久的传统。在注释法学鼎盛时期，为《法国民法典》撰写评注的作者中也有许多教授。在意大利和西班牙，参与评注撰写的几乎是清一色的教授。在德国和意大利，大型教科书/实用手册和学术专著的日趋衰落伴随着评注（和简明教科书）的日渐勃兴，可谓此消彼长。在法国，传统上影响深远的多卷本的专著（traités）也被现代的体系化的教科书文献盖过了风头。在法国和意大利，评注的一些功能伸展到了法律百科全书——一种在其他国家（奥地利、德国、瑞士、荷兰、西班牙和葡萄牙）不为人知甚至寂寂无名的文献类型。值得一提的是，上述所有国家（除了在德国，通过凯斯特勒-兰帕特尔的著作）几乎无一对法律评注这种现象进行过任何有价值的反思。

现代评注在欧陆国家所呈现出的这种万花筒般的景象，并非单一因果关系所致，而是有其复杂的历史原因。奥地利和荷兰虽然都是相对较小的司法管辖区，但其中一个的评注文化繁花似锦，另一个却花果飘零。在意大利和法国，法律百科全书都是常见的知识存储器，但在其中一个国家，卷帙浩繁的法律评注与法律百科全书比肩而立；而在另一个国家，二者却有霄壤之别。德国的影响促进了意大利和西班牙评注文献的繁荣，而在荷兰和葡萄牙，尽管德国法律和法律思想同样流布深广，但这里根本没有（评注）繁荣一说。评注可以说是理论与实践深入融合后的特色表达（德国），它可以化解理论与实践相互脱节的潜在危机（意大利），但另一方面，评注的撰写也可以完全不用考虑（不切实际的）理论和（不科学的）实践在现实中的脱节（西班牙）。德国法院在判决中会引用法学文献（包括评注），但法国法院则不会。这可能是评注在德国成为常见文献形式的原因之一——评注的作者有望通过判例影响法律的发展——但在法国，则（几乎）毫无可能。然而，意大利却有大量的评注，尽管法院判决不会引用它们。属于同一法律体系并直接相邻的司法管辖区，在评注文化方面，他们相互之间可能非常相似（德国/奥地利/瑞士），也可能迥然有别（西班牙/葡萄牙）。一般来说，在现行民法典与占主导地位的潘德克顿体系学说相吻合的国家，评注会大行其道，但也有例外

---

[163] 《施陶丁格民法典评注》（Staudinger）的作者队伍就是这种情况，这意味着，（以今天的视角来看）为德国私法撰写学术评注的作者，超过四分之一是法律实务工作者。关于《帕兰特民法典评注》（Palandt）请参考前文脚注4。

(奥地利、西班牙)。法典的颁布,抑或法典业已颁布的事实,常常是评注会随之出现的先导(典型的例子是德国1900年的民法典和瑞士1912年的民法典),但也并非总是如此(意大利1942年的民法典就是个例外)。法典的持续存在可能与评注文献的持续存在相关(奥地利),也可能毫无关联(法国)。

九、欧洲以外受欧陆法影响的国家的评注

(一)智利、巴西和阿根廷的民法典

法律评注并不仅仅出现在属于罗马法系或德国法圈的欧陆国家中,欧洲的法律文化以及伴生的评注文化也对欧洲之外的许多地区都产生了影响。拉丁美洲和日本就是本书论及的两个典型。拉丁美洲最著名的、最富影响力的法典之一要数1855年的智利民法典,它出自当时的杰出学者安德烈斯·贝略(*Andrés Bello*)的手笔,〔164〕他主要直接或间接通过《七章律》(Siete Partidas)借鉴了罗马法,也汲取了诸如萨维尼的《当代罗马法体系》这样的法学经典的精华,并以当代欧洲的法律秩序为参考,特别是《法国民法典》。尽管智利的民法典至今仍然有效,并被一些拉丁美洲国家所效法(例如哥伦比亚和厄瓜多尔),但它并没有受到那些重要的法律评注的垂青;根据斯塔格尔(*Stagl*)* 的说法,关于这部法典的完整的评注至今仍付之阙如。〔165〕而填补这块空白的,是(除专著以外的)大型教科书,它们成为研究智利民法的主要形式,直至今天。这可能是法国法律文化短时间内的强烈影响所导致的,但也有可能是因为,智利的民法研究部分地从智利民法典(最高层次的结构:人法、物权法、继承与捐赠法、债法)中独立了出来。〔166〕德国对智利的影响也显而易见,迄今为止主要体现在专著和教科书等文献形式中。然而,最近有两个作者开始计划以历史为导向的评注项目(这样做在某种程度上继承了智利民法典的精神——法律的根源不在于其自身,而在于它赖以立足和生存的传统)〔167〕。其中一个以《民法典:批判和历史》(El Código civil:Su jurisprudencia e historia)为题,主题词为"批判性的版本,一致的,有注释的,有说明的,有注解的"

〔164〕 Zu ihm *I. Jaksic*, *Andrés Bello*, 2001; J. Kleinheisterkamp, Development of Comparative Law in Latin America, in: *M. Reimann/R. Zimmermann*(Hg.), The Oxford Handbook of Comparative Law, 2. Aufl., 2019, 252-288, 263 f.

〔165〕 *Stagl*, Lateinamerika (Fn. 145), 136.

〔166〕 So *Stagl*, Lateinamerika(Fn. 145), 136 f.

〔167〕 表述仿照 *H. H. Jakobs*, Wissenschaft und Gesetzgebung im bürgerlichen Recht nach der Rechtsquellenlehre des 19. Jahrhunderts, 1983, 160. 关于智利和 Bello 的方法,参见 *Stagl*, Lateinamerika(Fn. 145), 132 f。

* 即原书中专章介绍拉丁美洲法典评注情况的作者。——校者注

(Edición crítica, concordada, comentada y anotada),其高度重视所评注条款的立法史以及“其根源和历史语境”。[168] 另一个则是卡洛斯·阿穆纳特吉·佩雷罗(*Carlos Amunátegui Perelló*)主编的附有历史来源说明的智利民法典版本,[169]其未来将扩展为历史评注,它完全是以《德国民法典历史批判评注》为范本的产物。[170]

巴西和阿根廷的景象却全然不同。两国民法最近都进行了全面的修订。巴西1916年的民法典被2002年的新版本所取代,[171]而阿根廷1869年的民法典则让位给了2015年的民商法典(一部民商合一的法典)。[172] 巴西的1916年民法典一方面扎根于本国法律传统,另一方面也从同时代的众多欧洲法典中汲取了菁华;特别是它在很大程度上受到了德国法学(萨维尼、耶林等人的学说)和德国民法典的影响。[173] 这点从它的结构中就可以看出,它按照潘德克顿体系在开篇设计了总则,并且这个总则自始至终都是巴西民法的标志性特征,因为其2002年的民法典也完全继受了这一结构性标志。[174] 巴西1916年民法典的第一部评注是由其民法典草案的作者克洛维斯·贝维拉圭(*Clóvis Beviláqua*)撰写的[175](在这方面与奥地利、与布伦奇利和他的苏黎世州法典以及与葡萄牙有相似之处);[176]它在1959年之前曾经连续再版,但并不是唯一的评注。[177] 在这之后,法典的重新编纂推动了一系列评注的出现,它们良莠不齐、详略不一,并且现实意义也不尽相同。[178] 根据施塔格尔所述,巴西可谓拥有“真正的评注文化”,而这或许源于巴西民法和德国民法之间的紧密联系。[179]

在阿根廷,最初只有相对较少的关于1869年民法典的评注,并且其中一些相

---

[168] 作者是 J. Barrientos Grandon;目前为止发行的是2016年版的两卷本。“Concordancias”被列在首位;评注通常分为两部分:观察(同样分为1. 历史和2. 来源和背景)和法学。[Observaciones (unterteilt wiederum in 1. Historia und 2. Fuentes y contexto) und Jurisprudencia.]

[169] Código civil de Chile: Edición anotada, concordada y con fuentes, 2019.

[170] Persönliche Mitteilung des Autors.

[171] Dazu umfassend *J. P. Schmidt*, Zivilrechtskodifikation in Brasilien, 2009.

[172] Dazu z. B. *M. Gonzalo Casas*, Die causa-Lehre in der französischen und argentinischen Privatrechtsreform, ZEuP 25(2017), 68-101, 80-84; *A. Parise*, The Argentine Civil and Commercial Code(2015): Igniting a Third Generation of Codes for Latin America, ZEuP 25 (2017), 639-668.

[173] *Schmidt*, Zivilrechtskodifikation(Fn. 171), 48-56.

[174] 关于巴西法典中的潘德克顿体系,特别是关于新旧法典中总则部分的详细内容,请参见 Schmidt, Zivilrechtskodifikation(Fn. 171), 299-387。新民法典的总则部分与旧民法典相似,但经历了重要的扩展。此外,书的分则部分的顺序也发生了改变,并加入了公司法。

[175] Zu ihm *Schmidt*, Zivilrechtskodifikation (Fn. 171), 43-48; Kleinheisterkamp, Development (Fn. 164), 271 f.

[176] Vgl. oben Fn. 47, 69, 156.

[177] *Stagl*, Lateinamerika(Fn. 145), 139 f.

[178] 更进一步请参考 *Näher Stagl*, Lateinamerika(Fn. 145), 140 f.。

[179] *Stagl*, Lateinamerika(Fn. 145), 140 f.

当简易。[180] 但在2004至2006年期间,阿根廷发行了一部十二卷本的大型评注,由里卡多·路易斯·洛伦泽蒂(*Ricardo Luis Lorenzetti*)担任主编。[181] 洛伦泽蒂后来成为阿根廷最高法院院长和民商法重新编纂筹备委员会主席。[182] 大约在新法典出台的同时,阿根廷司法部主持出版了一部评注;[183] 此外,洛伦泽蒂主编的评注结合法典的修订推出了新版,另外两部评注也相继问世。[184] 事实上,以法典重新编纂为契机,评注似乎正在成为21世纪重要的法律文献形式。[185] 阿根廷深受意大利文化输入的影响,这种影响也反映在了其法律体系之中。[186] 阿根廷的评注文化可能正是这种影响的一部分。

(二)日本民法典

从拉丁美洲的角度来看,日本矗立在世界的另一个尽头。对于日本民法的发展来说,对外国法的继受也是特别重要的,尤其是从19世纪和20世纪之交直至20世纪40年代,德国法在日本的影响纵贯数十年。例如,1896-1898年的明治民法典(Minpō)就深深地打上了《德国民法典》及其草案的烙印(包括对潘德克顿体系的继受)。在此后的几年里,出现了北川善太郎(*Zentaro Kitagawa*)称之为"理论继受"的现象,其主要内容就是对德国法教义学的继受。[187] 在日本法学家的眼

---

[180] Vgl. aber *B. Llerena*, Concordancias y comentarios del Código civil argentino, 3. Aufl., 10 Bde., 1931. Vgl. im Übrigen(auch zum Folgenden) Stagl, Lateinamerika(Fn. 145), 138 f.

[181] Código civil comentado: doctrina-jurisprudencia, bibliografia, 12 Bde. (2004-2006). Zuvor bereits *A. C. Belluscio/E A. Zannoni* hg.), Código civil y leyes complementarios comentado, anotado y concordado, 5 Bde., 1981.

[182] 关于他见 *N. Agular*, El señor de la corte: la historia de Ricardo Lorenzetti, 2017。

[183] *M. Herrera/G. Garamelo/S. Picasso*(Hg.), Código civil y commercial de la nación comentado, 6 Bde., 2015.

[184] *R. L. Lorenzetti*(Hg.), Código civil y commercial de la nación comentado, 10 Bde., 2015. Weitere Kommentare: J. C. Rivera/G. Medina (Hg.), Código civil y commercial de la Nación comentado, 6 Bde., 2015; A. J. Bueres (Hg.), Código civil y commercial de la Nación analizado, comparado y concordado, 2 Bde., 2014.

[185] So *Stagl*, Lateinamerika (Fn. 145), 139.

[186] 意大利对阿根廷民法的影响,参见 *P. Lerner*, El Código civil italiano de 1942 y las reformas al Código civil argentino, Boletín Mexicano de Derecho Comparado 35 (2002), 517-588。德国的影响参见 *V. Tau Anzoátegui*, La influencia alemana en el derecho argentino, Jahrbuch für Geschichte Lateinamerikas 25 (1988), 607-631。

[187] 概览参见 *Z. Kitagawa*, Development of Comparative Law in East Asia, in: Reimann/Zimmermann, Handbook of Comparative Law (Fn. 164), 1. Aufl., 2006, 237-260, 239-242。

里，德国的评注文献成了“巨人的肩膀”，而日本本土的评注却尚未萌芽。[188] 直到第二次世界大战结束后，德国法的影响日益显示出其局限性并受到一定程度的遏制，这种局面才被打破，[189] 直至现在——被称为评注的黄金时代——才迎来了——用长野史宽（*Fumihiro Nagano*）的话来说——评注在日本“就像在德国一样遍地开花”的繁荣时期。[190] 首先具有特别重要性的，是从 1964 年到 1987 年出版的 26 卷民法典大型评注；2015 年，这部评注在以和先前类似的开本再版了 23 卷之后，就戛然而止了。[191] 取而代之的，现在应该是同一家出版社仅出版了 20 卷本的新评注。此外，大量目标不尽相同的其他民法典评注也相继发行面世。几乎所有的日本法律评注都是以德国的评注文化为标杆。但鉴于德国法在日本的影响力普遍下降的趋势，这在一定程度上似乎又有些荒谬。

十、转型国家的评注

（一）波兰民法典

不仅在拉丁美洲，而且在日本，法律的发展都经历了多样化的继受过程。因此，比较法在这两个地区都具有相当重要的，尤其是实践性的意义。[192] 中欧和东欧的司法也是如此。[193] 许多在第一次世界大战后诞生的民族国家，都拥有由不同要素组成的、复杂的法律秩序。这些国家经历了一段试图彻底摧毁历史遗留传统的共产主义统治时期。共产主义政权垮台后，它们面临着从根本上重新确定其法律发展方向的任务，为此，部分国家寻求接续其共产主义时期前的本国历史传统，而另一部分则寻求与西方国家接轨。[194] 波兰就是一个典型的例子。1918 年

---

〔188〕 *F. Nagano*, Entwicklung und Stellenwert juristischer Kommentare in Japan: Literaturformen als Spiegel juristischer Denkweise, in diesem Band, 151-173. 评注中的一部出自民法起草者之手。长野（Nagano）提到了两部评注，都是由日本民法典颁布时期的作者撰写的；其中一部是由民法典的起草人撰写的。Kitagawa, Development（Fn. 187），240 谈到评注时代时，他指的大概是一种紧密地以（法律）原文为导向的文献，特别是教科书形式的（文献）。Nagano, loc. cit., 153 也强调，人们并不十分清楚评注和教科书之间的区别。也可参见 *G. Koziol*, Juristische Methodenlehre in Japan, RabelsZ 83（2019），361-397，364 f.，引用了注释法学派对当时法学特征的描述。

〔189〕 *Kitagawa*, Development（Fn. 187），242 f.

〔190〕 *Nagano*, Japan（Fn. 188），160.

〔191〕 Dazu und zum *Folgenden Nagano*, Japan（Fn. 188），157-160.

〔192〕 *L. Nottage*, The Development of Comparative Law in Japan, in: Reimann/Zimmermann, Handbook of Comparative Law（Fn. 164），201-227，202，226；Kleinheisterkamp, Development（Fn. 164），287.

〔193〕 *Z. Kühn*, Comparative Law in Central and Eastern Europe, in: Reimann/Zimmermann, Handbook of Comparative Law（Fn. 164），181-200，181 f.

〔194〕 *Kühn*, Comparative Law（Fn. 193），182.

后,波兰适用五种不同的法律,例如南部地区(原加利西亚王室世袭土地)适用《普通民法典》(ABGB)。最初,法律的统一只出现在债法领域,即 1933 年的《债法典》(Obligationengesetzbuch)。直到 1964 年,在共产主义统治时期,才通过了一部完整的民法典,这部民法典自 1990 年 7 月的修正案以来,时至今日仍在疲于不断适应变动不居的政治和社会环境。[195]

早在 1918 年波兰重获主权之前,就已有对《普通民法典》的波兰语评注。[196] 评注的第一个全盛期出现在 20 世纪 30 年代,当时许多大大小小的出版社出版了关于包括《债法典》在内的一系列法律的风格各异的评注。[197] 针对 1964 年的民法典,最高法院的法官(同时也都是教授)撰写了一部三卷本评注并出版;[198] 针对该法典的第二部评注,是在 20 世纪 80 年代主要由托恩大学(Universität Thorn)的教授们编撰的。[199] 1989 年发生东欧巨变之后,西方出版社[贝克出版社、Lexis Nexis(雷克西斯·奈克西斯出版社)和沃特斯·克鲁沃出版社]对波兰私法进行了殖民化渗透,使波兰云涌出数量惊人的评注。在汉堡的马克斯-普朗克研究所,仅由贝克出版社波兰分社出版的评注,就可以找到近六部。[200] 沃伊切赫·达伊恰克(*Wojciech Dajczak*)* 列举了另外四部由雷克西斯·奈克西斯出版社和沃特斯·克鲁沃出版社的分社出版的评注,后来由于雷克西斯·奈克西斯出版社被收购,现在仅剩下沃特斯·克鲁沃出版社出版的评注。[201]

---

〔195〕 *Dajczak*, Polen (Fn. 160), 181.

〔196〕 *S. Wróblewski*, Komentarz do austiackiego kodeksu cywilnego, 2 Bde., 1904, 1918.

〔197〕 *J. Korzonek/I. Rosenblüth*, Kodeks zobowiazan, 2 Bde., 1934/35; *L. Domanski*, Instytucje kodeksu zobowiazan: Komentarz teoreyczno-praktiyczny, 1936. 关于此更详细地以及关于该时期的另一部评注 Dajczak, Polen (Fn. 160), 178 f. 关于此方面,Dajczak 指出了部分非正统的评注方法;例如,在 Domanski 的作品中,评注的结构不是依据民法典的条文,而是依据教义学的主题。此外,评论异常地以历史为导向。

〔198〕 *Z. Resich et al.* (Hg.), Kodeks cywilny: Komentarz, 3 Bde., 1972; 关于其意义 Dajczak, Polen (Fn. 160), 180. 该评注是由当时的国家法律出版社出版的。在这方面,德意志民主共和国的情况具有部分可比性;参见 *Kästle-Lamparter*, Welt der Kommentare (Fn. 5), 93-95,其中谈及评注文献的"垄断"。由司法部编写的关于新制定的德意志民主共和国法典的评注,由德意志民主共和国国家出版社(DDR-Staats-verlag)出版。

〔199〕 *J. Winiarz*(Hg.), Kodeks cywilny z komentarzem, 1980; 2. Aufl., 1989.

〔200〕 *M. Rozwadowska-Herrmann*, Kodeks cywilny, 2. Aufl., 2007; *E. Gniewek/P. Machnikowski* (Hg.), Kodeks cywilny: Komentarz, 9. Aufl., 2019 („Kodexkommentar"); *K. Pietrzykowski*(Hg.), Kodeks cywilny: Komentarz, 9. Aufl., 2 Bde., 2018 („Großkommentar"); *M. Gutowski*(Hg.), Kodeks cywilny: Komentarz, 2. Aufl., 3 Bde., 2018/2019 („Großkommentar"); *K. Osajda*(Hg.), Komentarze prawa prywatnego, 11 Bde., seit 2016(这是一部关于波兰私法的评注,包含四卷,其中一卷有两册分卷,zum Kodeks cywilny, 2. Aufl., 2017)。

〔201〕 Dajczak, Polen (Fn. 160), 184.

* 即原书中专章介绍波兰法典评注情况的作者。——校者注

在波兰贝克出版社(Wydawnictwo C. H. Beck)品牌下出版的评注,在样式、结构和装帧方面都与其德国母版一脉相承,其中尤以《慕尼黑民法典评注》为标杆。两家外国或国际出版社在波兰占据主导地位,这意味着,不能将如今波兰评注的版图"解读成国内评注传统有序发展的结果"。[202] 有鉴于此,指望出版和评注文化在20世纪30年代的繁荣景象重现波兰,无异于痴人说梦。[203] 当然,每部评注都有其不同于其他评注的个性化标签。[204] 而与此关联的重要原因在于,评注背后的作者团体往往可以归结为集中于一所大学的一个"学派":格涅维克(*Gniewek*)和马赫尼科夫斯基(*Machnikowski*)的评注是由来自布雷斯劳(Breslau)的作者撰写的,古托夫斯基(*Gutowski*)的评注基本是一部波兹南*评注,彼得日科夫斯基(*Pietrzykowski*)的评注的多数作者都定居于华沙,奥萨伊达(*Osajda*)评注则集结了一个由青年作者组成的团队,其作者都是对历史关系和欧洲比较法观点特别开放的新一代。[205] 评注对波兰的民事司法非常重要,[206]一如其在德国所应验的那样,架起了理论与实务之间沟通的桥梁。这表现在大多数评注都不仅由学者,而且还由实务界人士共同参与,其中实务界人士在法学理论上的造诣和理论联系实际的能力都令人刮目相看。除法律文本外,评注的基础始终首先是(最高法院的)判例;但其次,对评注者而言,这无论如何在很大程度上也是对教义学对话的贡献。在波兰出版的最新版评注可在出版社自己的数据库"Legalis"和"Lex"中找到。[207]

(二)俄罗斯民法典

除了波兰,俄罗斯的评注图景看起来也颇为凄凉。与波兰不同,对来自最高法院、大学和俄罗斯科学院国家与法律研究所的评注作者团体而言,俄罗斯的出版社并非"稳定的引力中心"。[208] 参照文本的起草人常常会承担对同一文本的评注的撰写工作;例如,关于在1994年至2008年期间生效的《俄罗斯民法典》(Grashdanski kodeks Rossijskoi Federazii)的不同分编的评注就是如此。[209] 安德

---

[202] *Dajczak*, Polen (Fn. 160), 198.

[203] 见 *Dajczak*, Polen (Fn. 160), 198。

[204] 详见 *Dajczak*, Polen (Fn. 160), 184 f.

[205] 编写者自述。

[206] *Dajczak*, Polen (Fn. 160), 195-200.

[207] *Dajczak*, Polen (Fn. 160), 187.

[208] *A. M. Shirvindt*, Juristische Literaturlandschaft in Russland: Eine Kommentarwüste, in diesem Band, 203-226.

[209] 关于此 *A. M. Shirvindt*, Reforming the Russian Civil Code-A Search for a Better Law-Making, in: Basedow/Fleischer/Zimmermann, Legislators (Fn. 98), 41-62.

* 波兹南:波兰地名。——校者注

烈·希尔文特(*Andrey Shirvindt*)曾说,在俄罗斯,评注是"自上而下的沟通手段",[210] 即由那些业务精通的最高法院法官或法学学者,向那些没有受过良好学术训练的法律适用者或法律门外汉进行传授——在此,简洁近乎一种美德。另外,也没有评注会追求对判例和文献作完整评述。[211] 例如,在谢尔盖·A. 斯捷潘诺夫(*Sergej A. Stepanov*)[212] 的大学生评注中,在"学术"和"判例"栏目下仅各陈述一个学术观点和一个最高法院的指导性准则。评注显然不被视为特别有价值的学术活动;因此,一度启动的评注却半途而废,这样的情况屡见不鲜,原因在于——这也进一步加剧了——评注在俄罗斯没有成为俄罗斯法律共同体进行学术对话的主导媒介。[213] 法律适用者显然首先更加信赖数据库而非评注。[214]

十一、"英国普通法"中的评注

(一)布莱克斯通及其后继者;爱德华·柯克爵士

"普通法"(common law)与"共同法"(gemeines Recht)一样,它是最初由英帝国法院所创制并且在整个英皇帝国生效的法律。[215] 它的核心是判例法。时至今日,普通法这个概念很大程度上还是作为在英国(及其附属法域)适用的判例法的同义词[216]——因为这种判例法的裁判风格的缘故——同时也作为英国法(及其附属法)的同义词而广泛使用的。[217] 事实上,在英国的私法领域,全面的法典化始终没有降临。为了描述英国法,人们频繁提及有梅特兰(*F. W. Maitland*)鲜明烙印的形象的隐喻"无缝网络"(seamless web)。[218] 这样一张"无缝网络"几乎不适合作为被评注的文本,它在形式上也不符合评注的要求。因此,对英国法的传统

---

[210] *Shirvindt*, Russland (Fn. 208), 216.

[211] *Shirvindt*, Russland (Fn. 208), 218.

[212] *S. A. Stepanov* (Hg.), Kommentarij k Grazdanskomu kodeksu Rossijskoj Federacii (ucebno-prakticeskij), 5. Aufl., 2016.

[213] *Shirvindt*, Russland (Fn. 208), 224.

[214] *Shirvindt*, Russland (Fn. 208), 225 f.

[215] 关于"普通法"概念的不同意义 vgl. S. Vogenauer, Common law, in: HWBEuP (Fn. 16), 280-283。

[216] Vgl. z. B. *U. Kischel*, Rechtsvergleichung, 2015, 243 („Common law als Fallrecht")

[217] Vgl. z. B. *Zweiger/Kötz*, Rechtsvergleichung (Fn. 79), 177 („Die Entwicklung des englischen common law").

[218] Vgl. z. B. *R. C. van Caenegem*, Judges, Legislators and Professors: Chapters in European Legal History, 1987, 6-16 („English law is a 'seamless web'"). "seamless web" 的说法可能源自 F. W. Maitland. 1898 年,伦敦,第 2 版;1968 年再版的《爱德华一世前的英国法史》第 1 卷——顺便说一句——并不主要关注英国法。

而言，本文开篇所述的评注定义是陌生的。即便最重要的英国法学文献之一——威廉·布莱克斯通的《英国法释义》〔219〕在其英文标题中使用了“评注”（commentaries）的字眼，亦无法弥合二者间的深深鸿沟。这就涉及根据当时欧洲所流传的模板所编撰的法学阶梯式教科书〔220〕——它与胡果·格劳秀斯的《荷兰法学导论》〔221〕和斯泰尔子爵（*Viscount Stairs*）的《苏格兰法律制度》（1681 年）〔222〕共同构成了一个系列。布莱克斯通为何使用评注的概念，有待进一步研究。或许，他考虑到了拉丁语中“commentarius”概念的涵义：书面的论文、提纲、概要或实录等。〔223〕

关于与英国大学中的首位英国法教授〔224〕布莱克斯通有关的评注内容，他本人在给“评注”所写的导论中打了一个形象的比喻：“制作一张法律地图，上面标明了地图上的各种形态、连接线、边界、梗概和重大城市以及它能为英国法做出什么贡献，以及数百年来在从盖尤斯到波蒂埃所发展起来的传统中为罗马共同法作出了什么样的贡献。”〔225〕布莱克斯通因此奠定了将英国法既作为理性框架又作为经验体系进行科学处理的基础。〔226〕同时，他催生了一种崭新的文献形式，这种文献形式使他对个别法律领域的写作计划发生了转化。因此在 19 世纪，学术研究经

〔219〕 1765 年至 1769 年于牛津出版了四卷本。*J. Cairns*, Blackstone, An English Institutist: Legal Literature and the Rise of the Nation State, Oxford Journal of Legal Studies 4 (1984), 318-360.

〔220〕 概览见 *K. Luig*, Institutionenlehrbücher, in: HWBEuP (Fn. 16), 880-884。

〔221〕 参见前注 S. 445。

〔222〕 参见后注 S. 499。

〔223〕 *R. Klotz* (Hg.), Handwörterbuch der lateinischen Sprache, Bd. 1, 7. Abdruck, 1963, 964; vgl. auch etwa *P. G. W. Glarer* (Hg.), Oxford Latin Dictionary, 1982, 352 f., sub 3 („A treatise, textbook“) and sub 4 („[…] a collection of notes, […]“). 术语 Commentaries 出现在了标题中 *G. C. Cheshire* (Hg.), Stephen's Commentaries on the Laws of England, 19. Aufl., 1928; 一本被 F. H. Lawson 在第 1 卷的引言中誉为基础教科书的著作。第 19 版的前言中提到这部作品仅限于对一般原则的阐释，而无意于对特定主题的详细描述。

〔224〕 布莱克斯通的传记概览见 *G. H. Jones*, Blackstone, Sir William, in: *A. W. B. Simpson* (Hg.), Biographicl Dictionary of the Common Law, 1984, 57-61. 布莱克斯通在 1768 年成为牛津大学的首位英国法教授。

〔225〕 *W. Blackstone*, Commentaries on the Laws of England, 12. Aufl., London, 1793, 34, 他这样描述他的课程（作为他的作品的基础）任务：“学术的阐述者须将自己的课程视为一幅法学的地图，勾勒出国家的形状、联结点、边界、大的分区和主要城市”。布莱克斯通称“民法”为书面理性的集合（第 5 页）。引论部分的标题是“英国法的研究、本质和范畴”（“Of the Study, Nature, and Extent of the Laws of England”）。

〔226〕 值得注意的是，布莱克斯通谈到了“因此致力于对我的指控的科学”：Commentaries (Fn. 225), 4. 英国法在大学教育中一直被不可饶恕地忽视着。“虽然建立在最坚实的基础上，并得到了历代经验的认可”（第 5 页）。

历了一个以“论著”(treatises)形式呈现的学术成果犹如雨后春笋的繁荣时代。[227]《奇蒂论契约》(1868)、《卢因论信托》(1837)、《林德利论合伙》(1837年)、《本杰明论货物买卖》(1868)及《安森论契约》(1879)都属于最知名的且至今仍在再版的著作。一些作者以简明扼要的形式在被冠以“文摘”之名的书中阐述了某个法律领域的一般原则,例如菲茨詹姆斯·斯蒂芬(*Fitzjames Stephen*)的证据法、[228]弗雷德里克·波洛克爵士(*Sir Frederic Pollock*)的人合公司法、[229]麦肯齐·查默斯(*Mackenzie Chalmers*)的买卖法和票据法。[230] 将这种形式延续至今的最著名的著作当属《戴雪论冲突法》[231]——它们均被认为是本法域迈向法典化道路的关键一步,[232]此外,它们也受到英属印度(起初为皇室殖民地,1876年起属于大英帝国)自1850年以来颁行的法典的启发。[233] 其中最成功的要数波洛克(*Pollock*)和查默斯(*Chalmers*)的“文摘”,它为1882年《汇票法》(Bills of Exchange Act)、1890年《合伙法》(Partnerships Act)和1893年《货物买卖法》(Sale of Goods Act)做好了准备。[234] 当“文摘”中附上(作者自行撰写并连续编号的)说明(illustration)、阐释(explanation)和注解(notes)等“一般命题”,且都有来自司法判决的佐证时,这些摘要就具备了评注的形式。

此外,早于布莱克斯通将近150年,在一部英国的物权法专著中就已经使用了评注的概念,而且和本文开篇所提到的评注的内涵完全吻合,即依附于另一个文本并对其进行持续性解释的著作。这部著作所评注的文本是15世纪中叶托马斯·利特尔顿爵士(*Sir Thomas Littleton*)有关土地权利(Tenures)的论著,该论著也是英国法史上最畅销的书籍,历经90多个版次,部分版本还从英文译为法文。[235]“利特尔顿”(Tenures后来常以作者的名字来指代)应该是“在大量的罗马式评注

---

[227] 首先见 *A. W. B. Simpson*, The Rise and Fall of the Legal Treatise: Legal Principles and the Forms of Legal Literature, University of Chicago LR 48 (1981), 632-679, 658-668。

[228] *F. Stephen*, A Digest of the Law of Evidence, London, 1876.

[229] *F. Pollock*, A Digest of the Law of Partnership, London, 1877.

[230] *M. Chalmers*, A Digest of the Law of Bills of Exchange, Promissory Notes and Cheques, London, 1878; The Sale of Goods, London, 1890.

[231] 见原书后文第483页。

[232] *Simpson*, Rise and Fall (Fn. 227), 666 f.

[233] 概述见 *Zweigert/Kötz*, Rechtsvergleichung (Fn. 79), 222 f.; Kischel, Rechtsvergleichung (Fn. 216), 818。

[234] 19世纪末英国短暂的法典化运动参见 *J. Baker*, An Introduction to English Legal History, 5. Aufl., 2019, 233-235。

[235] 参见 *Baker*, Introduction (Fn. 234), 198(表明利特尔顿在16世纪中叶比圣经的英文版出版得还要频繁;17世纪初一度发展为“不是一个法律人的名字,而是法律本身”);*ders.*, Littleton, Sir Thomas, in: Simpson, Biographical Dictionary (Fn. 224), 315-317。*Nach Simpson*, Rise and Fall (Fn. 227), 635, 文本受到的对待就像它仿佛是法律一样。人们对它的尊重近乎一部真正的法律。

中”唯一被印刷出版的普通法上的评注。[236] 这样的评注,是一种“法令注释”,起源于爱德华·柯克(*Edward Coke*)爵士,英国最有影响力的法官之一(共同诉讼首席大法官)。[237] 柯克的评注叫做“利特尔顿评注的评注”(1628)[238],被誉为全面了解英国法(关于英国法的制度学说)的首部必读书。虽然“柯克评利特尔顿”在阅读上有一定难度,[239]但是到19世纪为止,它一直是英国财产法(同时也是物权法总论)的核心文献。[240]

(二)成文法

正如前文所清晰表明的那样,英国法并不仅仅由判例法所组成。很大程度上这意味着:在英国私法的体系化概观之下,成文法构成了英国法最核心的部分——得到了强调。[241] 然而在债法领域,成文法却大多是由《法律改革法案(不能履行的合同)》(1943年)《法律改革法案(与有过失)》(1945年)《错误陈述法案》(1967年)以及《合同法(第三方权利)》(1999年)等单行法组成的,它们在教科书中都是在各自的体系化语境中分别加以阐述的。针对这种单行法编撰评注可能不太值得,但编制得较为全面的成文法领域则呈现出不同的景象,部分法典化的现象可散见于票据法(1882年)、买卖法(1893年;但现今生效的是1979年的《货物买卖法》)、人合公司法(1890年)、[242]资合公司法(2006年《公司法案》,其历史可以追溯到1844年的《股份公司法案》)、破产法(1986年《破产法案》)及受

---

[236] *Baker*, Littleton (Fn. 235), 316. 在他的教科书中(脚注234),贝克通过一段一段注解法律文本进行阐释。Auch *Simpson*, Rise and Fall (Fn. 227), 635, 在这样的语境中,它指的是Glosse的文献形式。见脚注8。

[237] 关于他和他的生平概述参见 *J. Baker*, Coke, Sir Edward, in: Simpson, Biographical Dictionary (Fn. 224), 117-121。

[238] 为了防止误解,副标题上体现出来“利特尔顿”不只是作者的名字(“不仅仅是作者的名字,也是法律本身”)。

[239] “[…]一篇关于财产法(以及其他许多顺其自然的东西)的无形但博学且幽默的评论”:*Baker*, Coke (Fn. 237), 120; in seinem Lehrbuch (Fn. 234), 200, Baker Maitland 以一种说法进行了引证:“[Coke]将他的渊博知识乱成一团。”

[240] *Baker*, Introduction (Fn. 234), 200.

[241] “法律和其他法规是英国法最核心的部分”, *J. Bell*, Sources of Law, in: *A. Burrows* (Hg.), English Private Law, 3. Aufl., 2013, 1-35, Rn. 1.25。

[242] 参见前注234。

欧盟法启发的消费者合同法(2015 年《消费者权利法案》)。[243]

针对上述部分法典化的法律文本,事实上还是可以找到被称为评注或者类似于评注的释义性著作。类似于评注的释义性著作虽然在体例编排上也是依附于一个特定的法律参照文本,但是往往不会“持续性”地进行阐释,[244]而是以概括性的语言、系统化表述的段落、或按照客观事实来铺排的结构完成全书,未必与被释义的文本形成明显的一一对应关系。[245] 相对来说,它对参照文本的依附性更为弱化,阐释本身也完全不是逐字进行的,而是以释义的方式呈现。这是因为要想理解英国法,必须结合其先前既已存在的判例法背景,在释义的过程中,要么填补法律漏洞或匡正错误的发展方向,要么(在前述部分法典化的情况下)进一步稳固判例法。[246] 因此,释义性著作很明确地专注于对司法裁判的研究和学术加工,而其他类型的文献只起辅助性作用或者压根不会被引用,也就不足为奇了。[247] 讨论不同的观点,进而发表自己的看法,再作出评价……根本不是这类释义性著作的“套路”。此外,英国的法律(包括上文中提及的部分法典化)并不是按照传统的欧陆法典化的中等抽象化水平来表述的,而是尽可能将所有业已存在的法律事

---

[243] 1893 年《货物买卖法》的全称是 „An Act for codifying the Law relating to the Sale of Goods“。然而,根据 S. Vogenauer 的说法,当时的这一行为和其他“编纂行为”并不是“大陆传统中的‘法典’”:欧盟合同法工具的起草和解释,in:*G. Dannemann/S. Vogenauer*(Hg.), The Common European Sales Law in Context: Interactions with English and German Law, 2013, 82-119, 86;vgl. auch etwa *W. -G. Ringe/S. Otte*, Gesellschaftsrecht, in: *V. Triebel/M. Illmer/W. - G. Ringe/S. Vogenauer/K. Ziegler*, Englisches Handels - und Wirtschaftsrecht, 3. Aufl., 2012, 192. 2006 年《公司法案》可以跟以前一样,不能称为德国法意义上的法典。

[244] Vgl. 定义见前文,文本见前注 5。

[245] 《货物买卖法》,参见本杰明的《货物买卖法》,2017 年第 10 版;2006 年《公司法案》参见帕尔默的《公司法》或《戈尔·布朗论公司》(两本著作每年都被多次更新,可以电子形式访问);《消费者权利法案》参见 *S. Whittaker*, Consumer Contracts, in:*H. G. Beale*(Hg.), Chitty on Contracts, 33. Aufl., Bd. 2, 2018, Rn. 38-365-38-426。更详尽的见 *S. Enchelmaier*, Juristische Kommentare in England: False Friends- or Mates?, in diesem Band, 227-276。

[246] 1893 年《货物买卖法》参见 *P. Rawlings*, in: Benjamin's Sale of Goods (Fn. 245), Rn. 1-002: “[……]在实践中经常依赖于 1893 年法案之前判决的案件。[……]所有教科书中(包括晚近著作)援引的大量 1894 年之前的案例和对现代案例所依赖的先例的审查都证明了这一点。[……]” 最后,该法案从未打算成为一部关于买卖法的综合法典:它明确提及了法案之外的一般法律。2015 年《消费者权利法案》情况当然不太一样,当欧盟先前颁布的指令按照“将它们的要求融入一个更宽泛的框架之中”的方式被重新实施时。然而,英国立法机关无意于将所有相关的消费者合同法都置于 2015 年《消费者权利法案》中:Chitty on Contracts II/Whittaker (Fn. 245), Rn. 38-006 und 38-007。

[247] Vgl. *Enchelmaier*, England (Fn. 245), 230-251.

实都做了极其详尽的规定。〔248〕 英国的法律已经以特定的方式做了评注在欧陆法系国家所做的事情,其中也有某个特定领域的带有注释的入门书籍,例如为破产法领域的立法所作的注释。〔249〕

从表面上看来,最符合德国评注特征的著作,任何情况下都首推《巴克利论公司法》〔250〕(一年更新两次的三卷本活页著作)、多伊尔(*Doyle*)和凯伊(*Keay*)的《破产立法:注释与评论》(Insolvency Legislation: Annotation and Commentary)〔251〕以及格斯特(*A. G. Guest*)的《查默斯和格斯特论汇票、支票、本票》。〔252〕 这些著作严格以法律原文为导向并且以此为基础展开论述。〔253〕 《波洛克论合伙》(Pollock on Partnership)〔254〕和麦肯齐·查默斯爵士 1893 年所著的《货物买卖法》(Sale of Goods Act)也属此类风格。〔255〕 最后三部著作须追溯到为各自的法律做准备的"文摘"。〔256〕 此外,由查默斯所著的释义书,都总是会引用法律的起草者自己撰写的阐释型著作。〔257〕

(三)法律重述

在英国,阿尔伯特·维恩·戴雪(*Albert Venn Dicey*)关于国际私法的开山之作,同样建立在滥觞于 19 世纪末的"文摘"传统之上;〔258〕它也是同类型著作中唯

〔248〕 Vgl. etwa *Vogenauer*, Drafting (Fn. 243), 87 f., 证实了英国法律的一个更高的规制密度; Enchelmaier, England (Fn. 245), 261 f.《公司法案》最初包含了 1300(接近 1400)个条款,16 个附录,安歇迈耶认为它由此成为由英国立法机关制定的最长法律。关于 2015 年《消费者权利法案》Enchelmaier (脚注 245)写道(第 239 页),法律规范的丰富细节和条块分割被这部法案推到了一个新高度,通过大量的交叉引用使得条文几乎无法理解。

〔249〕 L. *Sealy/D. Milman/P. Bailey*, Sealy and Milman: Annotated Guide to the Insolvency Legislation, 2 Bde., 21. Aufl., 2018.

〔250〕 *Dame Mary Arden/D. Prentice/D. Richards*, Buckley on the Companies Acts.

〔251〕 *L. Doyle/A. Keay*(Hg.), Insolvency Legislation: Annotation and Commentary, 8. Aufl., 2019.

〔252〕 2016 年第 18 版。紧随印刷突出的《汇票法案》条款之后的是评论和示例部分。

〔253〕 在爱尔兰私法总论的核心领域也是如此,*B. E. Spierin*, The Succession Act 1965 and Related Legislation: A Commentary, 5. Aufl., 2017.

〔254〕 *L. C. B. Gower*, Pollock on the Law of Partnership, 15. Aufl., 1952.

〔255〕 第 1 版于 1894 年, 第 17 版于 1975 年,第 18 版于 1981 年面世,由 M. Mark 和 J. Mance 接续,第 18 版是关于 1979 年《货物买卖法》。

〔256〕 Vgl. oben Fn. 229 f.

〔257〕 Vgl. z. B. *G. R. Rubin*, Chalmers, Sir Mackenzie Dalzell, in: Simpson, Biographical Dictionary (Fn. 224), 107 f.

〔258〕 最初出版时的标题为„A Digest of the Law of England with Reference to the Conflict of Laws", London, 1896. 这部作品的结构保持至今:*L. Collins*(Hg.), Dicey, Morris and Collins on the Conflict of Laws, 15. Aufl., 2012。当前与此相关的还有 G.-P. Calliess, Kommentar und Dogmatik im Recht, in: D. Kästle/N. Jansen (Hg.), Kommentere in Recht und Religion, 2014, 381-392, 386 f. 。

一一部流传至今的著作。事实上,它是一部没有参考对象文本的评注,只不过评注者同时也是评注参照文本的撰写者。戴雪在该书第一版的序言中表达了他的真正关切,即从司法裁判中寻找出其所遵循的法律原则,用体系化的规则形式加以表述,并将无法纳入其中者归为例外,然后通过评注和案例来解释它们。[259] 评注者和被评注文本作者为同一人,这种情形也曾见于安德鲁·伯罗斯(*Andrew Burrows*)关于英国不当得利法和合同法的"法律重述"。[260] 法律重述是一种非立法性的法律编纂(或曰:私人编纂),它试图对适用于某一特定领域的法律,通过聚焦其核心内容,以规则形式进而也是更加一目了然和更加易于理解的方式加以再现。[261] 而评注对每条规则及其下属的每个条款进行释义时,都尽可能地保持了简明扼要的特点:其目的是阐释有关规则,而不是取代教科书。因此,它只引用指导性判决(Leitentscheidungen),而对参考文献的引用则降到了最低限度。[262]

安德鲁·伯罗斯把法律重述称为"一个与英国法有关的新概念",[263] 其实并不完全准确。《德国民法典》生效后不久,比较法学和国民经济学国际联合会[264](比较法学会前身)延请爱德华·詹克斯(*Edward Jenks*)——当时在牛津大学研习英国法的学者,根据大陆法系的法典形式标准编修英国私法。詹克斯得到了四位同仁的帮助,他们分别是吉尔达特(*W. M. Geldart*)、李(*R. W. Lee*)、霍尔兹沃斯(*W. S. Holdsworth*)及迈尔斯(*J. C. Miles*),[265] 并将自己的著作命名为《英国民法文摘》。詹克斯所称"文摘"与编纂的区分主要在于"文摘声称仅陈述现有权威所涵盖的规则",[266] 这也是对法律重述的完美定义。这部著作起初在16年内陆续出版了11分册,内容固定下来后,1921年又发行了第二版,共涵盖了2224个条款,包括总则、债法、物法、家庭法和继承法,而这正是从《德国民法典》转化而来的潘德克顿体系。这部著作在印刷排版技术上也多有讲究,英国法的相关渊源、相关司法裁判及法律条文均悉数展开,间或也有简短的释义并提出问题。温菲尔德(*P. H. Winfield*,时任剑桥大学英国法荣休教授)主编了该书第4版,并更名为《詹

[259] 第1版前言,转引自 *A. V. Dicey/A. B. Keith*, A Digest of the Law of England with Reference to the Conflict of Laws, 3. Aufl., 1922, xi。

[260] *A. Burrows*, A Restatement of the English Law of Unjust Enrichment, 2012; ders., A Restatement of the English Law of Contract, 2016.

[261] *R. Michaels*, Restatements, in: HWBEuP (Fn. 16), 1295-1299.

[262] *Burrows*, Unjust Enrichment (Fn. 260), xi (小标题为"评注的类型").

[263] *Burrows*, Unjust Enrichment (Fn. 260), ix.

[264] Zu dieser *E. Wadle*, Einhundert Jahre Rechtsvergleichende Gesellschaften in Deutschland, 1994, 32-42.

[265] 吉尔达特是英国法教授。李是荷兰罗马法教授。尔兹沃斯则是英国法万灵学者(之后成为英国法教授及17卷英国法史的作者)。迈尔斯是默顿学院的研究员和导师(以上所有人都在牛津)。

[266] *E. Jenks*(Hg.), A Digest of English Law, Bd. 1, 2. Aufl., 1921, iii.

克斯英国民法》,意在避免对“文摘”概念的误读。[267] 之后,两位德国法学家古斯塔夫·席尔迈斯特(*Gustav Schirrmeister*)和威廉·普罗霍恩尼克(*Wilhelm Prochownick*)[268]先后将这部“私人编纂”作为(用德语撰写的)英国法详尽评注的出发点。[269] 虽然这部评注犹如断简残篇,只涵盖了一般学说和合同法的内容,但它仍不愧是一部先驱之作——一部针对外国法律制度的、被评注的文本又并非成文法但却彰显了现代风格的评注。[270]

(四)变迁中的英国法

英国法学家想办法让自己熟悉评注形式的其他尝试,也尤为值得说道。亚历山大·沙尔(*Alexander Schall*)就在贝克出版社按照德国的模式出版了一本公司法的评注[271]——当然是用德语,但也因此让许多英国法学家望而却步。但是反过来,“贝克-哈特-诺默斯出版社”(Beck-Hart-Nomos Publishing)却用英语出版了系列的外国法、欧盟法和国际法评注。为了杜绝哪怕是一丝一毫的误解从而更清晰地展示这些著作的结构,它们被称为“从条款到条款的评注”,并且(和沙尔的评注一样)主要都是由德国的作者编撰和担任主编。2019 年由克里斯托夫·阿尔特哈默(*Christoph Althammer*)主编的《布鲁塞尔 IIa 条例和罗马 III 条例评注》(Brussel II a-Rome III)*、由马蒂亚斯·雷曼(*Mathias Lehmann*)和克里斯托夫·昆潘(*Christoph Kumpan*)主编的《欧洲金融服务法》以及由莫里茨·布林克曼(*Moritz Brinkmann*)主编的《欧洲破产规制法》也是德语作者所作。而 2020 年预告将出的,举例来说有国际继承法评注、欧洲公司法评注以及德国民法典评注,也都是用德语撰写。彼得·曼科夫斯基(*Peter Mankowski*)主编的商法评注,讨论的是和跨

---

[267] *P. H. Winfield*, Jenks' English Civil Law, 4. Aufl., 1947. 前言中阐述了总则是否保留。这部分最终是进行了精简,并不像李和沃尔夫建议的那样完全转移到其他部分。

[268] 普罗霍恩尼克是汉堡州高等法院理事;1933 年因其犹太出身被免职,后死于福尔斯比特尔(Fuhlsbüttel)集中营。Sievekingplatz 1 和 Hansastraße 58 两个地址设了特别的绊脚石(Stolperstein)来纪念他。[这些名为“绊脚石”的铜砖是德国艺术家古特尔·戴姆尼(Gunter Demniy)为遭受纳粹屠杀的犹太人塑造的纪念碑。古特尔·戴姆尼已在德国 480 多座城市铺设了 2 万多块“绊脚石”。他通过这些小小的方砖提醒人们——“暴行开始的地方,人性苏醒的地方”。——校者注]

[269] *G. Schirrmeister*, Das Bürgerliche Recht Englands: Kommentar, Bd. I/1, 1906; W. Prochownick, Das Bürgerliche Recht Englands: Kommentar, Bd. I/2, 1910, Bd. II, 1929.

[270] 普罗霍恩尼克(在第 2 卷的前言中)认为“评注”的称谓并不一定准确。评注以固定的法律文本为前提。——一部 1931 年的同期作品刚好没有选择评注形式,即:S. Goldschmidt et al. (Hg.), Das Zivilrecht Englands in Einzeldarstellungen, Bd. 1, 1931;这和海因斯海默所编的《当代民法》系列第 2 卷有关。

[271] *A. Schall*(Hg.), Companies Act: Kommentar, 2014.

* 关于加强分居和离婚领域合作的所谓《罗马三号条例》;以及《关于承认和执行婚姻事务和监护事务判决的布鲁塞尔 IIa 条例》(《欧洲婚姻条例》)——校者注

境货物买卖有关的立法法案,[272] 包括《联合国国际货物销售合同公约》、国际统一私法协会的《国际商事合同通则》及《国际贸易术语解释通则》。

英国法处于变迁之中。今天的英国法院已不再像他们的先贤截至20世纪中叶仍一以贯之的那样,严格遵从文字的指引,对字面意义或者“显明含义规则”(plain meaning rule)不敢越雷池半步,[273] 而是像他们的德国同行那样,以法律规范的实质含义和立法目的为指针,强调目的论方法的适用。[274] 在法院裁判中,不以当世的学者为权威进行引用的不成文约定被悄然摈弃了。这或许可归因于高校出现了大规模的扩张(20世纪50年代以降法学学者数量翻了十倍),而当今学者是极具自我意识的一代,他们的惯习与禀赋中既有扎实的专业基础,又有毫不含糊的原则导向,还有对不可抗拒的理性召唤的追求——而这是法学必须满足的。[275] 与此同时,司法活动也不再能够无条件地成为世人关注的焦点。尤为令人印象深刻并不得不提的例证,便是教授对法院及私法在英国的发展所产生的影响。[276] 法学学术和司法实践之间的对话愿景,诚如我们在德国法上所见,在当今的英国也变成了现实。[277] 对于英国的法学家来说,法律的结构和体系性的联系都变得愈发重要。[278] 《哈斯伯理英国法》所奉行的按照字母顺序编排内容的基础标准逐渐被废弃。《哈斯伯理英国法》有一百多卷百科全书,对于英国的法律实务工作者来说,它们扮演着类似于帕兰特评注在德国的角色——知识储备器、知识过滤器以及稳定器。[279] 即使在英国自始至终都没有对民法进行全面的法典编

---

[272] *P. Mankowski*(Hg.), Commercial Law: Article-by-Article Commentary, 2019.

[273] 关于英国法上的固守字母时代参见 *S. Vogenauer*, Die Auslegung von Gesetzen in England und auf dem Kontinent, 2001, 780-962. 这个阶段对许多德国法学家评价英国法产生了影响,且一直持续至今。此外,极易被忘记的是对字母的忠诚时代其实在欧陆法体系中也存在过: Vogenauer, loc. cit., 475-490。

[274] “法院采取一种有目的的做法,力求实现立法的真正目的[…]”: Pepper (Inspector of Taxes) v. Hart, [1993] AC 593 (617) per Lord Griffiths (HL). 细节见 Vogenauer, Auslegung (Fn. 273), 963-1252.

[275] *M. Flohr*, Rechtsdogmatik in England, 2017, 239-293.

[276] 不当得利法参见 *R. Zimmermann*, Bereicherungsrecht in Europa: Eine Einführung, in: *ders.* (Hg.), Grundstrukturen eines Europäischen Bereicherungsrechts, 2005, 30-41; Flohr, Rechtsdogmatik (Fn. 275), 157-201。

[277] Vgl. etwa *Lord Goffs Maccabean Lecture*, wieder abgedruckt in der Festschrift für Lord Goff: The Search for Principle: Essays in Honour of Lord Goff of Chieveley, 1999, 313-329; W. Twining, The Role of Academics in the Legal System, in: *P. Cane/M. Tushnet*(Hg.), The Oxford Handbook of Legal Studies, 2003, 920-949, 921-929. 这一年夏天,一个顶尖的私法学者和安德鲁·伯如斯被任命为最高法院的法官。

[278] Vgl. etwa, zur Taxonomie-Debatte, Flohr, Rechtsdogmatik (Fn. 275), 203-238, 243-257.

[279] *P. B. H. Birks*, More Logic and Less Experience: The Difference between Scots Law and Scots Law, in: D. L. Carey Miller/R. Zimmermann (Hg.), The Civilian Tradition and Scots Law: Aberdeen Quincentenary Essays, 1997, 167-190, 180: “按字母排列的哈斯伯理主宰着从业者的研究。”

纂,没有用一种权威的也是法律人所熟悉的方式对法律材料加以规整,[280]但除了通过法教义学构架知识、批评、更新和组织知识,评注还将会有更大的发展空间。

十二、北美法律评注

(一)美国

我们通常在"普通法语境下"[281]或将其作为"英美法律圈"[282]的一部分来看待美国法。事实上,就其起源而言,美国法最初是英国法的子法之一。这体现在很多方面,其中也包括法律文献。美国法的法律文献首先与英国模式相符。尤其是布莱克斯通(*Blackstone*)的"释义"(Commentaries)在美国获得了极大的成功,[283]以致肯特大法官(*Chancellor Kent*)在1826年至1830年间也撰写了一部美国版的"布莱克斯通"。[284] 他的四卷本《美国法释义》(Commentaries on American Law)如同布莱克斯通的著作,都鲜有"评注"(Kommentare)的特征;二者都是带有导论和概览性质的、产生于大学讲座课程的论文。从1832年到1845年,美国最高法院法官兼(同时!)哈佛大学法学院教授约瑟夫·斯托里(*Joseph Story*)发表了九篇涉猎广泛的论文(例如:关于"委托保管""冲突法""衡平法""代理"和"合伙")[285],这些被他统称为"释义"的论文,明显引用了源于罗马法和共同法传统[如波蒂埃(*Pothier*)]的材料。[286]肯特的"释义"开启了美国私法与英国私法分道扬镳的过程;[287]而肯特和斯托里的"释义"则为此做好了知识上的准备。[288]

---

[280] 参见*Lawson*, in: Cheshire, Stephen's Commentaries (Fn. 223), 3:"研究英国法的作者和他的大陆同仁相比既是幸运的,又是不幸的。他是不幸的,因为他不能可靠安排法学院的学生所惯常使用和熟识的材料;另一方面,他是幸运的,因为他能自由选择最符合他的主题展示的材料。"

[281] *Kischel*, Rechtsvergleichung (Fn. 216), § 5.

[282] *Zweigert/Kötz*, Rechtsvergleichung (Fn. 79), 177.

[283] *Simpson*, Rise and Fall (Fn. 227), 668-670.

[284] "获得了巨大成功的Blackstone的本土替代物":*Simpson*, Rise and Fall (Fn. 227), 670.

[285] Überblick bei Simpson, Rise and Fall (Fn. 227), 670.

[286] 关于折衷主义精神,Story在作品中不仅使用了源于英美的资料,而且也使用了普通法和理性法作者的资料:*Simpson*,Rise and Fall (Fn. 227), 673. Story论文的冗长使人联想到注释法学派(École de l'exégèse)的一些作品,如德莫隆布(Demolombe)的著作;它们如今也被认为是"沉闷而乏味的":*D. J. Hutchinson*, Story, Joseph, in: Simpson, Biographical Dictionary (Fn. 224), 491-493。

[287] *A. W. B. Simpson*, Kent, James, in: ders., Biographical Dictionary (Fn. 224), 294.

[288] *Hutchinson*, Story (Fn. 286), 492.

在进一步的发展过程中,美国法与其英国法渊源渐行渐远。[289] 这同样反映在法律文献上,[290] 而首先面临的问题便是,是否存在评注以及(如果存在的话)会以何种形式?[291] 与英国一样,成文法在美国私法中具有核心地位,无论在州层面还是联邦层面。此外,美国私法的特点还包括“统一法”(Uniform Laws)——其只有在得到各个州的批准后才能生效,如《统一遗嘱检验法典》(*Uniform Probate Code*)或《统一商法典》(*Uniform Commercial Code*)[292]——以及重述(*Restatements*):其中适用于某一领域的(案例)法以法律规则的形式呈现,从而以易于理解的方式被总结出来[其中大部分是第2或第3版:如《合同法第二次重述》(*Restatement of Contracts, Second*)(1981年),《代理法第三次重述》(*Restatement of Agency, Third*)(2006年),《恢复原状和不当得利法第三次重述》(*Restitution and Unjust Enrichment, Third*)(2011年)]。[293] “统一法”由统一法委员会(Uniform Law Commission)(前身:统一销售法全国委员会)起草,有时与美国法学会(American Law Institute)合作起草;重述则由美国法学会起草。[294]

有趣的是,现在有一种办法能对不同类型的评注加以区分,分辨出哪些涉及的是有拘束力的法律规则,而哪些和无拘束力的规则相关。[295] 联邦法律按主题领域编纂成两大本按照字幕顺序排列并附有“注释”的汇编出版。[296] 这些汇编被称为“法典”,但与大陆法系样式的(体系性的)法典编纂并无共同之处。“注释”中包含关于立法史、文献和判例(其主要内容被简要概括)的参考文献;因此,它们

---

[289] 当然,*Zweigert/Kötz*, Rechtsvergleichung (Fn. 79), 233,以及 *Kischel*, Rechtsvergleichung (Fn. 216), 360(在“语境”上有重大差异)也强调了这一点。因此,*R. Zimmermann*, „Common law“ und „civil law“, Amerika und Europa, in: *ders.*, Amerikanische Rechtskultur und europäisches Privatrecht, 1995, 1-11, 9; Vogenauer, Common law (Fn. 215), 281 中反对了“英美”法的提法。

[290] 关于相当不同的法学期刊图景,参见 *R. Zimmermann*, Law Reviews-Ein Streifzug durch eine fremde Welt, in: ders., Amerikanische Rechtskultur (Fn. 290), 87-131。

[291] Zum *Folgenden M. Reimann*, Legal „Commentaries“ in the United States: Division of Labor, in diesem Band, 277-294.

[292] 前者已被十六个州批准,后者已被几乎所有州批准;它被认为是美国法律统一化最成功的文件。

[293] 关于此 *Michaels*, Restatements (Fn. 261), 1295 f.

[294] 近来重述在欧洲也已成为一种普及的文献形式,关于英国参见上文第483页,关于欧洲私法参见下文第504页以下。关于北欧合同法参见 *O. Lando/M.-L. Holle/T. Håstad/B.-E. Reinertsen Konow/P. Møgelvang-Hansen/S. Nysén-Haarala/Á. Ólafsdóttir/L. Zackariasson*, Restatement of Nordic Contract Law, 2016.

[295] 参见 *Reimann*, United States (Fn. 291), 279-289 的分析。

[296] 美国注释法典(United States Code Annotated)或美国法典全集(United States Code Service)。两种出版物之间没有实质性的差异,而主要是两个出版社[LEXIS 和 WestLaw(或现为 Thomson West)]之间的竞争。美国注释法典丛书包括450多卷(其中例如关于破产法有17卷,关于劳动法有22卷)。

是纯粹的资料汇编。美国各州也有同样形式的带有“注释”的“法典”。[297] 与之相对，“统一法”在编写时附有“评论”，这些评论阐释了各条款的含义，因而具有诠释的性质；而重述中除了这种“评论”外，还包含“报告人注释”（reporter's notes），其中援引了指导性判例和重要参考文献。马蒂亚斯·雷曼（*Mathias Reimann*）将“注释”描述成资料汇编或“研究帮手”（research tools），将“评论”描述为对意义的解释。因此，这两种形式的注解或“评注”都仅实现了德国式评注的个别功能，更确切地说是各自不同的功能。

那些寻求语境具体化和批判性反思，尝试与其他观点论辩，积极将新的想法付诸实施以及对教义学做出创造性贡献的人，必然会从与截至目前为止所提及的著作都不同的、表面上也与评注的形象不相符的著作中汲取思想的源泉：即教科书和（尤其是）专业论著（treatises）。[298] “专论”有各种不同的形式：例如，著名的由威利斯顿（*Williston*）奠定基础的合同法著作的第 4 版（1995 年-2013 年）容纳了 31 卷的篇幅。“专论”不遵循任何由外部预先规定的体系；他们以作者本人的名义出版，并恪守其学术性。而“注释”和“评论”的情况则不同：前者是由一小队法律人[299] 编制，并从出版社那里获得报酬；后者则是通过机构获得权威性，即以机构的名义将评论与相关法条一起发表。

对于美国没有德国式的评注，莱曼将其主要归结为四个原因。[300] 第一，当更全面的成文法自 20 世纪中期起开始影响美国法时，实现评注的某种或他种功能的特定文献形式已然确立。第二，在美国法律人（以及英国法律人）的理解中，成文法并不像在欧陆法律中那样占据核心地位。与此相关的是，第三，美国的法律概念不像在德国或法国那样以规则为导向：被法庭称之为法律的才是法律，并且这也是美国法律人的首要兴趣所在。第四，美国法律人分析问题和寻找相关法律来源的方式与路径也因而与他们的欧陆同行不同：判例法才是起点；成文法规则退居其次。最后三点可以合并概括为：“美国法律人仍然是并不围绕法典和成文法进行组织的普通法传统的继承者。”[301] 莱曼还指出，在此种关系中，West 数据库的钥匙码检索系统（Key Number System）是“美国法律中唯一普遍存在的组织机

---

[297] 例如，万律（Westlaw）的加利福尼亚注释法典（West's Annotated California Codes）包括 250 多卷，其中关于加利福尼亚民法典有 21 卷。

[298] “专论或法律阶梯作者所从事的伟大事业是致力于使无序的传统法或习惯法有序化”：*Simpson*, Rise and Fall（Fn. 227），674. Simpson 描述了（第 668 页-第 674 页）美国法律专论的历史，并在一开始就强调，自 Chancellor Kent 的“释义”以来，美国法律专论就采取了与英国不同的进程（关于此见上文第 479 页）。正是在美国，“普通法专论也许达到了它发展的终点”。

[299] *Reimann*, United States（Fn. 291），288.

[300] *Reimann*, United States（Fn. 291），289-293.

[301] *Reimann*, United States（Fn. 291），290.

制”,而这指的是判例法而非成文法。

此外,美国法律人也可以在两部巨无霸式的百科全书中找到方向,如同英国法律人在“哈斯伯理”中那样。其中一部名为《法律大全第二版》(Corpus Juris Secundum)〔302〕[此处的第一版《法律大全》(Corpus Juris)当然不是优士丁尼(Justinian)的作品,而是以同名出版的百科全书前身〔303〕,另一部名为《美国法学》(American Jurisprudence)]。〔304〕 但美国法律人并不仅仅是普通法传统的继承者,他们还经历了法律现实主义的洗礼,因而对于法律作为科学的客体[“法科学(legal science)”]的信念和对于法教义学稳定性功能的信赖已经消解。〔305〕 “一个将法教义的重要性降到最低的运动,很难使人对分析教义并将其作为原则化的法科学加以阐释的工作产生热情。”〔306〕因此,它也不会使人对撰写(要求苛刻的)评注意义上的学术文献产生兴趣。

(二)加拿大

联邦制国家加拿大由十个省和三个“地区”(Territorien)组成。除魁北克省外,各地均适用英国普通法。这是因为在18世纪,所有这些领土都曾作为英帝国的一部分而存在。加拿大于1867年获得了自治领(Dominion)的地位,1931年通过《威斯敏斯特条例》获得了独立的立法权,1982年才获得了完整的主权。因此,直到20世纪,加拿大的法律生活仍是以英国为导向的;与之相对,自第二次世界大战以来,美国法的影响与日俱增。这些大环境都不利于独立的评注文献的孕育。1832年和1833年,伴随着《新斯科舍省法律概要》(Epitome of the Laws of Nova Scotia)出现了法学阶梯类教科书,其以布莱克斯通和肯特的“释义”为范本并且同样包括四卷。〔307〕 然而,这本著作并未孵化出可与英国或美国法律发展相媲

---

〔302〕 自1936年以来共有136卷。从2005年开始的新修订系列共有162卷。[它不叫《法律大全第三版》(Corpus Juris Tertium),而仍然叫《法律大全第二版》]。

〔303〕 自1914年以来共有71卷;副标题:“A Complete and Systematic Statement of the Whole Body of the Law as Embodied in and Developed by All Reported Decisions”。至少就主要条目按字母顺序排列这一点而言,并不符合“系统性”(Systematic)。

〔304〕 第二版,自2005年以来共有142卷;副标题:“A Modern Comprehensive Text Statement of American Law: State and Federal”。自1936年以来,第一版以相同的主标题和相似的副标题出版。《美国法学》和《法律大全第二版》都由Thomson West出版。各州也有类似的百科全书;例如West的《加利福尼亚法学第三版》(California Jurisprudence 3rd.),共有100多卷,同样由Thomson West出版。

〔305〕 *Reimann*, United States (Fn. 291), 291也提到了这一点。

〔306〕 *Simpson*, Rise and Fall (Fn. 227), 678(该书如此解释法律专论传统的衰落)。

〔307〕 关于该著作及其作者,来自哈利法克斯的Beamish Murdoch,参见*P. Girard*, Themes and Variations in Early Canadian Legal Culture: Beamish Murdoch and his Epitome of the Laws of Nova Scotia, Law and History Review 11 (1993), 101-144;*ders.*, The Making of a Colonial Lawyer: Beamish Murdoch of Halifax, 1822-1842, in: C. Wilton (Hg.), Essays in the History of Canadian Law, Bd. 7, 1996, 57-99。

美的法学荣景;殖民地这层关系也未使其在这方面获益。此后,这种情况发生了很大的变化。但至今仍然只有零星出现的评注。[308] 加拿大法律人在一系列的“文摘”(Digests)[309]或“摘要”(Abridgments)中找到了方向,在这两种相近的文献类型中,汇编了大量具有复合主题的相关判例,它们按字母顺序排列并都作了简要的总结。[310]

(三)作为特例的魁北克

魁北克是一个特例,因为1774年的《魁北克法案》(Quebec Act)允许那里的法语移民聚居区保留法国法。[311] 因此,魁北克在一个打上英国普通法烙印的环境中发展为一块法国法的飞地。但毕竟身处一国环境,互无阻碍,魁北克法律不可能铁板一块完全不受普通法的影响,因此随着时间的推移,它发展成了一个“混合法律秩序”。[312] 诚然,首先适用的是旧政权(ancien régime)下的法国法,直到1804年以后,因为那时魁北克确已与法国的发展脱钩。在此特别重要的是巴黎(司法官和子爵的)习惯法[Coutume (de la Prévôté et de la Vicomté) de Paris](1510/1580年),它本身已成为(严格字面意义上的)评注的对象。这些评注出自杜姆林(*Dumoulin*)、恰伦达斯(*Charondas*)(路易斯·勒卡隆,*Louis Le Caron*)、克劳德·德·费里埃(*Claude de Ferrière*)和弗朗索瓦·布尔琼(*François Bourjon*)等人。[313] 正如黑尔格·戴德克(*Helge Dedek*)所言,[314]德·费里埃的评注在法属加拿大发挥了重要作用。弗朗索瓦·约瑟夫·库格尼特(*François-Joseph Cugnet*)[315]于1775年出版的四卷本《魁北克现行法律手册》,标志着关于适用法国法

---

[308] 参见例如 *L. W. Houlden/C. H. Morawetz*, Bankruptcy Law of Canada, 3 Bde., 3. Aufl., 1998, Loseblattsammlung. Referenztext ist der Bankruptcy Act 1985。

[309] 参见例如 Canadian Encyclopedic Digest (Ontario Edition), seit 1926; 3. Aufl., seit 2002。

[310] The Canadian Abridgment, seit 1935; 3. Aufl., seit 2003. 关于摘要的文献类型在英国的产生,参见 Baker, Introduction (Fn. 234), 195-197。

[311] 关于此 *H. Dedek*, Der Zugang zu kolonialem Recht: Rechtsliteratur und Kommentare in Kanada, in diesem Band, 295-316.

[312] 参见 im Überblick M. McAuley, Quebec, in: V. V. Palmer (Hg.), Mixed Jurisdictions Worldwide: The Third Legal Family, 2. Aufl., 2012, 354-380. 关于混合法律秩序总论 J. du Plessis, Comparative Law and the Study of Mixed Legal Systems, in: Reimann/Zimmermann, Handbook of Comparative Law (Fn. 192), 474-501。

[313] 关于此例如 *A.-J. Arnaud*, Les origines doctrinales du Code civil français, 1969, passim; *G. Leyte*, Charondas et le droit français, Droits: Revue française de théorie, de philosophie et de culture juridique 2004, 16-33。

[314] *Dedek*, Kanada (Fn. 311), 303.

[315] *F.-J. Cugnet*, Traité abregé des ancienes loix, coutumes et usages de la colonie du Canada aujourd'huy province de Quebec, tiré de la prévôté et vicomté de Paris, Quebec, 1775.

的加拿大本土文献的发端。[316] 这本专论（“traité”）具有评注的特点，因为它以巴黎习惯法为导向。相反，在 1866 年之前出版的著作中也有一部“评注”，但它实际上应属阶梯类文献的类别。[317]

伴随着《下加拿大民法典》（*Code civil du Bas Canada*）[318] 的生效，1866 年成为一个转折点。这时候已经出版了附有判例和参考文献的、“含注释的”法典文本；[319] 出版了 21 卷的（古代和当代的）法律渊源汇编；[320] 也出版了评注——包括以此命名的评注[321] 和带评注风格的“专论”[322] ——在完成了如许历史使命之后，这种文献形式自然而然地走向了寿终正寝，与其在法国的际遇可谓殊途同归。而且，这也并没有随着 1994 年新《魁北克民法典》（*Code civil du Québec*）的生效而出现丝毫的转机。“含注释的”的文本版本是存在的，如亨利 · 凯拉达（*Henri Kélada*）的版本，其中附有各个相关“教义”和“学说”的参考文献，偶尔也附有非常简短的“释义”。[323] 除此以外，更详尽的德国式评注似乎已无存在的必要。欲为法学学术讨论作出贡献者，可以撰写教科书、专著或在专业期刊上发表文章。[324]

十三、混合法律秩序下的评注

（一）南非

魁北克的法律秩序是带有民法法典化色彩的混合法律秩序。但现在也有一

---

[316] *Dedek*, Kanada (Fn. 311), 299 f., 304 f.

[317] *M. Bibaud*, Commentaires sur les lois du Bas Canada, 2 Bde., Montreal, 1859.

[318] 关于此 *Dedek*, Kanada (Fn. 311), 309; J. E. C. Brierley/R. Macdonald (Hg.), Quebec Civil Law, 1993, 24-32.

[319] 关于此 *Dedek*, Kanada (Fn. 311), 310。

[320] *C. -C. de Lorimier*, Bibliothèque du Code civil de la province de Québec, Montreal 1871-1890, teilweise unter Mitwirkung von C. -A. Vilbons.

[321] *T. -J. -J. Loranger*, Commentaire sur le Code civil du Bas-Canada, 2 Bde., Montreal, 1873/1879；作品未完稿。此外参见 *J. J. Beauchamp*, The Civil code of the province of Quebec annotated, 3 Bde., 1904/1905；以及 J. F. Saint-Cyr, 1931 的两册补卷。但是，这不是一部批判性教义学的评注，而是一部资料汇编；Beauchamp 在副标题本身中表明，其作品包含了“法语和英语文本以及拿破仑法典、权威机关和编纂者的评论、古代法律、条款汇编、成文法、加拿大学说、加拿大司法、法国学说和法律格言以及若干附录”。

[322] *G. Trudel*, Traité de droit civil du Quebec, 17 Bde., seit 1942；第二卷以后由其他作者继续完成。A. Popovici 表示，这部作品的灵感来自 *École d' exégèse*: Libres propos sur la culture juridique québécoise dans un monde qui rétrécit, McGill LJ 54 (2009), 223-236. 227。

[323] Code civil du Québec, texte annoté (2004, Loseblattsammlung).

[324] 特点在于，Brierley 和 Macdonald 的著作（脚注 318）中，在“学说的形式和权威性”的条目下没有出现评注。也可参见 Dedek, Kanada (Fn. 311), 312。

些混合法律秩序,其私法秩序并没有被法典化,南非即其著例。[325] 它起源于罗马-荷兰法,是荷兰移民自 1652 年以来将其带到了这个充满美好希望的好望角。1806 年英国占领好望角后,公共生活逐渐英式化,其中也包括法律制度。虽然罗马-荷兰法从未被英国法正式取代,但现在许多领域都在渐进地继受英国法。[326] 在移民共和国(以及后来的英国殖民地)、纳塔尔、德兰士瓦(南非共和国)和奥兰治自由邦,法律在以相似但不尽相同的方式发展。自 1910 年南非联邦成立以来,以上诉法庭为最高机构[327] 的南非最高法院的首要任务,就是确保在一定程度上,在两个"普通法"(即英国普通法和以罗马-荷兰法的形态呈现的欧陆普通法)的基础上实现统一裁判。[328] 由此,在过去的一百多年里,一张本土的、真正南非的、由无数判例织就的细密网络逐渐形成,特别是自第二次世界大战以来,这些判例被批判性地反思,在教义学上被合理化,甚至得到学术上的鉴定。[329]

然而,具有拘束力的或被普遍认可的参照文本是缺位的。罗马-荷兰法的知识基石始终是胡果·格劳秀斯的《导论》。[330] 因此,这部著作在 19 世纪两次被译为英文;[331] 1926 年出版了如今仍通用的译本,译者是先后在伦敦、蒙特利尔和牛津(1921-1956 年)担任罗马法暨罗马-荷兰法教授的罗伯特·沃顿·李(*Robert Warden Lee*)。[332] 这位作者在十年后编写了对《导论》的规范评注,明确旨在"弥合格劳秀斯与当代法学之间的鸿沟"。[333] 不过,李在 1915 年便已坦承,一本写于 1631 年的书,无论其可能具有何等经典地位,都会使现代读者"对南非法院如今实

---

[325] 关于此详见 *R. Zimmermann/D. Visser*(Hg.), Southern Cross: Civil Law and Common Law in South Africa, 1996。

[326] 关于上述例如 *E. Fagan*, Roman-Dutch Law in its South African Historical Context, in: Zimmermann/Visser, Southern Cross (Fn. 325), 33-64。

[327] 自从南非发生社会变革以来,最高法院的上诉庭被称为最高上诉法院。现在的最高法院是 1994 年新成立的宪法法院。

[328] 关于此例如 *D. P. Visser*, Daedalus in the Supreme Court: The Common Law Today, Tydskrif vir Heedendaagse Romeins-Hollandse Reg 49 (1986), 127-138。

[329] 关于南非法律文献发展的概览参见 *R. Zimmermann/D. Visser*, Introduction: South African Law as a Mixed Legal System, in: dies., Southern Cross (Fn. 325), 1-30, 19-30。关于南非法教义重要性的概览参见 *H. Scott*, The Death of Doctrine? Private Law Scholarship in South Africa Today, in: *Basedow/Fleischer/Zimmermann*, Legislators (Fn. 98), 223-248。

[330] 关于此见前文第 445 页。

[331] 关于此以及更多译文, *R. Zimmermann*, Südafrikanische Übersetzungen gemeinrechtlicher Literatur, ZEuP 5 (1997), 536-549. 此外,《导论》还有一个拉丁文译本;它是罗马-荷兰法的最后一位重要作者 Johannes van der Linden 的作品,并且显然是顺应英国法律人的希望而撰写,因为他们必须在不懂荷兰语的情况下适用罗马-荷兰法。直到作品完成一个半世纪后,才实现了这一译本的出版: *H. F. W. D. Fischer*(Hg.), Hugonis Grotii Institutiones Juris Hollandici, 1962。

[332] *R. W. Lee*, The Jurisprudence of Holland by Hugo Grotius, Bd. 1, 1926.

[333] *R. W. Lee*, Hugo Grotius (Huig de Groot): The Jurisprudence of Holland, Bd. 2, 1936.

施的罗马-荷兰法的性质和内容感到困惑”,于是他亲自撰写了导读式教科书。[334] 因为南非一直没有其权威性可与格劳秀斯相比拟的现代私法著作(并且以相同的、适于评注的样式撰写,即以简明主题的形式!)。从形式上看,最接近《导论》的是李和奥诺雷(*Honoré*)的两卷本综述概览,[335] 它间接受到德国民法法典编纂[336] 的启发,因而以法典汇编或重述的方式、以一般规则的形式重塑了南非私法;[337] 每个含有参考文献和(简短)评注的段落都被穿插排版,并在印刷上与正文相区隔。这种样式在两卷本的新版中也得以保留;[338] 我们可以将其称为一种表示评注开始的方式。[339]

不过,除此之外,关于南非普通法核心领域的评注再也无处可寻了,这毫不令人讶异。[340] 在此,教科书文献占主导地位,且只要是由南非荷兰语作者撰写的教科书,都受到德国学术风格的强烈影响。[341] 由朱伯特(*W. A. Joubert*)于 1976 年开始着手主编的、共计 63 卷的法律百科全书[《南非法律》(The Law of South Africa),简称 LawSA]昭示了本土法学发展的方向——正如“哈斯伯理”为英国法指明了方向一样——其中许多卷迄今已有第 2 或第 3 版。[342]

南非私法并非仅由在罗马-荷兰法的权威和英国法基础上发展起来的判例法组成。很大程度上,私法的重要领域存在部分法典化的现象,如民事诉讼法、公司

---

[334] *R. W. Lee*, An Introduction to Roman-Dutch Law, 1915, Zitat auf S. v.

[335] *R. W. Lee/A. M. Honoré*(Hg.), The South African Law of Obligations, 1950;*dies.* (Hg.), The South African Law of Property, Family Relations and Succession, 1954.

[336] *Lee/Honoré*, Obligations (Fn. 335),直接模板是 Jenks 的《英国普通法重述》(Restatement des englischen common law);关于此见上文第 485 页。因此,Lee 和 Honoré 著作的第 1 卷(即债法卷)也包含总则部分——这种构造在南非私法中是相当少见的。

[337] Lee 在 *Lee/Honoré*, Obligations (Fn. 335)的序言中明确使用了“为了重述[…]南非法律”的表述。

[338] *E. Newman/D. J. McQuiod-Mason*, Lee and Honoré: The South African Law of Obligations, 2. Aufl., 1978 (其中总则部分被大幅删减); *H. J. Erasmus/C. G. van der Merwe/A. H. van Wyk*, Lee and Honoré: Family, Things and Succession, 2. Aufl., 1983.

[339] *G. Lubbe/C. Murray*, Farlam and Hathaway: Contract: Cases, Materials, Commentary, 1988 一书的副标题中也有“评注”一词。但这里涉及的是对体系化编排的判例法的评注。

[340] 上文(脚注 329)提及的文献概览中没有评注,并不是巧合。

[341] 尤其是在 *J. C. de Wet/J. P. Yeats*, Die Suid-Afrikaanse kontraktereg en Handelsreg, 1947 的意义上;1992 年,由 J. C. de Wet 和 A. H. van Wyk 主编的第 5 版出版了。关于很可能是 20 世纪最重要的南非法学家的 *J. C. de Wet*,*R. Zimmermann/C. Hugo*, South African Legal Scholarship in the 20 th Century: The Contribution of JC de Wet (1912-1990), in:*J. du Plessis/G. Lubbe*(Hg.), A Man of Principle: The Life and Legacy of JC de Wet, 2013, 3-22。

[342] 时任首席大法官 Rumpff 在序言中将其与“Halsbury”相比拟。这部方式特别的百科全书是献给最伟大的罗马-荷兰法评注者 Johannes Voet 的。

法、破产法、劳动法、婚姻法、儿童法、住宅所有权法和消费者保护法。[343] 在许多这些领域中不少都有一部甚至数部评注,[344] 虽然不是所有的。为何儿童法和公司法有评注,而婚姻法和破产法却没有,[345] 这一点尚不明朗。阿利斯泰尔·普莱斯(*Alistair Price*)曾一语中的地写道:如果没有权威的参照文本,评注是难以想象的。[346] 但如果认为只要有了权威的参照文本,法学讨论共同体就会对评注趋之若鹜,那也有点想当然了。在南非的评注中,特别引人注目的是由查基·诺德(*Tjakie Naudé*)和茨格·艾斯伦(*Sieg Eiselen*)编写的关于南非《消费者保护法案》(*Consumer Protection Act*)的评注。[347] 一方面,它显然受到了2008年出版的由斯蒂凡·福格瑙尔(*Stepan Vogenauer*)和叶安·克莱因海斯特坎普(*Jan Kleinheisterkamp*)[348] 主编的关于国际统一私法协会《国际商事合同通则》的评注的启发(查基·诺德对其中的一般交易条款法作了评注),并从而间接受到德国评注模式的影响;另一方面,构成其显著特征的是,这部评注不仅援引了判例和文献,也不仅仅是为实务中的法律适用提供了便利,主编和十二位合著者更是设定了将消费者保护法尽可能地融入一般合同法,并从合同法语境来解释消费者保护法的目标;他们为此还提供了比较法上的参考文献,并对这部法律提出了批判性的反思。[349]

(二)苏格兰

苏格兰私法是另一个未经法典化的混合法律秩序,在某些方面经历了与南非法律秩序相似的发展路径,[350] 完全没有形成自己独立的评注文化。[351] 在没有成文法、但苏格兰普通法至今仍适用的地方,同样也未见评注的萌芽(重述在苏格兰

〔343〕 概览见 *A. Price*, Commentaries in South African Private Law: An Indispensable yet Insufficient Form of Scholarship, in diesem Band, 317-329。

〔344〕 参见例如 *J. Yeats*(Hg.), Commentary on the Companies Act of 2008, 2018, Loseblatt; C. J. Davel/A. Skelton, Commentary on the Children's Act, 2007, Loseblatt; *T. Naudé/S. Eiselen*(Hg.), Commentary on the Consumer Protection Act, 2015, Loseblatt。关于此更详细的内容,见:*Price*, South Africa (Fn. 343), 322-325。

〔345〕 关于此 *Price*, South Africa (Fn. 343), 323 f. 例如 *C. G. van der Merwe*, Sectional Titles, Share Blocks and Time-sharing, 2. Aufl., 2013, Loseblatt 也不是评注。

〔346〕 *Price*, South Africa (Fn. 343), 321.

〔347〕 参见脚注344。

〔348〕 关于此见下文"十四(三)"部分。

〔349〕 参见 *Price*, South Africa (Fn. 343), 326 的评价。

〔350〕 关于此更详细地 *R. Zimmermann*, „Double Cross": Comparing Scots and South African Law, in: ders./D. Visser/K. Reid (Hg.), Mixed Legal Systems in Comparative Perspective, 2004, 1-33, 12-21。

〔351〕 因此,此处 *R. Zimmermann/J. A. Dieckmann*, Das schottische Privatrecht im Spiegel seiner Literatur, ZEuP 3 (1995), 898-910 的概览中没有提及评注,也并非巧合。

也没有出现)。经济法的重要领域(如买卖法、票据法、破产法、公司法)在整个联合王国内都已经被“法典化”;〔352〕倘使英格兰对这些法律已编写评注,苏格兰也会拿来为其所用(即便它们经常无视苏格兰特别规定的存在)。〔353〕 理查德 · 布朗(*Richard Brown*)关于《货物买卖法案》(Sale of Goods Act)的著作是一个例外,它在该法生效两年后出版,旨在向苏格兰法律人解释“该法案对苏格兰买卖法的原则和实践所做出的重要的和几乎革命性的改变”。该著作最初以《对 1893 年货物买卖法案的注释和评论》(Notes and Commentaries on the Sale of Goods Act 1893)(1895 年)为题出版,〔354〕但 1911 年的第 2 版标题改为《货物买卖专论——以苏格兰法为重点》(Treatise on the Sale of Goods with special reference to the law of Scotland),尽管从形式和内容上看,它仍是一部评注——该书按“节(*sections*)”的顺序划分,且每节后面都有“注释”和“评论”。

此外,在苏格兰及为苏格兰颁布的成文法,年复一年以附“注释”的系列丛书形式出版,形成了“现行法律法规注释丛书”(Current Law Statutes Annotated)。该丛书 2017 年出版了七卷,从《2017 年小额慈善捐款和儿童保育费法案》(Small Charitable Donations and Childcare Payments Act 2017)〔355〕到《2017 年学校交通安全带(苏格兰)法案》[Seat Belts on School Transport (Scotland) Act 2017]〔356〕均位列其中。解释(逐节展开)大多相当简短;它们通常会先介绍立法背景,然后再分析其文本。此外,它们在某种程度上反映的是某个固定时期的法律现状,读者自然无法从中获悉其嗣后的发展轨迹。但是,其中也有一些解释不仅不厌其详,而且鞭辟入里,那么就会独立成书出版,甚至再版,如肯尼特 · 里德(*Kenneth G. C. Reid*)的《1995 年书面文件要求(苏格兰)法案》[Requirements of Writing (Scotland) Act 1995](2015 年第二版)。苏格兰法律委员会关于苏格兰法律改革计划的报告,尤其是在私法的核心领域,通常在一份法律草案外还包含对该草案的详细解释。〔357〕 在其他方面,大型(和较小的)教科书及专著在自 20 世纪 60 年代以来才经历第二次法学全盛时期〔358〕的苏格兰占据了主导地位;第一次全盛时期(主

---

〔352〕 关于此见上文“十一、(二)”部分。

〔353〕 但是,Sealy/Milman/Bailey zum Insolvenzrecht (Fn. 249) 的第二卷包括一个关于 Insolvency (Scotland) Rules: 562-729 的更长的章节(但只有非常少的评注,大多在“历史”的标题下)。

〔354〕 句中引文此前来自于序言。

〔355〕 Bd. 1 (c. 1).

〔356〕 Bd. 7 (asp 7).

〔357〕 参见例如 Scottish Law Commission, Report on Requirements of Writing, Scot Law Com No 112 (1988)。

〔358〕 *K. G. C. Reid*, The Third Branch of the Profession: The Rise of the Academic Lawyer in Scotland, in: Scots Law into the 21st Century: Essay in Honour of W. A. Wilson, 1996, 39-49.

要是在其光芒足以辐射到19世纪的18世纪)的法学阶梯类教科书至今仍然具有不可撼动的地位,其中首推斯泰尔(*Stair*)、麦肯齐(*McKenzie*)、班克顿(*Bankton*)、厄斯金(*Erskine*)和贝尔(*Bell*)的著作。〔359〕 苏格兰很可能从英格兰继受了将字母表视为合适的排序标准的倾向,因此,苏格兰有一系列的法律百科全书都按照字母表排序。其中,至今还有一部以1987年的25卷本为基础、且有数卷增订本的法律百科全书,用来纪念"苏格兰法律界的胡果·格劳秀斯",即斯泰尔家族第一子爵詹姆斯·达尔林普尔(*James Dalrymple, lst Viscount of Stair*)。〔360〕 与格劳秀斯的《导论》不同的是,关于斯泰尔的《苏格兰法律阶梯》(Institutions of the Law of Scotland)没有出现过任何评注。〔361〕

(三)以色列

以色列国家的法律秩序是一种拥有自己特色的混合法律秩序。〔362〕 与南非、苏格兰和魁北克不同,这里的民法司法制度没有受到普通法的影响。反而是巴勒斯坦在英国托管时期曾深受普通法影响,而自1948年建国后开始向民法法系靠拢;这主要是由于独立后的以色列决策机关中的许多法律人都是在欧洲大陆,特别是在德国、奥地利和意大利接受大学法学教育的,面对纳粹独裁和法西斯主义,他们才不得不逃亡回到巴勒斯坦。〔363〕 此外,巴勒斯坦在英国托管前属于奥斯曼帝国,其以色列民法典(die *Mejelle*)〔364〕最初是允许继续适用的,但随后就先后被英国法和受欧陆影响的法律所取代;民法典直到1984年才在以色列被正式废除。此外以色列仍受宗教法即传统犹太法的影响,部分是基于其直接效力(例如在婚

〔359〕 参见例如J. W. Cairnas, Institutional Writings in Scotland Reconsidered, Journal of Legal History 4 (1983), 76-117。

〔360〕 The Law Society of Scotland, The Laws of Scotland: Stair Memorial Encyclopedia, 自1987年起。此前Green's Encyclopedia of the Law of Scotland, 14 Bde. (自1896年起)和Encyclopedia of the Laws of Scotland, 16 Bde. (自1926年起)。同样按字母顺序排列的还有Bell's Dictionary和Digest of the Law of Scotland, 7. Aufl., 1890(2012年有再版)。

〔361〕 感谢Kenneth Reid自愿友好地提供给我的一份关于"苏格兰法中的评注"的备忘录。

〔362〕 参见例如*T. Gidron/S. Goldstein*, Israel, in: *V. V. Palmer*(Hg.), Mixed Jurisdictions Worldwide: The Third Legal Family 2. Aufl., 2012, 577-610; *A. Barak*, The Tradition and Culture of the Israeli Legal System, in: *A. M. Rabello*(Hg.), European Legal Traditions and Israel, 1994, 473-492。

〔363〕 参见例如*F. Oz-Salzberger/E. M. Saltzberger*, The Hidden German Sources of the Israeli Supreme Court, Tel Aviv University Studies in Law 2000, 79-122; *A. M. Rabello*, An Introduction to the New Israeli Private Legislation: Harmonization of Private Law and Civil Law, in: ders., Legal Traditions (Fn. 360), 565-578。感谢Talia Einhorn为我提供参考文献。

〔364〕 奥斯曼语名:mecelle;阿拉伯语名:majalla。关于此*N. Yassari*, Ausstrahlung des europäischen Privatrechts auf islamische Länder, in: HWBEuP (Fn. 16), 150-155, 151(Mejelle作为伊斯兰法的重述;但其也有"显著的世俗化效果")。

姻法中),但也有部分是由于其对立法的影响。[365] 最后,土生土长的以色列法律人,只要他们有志于学术且因此之后接受了法律教育,他们都越来越倾向于到美国去寻找发展方向。[366] 因此,欧陆的影响如今已经逐渐淡化。

首先,存在关于以色列民法典的评注。[367] 其次,拉比犹太教中的评注活动是"卓越的表达方式"。[368] 对拉比学者而言,这是关于权威性的神谕文本的更新和适用。他们不能也不允许成为一个标新立异的学说的传声筒;只有当他们完全根植于传统时,所言所书才是合法的。评注是一个特别适合用来考虑"拟制性的话语关联模式"(Postulat diskursiver Bindung)并通过文本形式来鉴定是否遵守了这种模式的媒介。[369] 在数百年的进程中,一批又一批的学者评注由此产生。最重要的犹太学者之一摩西·迈蒙尼德(*Moses Maimonides*)便为密什那(*Mishnah*)撰

〔365〕 参见 *M. Elon*(Hg.), The Principles of Jewish Law, 1975, 39-46; T. Einhorn, Commentaries in Israeli Law: Foundations and Future of a Mixed Legal System, in diesem Band, 331-359,文本中的脚注 9 指示了法律的产生,5740-1980,据此应当"根据犹太法和以色列传统中的自由、正义、公平与和平原则"来填补漏洞。

〔366〕 *P. Lahav*, American Moment[s]: When, How, and Why Did Israeli Law Faculties Come to Resemble Elite U. S. Law Schools? Theoretical Inquiries in Law 10 (2009), 653-697; Einhorn, Israel (Fn. 365), 354.

〔367〕 "许多作者受民法典(Mecelle)激励而撰写其释义":*S. Ayoub*, The Mecelle, Sharia, and the Ottoman State: Fashioning and Refashioning of Islamic Law in the Nineteenth and Twentieth Centuries, Journal of the Ottoman and Turkish Studies Association 2 (2015), 121-146, 134。Ayoub 接下来分析了这些评注中尤为重要的一部。评注文献传统上在伊斯兰法律对话中发挥着核心作用。许多至今仍被使用的知名作品都是对其他学者书籍的评注或者甚至是"超级评注"(对另一部评注的评注)。其他重要的评注讨论了先知传统汇编或古兰经。感谢 Dominik Krell 为我提供这些参考文献。在以色列法院的判例中,民法典(Mejelle)几乎没有发挥任何作用;它偶尔被提及(大部分是以希伯来语翻译),但不在判决中出现;参见:*Y. Meron*, The Mejelle Tested by its Application, Israel LR 5 (1970), 203-215. 感谢 Talia Einhorn 为我提供这一参考文献。

〔368〕 *R. Reichman*, Kommentare als diskursive Einheiten in der rabbinischen Literatur, in: Kästle/Jansen, Kommentare (Fn. 258), 99-124, 99.

〔369〕 上述根据 *Reichman*, Kommentare in der rabbinischen Literatur (Fn. 368), 99 und E. Otto, Kommentieren in den Bibelwissenschaften, in: Kästle/Jansen, Kommentare (Fn. 258), 347-361, 353 f.。

写了评注,[370]这些评注可与基督教文献的总和相比拟;[371]此外,他还起草了一部法律汇编[法律重述(*Mishneh Torah*)],[372]到19世纪末,已经出现了两百多本关于该法律汇编的体量较大的评注。[373]

自20世纪50年代以来,以色列在私法领域按照欧陆法模式连续颁布了一系列部分法典化的法律:例如,关于消灭时效(1958年)、行为能力和监护(1962年)、继承法(1965年)、代理(1965年)、买卖法(1968年)、不动产法(1969年)、违约的法律救济(1970年)、动产法(1972年)、合同法总则(1973年)、不当得利(1979年)或信托(1979年)的法律。[374] 从1972年至2002年,关于其中大部分法律的评注[375]在以加德·圭多·泰代斯基(*Gad Guido Tedeschi*)命名的系列中出版;[376]泰代斯基在移民到以色列之前便已是意大利(锡耶纳)的法学教授。[377] 关于其中一些法律不仅有第二部评注,甚至还再版;[378]关于继承法有一部三卷本的评注,[379]还有一个由纳胡姆·拉科韦尔(*Nahum Rakover*)发起的评注系列,[380]其目的在于从犹太法的视角来分析现行法。

除了拉科韦尔的评注之外,其他所有的评注项目自2002年以来都陷入了停滞状态。原因之一也许在于,越来越多的在美国法律系接受教育的教授和讲师们

---

[370] 密什那(Mishnah)是所谓的"口述托拉"(mündlichen Torah)的第一个书面版本(从公元2世纪末开始),根据犹太传统,它是由上帝在"书面托拉"(schriftlichen Torah)以外启示给摩西的。它本质上是对书面托拉(即希伯来语圣经的第一部分,也即后来基督教传统中所谓的摩西五经)的评注。密什那与格玛拉(Gemara)(格玛拉本身就是对密什那的讨论和评注)共同构成了塔木德(Talmud)。关于密什那参见:*H. M. Zellentin*, Mishnah, in: Religion in Geschichte und Gegenwart, Bd. 5, 2002, Sp. 1263-1266。关于口述法及其书面化参见:M. Elon, Jewish Law: History, Sources, Principles, Bd. 1, 1994;关于密什那参见:dens., Jewish Law (loc. cit.), Bd. 3, 1041-1082。关于犹太法的渊源同样参见:*Einhorn*, Israel (Fn. 365), 335-348。

[371] *P. Johnson*, A History of the Jews, 1987, 186. 关于 Maimonides 参见:*M. Heinzmann*, in: Religion in Geschichte und Gegenwart, Bd. 5, 2002, Sp. 689 f.。

[372] 关于此 *Elon*, Jewish Law III (Fn. 370), 1184-1231。

[373] *Johnson*, History of the Jews (Fn. 371), 191; 也可参见 Elon, Jewish Law III (Fn. 370), 1231-1235("没有任何其他犹太法作品有幸成为如此多评注的对象")。

[374] *Gidron/Goldstein*, Israel (Fn. 362), 581 f.; 也可参见 Rabello, Introduction (Fn. 363), 579-769(英语译本)。

[375] 关于此及后文 *Einhorn*, Israel (Fn. 365), 348 f.。

[376] 根据 Einhorn, Israel (脚注365)所言,除了一个例外,这些评注并未花费精力去查明和分析相关法律规则在大陆法系中的起源;相反,它们仅仅查阅了英文参考文献。

[377] 参考 A. M. Rabello 和 R. Martini 的文章,二者均在:*Rabello*, Legal Traditions (Fn. 360), 3-11。

[378] *A. M. Rabello/G. Shalev/E. Zamir* (Hg.), Brief Commentary on Laws relating to Private Law, 1994; 2. Aufl., 1996.

[379] *S. Shilo*, Commentary on the Succession Law, 3 Bde., 1992-2002.

[380] 参见 *Einhorn*, Israel (Fn. 365), 349 f.。

不再认为这种形式的学术活动是特别有价值的;而且权威评估机构也不将它们视为声誉指标。无论如何,已筹备了数十年的以色列法全面法典化的项目显然也暂时被搁置了;[381]这样一部以色列民法典本可以成为评注的参照文本。

十四、法律欧洲一体化和全球化时代背景下的评注

(一)欧洲一体化和全球化

跨国界交流无论在经济、政治、文化还是许多其他生活领域,都在深刻重塑现代世界的秩序。这种现象谓之全球化。法学、法律实践和法律政策的跨国界交流亦同此理。事实上,跨国法律对话已在不同国家间展开,跨国示范合同也伴随着国际贸易出现,而跨国私法正致力于取得一种和"有说服力的权威机构"相同的拘束力。[382] 世界上总有某些国家或地区,相较于其他国家或地区,它们在经济、政治和文化上的相互交融明显更加紧密。那些已经加入欧盟的国家,尤为如此。它们中间遍布着一张在法律规则和法学交流方面彼此细密交织的网络,[383]并由此逐渐孕育出统一的欧洲立法机构、欧洲法院的统一司法,乃至虽处于萌芽阶段但也有至少部分统一的欧洲法学。私法在诸多层面实现有效的欧洲一体化,正变得指日可待。[384] 因而无论在欧洲层面还是超越了欧洲边界的跨国层面,都产生了适于成为评注对象的法律渊源。

(二)欧洲私法

在欧盟框架内,我们区分共同法(acquis commun)(即国内的法典或普通法中规定的私法基础)和欧盟共同体法(acquis communautaire)(即由欧盟主管机构制

---

[381] *A. Barak*(耶路撒冷希伯来大学退休教授,前最高法院院长和法典编纂委员会主席), Introduction to the Israeli Civil Code, in:*K. Siehr/R. Zimmermann*(Hg.), The Draft Civil Code for Israel in Comparative Perspective, 2008, 1-13。

[382] 参见:*H. Muir Watt*, Globalization and Comparative Law, in: Reimann/Zimmermann, Handbook of Comparative Law (Fn. 164), 599-623。关于跨国私法一词 *R. Michaels*, Kommentare zum transnationalen Privatrecht: Grenzen der Entnationalisierung eines nationalen Modells, in diesem Band, 395-416.

[383] *A. v. Bogdandy* 谈及"欧洲法区域":Der europäische Rechtsraum: Ein Begriff zur Neuausrichtung des Europarechts und besseren Verteidigung europäischer Werte, Archiv des öffentlichen Rechts 144 (2019), 321-357。

[384] Dazu im Überblick *R. Zimmermann*, Comparative Law and the Europeanization of Private Law, in: *Reimann/Zimmermann*, Handbook of Comparative Law (Fn. 164), 557-598.

定的、对所有成员国都有拘束力的法律的总和)。[385] 欧盟共同体法最可能作为评注参照文本的首推法规(Verordnungen)和指令(Richtlinien)。指令是对成员国有拘束力的法律,但需要转化成成员国的国内法。因此,对于(国内)法院的法律适用,指令仅仅在符合指令性解释的框架内具有间接的重要性。由此可以解释,为何在那些评注文化值得一提的成员国中,国内的转化法才是评注的对象。[386] 无论如何,指令本身迄今为止只在很例外的情况下被评注过。[387] 法规是可直接适用的法律,因此至少在德国,法规的评注非常常见,而且有许多不同的形式。例如,国际私法领域的法规,它们通常也会被纳入德国民法典的评注作品中*,但有时也与相关法域的其他文本一起被评注。[388]

然而,正如延斯·克莱因施密特(*Jens Kleinschmidt*)所指出的,国际私法领域的欧盟法规也可以作为对话媒介而成为推动评注欧洲化的原动力。[389] 因为一方面,德国作者已经开始用英语(并因而以国际读者圈为目标)撰写和出版相关评注;[390] 另一方面,评注已经在其他国家、因而也以其他语言出版;甚至在法国和/或以法语出版。[391] 在实体法领域,关于(可选的)欧洲统一买卖法的法规原本几乎将要颁布;相关提案在 2011 年 10 月已被呈交。[392] 现在值得注意的是,德国学

---

[385] Dazu, und zum Folgenden, J. Kleinschmidt, Kommentare im europäischen Privatrecht: Rezeption einer Literaturform, in diesem Band, 361-393.

[386] *Kleinschmidt*, Europäisches Privatrecht (Fn. 385), 366 强调了这一点。

[387] 参见:*S. Grundmann/C. M. Bianca*(Hg.), EU-Kaufrechts-Richtlinie: Kommentar, 2002(也以英语和法语出版)。新近参见例如 *M. Schauer/M. Gruber*, Directive 2011/7/EU on Combating Late Payment in Commercial Transactions, in: *P. Mankowski*(Hg.), Commercial Law: Article-by-Article Commentary, 2019, 1303-1362; *P. Kindler/J. Lieder*(Hg.), Corporate Law: Article-by-Article Commentary, 2020; 已宣布的是 *R. Schulze/D. Staudenmayer*(Hg.), EU Digital Law: Article-by-Article Commentary, 2020, 对包括但不限于《数字内容指令》(Digitale-Inhalte-Richtlinie)和《货物买卖指令》(Warenkauf-Richtlinie)进行了评注(此作品的广告宣传语很隐晦——“以实践为导向地使用案例路径”)。

[388] 在欧洲继承条例方面,第一种模板的例子是 der Münchener Kommentar zum Bürgerlichen Gesetzbuch, Bd. 11, 7. Aufl., 2018, 1739-2072; 第二种模板的例子参见 A. Dutta/J. Weber (Hg.), Internationales Erbrecht, 2016。一个西班牙、意大利、德国在一家英国出版社的共同出版行动是 *A.-L. Calvo-Caravaca/A. Davì/H.-P. Mansel*(Hg.), The EU Succession Regulation, 2016。

[389] Kleinschmidt, Europäisches Privatrecht (Fn. 385), 374 f.

[390] 参见:*U. Magnus/P. Mankowski*(Hg.), ECPIL (= European Commentaries on Private International Law): Commentary, Bd. 1: Brussels Ibis Regulation, 2016; Bd. 2: Rome I Regulation, 2017; Bd. 3: Rome II Regulation, 2019; Bd. 4: Brussels IIbis Regulation, 2018。

[391] *S. Corneloup*(Hg.), Droit européen du divorce, 2013. Corneloup, 巴黎第二大学教授, 毕业于德国高中, 是德国国际私法委员会的成员。进一步参见 *A. Bonomi/P. Wautelet*, Le droit européen des successions, 2. Aufl., 2016。编写者来自比利时或瑞士。

[392] KOM(2011) 635 是最终提案。

* 如有关德国民法典施行法的评注会涉及国际私法中的冲突法规范。——校者注

者已经就这一提案出版了两本评注,其中一本以英语撰写。[393] 2014 年 12 月这项法规提案被撤回后,两本评注都未继续进行;其他已经宣布的评注项目也未再继续开展。[394]

关于共同法,自 20 世纪 80 年代以来,不同的学者团体在财产法领域起草了一系列被称为示范规则、重述、非立法性法律汇编或民间法典的参考文本。[395] 合同法长期以来始终是关注的焦点。不过,欧洲民法典研究小组(*Study Group on a European Civil Code*)也为其他的债法资料和物权法的部分内容提供了此类参考文本。[396] 以其主席之名命名的"兰道委员会(Lando-Kommission)"取得了开拓性的研究成果,即在 1995 年、2000 年和 2003 年分三部分呈交了《欧洲合同法原则》。[397] 在此基础上,欧洲合同法的一系列后续升级文本得到不断优化,直至形成《欧洲统一买卖法》的提案。[398] 《欧洲合同法原则》深受美国法重述的启迪,[399] 因此二者在结构上非常相似,其核心是"黑体字规则"(blackletter rules),表现在既从印刷排版上相区隔,也在一定程度上作为精要置于各卷之前:即按照国内法典编纂方式的规则。此外,还有绝大多数是诠释性质的"评论":它们解释某个术语或某个规则应当是何含义,并借助示例加以明晰。此外,还有指引国内法律秩序中各规则基础的"注解"。[400] 类似的规则也适用于欧洲合同法的另一个重

---

[393] *M. Schmidt-Kessel*(Hg.), Der Entwurf für ein Gemeinsames Europäisches Kaufrecht: Kommentar, 2014;*R. Schulze*(Hg.), Common European Sales Law (CESL): Commentary, 2012. 当然,接近一半的作者是德国人,其他许多人也与德国法学有密切关联。总的来说,关于"先评注、后适用"的现象,在欧洲继承条例方面也有例子,参见 *Kleinschmidt*, Europäisches Privatrecht (Fn. 385), 376("……可以……预先影响可预期的争议情况");*Kästle-Lamparter*, Welt der Kommentare (Fn. 5), 98("这部评注恰好可以促进决定性的权威推动力")。

[394] 参见:*D. Staudenmayer*(Hg.), Common European Sales Law: Article-by-Article Commentary of the Regulation on a Common Sales Law of the European Union, 2016 (im Internet, etwa bei Schulthess Juristische Medien beschrieben als „nicht mehr lieferbar").

[395] 关于此现象 *R. Zimmermann*, „Wissenschaftliches Recht" am Beispiel (vor allem) des europäischen Vertragsrechts, in: C. Bumke/A. Röthel (Hg.), Privates Recht, 2012, 21-48。

[396] *C. v. Bar/E. Clive*(Hg.), Principles, Definitions and Model Rules of European Private Law: Draft Common Frame of Reference (DCFR), Full Edition, Bde. 1-4, 2009. 关于侵权法也可参见 *European Group on Tort Law*(Hg.), Principles of European Tort Law: Text and Commentary, 2005。

[397] *O Lando/H. Beale*(Hg.), Principles of European Contract Law, Part I, 1995; Parts I and II, 2000;*O. Lando/E. Clive/A. Prüm/R. Zimmermann*(Hg.), Principles of European Contract Law, Part III, 2003.

[398] 关于此 *R. Zimmermann*, The Textual Layers of European Contract Law, in:*H. Scott/A. Fagan* (Hg.), Private Law in a Changing World: Essays for Danie Visser, 2019, 165-199。

[399] 关于此 *Michaels*, Restatements (Fn. 261), 1296-1297。

[400] 关于此"注释"(notes)参见 *N. Jansen/R. Zimmermann*, „A European Civil Code in All But Name": Discussing the Nature and Purposes of the Draft Common Frame of Reference, Cambridge LJ 69 (2010), 98-112, 105 f.。

要的升级文本，即《共同参考框架草案》。[401] 与之相对，欧洲统一买卖法的提案公布时，并无这样的评注和注解出版。对于合同法领域的欧盟共同体法，也有一部重述面世，此即《欧洲合同法原则》，或曰《法律原则》（*Acquis Principles*）。[402] 其中加入了相对而言最有助益的用于注解的参考资料，因为在欧盟共同体法中的各项规则的形成基础也将予以讨论。由重述的作者所作的解释就是评注，尽管它们只是部分地、不完全地实现了传统法律评注的功能。[403] 本应能够实现这一功能的外部评注，直到最近仍未出现——如果不将欧洲统一买卖法的法规草案考虑在内的话。

（三）欧洲以外的跨国私法

关于跨国合同法，只要不是专门针对欧洲私法，那么在由学者团体所起草的民间法典的意义上，有一部重述类文献应该提及，这就是在国际统一私法协会的资助下编写的《国际商事合同通则》。[404] 2009 年，两位在英国任职的德国法学学者就此文本出版了一部评注：[405] 完全以源于德国的传统的解释作品的样式——只是与国内的成文法无关。这部评注现在已出到第二版，[406] 并且带动了更多同类著作的出版风潮。[407] 正如尼尔斯·扬森在一篇书评中所言，这部评注“在无须忌惮当代和历史的比较的同时”，以充满教义学反思的水准为跨国合同法的构建和学科化做出了贡献。[408] 提及法律史便使人不由自主地回想起，在民族国家的

---

[401] 参见脚注 396。

[402] Research Group on the Existing EC Private Law (Acquis Group) (Hg.), Principles of the Existing EC Contract Law (Acquis Principles): Contract II, 2009. 关于此 N. Jansen/R. Zimmermann, Restating the Acquis Communautaire? A Critical Examination of the „Principles of the Existing EC Contract Law“, Modern LR 71 (2008), 505-534.

[403] 因此与 *Kleinschmidt*, Europäisches Privatrecht (Fn. 385), 384-386 有分歧。

[404] *UNIDROIT*(Hg.), UNIDROIT Principles of International Commercial Contracts, 1994; 2. Aufl., 2004; 3. Aufl., 2010; 4. Aufl., 2016. 与《欧洲合同法原则》相反，国际统一私法协会《国际商事合同通则》不包含“注释”（notes），而只有“评论”（comments）。这一点常受批评；参见：*Jansen*, Making Legal Authority (Fn. 6), 131-133 中的讨论。

[405] *S. Vogenauer/J. Kleinheisterkamp*(Hg.), Commentary on the UNIDROIT Principles of International Commercial Contracts (PICC), 2009.

[406] *S. Vogenauer*(Hg.), Commentary on the UNIDROIT Principles of International Commercial Contracts (PICC), 2. Aufl., 2015.

[407] *R. B. Bobei*, Concise Commentary on the UNIDROIT Principles of International Commercial Contracts 2016, 2017; *E. J. Brödermann*, UNIDROIT Principles, in: Mankowski, Commercial Law (Fn. 387), 462-827; 也可见 *D. M. Bovio*(Hg.), Comentario a los principios de Unidroit para los contratos del comercio internacional, 2. Aufl., 2003.

[408] *N. Jansen*, Rezension: Vogenauer/Kleinheisterkamp, PICC (Fn. 405), JZ 2009, 1008 f., 1009; 也可参见 *Kästle-Lamparter*, Welt der Kommentare (Fn. 5), 97 f。

法典化时代之前,关于非国家的、国际公认的参照文本[尤其是《民法大全》(*Corpus iuris civilis*)]的评注其实是很常见的。[409]

更常见得多的是关于有拘束力的跨国私法的评注,即关于(国际法上承认的)国际统一私法的评注。对于《联合国国际货物销售合同公约》尤为如此,目前已有约九十个国家批准了该公约,[410]堪称最为成功的国际私法协调行动。[411] 关于这部公约,有非常明确的统计,共有三十多部评注,[412]其中由德国作者撰写和主编的、通常寄身于畅销的德国民法典评注框架内的公约评注,高于各国平均数量。[413] 标准化的国际贸易条款,如《国际贸易术语解释通则》(*Incoterms*),也会被评注。[414] 拉尔夫·米夏埃尔斯(*Ralf Michaels*)甚至还将关于外国私法的评注视作跨国法领域的一部分。[415] 乍一看,似乎不可理喻,但鉴于这类评注的作者通常不属于为本国法律撰写评注的群体,那么也就说得通了。席尔麦斯特(*Schirrmeister*)和普罗霍恩尼克(*Prochownik*)关于英国民法的著作便属此类,已宣布的德国民法典的英文版评注也不例外。[416]

(四)挑战

法律和法学的欧洲化以及超然于欧洲之外的跨国化或全球化,对"评注"这一文献类型提出了特别的挑战。[417] 诚然,全球化和欧洲化之间是有区别的:在欧盟框架内,除了政治、经济和文化在各成员国间有更紧密的交融,还有欧盟层面的立法机构和法院(尽管没有像德国联邦最高法院或美国最高法院那样对私法享有统揽管辖权的法院),而这一切在国际层面都是空白。吊诡的是,二者遭遇的挑战却是如此相似:在如何制定统一的(无论有拘束力还是无拘束力的)法律这个问题上,它们都要面对(或者无论如何都必然面对)如何将不同的法律文化熔于一炉的问题。作为法律统一的基础,评注者应对这些不同的法律文化加以阐明和反思。

---

[409] 上文第 443 页及以下。(这里指原书中的页码,中文读者可忽略。——校者注)

[410] 当前名单见 R. Schulze/R. Zimmermann (Hg.), Europäisches Privatrecht: Basistexte, 6. Aufl., 2020, unter II. 5。

[411] 其他公约也经常被评注,例如关于国际公路货物运输合同的公约;参见:*K. -H. Thume*(Hg.), CMR, 3. Aufl., 2013, mit Liste von Kommentaren und Handbüchern auf S. 1258-1260。

[412] 参见:*U. Magnus*, Wiener UN-Kaufrecht (CISG), in: J. v. Staudingers Kommentar zum Bürgerlichen Gesetzbuch, Neubearbeitung 2018, xi f 中的名单。

[413] 最知名的分别出版的评注是 *P. Schlechtriem/I. Schwenzer/U. G. Schroeter*, Kommentar zum UN-Kaufrecht (CISG), 7. Aufl., 2019;他也出版了一部英文版评注(4. Aufl., 2016)。

[414] *B. Piltz/J. Bredow*(Hg.), Incoterms 2010, 2016.

[415] *Michaels*, Kommentare (Fn. 382), 395-416.

[416] 二者均可见上文脚注 269 和下文"十一(四)"部分,第 1 段。

[417] 以下根据 *Michaels*, Transnationales Privatrecht (Fn. 382), 405-407。

与此相关的是，在解释一系列法律规则时还应当兼顾到不同的语言版本。此外，还必须尽可能地摆脱所属国的思维习惯和体系结构的束缚，以便与被评注的法律文本的跨国性质相契合，例如像《联合国国际货物销售合同公约》或欧盟法规这样的跨国性法律文本，在存在判例的情况下，所面临的棘手难题就不仅仅是要考虑本国法院的判例这么简单。在接受部分过于丰富的文献〔418〕时，也不应该抱有国家偏见。跨国法律文本的立法史可能比在各自熟悉的国内语境下更难查明；〔419〕而应该被收入评注的那些比较法上的对话成果，大多都比国内法上的学术争鸣更难辨析。

跨国（包括欧洲的）评注在不同程度上战胜了这些挑战。而关键点是，评注者是否首先能够通过某一特定的、通常是国内的法律对话共同体中的法院观察到法律适用的现况。关于《联合国国际货物销售合同公约》或欧盟法规的评注往往便是这种情况。但相伴而生的却是法律共同体的对话和建基于对话的司法裁判有可能走向分崩离析的风险。

一般来说，被评注的对象首先是可（直接）适用的文本。〔420〕格鲍尔（*Gebauer*）和维德曼（*Wiedmann*）的书中便有清晰的示例，该书以传统的评注方式对法规进行逐条评注，而指令虽被全文登载并在娓娓道来的导言中加以介绍，但随后的阐述——以论文的形式！——却专注于国内（在该书中即为德国）法中转化后的规范。〔421〕在这方面，评注者们致力于将学术与实践相结合，这也是大多数以德国法为典范的国家在国内法评注上的典型特征，或者至少是他们努力追求的目标。评注作为一种源自德国的跨国对话媒介，自是首先由德国作者广为传播；〔422〕如果评注在国际上得到了越来越多的认同，无疑意味着德国法律文化的成功输出。只要

〔418〕 参见关于《联合国国际货物销售合同公约》的数百页长的文献清单（以小号印刷字体）：*Schlechtriem/Schwenzer/Schroeter*, CISG（Fn. 413），xliii-cxliv。

〔419〕 参见：*W. Doralt*, Strukturelle Schwächen in der Europäisierung des Privatrechts, RabelsZ 75（2011），260-285，270 f.；*Kleinschmidt*, Europäisches Privatrecht（Fn. 385），383 f.。

〔420〕 这一点在 *Kleinschmidt*, Europäisches Privatrecht（Fn. 385），366、392 中被提出。

〔421〕 *M. Gebauer/T. Wiedmann*（Hg.），Zivilrecht unter europäischem Einfluss, 2. Aufl., 2010. *Kleinschmidt*, Europäisches Privatrecht（Fn. 385），371 也以此为例。

〔422〕 这一点在 *Michaels*, Transnationales Privatrecht（Fn. 382），415 中被特别提出。

评注作为对话媒介在国际上被认为是切实可行的,对此便无可指摘。[423]

原则上,关于跨国私法的评注与关于国内私法的评注具有相同的功能:作为阐释之书、知识存储器和知识过滤器,作为知识组织载体和知识构架体,并且提供了批评的论坛。[424] 但是,对于跨国文本而言,评注的具体化和稳定化的功能更为重要。在尚无具体、稳定的判例的情况下尤为如此,因为跨国文本缺少导向性的参考框架,而这种框架在国内法中通常是存在的。此外,对跨国法律文本的评注可以为这些参照文本的合法化做出重要贡献。当然,这首先适用于无拘束力的文本:独立学者的评注给这些尚未被国家的效力命令(Geltungsbefehl)合法化的文本戴上了权威的光环。[425]

(五)"以特殊形式呈现的学术著作"

福格瑙尔(*Vogenauer*)对国际统一私法协会《国际商事合同通则》的评注对此提供了一个尤其令人印象深刻的例子,因为这部评注无论如何都不以法律适用为首要目的。《国际商事合同通则》不是由国家颁布的法律,因此也不能通过法律选择的方式协商适用该法。[426] 国内法院和仲裁法庭只是偶尔援引该法,[427] 其规则很少被解释。[428] 本质上,《国际统一私法协会评注》(UNIDROIT-Kommentar)是一部关于学术著作的学术著作[如同范·德·基塞尔(*Van der Keesel*)关于格劳秀斯《导论》的"讲座"(Praelectiones)或彼得·穆勒(*Peter Müller*)关于斯特鲁夫(*Struve*)的著作];[429] 或曰"一部以特殊形式呈现的学术著作"。[430]

---

[423] 参见 *Calliess*, Kommentar und Dogmatik (Fn. 258), 390 和 *Kästle-Lamparter*, Welt der Kommentare (Fn. 5), 95 f.; *Kleinschmidt*, Europäisches Privatrecht (Fn. 385), 375。人们可能会问,在特定语境下,评注实际上是否是最合适的文献类型。因此,人们可能对已公布的、内容丰富的德国民法典评注英文版的接受情况感到好奇。在德国它可能不太重要,因为在这里为了实践性的法律适用,人们可以无数的德语评注为依托。反之,相比那些逐条展开的法律评注,《德国民法典》的多语种译本(参见米夏埃尔斯在本书中的论文《跨国私法的评注》)以及实用手册式的概览性文章,可能更有利于外国法律人了解德国法。更多关于针对跨国私法的评注形式是否在任何情况下都真的适合这一点,参见 *Michaels*, loc. cit., 404。

[424] 关于此处必要的细微差别详见 *Michaels*, Transnationales Privatrecht (Fn. 382), 409-414。

[425] *Jansen*, Rezension Vogenauer/Kleinheisterkamp (Fn. 408), 1009; *Kästle-Lamparter*, Welt der Kommentare (Fn. 5), 98; *Calliess*, Kommentar und Dogmatik (Fn. 258), 384-389; *Michaels*, Transnationales Privatrecht (Fn. 382), 407, 408, 413 f. 关于非立法性文本如何获得权威性这一问题的总述,见:*Jansen*, Making Legal Authority (Fn. 6), 95-137。

[426] Art 3 Rom I-Verordnung. 但当事人可以将《国际统一私法协会国际商事合同通则》并入其合同。

[427] *S. Vogenauer*, in: ders., PICC (Fn. 406), Introduction Rn. 44-49.

[428] *R. Michaels*, in: Vogenauer, PICC (Fn. 406), Preamble I Rn. 108-142.

[429] 参见前文脚注 17 和 19。

[430] *Michaels*, Transnationales Privatrecht (Fn. 382), 415.

此外,在跨国私法领域还有其他以评注形式呈现的纯学术导向的著作。一方面,自 2002 年以来,在荷兰发起的关于欧洲合同法原则与荷兰、意大利和德国法律比较的系列丛书已经出版了其中三卷(其中关于德国法律的一卷还在比较中一并包含了《共同参考框架草案》中的合同法部分)。[431] 鉴于参照文本是欧洲示范规则和各国法律秩序中的相应条款,而且欧洲示范规则是高位阶的、确定卷册结构的参照文本,这些卷册在评注形式方面尤为不同寻常。通过选择这种统一的、欧洲的参考框架,这些卷册为外国法律人了解荷兰、意大利和德国的法律提供了便利;同时,欧洲的发展也借此反馈到国家传统之中。[432]

另一方面,《欧洲合同法释义》(Commentaries on European Contract Laws)于 2018 年秋季出版。[433] 书名中的“欧洲合同法”为复数,意味着该书涉及并处理了欧洲合同法的许多不同的层级性文本[434](其中也包括欧洲以外的、但同时也对欧洲非常重要的跨国文本,如《联合国国际货物销售合同公约》及其初始阶段的文本形式,或《国际商事合同通则》)。书名中的“释义”为复数,是因为采纳了威廉·布莱克斯通爵士(*Sir William Blackstone*)[435] 著作的标题,并强调其实验性特征。“释义”的内容基本分为两类:[436] 一方面,对层级性文本做批判性的比较,以期在大量错综复杂的规则中鉴别正确的法律适用方向;[437] 另一方面,在欧洲合同法的法制史和比较法背景下分析这些层级性文本,借此探究它们事实上是否以及在何种程度上是对同一“共同核心”(common core)[438] 的表达。与上述荷兰系列丛书一样,这也是欧洲的讨论反馈到国家传统之中的一种反映。“释义”在展开评注之

---

[431] *D. Busch et al.* (Hg.), The Principles of European Contract Law and Dutch Law: A Commentary, 2002; *D. Busch et al.* (Hg.), The Principles of European Contract Law (Part III) and Dutch Law: A Commentary, 2006; *L. Antoniolli/A. Veneziano* (Hg.), Principles of European Contract Law and Italian Law, 2005; *S. Leible/M. Lehmann* (Hg.), European Contract Law and German Law, 2014. 在某种程度上作为一个平行的项目,但没有选择评注形式,而是选择了分别由两位作者撰写论文的形式的是 *G. Dannemann/S. Vogenauer* (Hg.), The Common European Sales Law in Context: Interactions with English and German Law, 2013。*Kleinschmidt*, Europäisches Privatrecht (Fn. 385), 389-392 提供了欧洲私法文献形式的比较。

[432] *Kleinschmidt*, Europäisches Privatrecht (Fn. 385), 392 强调了后一点。

[433] *N. Jansen/R. Zimmermann* (Hg.), Commentaries on European Contract Laws, 2018. 更详细地,尤其关于与古典德国民法典评注的差异,参见 *Kleinschmidt*, Europäisches Privatrecht (Fn. 385), 386-389。就其编写组的构成而言,这是一部德国作品;不仅两位主编是德国人,所有其他二十位作者也都是说德语的学者。

[434] 关于此见前文脚注 398。

[435] 前文脚注 219。

[436] 关于此 *N. Jansen/R. Zimmermann*, General Introduction-European Contract Laws: Foundations, Commentaries, Synthesis, in: dies., Commentaries (Fn. 433), 1-18。

[437] *N. Jansen/R. Zimmermann*, Im Labyrinth der Regelwerke, ZEuP 25 (2017), 761-764.

[438] *Lando/Beale*, PECL I and II (Fn. 397), xxiv.

前,不仅印出法条原文,而且还将最重要的多份层级性文本全部印在法条旁边或下方,这极大地丰富了评注的表现形式。合同法总则的起点自然是围绕指令法扩充后的文本《欧洲合同法原则》;[439]买卖法的起点则是《联合国国际货物销售合同公约》《共同参考框架草案》《欧洲统一买卖法》草案和指令法中的规则。"释义"的编写者在解释选择评注形式的理由时说,相较于教科书,评注不仅为欧洲合同法画像描摹了更丰富的细节,而且还由此使其与其他文本形成了有效区分,同时也对促进欧洲合同法的稳定性做出了贡献。[440]

(六)附录:国际法

国际法也是跨国法。对国际法文本进行评注的传统,可以追溯到较为新锐的、世俗的自然法和国际法的第一批权威性文本诞生的年代,首先便是胡果·格劳秀斯的《战争与和平法》(De jure belli ac pacis)(1625年),自其问世后便被多次评注。[441] 与格劳秀斯的《导论》[442]一样,这些评注都不是紧扣法律条文,而是围绕学术文献展开的评注。其他作者则是以围绕某一主题讨论的形式撰写著作,然后他们自己对这些主题进行评注,其中包括克里斯蒂安·沃尔夫(*Christian Wolff*)的著作《自然法》(Ius naturae)(共八卷,1740年-1748年)[443]和《国际法学术研究方法》(Ius gentium methodo scientifica pertractatum)(1749年),还包括伊曼努尔·康德(*Immanuel Kant*)的《哲学草稿》(philosophischen Entwurf)和《永久和平论》(Zum ewigen Frieden)(1795年)。在19世纪,约翰·卡斯帕·布隆奇利和大卫·杜德利·菲尔德(*David Dudley Field*)等作者尝试以"类似法律的表述"[444]或法典草案[445]的形式(即以规则的形式)来记录国际法的原则,并且他们也对这些规则进行了评注。

在20世纪的漫长岁月里,一张由国际法条约所编织起来的网络被越来越紧密地建立起来,只要它们被视为具有普遍性并因而可供所有国家自由决定批准与否,[446]它们就特别适合作为评注的参照文本。这类评注大量存在,[447]首先以德

[439] 参见前文脚注397。

[440] CECL/*Jansen*/*Zimmermann*(Fn. 436), General Introduction Rn. 32, 36; 关于此也可参见 *Kleinschmidt*, Europäisches Privatrecht (Fn. 385), 389.

[441] 证据见 *Jansen*, Methoden (Fn. 13), 45 f。

[442] 关于此见上文脚注15和330。

[443] 关于此见上文脚注22。

[444] *J. C. Bluntschli*, Das moderne Völkerrecht der civilisirten Staten, Nördlingen, 1868.

[445] *D. D. Field*, Draft: Outlines of an International Code, New York, 1872.

[446] 这一点在 *C. Djeffal*, Kommentarpraxis und Kommentarkultur im Völkerrecht: Einheit, Vielheit, Besonderheit, in diesem Band, 417-439 中被提出。

[447] 参见 *Djeffal*, Völkerrecht (Fn. 446), 422,f., 434-439 一书的概览。

语和英语文本居多，但也有比如法语文本。[448] 这同样是一种深受德国国际法学说影响的文献形式。[449] 这不仅体现在德语评注中，[450] 还体现在许多大型的、以英文撰写的评注是由德国（或德语为母语的）作者来执笔和主编。[451] 在英语区中，《牛津国际法释义》（Oxford Commentaries on International Law）系列丛书（牛津大学出版社）如今重点推广了评注的形式。[452] 整合型评注（Konkordanzkommentar）讨论德国和欧洲在基本权利保护方面的交互影响，属于创新型的评注形式。[453] 有时，国际组织的机构会评注对其活动具有决定性的规范，例如欧洲人权法院出版了《指南》（Guides），向实务界人士通报有关本院判例尽可能最新的可靠的信息。[454] 此外，对国际法评注实践而言，联合国国际法委员会具有非常重要的意义，[455] 根据《国际法委员会章程》第 20 条，该委员会应当以条款的形式起草该章程，并将草案附同其评注呈交联合国大会。这部评注应当包含但不限于“对判例及其他相关资料的充分介绍，包括条约、司法裁判和学说”。

十五、回顾及展望

本文第八部分的小结提到了奥地利、德国、瑞士、法国、比利时、意大利、荷兰、西班牙和葡萄牙——即德国和罗马法圈的大陆法系——关于民法的评注。在第九至第十四部分，视野扩大到欧洲以外的许多受欧陆影响的国家和转型国家、英国及其子法、混合法律秩序和现代形式的跨国私法。小结中得出的许多结论可以直接继续沿用。德国的评注文化具有非同寻常的影响力；在像波兰、日本和巴西这样如此截然不同的世界各国，我们都可以找到以德国为模板的评注。但也有不同类型的评注：非常简单的评注，服务于“自上而下”的威权式交流的评注，以及纯

---

[448] *J.-P. Cot/M. Forteau/A. Pellet*（Hg.），La Charte des Nations Unies：Commentaire article par article，2 Bde.，3. Aufl.，2005.

[449] *Djeffal*，Völkerrecht（Fn. 446），432.

[450] 例如 *J. A. Frowein/W. Peukert*，Europäische Menschenrechtskonvention，3. Aufl.，2009。

[451] 参见：*B. Simma et al.*（Hg.），The Charter of the United Nations：A Commentary，3. Aufl.，2012；*A. Zimmermann/C. J. Tams*（Hg.），The Statute of the International Court of Justice：A Commentary，3. Aufl.，2019；*O. Dörr/K. Schmalenbach*（Hg.），Vienna Convention on the Law of Treatise：A Commentary，2. Aufl.，2018；*C. Grabenwarter*，European Convention on Human Rights：Commentary，2014。

[452] 例如上文提及的 Simma et al. 和 A. Zimmermann/Tams 的评注。

[453] *O. Dörr/R. Grote/T. Marauhn*（Hg.），EMRK/GG Konkordanzkommentar，2 Bde.，2. Aufl.，2013.

[454] 参见例如 *European Court of Human Rights*（Hg.），Guide on Article 2 of the European Convention on Human Rights：Right to life（updated 31 December 2019）。关于这部指南详见 Djeffal，Völkerrecht（Fn. 446），427。

[455] 关于此详见 *Djeffal*，Völkerrecht（Fn. 446），428-431。

粹诠释性质的评注或仅关注判例的评注。有的评注服务于法学学术和法律实践之间的对话,有的评注则首要追求学术目标,例如以法史、法史比较或(关于外国私法或关于国内法律秩序和国际示范规则比较分析的)以比较法为导向的评注。

很大程度上,评注往往只能实现开头提到的评注可实现功能中的个别功能;尤其是语境具体化、批判性反思和法教义学讨论在有些地方几乎完全让位于其他文献形式。属于同一法律家族或受相似的历史经历影响的法律秩序,可能发展出截然不同的评注文化(或者根本没有值得一提的评注文化):无论是将智利与阿根廷或巴西相比,还是将波兰与俄罗斯联邦并论,都佐证了这一点。评注文献既存在过度膨胀的现象,也难掩极其明显的匮乏征兆;评注的声誉和意义因所处国家的不同而有很大的不同;不同文献类型之间的界线可能会消失,因为一方面,被称为评注的书籍实际上可能是体系化的论文,另一方面,“专论”也可能以评注的样式撰写。法律编纂成法典或重新编纂(阿根廷)可以成为出版评注的动力。在欧洲私法中,我们甚至发现了对法典草案——一个颁布与否仍悬而未决的法案——进行评注的现象。

对英国和受英国法影响的法律秩序的考察出乎意料地有趣。在此也有相当大规模的成文法,其中部分是以针对私法特定领域的、更全面的成文法的形式呈现。这些法典化的部分无论如何都会被评注;但是,对文本的依赖要松散得多。这是因为:一方面,这些解释性著作在其明显受到英国法律思想中传统的判例导向的影响时,也偏离了其中的规则导向的指引;另一方面,这些著作还必须考虑到过于琐细的又不以条文顺序为导向的英国立法技术。英国私法的核心领域始终以普通法为基础,其本身并不适合成为评注的对象,因为判例法在此并非合适的参照文本。但是,无论英国还是美国都已发展出可以毫无疑问地添加评注的文献形式。在美国以及新近也在英国,这种文献形式就是对私法特定领域的重述,在美国则还有统一法。英国借此从根本上重拾了很大程度上被遗忘的撰写文摘的传统。重述、统一法和文摘将要或曾经以规则或一般性主题的形式出版,且各自都添加了解释。这些解释来源于参照文本的起草者本人,因此他们顺势成了评注的鼻祖,一如“民法传统”中从布隆奇利和蔡勒到贝维拉圭(*Beviláqua*)这样的法典化之父。正是在英国,还有一部直到19世纪仍极具影响力的《法令注释》风格的著作[《柯克之利特尔顿评述》(Coke's Commentary upon Littleton)],而18世纪英国法律文献的另一部基础性著作仅在其标题中涉及评注的称谓。实际上,这是一本法律阶梯式教科书,正如我们在美国、加拿大和苏格兰也看到的那样(在美国和加拿大,同类教科书也以“Commentaries”为标题)。

在英国、美国、加拿大、苏格兰和南非,由大型的、按专业领域关键词的首字母顺序编排的百科全书承担起了知识存储器和知识组织载体的功能[对百科全书,加拿大令人困惑地使用了“Digests”一词——它既与英国法中的文摘无关,也和罗马的文摘无涉;而美国则使用了同样会引发错误联想的“Corpus Juris(Secundum)”一词]。在南非,尽管有英国法及其法律思想的侵入,但可追溯到古罗马-荷兰法的评注传统并未销声匿迹;如今,评注有(基于其他动力源泉的)复兴的迹象。相比之下,苏格兰没有这样的传统,评注至今尚未被确立为学术文献的一种形式。在托管时期深受英国法影响的以色列国法律中,以极大量的评注(和“超级评注”)为显著特征的犹太法传统依然富有生命力。

如果我们最后再提出一个问题,即应当如何解释极其多样化的国际评注图景,那么有许多因素在起作用,其中任何一个因素都并非不可或缺。这同样适用于私法法典的存续或更新。源于欧洲大陆的、处于中等抽象化水平的法典,尤其适合作为评注的参照文本。然而,有的法典虽然属于这种类型,却根本不曾——或经历了很长一段时间的反复实验,依然没有——激发过值得一提的评注文献产生(法国、比利时、日本、智利、魁北克)。此外,普通法也可以被评注,只要它是以规则的形式被记录,比如以重述的形式。德国法的影响在许多国家的评注文化上留下了烙印(瑞士、意大利、西班牙、波兰、日本、巴西、跨国私法);[456]然而,也有一些国家虽受德国法及其法律思想的影响,却没有形成可供比较的评注文化(葡萄牙、智利;奇怪的是,在日本,以德国为模板的评注文化是在德国法的影响已经消退时才形成的)。在跨国对话中,重述这一文献类型以及伴生的、主要是诠释性质的“评论”也变得颇具影响力;这种文献类型来自英美法。学术和实践之间平等的活跃交流以及对法教义学的重视促进了评注的产生(但同样并非不可或缺);与之相对,与“法律现实主义”相关联的对法律作为法学研究对象的祛魅,则不利于此。

对于特定的评注文化的传播,出版社可以发挥重要作用。贝克出版社便是典型代表,它在波兰普及了德国式评注,并已经或计划以“Beck-Hart-Nomos”的品牌出版大量关于外国、欧洲和国际法律渊源的评注。因此,它不是为出口“德国制造的法律”,[457]而是为出口“德国制造的法律文献”作出了相当大的贡献。不过现在,英国出版业的旗舰——牛津大学出版社(Oxford University Press)也要来分一杯羹了,尤其(但不仅仅)是在国际法领域(《牛津国际法释义》)。此类著作潜藏的巨大实用性也将因牛津出版社的介入而在英语区愈发彰显。但是,出版社之间的竞争也引发了评注界内非常令人遗憾的危机,甚至其征兆亦表露无疑:评注的出版过于泛滥,而其中的附加知识收益却微乎其微。至少对德国来说是这样,对

[456] 在19世纪,罗马法律圈的国家继受的是法国的注释法学派的评注文化;参见上文“十三”,第1段。

[457] 参见由联邦律师协会、联邦公证员协会和德国法官协会等编写的小册子《法律——德国制造》,已于2014年印制第3版。关于此例如*H. Kötz*, Deutsches Recht und Common Law im Wettbewerb, Anwaltsblatt 2010, 1-7。

奥地利、瑞士和波兰来说很可能也是如此。

我们的时代越来越多地受到法律欧洲化和欧洲以外的全球化的影响;在此框架内作为跨国对话媒介,可能应当成为评注的一项重要使命。为此,认真对待评注作为桥梁建设者的功能是必要的;在这种情况下,不完全是作为理论和实践之间的桥梁建设者,而更多是作为不同法律文化之间的桥梁建设者。此外,对于欧洲私法而言,这也意味着将共同法和欧盟共同体法作为欧洲法区域内的核心要素相连接。〔458〕 体系性教科书的形式自然适合于此,正如海因·科茨(*Hein Kötz*)在德国为合同法所撰写的著作。〔459〕 但是,在许多国家的法律秩序中,大型的体系性教科书已经日渐式微。诚然,使用评注的形式仍是可能的,因为不仅对于欧盟共同体法存在可供评注的文本,而且对于共同法亦然——当然,应当首先对这些文本进行比较性的审查,然后在欧洲国内法律秩序经验的背景下对其进行评估。〔460〕 因此,在某种程度上可以说,(广义上的)〔461〕评注和重述的理念是相通的。

---

〔458〕 参见上文脚注 383。

〔459〕 *H. Kötz*, Europäisches Vertragsrecht, 2. Aufl., 2015; 英文版本以《欧洲合同法》为书名, 2. Aufl., 2017. 关于侵权法参见 *C. v. Bar*, Gemeineuropäisches Deliktsrecht, Bd. 1, 1996; Bd. 2, 1999; englische Übersetzung unter dem Titel The Common European Law of Torts, Bd. 1, 1998; Bd. 2, 2000; *C. van Dam*, European Tort Law, 2. Aufl., 2013。关于物权法 *C. v. Bar*, Gemeineuropäisches Sachenrecht, Bd. 1, 2015; Bd. 2, 2019。

〔460〕 参见上文第 512 页。

〔461〕 上文脚注 23,第 446 页。

图书在版编目(CIP)数据

中国民法典评注·评注研究. 第1部, 法律评注 : 国际视角的比较 / 朱庆育总编. —北京:中国民主法制出版社, 2023.6
ISBN 978-7-5162-3258-3

Ⅰ. ①中… Ⅱ. ①朱… Ⅲ. ①民法-法典-研究-中国 Ⅳ. ①D923.04

中国版本图书馆 CIP 数据核字(2023)第 100295 号

Kommentare:Ein internationaler Vergleich
© 2020 Mohr Siebeck GmbH & Co. KG
本书中文简体版经版权所有人授权中国民主法制出版社出版。
著作权合同登记号:01-2023-2321

图书出品人:刘海涛
图 书 策 划:麦 读
责 任 编 辑:庞贺鑫 游 翔

书名/中国民法典评注·评注研究(第1部)法律评注:国际视角的比较
作者/朱庆育 高圣平 总编

出版·发行/中国民主法制出版社
地址/北京市丰台区右安门外玉林里7号(100069)
电话/(010)63055259(总编室) 63058068 63057714(营销中心)
传真/(010)63055259
http://www.npcpub.com
E-mail:mzfz@npcpub.com
经销/新华书店
开本/16开 730毫米×1030毫米
印张/20 **字数**/368千字
版本/2023年7月第1版 2023年7月第1次印刷
印刷/北京天宇万达印刷有限公司

书号/ISBN 978-7-5162-3258-3
定价/99.00元
出版声明/版权所有,侵权必究

(如有缺页或倒装,本社负责退换)